라이노 예제로 배우는

크리에이티브 3D 프린팅 & 모델링

라이노 예제로 배우는
크리에이티브 3D 프린팅&모델링

2014년 7월 30일 1판 1쇄 발행

지은이 임도원

펴낸이 김현표
주간 최진선
편집 최윤지
디자인 신정민

펴낸곳 **미진사**
주소 경기도 파주시 광인사길 103
전화 031-955-6266
팩스 031-955-6267
이메일 mijinsa@mijinsa.com
홈페이지 www.mijinsa.com
등록번호 제406-2013-000126호

ISBN 978-89-408-0481-0
값 22,000원

CREATIVE
3D PRINTING
&
MODELING

라이노 예제로 배우는

크리에이티브 3D 프린팅 & 모델링

임도원 지음

미진사

차례

머리말

새로운 산업혁명이라 불리는 3D 프린터에 의해 변화될 우리 생활의 모습은 미리 짐작하기 힘들 정도로 광범위하다. 거의 매일 다양한 매체를 통해 3D 프린터가 바꾸어 놓을 미래에 대한 그림들이 쏟아지고 있으며, 그 기술에 대한 사람들의 관심 역시 지대하다. 디자이너나 기업에서 신제품을 개발하기 위해 거쳐야 하는 다양한 과정들을 생략하고 디자인과 동시에 출력함으로써 실물에 가까운 시제품을 만져본다는 것은 과거에는 꿈에 가까운 이야기였다. 몇몇 산업 용도에서만 머무르던 3D 프린터 관련 기술들이 일반에 보급되기 시작한 것은 채 몇 년이 되지 않는다. 수천만 원을 호가하던 프린터들이 수백만 원, 이제 백만 원 이하 제품들까지 속속 등장하고 있다. 해외에서는 3D 프린팅 전문 쇼가 생기고 매일같이 새로운 프린터 기종들이 개발되고 있다.

국내에서는 몇몇 개발자들이 외국의 사례를 바탕으로 워크샵 형태로 개발을 시작하였으며 이제 완제품이 등장하고 있다. 하지만 미술계 종사자들 혹은 학생들에게 보급되기는 아직 이른 것이 현실이다. 신문이나 뉴스를 보면 그저 3D 프린터를 새로운 기술로 소개하고 있을 뿐, 실제 사용에 대한 이야기는 등장하지 않는다. 또 3D 프린터 업체에서 제공하는 문구에서는 인터넷에서 모델링 파일을 다운로드 받아 프린팅해 사용하라는 것 이상은 보이지 않는다. 예로부터 새로운 기술이 만들어지면 그 영역을 확장시키는 것은 언제나 예술가들의 일이었다. 사진과 영화 심지어 새로운 물감의 발명도 예술가들에 의해 보급되고 또 발전되어 왔다. 3D 프린팅 또한 결국 예술가들의 손에 쥐어져야 할 새로운 붓과 물감이다. 작가들이 자신의 아이디어를 기반으로 생산해낸 작품이 결국 이제까지 우리가 알지 못했던 새로운 시야를 넓혀주는 토대를 마련한다는 생각이다.

본서를 처음 기획할 당시에는 자신의 아이디어를 디지털로 그려 구현하는 다양한 방법들을 모색하는 것이 책의 주내용을 이루고 있었다. 다양한 장비들을 활용해 작품을 제작하는 방법을 공유하는 것이 처음의 기획 의도였으나 너무도 그 분량이 방대해 한 권의 책으로 끝내기가 현실적으로 불가능했다. 그래서 3D 프린팅을 통한 작품 제작에 대해 이야기를 하는 것으로 정리하였다.

본 책에서는 현존하는 수많은 3D 모델링 프로그램 중 라이노를 주요 도구로 정하였다. 라이노의 간단한 사용법과 다양한 분야에 활용될 수 있는 가능성 때문이다. 라이노는 직관적으로 모델링이 가능할 뿐만 아니라 정밀한 수치를 입력하면서 모델링할 수 있다. 이미 건축, 선박, 주얼리 디자인, 제품 디자인 분야까지 폭넓게 사용되고 있기 때문에 그 활용 분야는 무궁무진하다. 물론 시중에는 라이노를 비롯한 다양한 모델링 프로그램이 존재하고 그에 대한 사용법이 깊이 있게 서술되어 있는 서적들이 많이 있다. 본 책에서 다루는 모델링은 개인용 3D 프린터를 활용하고 모델링을 처음 접해보고자 시작하는 분들에게 추천한다.
방송이나 신문에 소개된 것처럼 데이터를 입력하여 아무런 문제없이 출력하려면 개인용 3D 프린터는 그 사용에 있어 수많은 노하우가 필요하다. 필자는 키트 형태로 만들어져 조립이 필요한 3D 프린터를 구입하여 그 구조를 개선하고 다양한 출력 실험을 통해 나름의 노하우를 갖게 되었다. 그리고 그 사용법을 알아가기까지 걸린 1년이 넘는 시간을 정리해, 3D 프린팅에 대한 정보를 얻고자 하는 작가나 학생을 위해 이 책의 집필을 시작하였다. 책에 담긴 필자와 학생들의 예제 작품들의 제작기를 차근 차근 따라하다보면 어느새 자신에게 필요한 모델링을 어느 정도 완성해나갈 수 있을 것이다.
3D 프린터에 대한 관심이 한순간의 봄바람처럼 스치듯 지나가는 유행이 아니라 모두가 누릴 수 있는 혜택으로 다가왔으면 하는 바람으로 머리글을 마치고 본 글을 시작하려 한다.

3D 프린터와 모델링의 이해

3D 프린팅을 위한 방식은
다양하게 존재한다.
각각의 특성을 알아두고
자신의 작업에 알맞은 방식을
선택하여야 시간과 비용을
절약할 수 있다.
먼저 3D 프린팅의 원리와
기본 과정, 3D 프린터의 종류와
3D 프린팅을 위한 모델링의
기초에 대하여 알아보자.

1

❶ 3D 프린팅이란?

3D 프린팅이란, 종이와 같은 얇은 층을 여러 겹 쌓아 올려 입체물을 만드는 것이다.
이를 '제조업의 혁명'이라 부르는 이유는 컴퓨터상에서 모델링한 조형물을 실물
그대로 뽑아낼 수 있고 이로써 복잡하고 비싼 샘플 작업을 거치지 않고 시제품
혹은 작품을 바로 생산하는 시대가 열렸기 때문이다.

3D 프린팅의 원리

3D 프린팅의 기본 원리는 2D 프린터에 높이축을 추가하여 입체 조형으로 인쇄물을 만들어가는 것이다. 즉, 기존의 잉크젯 프린터, 레이저 프린터와 같은 2D 프린터에 있는 좌우로 움직이는 X축과 앞뒤로 움직이는 Y축에 Z축을 추가하여 만든 것이 3D 프린터이다.

3D 프린팅에서는 입체를 만드는 재료가 필요하다. 2D 프린팅에서 단지 종이와 잉크 혹은 토너를 사용했다면 3D 프린팅에서는 입체로 쌓을 수 있는 다양한 재료를 사용할 수 있다. 프린팅에서 사용하는 재료에 따라, 또 재료를 가공하는 방법에 따라 다양한 방식의 3D 프린터가 등장하게 되었다.

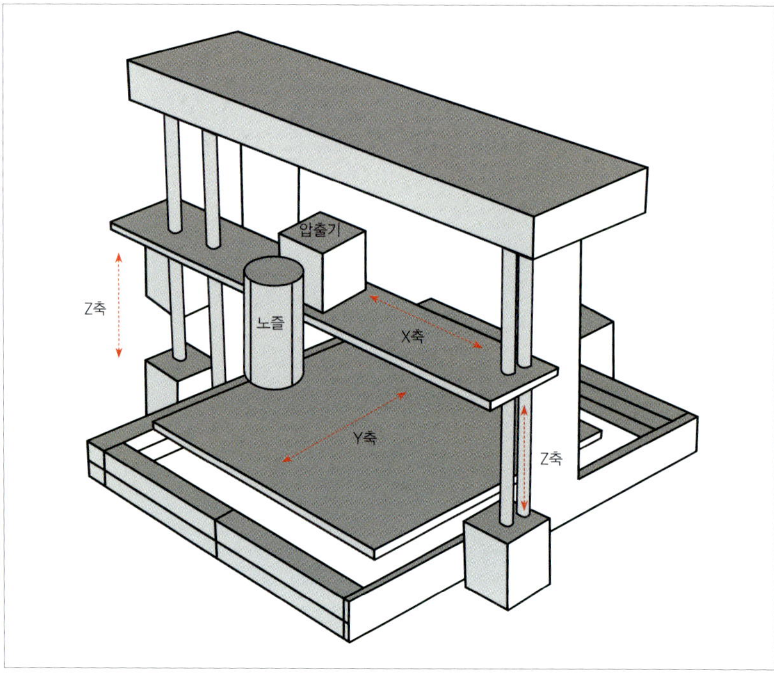

신新 산업혁명, 3D 프린팅

3D 프린팅에 대한 대중의 관심은 최근에 급증하였지만, 사실 3D 프린팅의 역사는 훨씬 오래되었다. 약 30여 년 전부터 초기 3D 프린터들이 등장해 해외 산업 분야에서는 두루 사용되어 왔다. 항공기와 자동차 제조 업체, 그리고 프라모델 제조 업체 등에서는 목업이라는 시제품 제작 과정을 3D 프린팅을 통해 해결하고 있다.

국내에서 산업용 3D 프린터는 기업이나 대학의 연구소를 중심으로 퍼져 있으며, 쾌속 조형 방식(rapid prototype)이라는 다른 이름으로 부르기도 한다. 대학이나 기업 연구소에 보급되어 있는 3D 프린터는 대부분 SLA 방식이나 SLS 방식의 제품들이다. 이들 제품은 현재 시판되는 개인용 3D 프린터에 비하여 조형 사이즈와 재료의 한계에 구애 받지 않고 시제품을 제작할 수 있다.

국내에도 분말을 이용한 방식(SLS)의 3D 프린터 모델 중 플라스틱은 물론이고 금속 분말까지 조형할 수 있는 장비들이 도입되어 있으며 시제품 제작, 치과용 의치 제작 분야에 실제 활용되고 있다. SLA 방식의 3D 프린터는 주로 주얼리 디자인 분야에 폭넓게 활용되고 있다. SLA 방식으로 제작된 귀금속의 원형을 금이나 은으로 캐스팅(casting, 주물)하고 후가공 작업을 통해 완성하는 것이다.

3D 프린팅을 활용해 시제품을 제작할 때의 가장 큰 강점은 각 구동 부품을 완전히 조립된 상태로 출력해 가동 상태를 확인할 수 있고, 각 부품 간의 간섭을 비교적 짧은 시간에 확인할 수 있다는 것이다. 또 목업 제작에 들어가는 여러 과정을 생략하고 시제품을 볼 수 있어 비용과 시간이 절약된다.

그러나 현재 이러한 산업용 장비들은 국내 순수 제품이 아니고 100% 수입에 의존하고 있다. 아직 관련 기술들의 특허가 만료되지 않아 유사 장비를 만들 수 없는 것이 아쉽다.

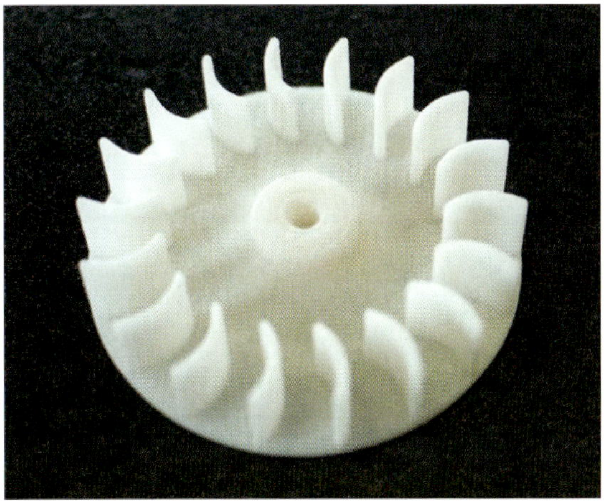

기계 등의 부품으로 사용할 수 있도록 산업용 3D 프린터로 출력한 예 ©EOS, 3DINUS

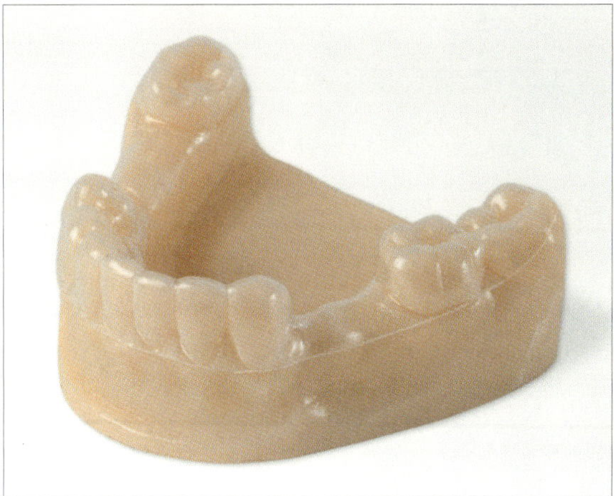

3D 프린터가 치과에서 활용되는 예 ©Javelin Technologies Inc.

국내에서는 3D 프린팅의 특허권이 만료된 FFF 방식의 오픈 소스 기반 3D 프린터를 중심으로 일반에 보급되고 있다. SLS 방식이나 SLA 방식에 비해 출력 품질이 낮고 출력 사이즈에 제한이 있는 점이 아쉽지만 개인이나 소규모 업체, 교육 분야에서 활용하기에는 재료와 프린터 하드웨어의 가격이 저렴하다는 장점을 가지고 있어 3D 프린터 보급에 가장 큰 역할을 하고 있다. 다만 아직 관련 교육과 활용 분야에 대한 연구가 미진한 것이 보급의 큰 걸림돌이 되는 듯하다. 또한 개인이 사용하기에는 아직 가격이 비싸고, 사용법이 널리 알려지지 않아 어려움이 있다. 기업에서 활용하기에는 출력 사이즈와 출력 시간이 느린 것 또한 걸림돌이 되고 있는 실정이다.

개인용 FFF 방식의 3D 프린터를 이용해 제대로 된 출력물을 얻으려면 사용자의 상당한 노력이 필요하다. 오픈 소스로 만들어져 있고 프린팅 방식 자체의 한계 때문에 발생되는 문제들에 대처하기 위한 노하우가 필요한 것이다. FFF 방식의 3D 프린터는 그 구동 방식과 소프트웨어가 사실상 모두 동일하다. 그럼에도 실제 사용해보면 출력물의 품질이 다르게 보이는 경우가 많은데 이는 사용자의 세팅과 노하우에 대한 차이이다.

개인이 FFF 방식의 프린터를 사용할 경우, 가정에서 작게 시작하는 사업, DIY 소품나 시제품의 목업용 제품을 만들 수 있으며 비교적 단순한 형태의 피규어 아트,

3D 프린팅으로 만든 스마트폰 거치대

주얼리 디자인. 라이노로 모델링한 후 3D 프린터로 출력해 주물을 만들어 완성한 작품 ©김태환

토이 작품을 만들 수 있다. 이외에 몇몇 특정 분야의 아티스트들이 실험적으로 사용할 만하다.

3D 프린터 기술을 통한 산업 전반의 변화는 아직 많은 시간이 걸릴 듯하다. 하지만 3D 프린터의 용도가 점차 확대될 것은 확실하다. 그리고 이를 활용할 지식 기반을 가지고 있는 것이 앞으로 변화될 미래에 대처하는 바른 자세가 아닐까 생각한다.

오픈 소스 FFF 방식의 3D 프린터는 그 활용이 개방되어 있어 사용자가 직접 개선하고 보수하는 것이 가능하다. 3D 프린터를 가지고 직접 자신이 새로운 활용 방안을 모색해볼 것을 권장한다. 그러기 위해 3D 모델링 능력을 갖추는 것은 필수이다.

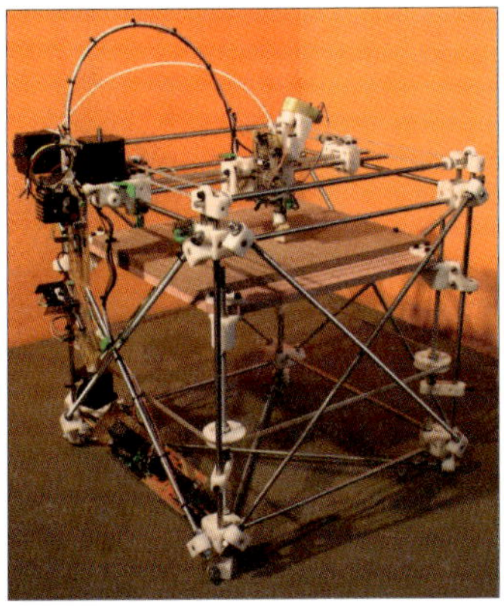

첫 자가 복제 3D 프린터 다윈
©RepRap Project

헉슬리 ©RepRap Project

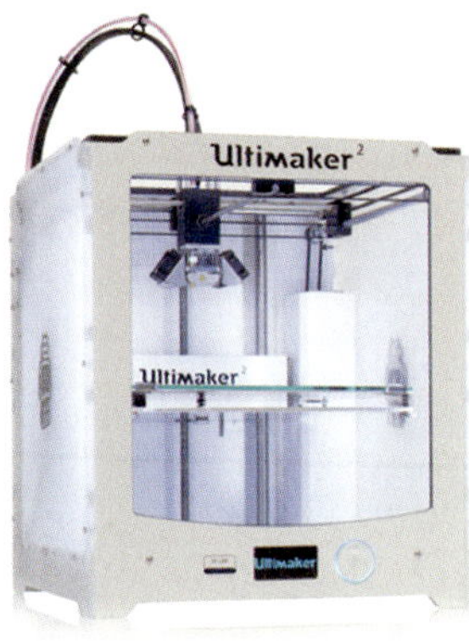

얼티메이커2 ©Ultimaker B.V.

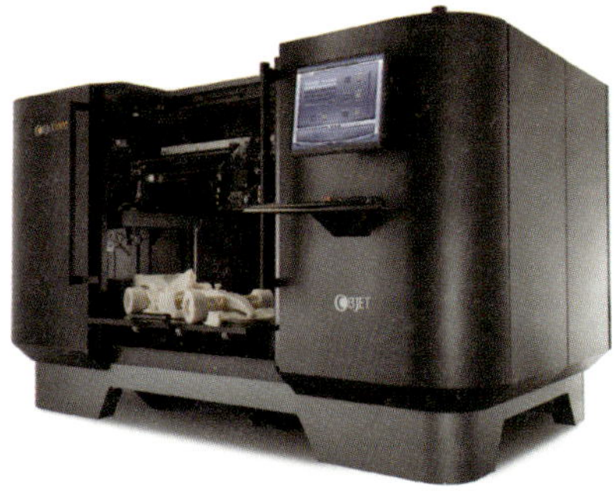

오브젝트1000 ©Stratasys

3D 프린팅 기본 과정과 필요한 도구 및 재료

3D 프린팅은 크게 모델링과 출력 과정을 거친다.
이 책에서는 각 순서에 필요한 프로그램 및 프로그램 사용법, 노하우를 설명한다.

3D 프린팅 기본 과정			방법	도구	재료
모델링	스케치			펜과 종이	
	모델링		3D 모델링 프로그램을 이용한 방법	라이노, 3D 스튜디오 맥스, 오토데스크 123D 등	
			3D 스캐너를 이용한 방법	아텍 에바, 메이컷봇 디지타이저, 아이센스 등	
프린팅	STL 변환 저장		모델링 프로그램에서 저장		
	슬라이싱 및 g코드 추출		슬라이서 프로그램을 이용한 방법	큐라, 키슬라이서, 메이커웨어 등	
			3D 프린터 자체 제공 프로그램을 이용한 방법	3D 시스템즈, 스트라타시스템 등의 전문가용 3D 프린터에서 제공하는 프로그램은 별도의 슬라이서, 호스트 프로그램 필요 없이 출력이 가능함	
	출력 준비	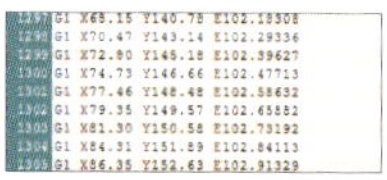	호스트 프로그램을 이용한 출력	프린트런, 리피티어 호스트 등	
		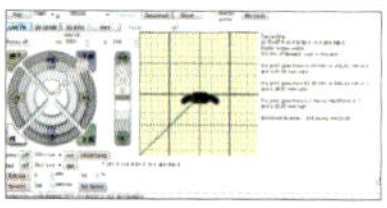	프린터 SD 카드 슬롯을 이용한 출력	SD 카드와 프린터 조그 셔틀	
	출력			3D 프린터 제조 업체의 프린터 및 자체 제작 프린터	ABS, PLA, 나일론(Nylon) 수지 등
				베드 접착 강화 도구 (캡톤테이프, 종이 마스킹테이프, 베이크라이트판 등)	
후가공 및 완성				결과물을 뜯기 위한 도구 및 서포트 제거 도구(커터칼, 디자인 나이프 등)	아세톤, 플라스틱 퍼티, 사포, 아크릴 물감 등

❷ 3D 프린터의 종류

3D 프린팅에는 다양한 방식이 존재한다. 대중화된 방식의 필라멘트를 이용한 방식을 비롯하여 광경화성 수지를 이용한 방식, 분말을 이용한 방식 등이 있다. 각 방식의 프린터에 대하여 자세히 알아보자.

필라멘트를 이용한 방식

Fused Filament Fabrication (FFF)

특징 및 장점 열가소성 고체 필라멘트를 열로 녹여 한 층씩 쌓아가며 조형하는 것으로 대중적으로 사용되는 핫멜트건(글루건)과 흡사하다. 즉 핫멜트건을 사용해 접착제를 한 층 쌓은 후 고체가 될 때까지 식히고 다음 층을 쌓는 방식으로 입체를 만드는 것과 같다. 따라서 용융점(녹는점)까지 온도를 높여줄 가열 장치와 용융된 소재를 사출할 노즐이 필요하다. 노즐을 이용하기 때문에 다양한 소재와 강도를 가진 플라스틱 재료를 사용할 수 있을 뿐만 아니라 합성 목재 수지나 식용 재료 등의 프린팅으로 응용도 가능하다. 무엇보다 저렴한 재료 가격과 프린터 가격이 매력적이다. 현재 3D 프린터의 보급과 대중화에 있어 선두주자이며 본서에서 다루는 프린팅 방식 역시 필라멘트를 이용한 방식이다. 또한 렙랩(reprap) 오픈 소스 프로젝트로 모든 정보가 개방되어 있어 전자 기계 지식이 조금 있는 사람이라면 프린터 자체를 개발하고 업그레이드까지 직접 할 수 있다.

단점 수지를 직접 녹여 한 층씩 적층하는 방식으로, 노즐이 움직이며 소재를 사출하면서 성형하기 때문에 정밀도가 떨어지고 속도가 느리다. 또한 사출물이 식으면서 발생하는 수축 현상으로 인해 적정 온도를 맞추지 못하면 출력물이 갈라지는 결과를 초래하기도 한다.

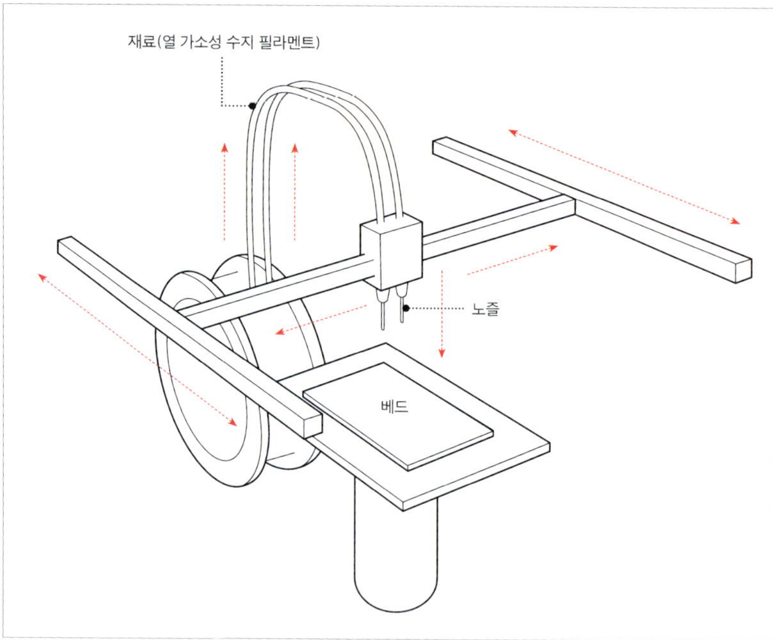

필라멘트를 이용한 방식의 3D 프린터 구조. 열가소성 플라스틱류(PLA, ABS), HDPE, 나일론, 레이우드(Laywood), 공정 반응 금속류, 식재료 등 다양한 재료를 응용할 수 있다.

필라멘트를 이용한 방식의 3D 프린터 ©오픈크리에이터즈

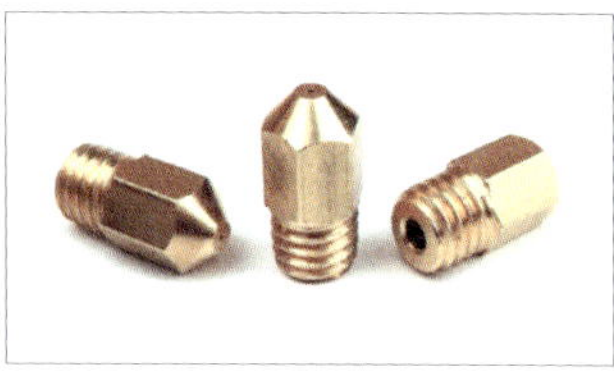

필라멘트를 이용한 방식의 3D 프린터에서 사용하는 노즐

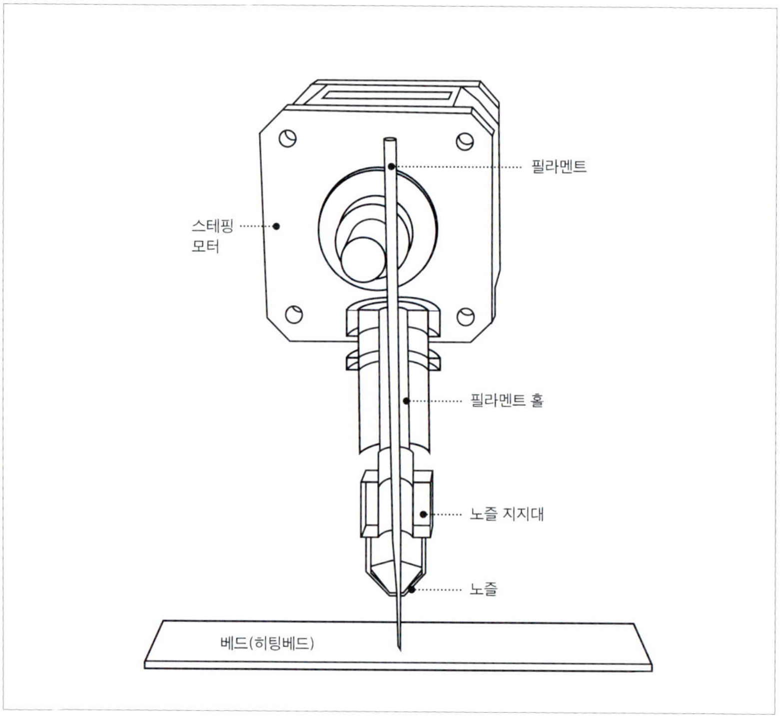

필라멘트를 이용한 방식의 3D 프린터 압출기의 구조

광경화성 수지를 이용한 방식

Stereolithography Apparatus, Digital Light Processing (SLA, DLP)

특징 및 장점 광경화성 수지란, 액체 상태의 플라스틱 수지로 특정 부분에 빛이 조사되면 단단하게 굳어지는 특수 플라스틱 수지를 일컫는다. 광경화성 수지를 이용한 방식의 프린터는 레이저나 자외선을 이용하여 국소적으로 빛을 조사하여 필요 부분만 수지를 굳혀 조형한다. 필라멘트를 이용한 방식과 비교해 출력 속도가 빠르며 디테일이 뛰어나다.

단점 프린팅 후, 액체 수지를 씻어 내는 과정이 필요하고 레진(재료)의 강도가 뛰어나지 않은 단점이 있다. 재료인 광경화성 수지의 가격이 높고 개인용 프린터의 생산량이 적어 보급이 더디다.

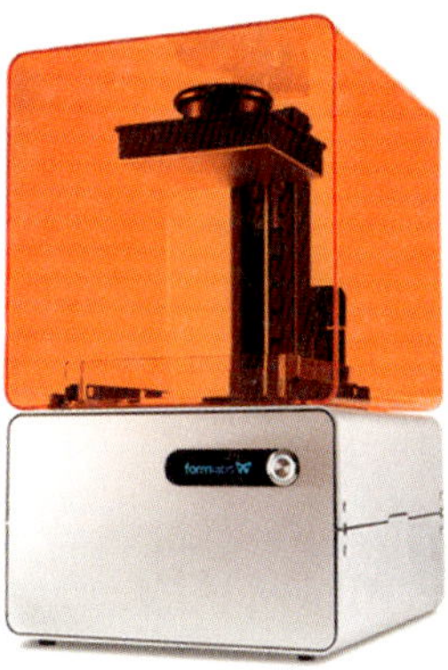

광경화성 수지를 이용한 방식의 3D 프린터 ©Formlab

광경화성 수지를 이용한 방식의 3D 프린터로 출력한 체스말

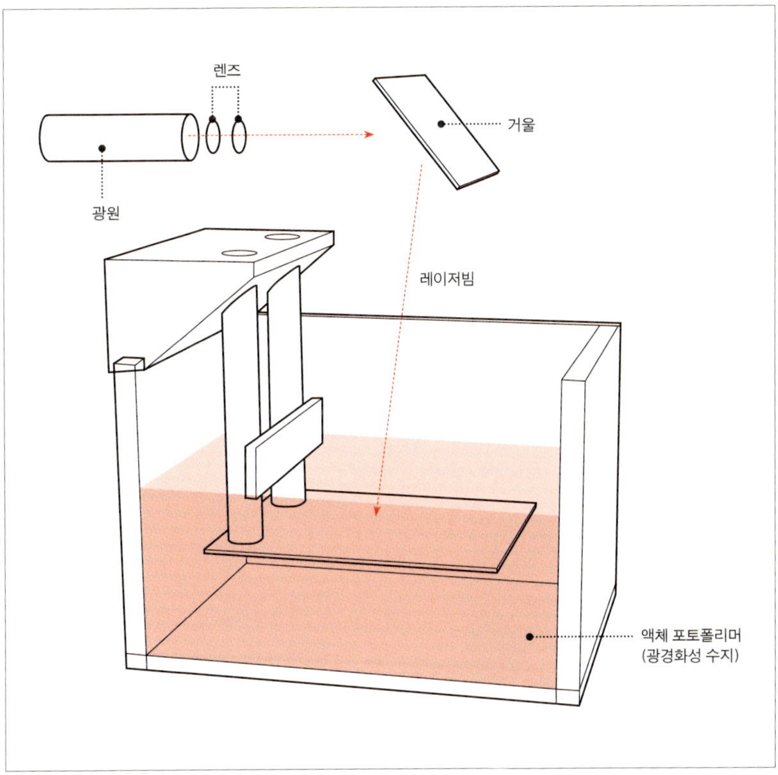

광경화성 수지를 이용한 방식의 3D 프린터 구조

분말을 이용한 방식

Selective Laser Sintering

특징 및 장점 미세 분말로 된 수지나 돌가루, 금속가루 등을 레이저 빛을 이용해 가공하여 단단하게 만들거나 접착제를 뿌려 적층해 프린팅한다. 광경화성 수지의 단점인 후처리의 어려움이 덜하다. 분말을 이용한 방식의 프린터 중에는 금속가루를 사용하는 기종도 있어 치과에서 필요한 의치나 자동차 부품 등을 직접 만들 수도 있다. 이외에도 돌가루 분말에 접착제를 분사하는 방식으로 입체물을 성형하는 프린터도 있다. 오브젯 방식(Object)이라 불리는 이 프린터 기종은 다양한 색상의 프린팅도 가능한 것이 가장 큰 장점이다.

단점 광경화성 수지와 마찬가지로 원료 가격이 높다. 또한 분말을 균일하게, 넓고 엷게 펴주는 기술을 실현하기에 아직 장비 제조 비용 또한 많이 들어 보급이 쉽지 않다.

분말을 이용한 방식의 3D 프린터
©3D SYSTEMS

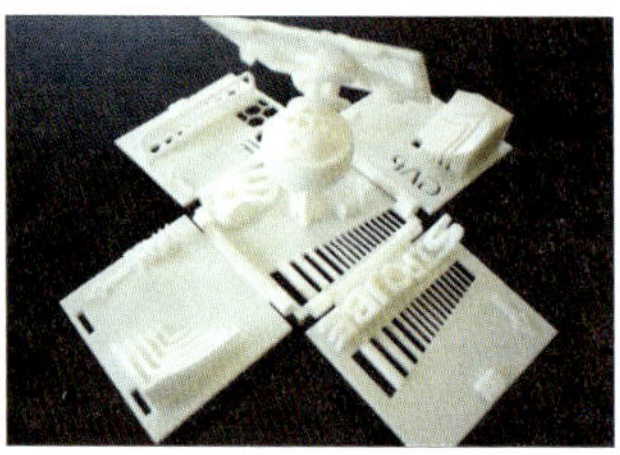

분말을 이용한 방식의 3D 프린터로 출력한 예

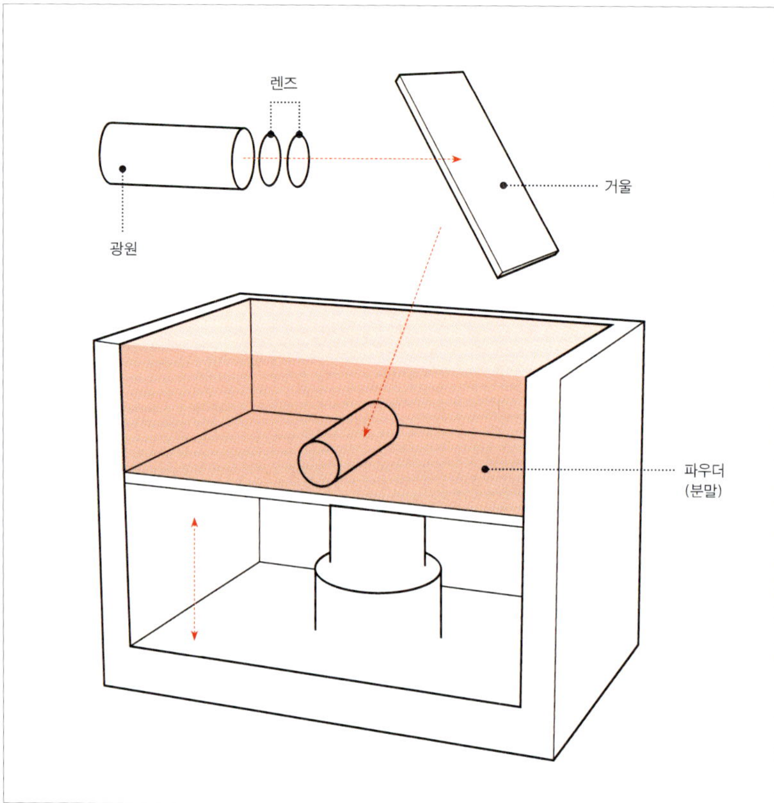

분말을 이용한 방식의 3D 프린터 구조

분야별 추천 3D 프린터

1. 제품 디자인 목업 제작

SLS 방식의 경우 제품 목업 제작 시 조립이 완료된 형태로 프린팅이 가능하다. 이때 플라스틱 분말을 재료로 하는 프린터를 활용하는 것이 유리하다.

2. 건축 모형 및 작품 제작

SLS 방식의 모든 3D 프린터 사용을 권장한다. 분말 프린터 중에는 컬러로 출력이 가능한 3D 프린터가 다수 있다. 석재 분말을 접착제로 경화하는 방식이라 출력물에서 탄성을 기대할 수는 없지만 색상을 포함하여 조감도에서 보여주는 이미지를 모형으로 바로 제작할 수 있는 장점이 있다.

3. 정밀 모형과 주얼리 디자인 원형

광경화성 수지를 이용한 SLA 방식의 3D 프린터 사용을 권장한다. SLS 방식보다 더욱 조밀하게 출력되며 출력물이 투명한 것이 장점이다. 주얼리 분야에서는 출력물을 귀금속으로 다시 캐스팅하는 것이 가능해 이미 많이 활용되고 있다.

4. 가정에서의 장난감 모형 및 소품 제작

FFF 방식의 3D 프린터를 추천한다. 가격이 저렴하고 접근이 쉽다. 고가의 산업용 FFF 프린터의 경우 열가소성 수지의 물리적 특성을 거의 그대로 가지고 있어 시제품 용도로 뿐만 아니라 실험용으로 다양하게 활용할 수 있다. 다만 가정용과 실제 산업용 FFF 프린터의 품질은 비교할 대상이 아니라는 점을 가정용 3D 프린터 사용자들이 알아야 할 것이다.

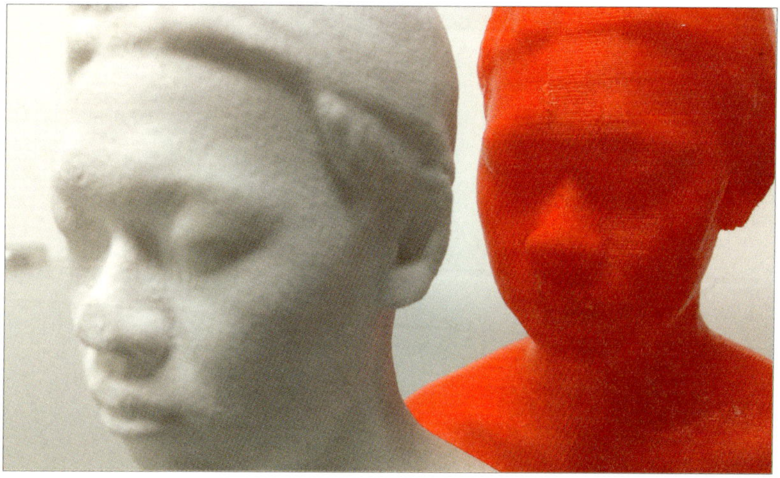

같은 모델을 분말을 이용한 방식(SLS)의 3D 프린터와 필라멘트를 이용한 방식(FFF)의 3D 프린터로 출력한 예

보급형 FFF 3D 프린터의 선택

가정용 3D 프린터는 모두 오픈 소스 프로젝트를 기반으로 만들어졌다 해도 과언이 아니다. 프린터 제조 회사에서 자신들이 수많은 출력 테스트를 거친 후 프린팅 소프트웨어나 프린터의 각 부품을 움직이기 위한 펌웨어(firm ware)를 최적화해 출시하지만 그 기반은 모두 오픈 소스이다. 그리고 이 오픈소스는 g코드(g-code)라는 캠(CAM, 컴퓨터 제어를 통한 기계 조작) 분야에 널리 퍼져 있는 일종의 규격을 따르고 있기 때문에 대부분의 프린터에서 이 g코드를 통해 출력이 가능하다. 아울러 보충 설명을 하자면 g코드는 CNC 머시닝 분야에도 사용되고 있기 때문에 현재 오픈 소스 기반의 3D 프린터의 구조를 빌어 해외에서는 다양한 CNC 기계를 개발하거나 레이저 커팅 머신 등을 만들어 가정에서 자작 도구로 활용하는 사례도 적지 않게 찾아볼 수 있다.

어쩌면 가정용 3D 프린터를 선택함에 있어 가장 중요한 점은 바로 사용자 자신이 이 프린터를 얼마나 알고 공부할 것이며 잘 다룰 마음의 준비가 되어있는가일 수도 있겠다.

보급형 3D 프린터 모델은 크게 직교 구동 방식과 델타 구동 방식으로 나누어 볼 수 있다. 3D 프린터는 기본적으로 로봇이다. 그리고 개발자들 사이에서 만들어진 로봇 구동 방식에 의해 형태와 구조가 달라진다. 직교 구동 방식과 델타 구동 방식은 너무나 다른 개념이어서 이미지를 함께 보면서 알아보는 것이 좋을 듯하다.

직교 방식 3D 프린터

델타 방식 3D 프린터

먼저 직교 방식은 박스형과 하이브리드 방식으로 나누어 볼 수 있다. 박스형은 노즐이 X, Y축으로 움직이면서 베드를 고정한 채 출력하는 방식이다. 메이커봇(makerbot)의 리플리케이터(replicator)와 얼티메이커(ultimaker), 솔리두들(solidoodle)이 박스형 프린터의 대표주자이다. 하이브리드 방식은 필자가 예전에 레이저 커팅 장비들을 보면서 알게 된 단어인데, 베드가 특정 축 방향 하나를 담당하면서 소재를 이동시키면서 가공하는 방식을 일컫는다. 3D시스템즈(3D systems)의 큐비(cuby)와 폼1(form1) 그리고 국내의 엔피 멘델(np-mendel)과 왈메이커(walmaker) 등이 하이브리드 방식의 3D 프린터이다.

델타 구동 방식은 X, Y, Z의 축을 별도로 구분하지 않고 동시에 수직 방향으로 움직이는 축에 붙은 팔(arm)이 X, Y, Z축으로 움직이면서 프린팅을 한다. 구동부를 제작하는 데 많은 부품이 들어가지 않고 간결한 장점이 있다. 또한 구동부의 무게가 가벼워 빠른 출력이 가능하다. 하지만 기본적으로 FFF 방식의 3D 프린터에서 사용하는 재료의 물성의 한계 때문에 큰 차이는 없다고 보는 편이 맞다. 다만 움직임이 상당히 흥미로워 키네틱 아트나 미디어아트 작가라면 한 번쯤 눈길이 갈 것이라 생각된다.

TIP CNC 머시닝

X, Y, Z축으로 움직이는 로봇으로 물체를 깎아 조형하는 기술으로, 3D 프린팅과 마찬가지로 물체를 컴퓨터로 조형하는 기술의 하나이다. 로봇을 움직이기 위해 3D 모델링 데이터 혹은 CAD 도면 등이 필요하다. 이 도면을 g코드로 만들어 물체를 가공한다. 이때 정밀도는 0.Xmm 단위까지로 정밀한 가공이 가능하다.
3D 프린터도 이 CNC의 한 부분으로 보아도 무방하다. 특히 오픈 소스 3D 프린터의 가장 중요한 포인트 중 하나는 이 CNC 가공법에 대해 일반인이나 학생들이 저렴한 비용으로 접근할 수 있게 된 것인지도 모른다.

CNC로 가공한 알루미늄

3D 프린터 선택 시 유의 사항

프린터를 선택할 때는 자신의 프린팅 용도에 맞게 사양을 반드시 확인하여야 한다. 다음에 유의하여 프린터를 선택하자.

1. 구동부에 사용된 부품을 잘 살펴보는 것이 중요하다.

프린터 선택 시 제일 중요한 부분은 노즐과 압출기(익스투르더, extruder) 부분이다. 열가소성 수지를 녹여 출력하는 FFF 방식(필라멘드를 이용한 방식)의 프린터에서는 수지가 노즐의 히팅 파이프(heating pipe)에서 막히는 현상이 빈번히 일어날 수 있다. 특히 재료 중 PLA는 열이 가해지면 마치 접착제처럼 끈적이게 되는 특징이 있다. 또 압출기에서 밀어주는 부분까지 열이 올라와 노즐까지 채 가기도 전에 재료가 녹아 엉겨 붙는 문제가 발생할 수 있다. 해외 사용자들은 이 문제를 해결하고자 많은 노하우를 공유하고 있다. 그러나 아직 프린터 보급 초기 단계인 국내에서는 이러한 문제를 잘 알지 못해 프린팅에 실패하거나 자칫 프린터가 망가진 것으로 판단하는 사용자가 많을 것이라 예상된다.

프린터를 구매하기 전에 반드시 제조사를 통해 프린터 노즐 부분을 어떻게 만들었는지 잘 알아보는 것이 중요하다. 원활한 출력을 위해서는 노즐 구성에 반드시 피크(peek)라는 특수 플라스틱으로 만든 부분과 냄비나 후라이팬 코팅에 많이 사용되는 테프론 튜브(Teflon Tube)가 있는지 살펴보도록 한다. 이 부품들은 노즐 부분에 장착된 히터의 열이 압출기 부분까지 전달되어 재료가 녹아 압출기에서 밀어주는 힘을 발휘하지 못하는 문제와 재료가 녹아 재료를 투입하는 구간에 눌어 붙어 막히거나 재료가 안정적으로 밀려나오기 위한 마찰력을 최소화하는 데 큰 도움을 준다.

압출기에서 투입되는 재료를 잘 밀어주기 위한 구조와 열을 식히기 위한 준비가 되어있는지 역시 잘 살펴보아야 한다. 필자의 경험에 의하면 보급형 3D 프린터 노즐은 직경이 0.4~0.8mm인 제품이 대부분이다. 2D 프린터에 비하면 상당히 노즐의 구경이 큰 편이다. 노즐에서 재료가 잘 나오지 않을 때에는 노즐의 고열로 재료가 탄화(플라스틱이 장시간 열에 노출되면 그 본래의 물성을 잃어버리고 마치 숯이나 재처럼 고체가 되어 버린다)되어 막히는 것이 대부분이다. 이런 경우 공구점이나 모형점에서 판매하는 핀바이스(1mm미만의 소형 수동드릴)와 날을 구입해 노즐을 Z(높이)축 방향으로 충분히 올려 탄화된 재료를 제거해주면 간단히 해결할 수 있다.

2. 구동 모터의 용량을 확인해야 한다.

구동 모터는 단순하다. 크기가 클수록 힘이 세진다. 많은 프린터들이 홀딩토크 2.8kg정도의 힘을 가진 모터를 사용해 프린터를 제작한다고 알려져 있다. 안정적인 출력과 품질을 위해 프린터의 속도를 낮추어 사용한다고 가정하면 큰 모터의 필요성은 중요하지 않다. 하지만 만일을 대비해 프린터에 사용되는 모터의 사이즈와 최대 출력 속도를 확인해보자. 이때 실사용 시 최대 출력 속도는 무의미함을 잊어서는 안 된다. 프린터 업체에서 말하는 최대 속도로 프린팅을 하게 되면 출력물의 표면이 너무 거칠게 출력되거나 장시간 사용 시 탈조(축이 뒤틀림) 현상으로 프린팅에 실패할 확률이 높아진다.

3. 지원하는 재료 및 히팅베드의 유무를 살펴보아야 한다.

FFF 방식 프린터의 출력 재료는 크게 PLA와 ABS이다. 사실상 ABS는 프린터에서 제공하는 큰 출력물(가로, 세로, 높이 각각 200mm정도)을 출력하는 것이 불가능에 가깝다. 출력 영역이 모두 막힌 상태나 프린팅 공간(chamber)의 내부 온도를 고온으로 유지 시켜준다면 가능할지도 모르지만 출력물이 식으면서 자체 수축률 때문에 표면이 갈라지는 불상사를 흔히 볼 수 있다. PLA는 보다 큰 출력물을 출력하기도 수월하고 ABS처럼 독한 냄새도 뿜어내지 않는다. 때문에 프린터 제조 업체에서는 PLA 출력 시 거의 불필요한 히팅베드를 제거하고 출시하기도 한다. 하지만 PLA 또한 수축이 있어 큰 출력물을 출력하다 보면 자칫 변형이 생길 수 있다. 그러므로 프린터 베드의 히팅베드 유무를 꼭 확인하도록 하자. 히팅베드가 없으면 작은 ABS출력물도 출력이 불가능하다. ABS는 강도와 탄성이 좋아 다양한 플라스틱 제품을 만드는데 광범위하게 사용된다.

FFF 방식 프린터의 재료

1. ABS 수지

우리 주변의 수많은 플라스틱 제품들의 재료 중 하나인 ABS 수지는 그 강도와 사용성이 좋아 FFF 프린터의 주재료로 사용된다. ABS 플라스틱 필라멘트는 가격이 저렴하고 프린팅 후에 사출 성형한 ABS 제품과 유사한 강도를 가지고 있어 많은 3D 프린터 사용자들이 사용하고 있다. 하지만 수축률이 높아 사용하기가 약간 까다로운 단점을 가진다. 수축을 줄이는 방법은 가열판을 프린터에 설치하여 사용하는 것인데 최근 FFF 방식의 프린터 중에는 이런 가열판(히팅베드)을 제외하고 한 가지 재료만을 지원하는 프린터들이 많이 출시되고 있다.

2. PLA 수지

옥수수에서 추출된 친환경 재료로 만들어진 PLA 수지는 자연 분해되는 특성을 가지고 있다. 최근 많은 플라스틱 제품들이 PLA 수지로 만들어지고 있으며 최근 3D 프린터용 필라멘트로 제작되어 많은 사용자들이 PLA 수지를 이용해 작품을 제작하고 있다. ABS 수지에 비해 강도는 약하지만 수축이 적어 보다 안정적으로 출력할 수 있을 뿐만 아니라 보다 큰 출력물을 만들기에 좋다. 또한 냄새가 없고 히팅베드가 필요 없는 것이 장점이다.

3. 나일론(Nylon) 수지

의복을 만드는 플라스틱 섬유로 잘 알려진 나일론은 얇은 출력물을 출력할 경우 신축성을 가지며 염색이 가능한 장점이 있다. 또한 일정량 이상의 두께를 가진 출력물을 출력할 경우 ABS보다 강도가 좋아 기계 부품을 만드는 데 적합하다. 하지만 녹는 온도가 ABS보다 높고 수축률이 높아 상용하기 어려운 단점이 있다.

4. HIPS 수지

최근 국내에 출시되기 시작한 HIPS 수지는 고강도 스틸렌 수지로 프라모델을 만들거나 스티로폼을 만드는 등의 다양한 방면에서 사용된다. ABS와 PLA 중간 정도의 강도를 가지고 있지만 녹는점이 ABS와 마찬가지로 높은 편이다. HIPS는 리모넨이라는 오렌지에서 추출된 물질에 의해 녹는 성질을 가진다. 해외에서는 ABS와 HIPS를 주재료와 보조 재료로 선택해 보조 재료인 HIPS를 리모넨 액체에 녹여 없애는 방법으로 출력하는 실험 사례도 많다.

5. PVA 수지

물에 녹는 특성을 가지는 PVA 수지는 주재료로 프린팅에 활용되기보다는 보조 재료로 ABS와 함께 사용된다. 그러나 듀얼 노즐 프린터의 경우 아직 보급이 많이 되고 있지 않아 서포터와 주형상을 따로 모델링해서 프로그램해야 하는 번거로움이 있어 아직 자주 사용되지는 않는다.

6. 그 외 재료

3D 프린터용 필라멘트 중에는 나무가루가 섞여 목재의 느낌을 내는 재료와 여러 색상이 섞인 재료, 온도 변화에 색상이 변하는 필라멘트도 있다.
간혹 FFF 방식 프린터 업체 중 금속 3D 프린팅이 가능하다는 문구로 소비자를 현혹하는 사례가 있다. 그러나 이것은 PLA 등의 수지에 금속가루를 집어 넣은 것에 불과해 금속의 실제 물성을 기대할 수 없으므로 눈으로 확인한 후 자신의 용도에 맞는지 고려하여 구입하도록 한다.

다색 필라멘트를 활용한 출력물

목재 느낌을 내는 재료를 활용한 출력물

TIP **재료에 따른 대략적 가격 비교**

FFF 방식

- PLA 필라멘트: 1kg당 25,000~30,000원
- ABS 필라멘트: 1kg당 20,000원 이하
- 나일론(Nylon) 필라멘트: 500g당 25,000원

SLA 방식

- 광조형 레진: 1kg당 7~10만원

SLS 방식의 경우 다양한 분말 재료들이 있어 개략적 소개가 불가능하여 소개하지 않았다.

국내 3D 프린팅 관련 업체 및 정보 포털 소개

오픈크리에이터즈 (http://www.opencreators.com)

국내에서 처음으로 데스크탑용 3D 프린터를 만들기 위한 모임 오픈크리에이터 카페를 개설하고 키트화했으며 제품화까지 성공하였다. 오픈크리에이터즈는 국내 최초의 데스크탑 3D 프린터인 엔피 멘델(np-mendel)을 개발했으며 최근 아몬드(almond)라는 신제품을 출시했다. 아몬드는 자동 베드 수평 맞춤 기능을 갖고 있을 뿐만 아니라 특허 출원 중인 노즐 구조로 막힘 현상이 거의 없다. 뛰어난 쿨링 구조와 정밀도로 출력물 품질에서 타의 추종을 불허한다. ABS, PLA, 나일론 등 다양한 재료의 출력이 가능하고 디자인 또한 훌륭하다. 최근 뛰어난 제품 디자인을 인정받아 레드닷 어워드(RedDot Award)에서 수상했다. 오픈크리에이터즈는 그들의 처음 출발점인 개발 카페를 체계적으로 운영하고 있어 3D 프린터를 사용하고 만드는 사람들의 정보를 공유하고 있기도 하다. 이곳에서 만들어진 다양한 정보와 교류를 바탕으로 아몬드가 만들어졌다 해도 과언이 아니다. 오픈크리에이터즈는 용산 전자랜드에 전문 매장을 갖고 있으며 매장과 별도로 DIY작업 공간의 일종인 크리에이터즈 스페이스(creators space)를 운영하고 있다. 무엇인가를 만들려는 열정을 가진 사람이면 누구나 멤버쉽에 가입하고 갖추어진 장비를 활용해 자신만의 창의력을 바탕으로 새로운 것을 만들어 보고 실험할 수 있는 장소를 제공하고 있다.

XYZist (http://xyzist.com)

국내외 3D 프린터 관련 정보를 총망라한 정보 포털 XYZist(http://xyzist.com)는 순수하게 운영자인 김수민씨의 열정 하나로 만들어진 사이트이다. 새로운 프린터 출시 소식과 관련 정보, 그리고 3D 프린터에 관련된 지식이 모두 총망라되어 있다. XYZist는 필자가 프린터를 사용하고 관련 정보를 찾기 위해 자주 찾는 사이트이다. 본 책에서 미처 다루지 못한 귀중한 자료들이 풍부하게 잘 정리되어 있다. 프린터를 사용하면서 겪는 문제점에 대한 정보나 새로운 프린터에 대한 소식, 새로운 모델링 기법 등이 궁금하면 http://xyzist.com을 방문하여 쉽게 궁금증을 풀 수 있다.

3D 프린팅 대행

여러 가지 3D 프린팅 방식이 존재하지만 대행 업체를 이용하기 위해서는 아직 많은 비용이 들어간다. 산업용 3D 프린터는 장비 자체가 고가이고 출력 시 사용되는 재료 또한 새로운 소재이기 때문이다. 3D 프린팅 대행을 선택한다면 다음과 같은 조건에 의해 가격이 결정된다.

1. 조형 사이즈

프린터의 조형 크기에 따라 장비의 가격에 많은 차이가 있다. 기본적으로 산업용 3D 프린터는 수천만 원에서 수억 원을 호가한다. 출력 영역이 커지면 그 가격이 기하 급수적으로 늘어난다.

2. 조형 시간

출력물의 크기에 따라 조형 시간이 길어지는 것은 당연하다. 장비가 커진다고 더욱 빠른 출력 속도를 제공하지는 않는다. SLA와 SLS 방식은 속도면에서는 FFF 방식과 비교할 수 없이 빠른 편이다. 그러나 SLA나 SLS 방식 모두 재료를 굳히는 시간이나 조형 레이어를 쌓는 시간(높이 방향으로 재료를 쌓는 과정)이 출력물의 품질과 강도, 디테일 모두에 영향을 주기 때문에 함부로 속도를 높일 수 없다.

3. 조형 재료의 가격

광경화성 수지와 레이저 소결 분말 모두 신소재로 제조 단가가 매우 비싸다. 같은 양으로 볼 때 열가소성 수지 필라멘트에 비해 수 배에서 수십 배의 가격을 가지고 있다.

산업용 3D 프린팅을 보다 저렴하게 이용하기 위해서는 출력물을 나누어 레이어를 적게 쌓도록 하는 방법을 권장한다. 또한 업체에 출력을 의뢰할 때 출력 재질이 망가지지 않고 후처리 가공을 할 수 있는 방법이 있는지 먼저 문의한 후, 모델링을 최대한 나누어 출력하고, 접착과 표면 정리 과정 등 후작업을 거쳐 출력 시간을 절약해 비용을 줄이는 방법을 권장한다. 가정용 3D 프린터로 작업을 할 때에도 조형에 유리한 방향으로 출력물을 나누어 출력함으로써 프린터의 최대 출력 사이즈를 넘는 출력물도 제작할 수 있다. 3D 프린팅은 이전의 캐스팅(casting, 주조)기술에 비하여 비약적으로 정밀도가 뛰어나기 때문에 부분 부분을 분할해 출력해도 출력물의 부품들의 어긋남이 적어 충분히 활용할 가치가 있는 노하우이다.

❸ 3D 모델링 방식의 종류

3D 프린터를 사용하기 위해서는 입체를 표현한 3D 데이터가 필요하다.
이 3D 데이터를 그래픽 프로그램을 이용하여 만드는 것을 3D 모델링이라고 한다.
현재 3D 모델링 방식은 3개이며 프로그램에 따라서 사용하는 모델링 방식이
다르기 때문에 각 방식의 특징을 파악하고 필요한 용도에 맞게 선택하도록 한다.

폴리곤 방식

폴리곤(poligon) 방식은 삼각형을 기본 단위로 모델링한다. 어떤 상태에서도 평면인 삼각형을 활용하여, 삼각형의 꼭지점을 연결해 입체 다각형을 만들어 간다. 연결된 다각형 선들을 메쉬(mesh, 망)라고도 부르는데 메쉬 데이터의 갯수가 모델링의 디테일을 구현하는 데 사용된다. 여타 모델링 방식에 비하여 데이터 계산이 빠르다. 때문에 다른 방식에 비해 데이터가 가벼운 장점이 있지만 정확도가 떨어지는 것이 단점이다. 궁극적으로 곡선의 처리를 하지 않으므로 다양한 보간(保間) 방법으로 모델링을 부드럽게 보이도록 한다.

넙스 방식

넙스(nurbs) 방식은 선과 선으로 면을 만들고 면을 이용해 입체를 만든다. 폴리곤 방식에 비해 많은 계산이 필요하지만 부드러운 곡선을 이용한 모델링에 용이하며 폴리곤 방식보다 정확한 모델링이 가능하다. 주로 제품, 건축 등 실물 제작을 위한 설계에서 많이 사용된다. 하지만 넙스 방식은 '선'과 '면'의 정보밖에 없어 기계 부품 설계에는 적합하지 않다.

솔리드 방식

넙스 방식이 선과 면으로 모델링을 한다면 솔리드(solid) 방식은 면이 모여 입체가 만들어진 상태, 즉 속이 꽉 찬 물체 등을 모델링하는 데 사용한다. 솔리드 방식으로 모델링할 경우, 재질의 비중을 계산해 무게 등을 측정할 수 있다. 즉, 실제 재질의 특성을 그대로 반영한 모델링이 가능하다. 또한 공기 역학, 열 역학 등의 과학적인 시뮬레이션이 가능한 것이 장점이다. 계산 방식이 가장 무거워 고성능 컴퓨터(워크스테이션) 등에서 비행기, 선박, 건축 설계 등에 활용될 때 그 장점이 발휘된다.

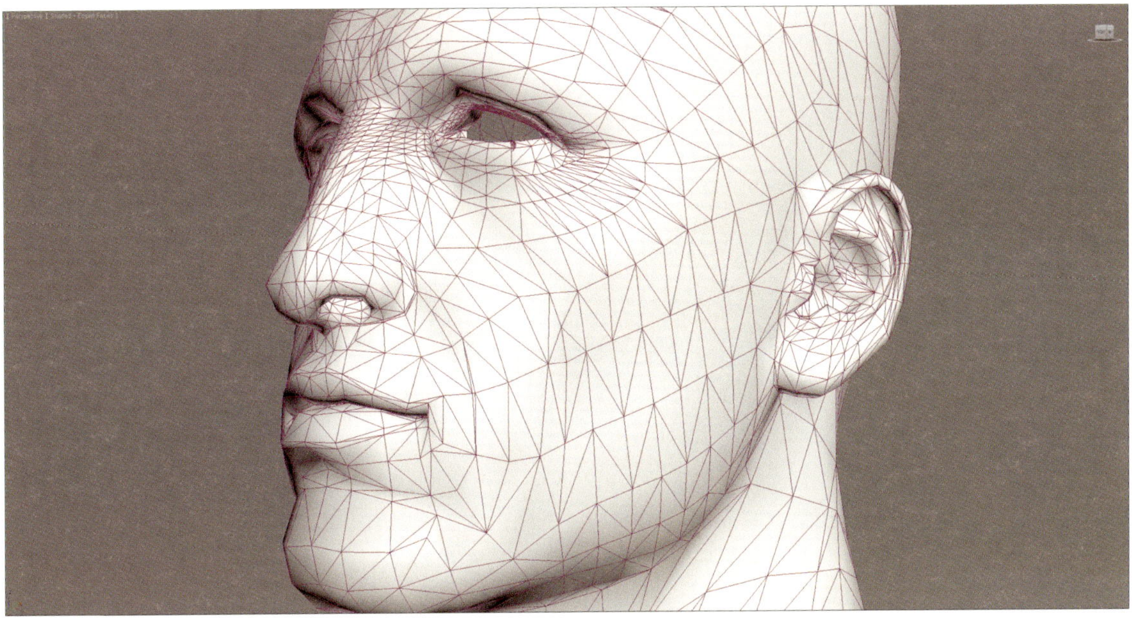

폴리곤 방식의 모델링 데이터

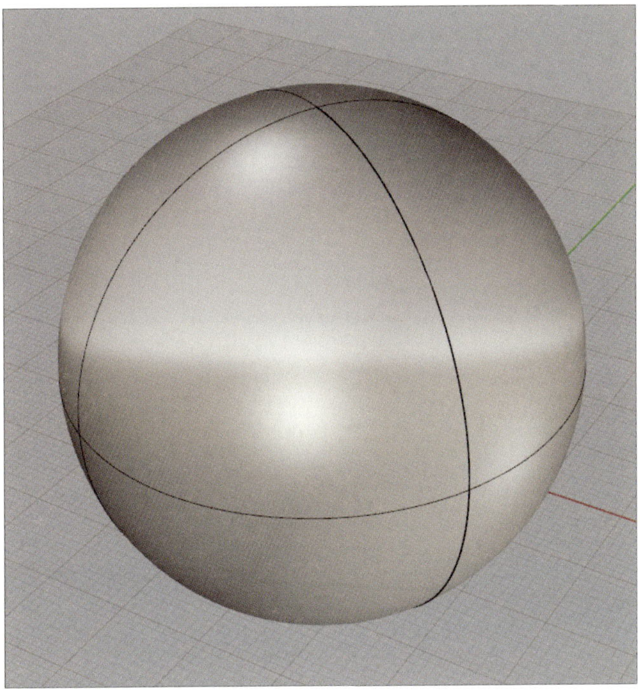

넙스 방식의 모델링 데이터

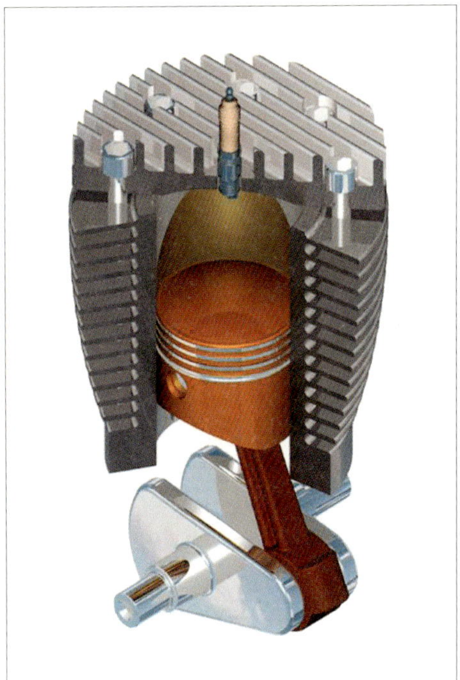

솔리드 방식의 모델링 데이터

④ 3D 모델링 프로그램의 종류

3D 모델링 프로그램은 각각 특성과 사용법이 조금씩 다르며 어떤 프로그램을 사용하는가에 따라 작업의 방향과 결과물이 달라진다. 어떤 프로그램을 배워야 할지 모르는 이들을 위하여 간략하게 대표적인 3D 모델링 프로그램을 소개하고자 한다. 최근에는 3D 프린터의 보급과 스마트 폰, 스마트 패드 등의 등장으로 더욱 직관적이고 사용하기 쉬운 프로그램들이 등장하고 있다.

라이노 Rhino

특징 기본적으로 넙스 방식으로 모델링을 하며 점과 선으로 면을 만들고 면을 붙이고 자르면서 입체 모델링을 한다. 솔리드 방식도 가능하며 다양한 플러그인들이 개발되어 있다.

활용 범위 기본적으로 캐드(CAD)에 속하는 라이노는 처음에는 학생들이 쉽게 배우기 위한 프로그램으로 시작되었다. 오늘날에는 수많은 제품 디자이너와 주얼리 디자이너, 건축 디자이너와 선박 디자이너, 작가들 사이에서 폭넓게 사용되고 있다.

활용법 본서에서는 3D 모델링 프로그램으로 라이노를 채택했다. 폴리곤 방식에서 불가능한 정밀한 치수를 통한 모델링과 함께 3D 스튜디오 맥스와 같은 폴리곤 메쉬 모델링과 편집도 가능하여 그 활용도가 높으며 배우기 또한 쉽다. 또한 모델링의 평면 전개 기능이 있어 평면 재료로 입체를 만드는 작업도 가능하며 모델의 자동 도면 제작 기능도 가지고 있다.

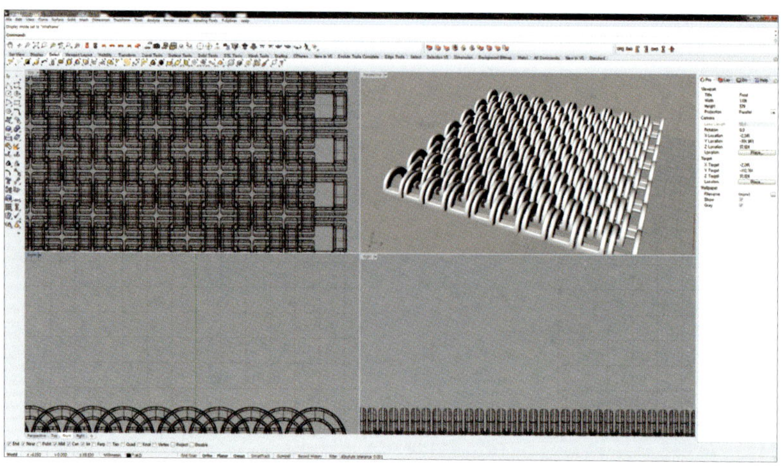

3D 스튜디오 맥스 3ds max와 마야 MAYA

특징 가장 대중적인 폴리곤 방식의 프로그램으로 가볍고 빠르게 모델링할 수 있다. 하지만 직선으로 이루어진 모델링을 하므로 실제로 물체를 만들기 위한 정밀한 도면 제작은 불가능하다.

활용 범위 게임, 애니메이션, 영화, 조감도, 컴퓨터 그래픽 작업에 많이 사용된다.

활용법 사실감 있는 표현을 위해 폴리곤 모델링 위에 2D 이미지를 매핑(mapping)하는 작업을 수반한다. 또한 미흡한 라운드 처리를 극복하기 위해 곡면을 미세한 삼각형으로 쪼개어 표현하기도 한다. 하지만 미세하게 쪼개면 쪼갤 수록 메쉬 꼬임 등의 문제가 발생한다.

3D 프린팅을 위해 폴리곤 방식의 프로그램을 사용하는 것이 불가능한 것은 아니다. 하지만 실제로 3D 스튜디오 맥스로 모델링한 캐릭터 등을 3D 프린터로 출력해 보면 STL 파일로 변환하면서 각진 면들이 드러나게 된다. 라이노를 비롯한 넙스, 솔리드 방식의 모델링 프로그램에서는 이러한 부분을 보다 효과적으로 처리하고 있다.

시네마 4D CINEMA 4D

특징 개발사인 맥슨(MAXON)은 3D 스튜디오 맥스의 서브 매핑 프로그램인 보디 페인트 3D(Body Paint 3D)를 비롯하여 시네마 4D(CINEMA 4D)를 개발해 방송용 모션 그래픽을 근간으로 하는 분야에 많은 사용자를 확보하고 있다. 시네마 4D는 지속적인 업데이트를 통해 가장 주목 받는 강력한 컴퓨터 그래픽 소프트웨어로 자리매김하고 있다.

활용 범위 모델링과 애니메이션을 직관적으로 제작할 수 있어 방송용 CG(컴퓨터 그래픽)를 제작하는 분야에서 널리 사용되고 있다.

활용법 다양한 기능을 갖추고 있으며 내부에 스컬팅(SCULPTING) 모델링과 넙스, 폴리곤 등의 다양한 모델링 방식을 지원한다. 종합적인 스튜디오 제품을 통해 많은 기능을 제공하고 있는 점이 장점이다.

스케치 업 SKETCH UP

특징 구글에서 개발하고 있는 스케치업은 간단한 도형을 기반으로 입체를 모델링하는데 상당히 빠르고 편리하게 접근할 수 있다.

활용 범위 간단한 건축 디자인을 스케치업으로 해결하는 건축가들도 상당수에 이른다.

활용법 일반 버전은 무료로 공개 배포되며 프로 버전은 구입을 해야하는데 구입하면 더욱 많은 기능을 사용할 수 있다. 프로 버전은 다른 프로그램과의 호환성을 위해 STL 파일로 변환·저장이 가능하다.

오토 캐드 Auto CAD

특징 대표적인 범용 캐드(컴퓨터를 이용한 설계) 프로그램인 오토 캐드는 평면에 드로잉 기능을 기반으로한 3D 모델링 기능을 가지고 있다.

활용 범위 수치를 입력하는 방식으로 그림을 그리기 때문에 설계용도 외에 자유로운 형태의 작품 제작을 위해서는 많은 연습이 필요하다. 키네틱 아트 작품을 제작하는 작가 가운데 오토 캐드를 이용해 기계 부속을 디자인하고 모델링하는 작가가 많이 있다.

활용법 레이저 커팅이나 CNC 등의 기계 가공 시 직접 사용할 수 있는 장점이 있다. 그러나 오토 캐드의 3D 기능은 형태를 보는 것 정도에 그치고 모델링 또한 쉽지 않은 것이 단점이다. 또한 같은 개발사의 제품이지만 3D 스튜디오 맥스와 사용법과 인터페이스가 많이 달라 작가들이 접근하는 것이 용이하지는 않다.

솔리드 웍스 Solid works

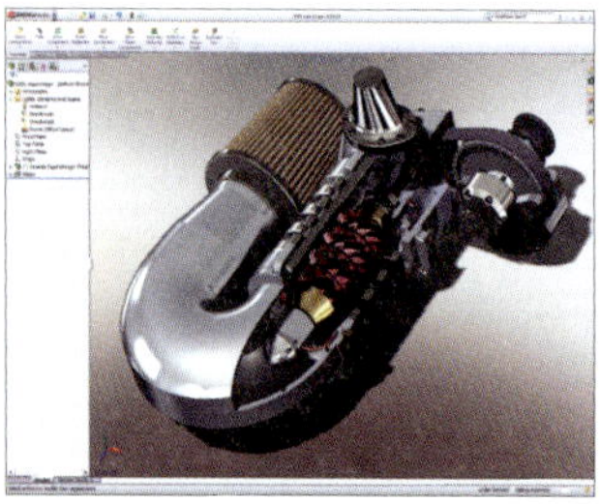

특징 솔리드 웍스는 3D 기반의 설계 프로그램이다. 오토 캐드가 2D 드로잉에서 입체를 이끌어내는 방식을 후에 추가한 것에 반해 솔리드 웍스는 기본적으로 금속재 등의 재료를 입체로 모델링하고 그 제조 방법을 함께 풀어 나가는 특징이 있다.

활용 범위 판금 제조업이나 기계 제조업에서 많이 사용된다.

활용법 판금 제조업이나 기계 제조업에서 많이 사용되고 있기 때문에 그 정밀도와 기능에 있어 오토 캐드와 비교할 수 없을 정도의 다양한 기능을 가지고 있다. 판금 제조를 위해 금속 판재의 특성을 적용하여 연신율을 계산하여 평면 제작도를 그려주는 기능 또한 가지고 있으며 판재로 입체를 절곡하고 절단하면서 문제가 되는 부분을 쉽게 확인하면서 모델링할 수 있다. 뿐만 아니라 각 부품을 조립해 모델링상에서 시뮬레이션할 수 있는 기능도 가지고 있다.

카티아 CATIA

특징 솔리드 웍스와 유사한 분류에 속하는 고급 3D 모델링 설계 프로그램이다. 가장 큰 특징은 지식기반 설계라는 독특한 설계 방식에 있다. 함수와 데이터베이스를 기반으로 모델링이 이루어진다는 것으로 이 지식기반 설계를 활용하여 수많은 사람들이 대규모 프로젝트를 수행하는 데 유용하게 사용된다.

활용 범위 솔리드 웍스의 용도가 기계 제조와 판금 제조 등에 국한된 반면 카티아는 보다 복잡하고 정밀한 기계 설계에 많이 사용된다. 자동차, 항공기 엔진의 설계에까지 그 용도가 넓으며 사용이 상당히 까다롭고 복잡하다. 수많은 파트들을 별도로 그려 이들의 조합을 시뮬레이션할 수 있는 기능과 다양한 분석 기능까지 포함하고 있으며 최근에는 비정형 건축 설계에까지 이용되고 있다.

활용법 지식기반 설계를 활용하여 라이노 등에서 디자인된 건축 모델링의 세밀한 부분을 그려내는 대규모 프로젝트에 수많은 인원이 투입되어 협업을 할 때 뛰어난 장점을 가지고 있다.

지 브러쉬 Z-brush, 머드 박스 Mud box, 스컬트리스 Sculptris

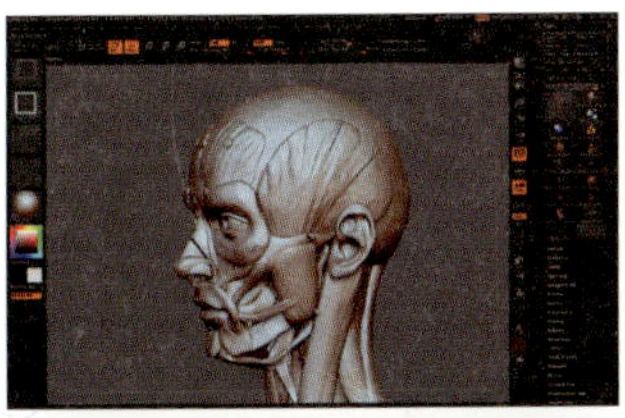

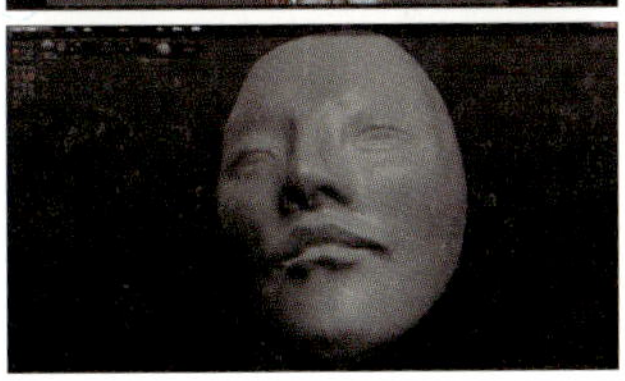

특징 이들은 모델링 방식과 사용법이 상당히 유사하며, 마치 붓으로 그림을 그리듯 모델링하는 폴리곤 방식의 모델링 프로그램이다.

활용 범위 게임 캐릭터나 영화 CG의 디지털 캐릭터의 디테일한 주름 등 피부 표현을 마치 붓으로 그림을 그리듯 혹은 찰흙으로 조각가가 점토로 모델링하듯 모델링할 수 있다.

활용법 미술 전공자들이 모델링을 접할 때 상당히 유효한 방식이지만 반대로 일반인들이 모델링하기에는 다소 어렵게 다가올 수도 있다. 모델링을 위해서는 기본적으로 필압 감지가 가능한 디지타이저 장비가 필요하다. 지 브러쉬와 머드 박스에 접근하기 전에 스컬트리스(sculptris)를 사용해보기를 권장한다. 스컬트리스는 지 브러쉬를 개발한 픽스로직(Pixologic)에서 개발하여 무료로 배포하는 소프트웨어로 간략화한 지 브러쉬로 보아도 무방하다.

오토데스크 123D

Autodesk 123D

특징 오토데스크(Autodesk)에서 개발하고 보급하는 소프트웨어 제품군으로 보다 많은 사용자를 타겟으로 하고 있다. 스마트 폰과 태블릿 PC, Mac 상호 간의 특징을 유기적으로 연결해 보다 쉽게 3D 모델링과 편집하는 기능들을 제공한다. 또한 혁신적인 기능의 프로그램들을 개발하고 있는데, 스캔과 편집 그리고 3D 프린팅까지 유기적으로 연결해 사용자가 보다 쉽게 3D를 사용하고 편집할 수 있도록 유도하고 있다. 123D 애플리케이션은 모두 애플 앱 스토어에서만 제공된다.

활용 범위 많은 사용자 즉, 일반인을 대상으로 한 프로그램으로 데스크탑 3D 프린터에서의 출력을 목표로 하기 때문에 모델링 사이즈가 제한적이다. 교육 목적으로 3D를 배우고, 가정용 3D 프린터로 출력하는 것에 만족한다면 123D도 좋은 대안이 될 수 있다. 하지만 아티스트 지망생이나 고급 툴을 배우고자 하는 이들에게는 적합하지 않다. 온라인과 오프라인, PC와 Mac을 가리지 않고 다양한 플랫폼에서 3D 모델을 구현할 수 있다는 것이 큰 장점이지만 프로그램의 안정성이 떨어지는 것은 단점이다.

123D 캐치 123D catch

아이폰, 아이패드, PC, Mac을 통해 3D 스캐닝을 해주는 프로그램이다. 다양한 각도에서 촬영한 대상의 이미지를 오토 데스크의 클라우드 서비스로 전송시킨 후 서버에서 사진 이미지를 기반으로 3D 모델을 작성하여 사용자의 계정으로 다시 보내주는 시스템이다. 이제 스마트 폰이나 태블릿 PC를 이용해 몇 장의 사진을 촬영하는 것으로 3D 모델을 얻을 수 있는 시대가 된 것이다. 사진을 3D 모델로 변환할 때 촬영된 대상의 표면 재질과 색상으로 바로 모델링 파일을 제공(공유)해준다. 이 파일을 컬러 프린팅이 가능한 3D 프린터에서 프린팅하면 재질 매핑*까지 출력된다.

123D 디자인 123D design

PC와 Mac 그리고 웹에서 실행되는 123D 디자인은 모델링을 위한 기본 판형의 크기부터가 3D 프린터의 베드 사이즈로 시작된다. 기본 입체를 이용해 자르고 늘리고 붙여가면서 모델링 작업을 진행할 수 있다. 그리고 모델링 데이터는 바로 3D 프린팅이 가능하다. 사용법이 라이노와 매우 흡사하여 별도로 공부하지 않아도 본서에서 다루는 라이노 사용법을 익힌다면 금새 123D 디자인을 사용할 수 있을 것이다.

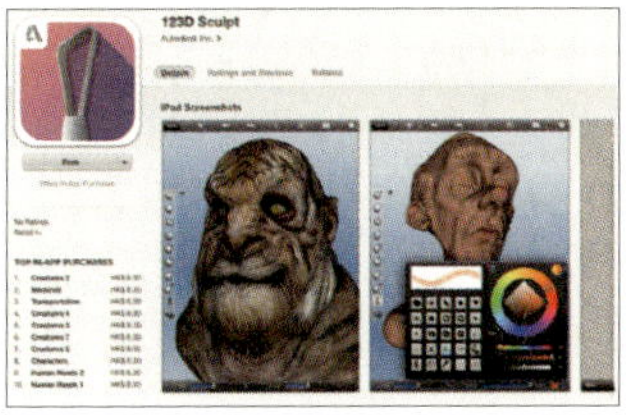

123D 스컬트 123D sculpt

지브러쉬, 머드 박스와 유사한 모델링 방식을 가지고 있으며 사용자 인터페이스 또한 머드 박스와 매우 유사하다. 다만 아이패드에서만 구동된다는 점과 지 브러쉬, 머드 박스 등에서 지원하는 태블릿의 필압 기능을 지원하지 않는 것이 흠이라면 흠이다. 아이패드용으로 와콤(wacom)에서 발매한 필압 감지 펜(intuos creative stylus)이 있지만 아직 호환되지 않는 것이 아쉽다. 123D 스컬트에서 모델링한 모델을 이메일로 보내거나 사용자의 오토데스크 계정을 통해 온라인으로 데이터를 공유 받아 다른 프로그램에서 편집·출력하는 기능을 지원하고 있어 다양한 방면으로 이용이 가능하다.

123D 크리에이처 123D creature

123D 스컬트의 일부 기능과 본(bone)* 기능을 통해 각종 캐릭터 모델링을 가능하게 해준다. 아트 토이 작업을 원하는 아티스트들에게 유용한 프로그램이다. 123D 스컬트와 마찬가지로 필압 감지 기능은 지원하지 않지만 직관적인 캐릭터 모델을 할 수 있는 점이 매력적이다.

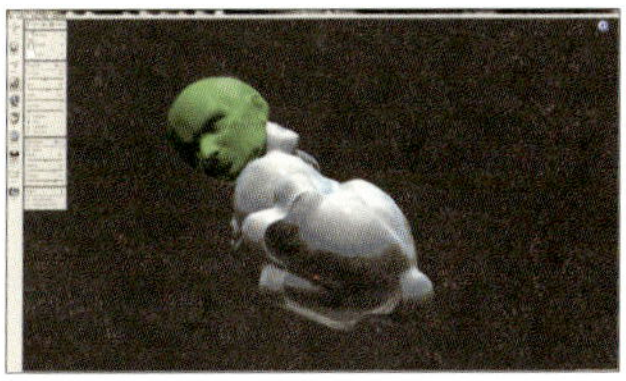

123D 메쉬 믹서 123D mesh mixer

메쉬 모델링을 붙이고 뒤섞는 기능이 주요한 메쉬 믹서는 후에 언급될 부울(boolean) 기능을 아주 잘 활용하고 있는 프로그램이다. 마치 진흙 덩어리처럼 메쉬 모델링들을 뒤섞어 새로운 모델을 만들어낼 수 있다. 간단한 사용법과 3D 프린팅을 위한 서포트(support)* 생성 기능 등이 상당히 유용하다. 관심이 있는 사람은 123dapp.com의 튜토리얼 및 홍보 영상을 보는 것만으로 사용법을 습득할 수 있다.

*매핑: 2D 이미지를 3D 모델링 표면에 입혀 재질감을 표현하는 3D 기법의 하나
*본(bone): 애니메이션 캐릭터 등을 모델링할 때 움직임의 구심점이 되는 뼈대를 넣어 주는 기능으로 123D 크리에이처에서는 모델의 자세를 잡을 때 주로 사용된다.
*서포트(support): 3D 프린팅을 할 때 중력으로 인한 프린팅 실패를 대비해 프린팅 재질로 무너지지 않도록 생성되는 보조 모델링을 서포트라고 부른다.

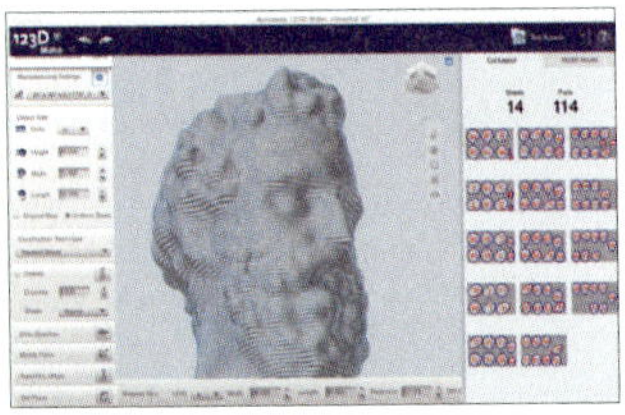

123D 메이크 123D make

3D 프린팅이 아닌, 평면 판재들을 이용해 모델링을 실제화하기 위해 만들어진 앱이다. 모델링한 3D 모델을 판재를 이용한 끼워 맞추기 식의 모델로 변환해준다. 평면 레이저 커팅을 위한 도면 파일로 출력할 수 있는 기능이 있어 변환된 모델링을 부품화할 수 있다.

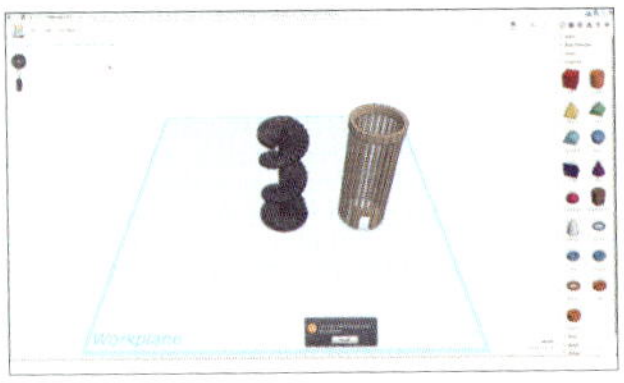

123D 틴커캐드 123D tinkercad

원래 오토데스크에서 개발되지 않고 오픈 소스 진영에서 개발이 시작된 것을 오토데스크가 인수해 개발하고 있는 프로그램이다. 123D 디자인과 매우 유사한 모델링 방식을 가지고 있다. 라이노, 스케치업과도 유사한 방식이다. 온라인 웹브라우저에서 바로 모델링을 할 수 있다는 점이 가장 매력적이며 다양한 템플릿을 제공하여 쉽고 빠르게 모델링을 할 수 있다. 웹에서 접속했을 때 처음 나타나는 페이지에서 차례차례 툴을 배울 수 있는 튜토리얼 영상을 제공하고 있다. 매우 쉽고 재미있게 작업할 수 있다는 점이 장점이다.

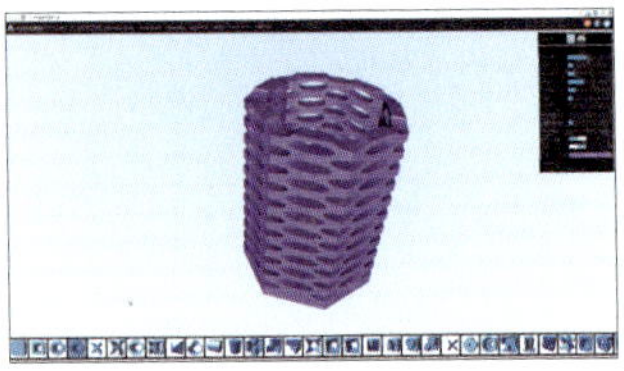

프로젝트 쉐이프쉬프터 Project Shapeshifter

아직 개발 중인 앱으로 메인 페이지에서 앱 항목에 아직 등록되어 있지는 않지만 바로 사용이 가능하다. 마우스 조작법이 라이노와 거의 같으므로 라이노를 배운 후 쉽게 접근할 수 있다.

TIP 3D 모델링에 도움이 되는 필압 감지 펜

PC용 필압 감지 디지타이저 중 신티크(cintiq)라는 고급 모델이 있다. 모니터에 필압 감지 태블릿을 덧붙였다고 생각하면 된다. 마치 종이에 그림을 그리듯 화면에 펜으로 그림을 그리고 모델링을 할 수 있는 장비이다. 하지만 아직 고가여서 일반 사용자가 이용하기에는 부담이 따른다. 손가락을 화면에 직접 터치하면서 모델링을 진행할 수 있다는 점이 매우 매력적이다.

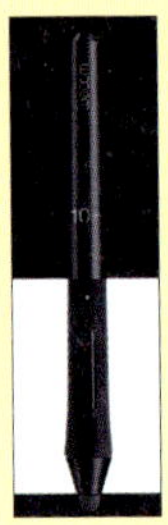

3D 모델링을 위한 라이노 기초

3D 프린팅을 하려면 출력할 대상,
즉 모델링 데이터가 필요하다.
본 장에서는 3D 모델링 데이터를
위한 프로그램인 라이노에 대하여
배우고자 한다.
라이노는 사용하기 쉬우며
활용도가 넓은 프로그램으로서
직관적으로 모델링할 수 있을 뿐만
아니라 정확한 수치를 입력해
모델링할 수도 있다.
상대적으로 저렴한 가격과 다양한
플러그인을 통한 기능 업그레이드
또한 매력적이다. 넙스 방식뿐만
아니라 폴리곤 메쉬 모델링 및
편집 기능까지 갖추고 있어 다양한
작업을 할 수 있다.
라이노를 처음 접하는 사용자도
본서의 예제를 따라하다 보면
기본 기능을 익히고, 이를
응용하여 3D 모델링을 할 수 있을
것이다.

2

❶ 라이노를 다루는 이유

라이노는 학생 교육을 위한 직관적인 3D 모델링을 목표로 처음 개발되었으며 현재에는 미술, 디자인, 건축 등의 분야에서 널리 사용되고 있다. 최신 버전인 라이노5는 산업용 3D 프린터로 직접 출력 기능을 지원하도록 업그레이드되었다. 만약 앞으로도 3D 모델링과 3D 프린팅을 활용한 산업 전반으로 진출할 목적이 있다면 라이노를 배워두는 것이 가장 현명하고 빠른 선택이라 생각된다. 최근 오토데스크에서 출시한 무료 어플리케이션은 당장 사용하는 데에 불편함이 없지만 차후 좀 더 하이퀄리티의 모델링으로 접근하기에는 턱없이 기능이 부족하다. 때문에 고급 3D 모델링 프로그램을 다시 배워야 하는 경우가 허다하다. 라이노를 배워두면 초급에서부터 고급 모델링까지 모두 소화할 수 있기 때문에 라이노를 배우는 것을 추천한다.

라이노의 장점

1. 오토 캐드와 유사한 사용법

오토 캐드와 사용법이 매우 유사하다. 명령어(커멘드)를 입력하며 대화하듯이 모델링하는 방식은 상당히 많은 편리점을 제공한다.

2. 비교적 저렴한 가격

오토 캐드를 대체해 라이노만을 사용하는 업체들이 늘어나고 있다. 이유는 가격적인 메리트 덕분이다. 산업용으로 오토 캐드를 사용하면 라이노에 비해 4~5배까지 많은 비용이 들어간다.

3. 간편한 도면 작성

라이노의 모델링은 바로 도면화가 가능하다. 모델링을 면으로 펼쳐주는 기능과 2D 도면 만들기 기능을 활용하면 간편하게 도면을 작성할 수 있다.

4. 다양한 플러그인 제공

라이노는 건축, 선박, 항공기 설계 그리고 주얼리 디자인 분야에 폭넓게 자리잡고 있다. 특히 추가 무료 플러그인인 그래스호퍼(Grasshopper)는 파라메트릭 모델링을 가능하게 해주는데, 이는 수억대 고가 3D 모델링 프로그램에서나 제공하는 기능이다. 이를 무료로 공부하고 사용할 수 있는 것은 오늘날 라이노가 건축 설계나 주얼리 디자인에 광범위하게 사용되는 큰 요인이라 볼 수 있다.

5. 수학적으로 만들어지는 넙스 서피스 모델링

라이노는 서피스 모델러이다. 3D 프린팅을 하기 위해서는 넙스 모델링이 유리하다. 물론 최종적으로 메쉬 모델로 데이터를 전환하지만 애초부터 매쉬 방식으로 모델링할 경우 모델링의 면이 깨지는 현상이 두드러진다. 라이노의 모델링은 수학적으로 만들어지기 때문에 3D 프린팅을 위한 최적의 소프트웨어 중 하나가 아닌가 생각된다.

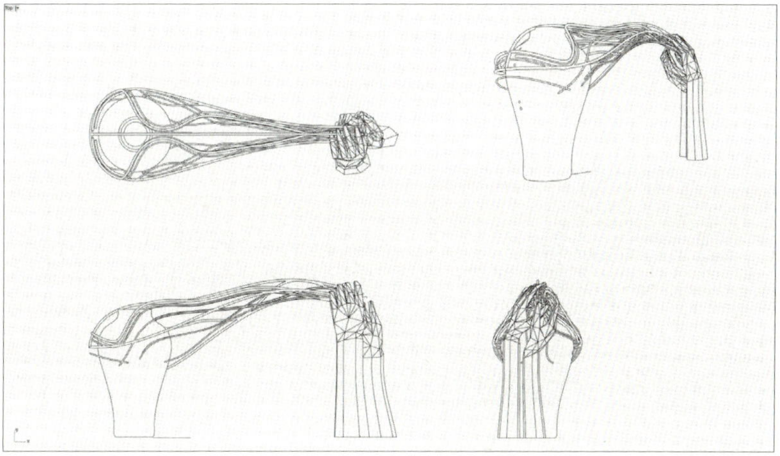

라이노 모델링의 도면화 예

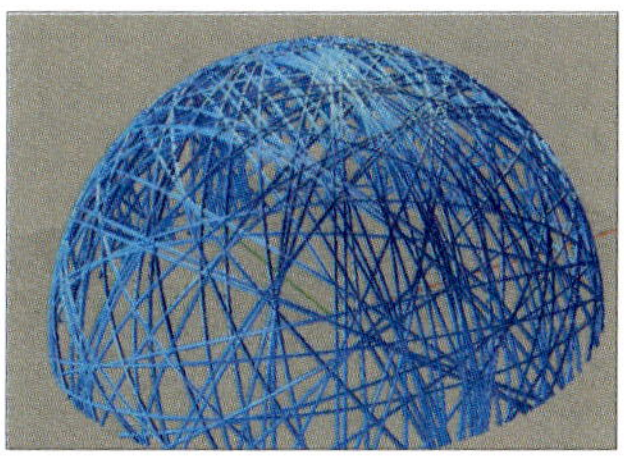

그래스호퍼를 이용한 모델링

라이노의 다양한 플러그인 중 하나인 그래스호퍼(Grasshopper)

❷ 라이노 환경 이해하기

라이노의 인터페이스는 3개의 평면뷰와 1개의 입체뷰, 그리고 툴바를 기본으로 한다. 3D 모델링을 위해서는 각 뷰를 옮겨가며 작업을 해야 한다. 또한 라이노는 매우 다양한 기능을 가지고 있으며, 이에 따라 툴바 선택 시 마우스 좌버튼과 우버튼이 다른 기능을 수행하는 경우도 있다. 그렇기 때문에 각 뷰를 움직이는 것에 익숙해지고 마우스와 키보드의 이용법을 잘 숙지해야만 모든 작업을 원활하게 진행할 수 있다. 인터페이스에 익숙해지는 유일한 방법은 많이 경험하는 것뿐이다. 본서의 라이노 기본 사용법 및 예제를 따라해가며 각 항목의 메뉴들을 이리저리 가지고 노는 동안 어느새 자신의 것으로 인터페이스가 다가온다면 이미 첫걸음은 뗀 것이다.

TIP 라이노와 3D 프린팅

최근 버전의 라이노 프로그램에서는 모델링한 데이터를 곧바로 산업용 3D 프린터로 보낼 수 있도록 새로운 메뉴가 생겼다. 3D 프린터를 시스템에 설치한 경우, 이 플러그인을 사용하여 사용자의 프린터에서 요구하는 파일 형식으로 곧바로 인쇄할 수 있다. 메뉴의 파일-3D 인쇄를 선택하면 된다.

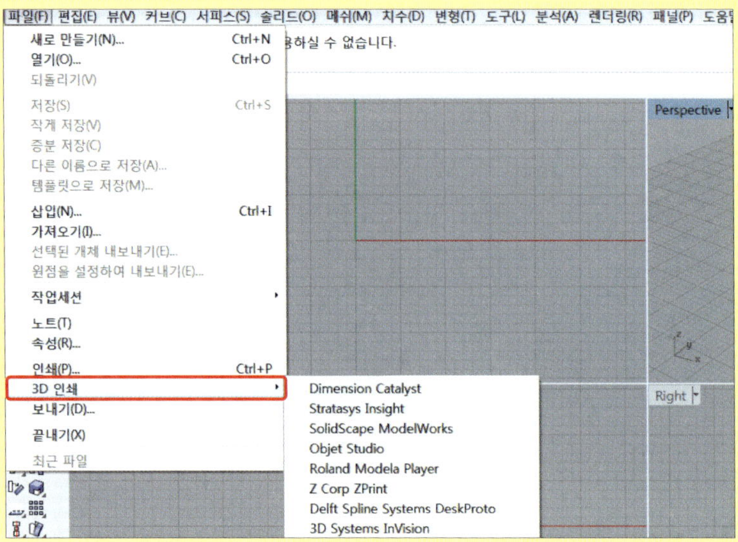

라이노 기본 화면

라이노의 기본 화면 구성의 명칭과 기능을 알아본다.

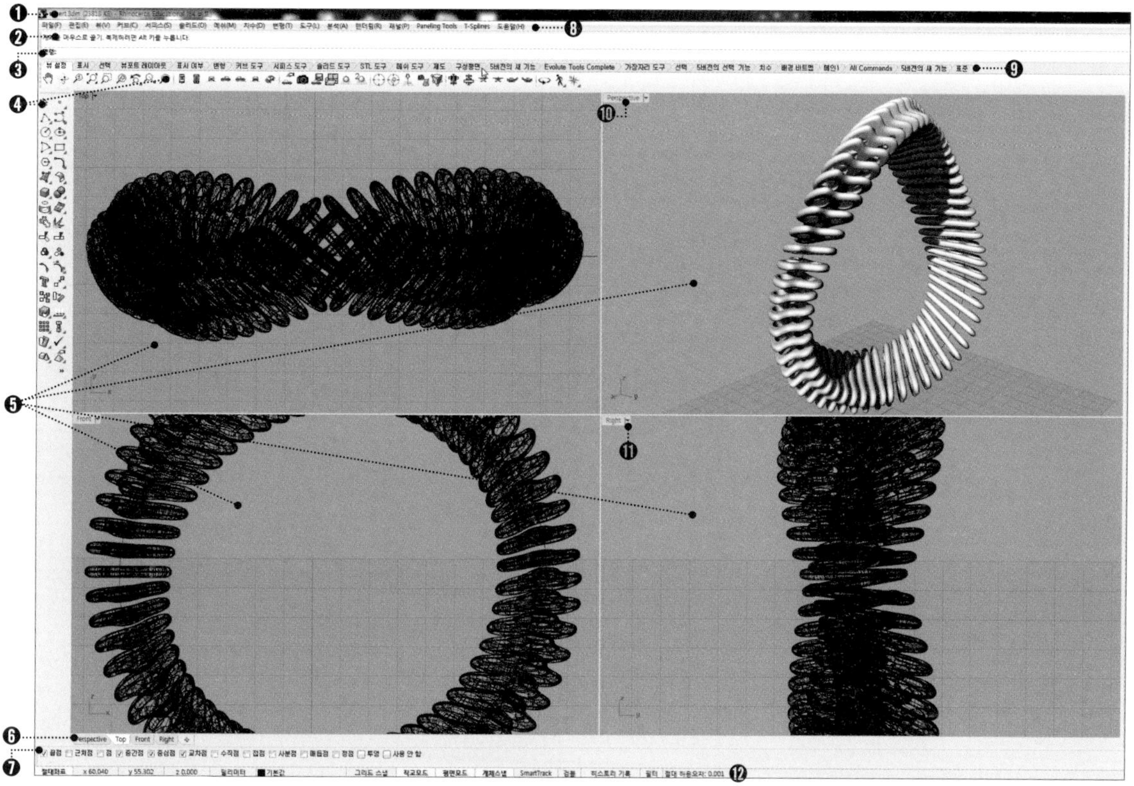

❶ 윈도우 타이틀(창 제목): 현재 모델의 파일명과 파일 크기를 표시한다.

❷ 커멘드 히스토리(명령 히스토리): 이전에 사용한 명령의 목록이 표시된다.

❸ 커멘드 라인(명령 프롬프트): 명령어와 옵션을 입력할 수 있다. 명령 작업의 프롬프트를 표시한다.

❹ 툴바(도구모음): 명령(커멘드)을 실행할 수 있는 그래픽 아이콘들이 모여 있다.

❺ 뷰포트: 라이노에서 작업이 이루어지는 공간이다.

❻ 뷰포트 탭: 뷰포트를 이동하거나 사용자 임의의 뷰포트를 추가한다.

❼ 개체 스냅 툴바: 개체 스냅 관련 툴바이다.

❽ 메뉴: 라이노의 명령어를 기능에 따라 분류해두었다.

❾ 툴바 그룹: 툴바를 탭 형식으로 분류한 것이다.

❿ 뷰포트명: 해당 뷰포트 이름이 표시되어 있다.

⓫ 뷰포트명 메뉴: 뷰포트명을 우클릭하거나 화살표 키를 클릭해 해당 뷰포트 관련 옵션 메뉴에 접근할 수 있다.

⓬ 상태 표시줄: 현재 시스템 상태, 커서 위치 등 상태가 표시된다.

라이노 환경설정

라이노를 사용하기 위한 몇 가지 유용한 환경설정에 대해 알아본다.

- 메인 메뉴에서 도구-옵션을 클릭하면 환경설정창이 열린다.
- Rhino옵션 하위 메뉴인 상황에 맞는 메뉴-일반을 선택한다.
- 최소 실행취소 횟수(General-undo)와 사용된 최종 메모리(Max memory used)항목의 수치를 적절하게 높여준다. 실행취소(Undo)는 작업 중 실수를 되돌릴 수 있는 기능으로 작업을 하다보면 이전 상태로 되돌아가야 할 경우가 많이 생기므로 자신의 시스템 사양에서 할애할 수 있는 한 많이 지정해놓는 것이 좋다.

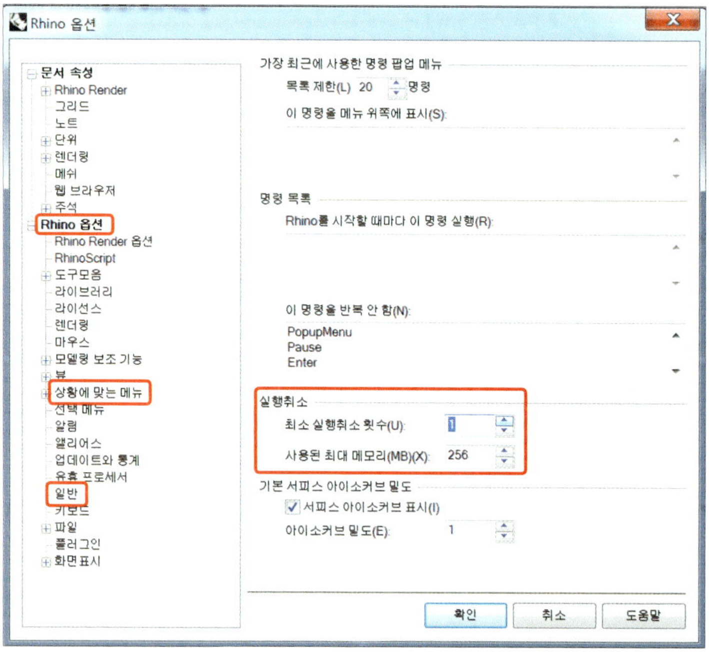

- 언어 설정을 바꾸기 위해서는 Rhino옵션 하위 메뉴인 화면표시를 선택한다.
- 라이노는 완벽한 한글 언어를 지원한다. 편의에 따라 한글이나 영어로 설정해 작업할 수 있다.
- 기타 다양한 언어를 설정할 수 있는데 단, 설치 시 언어 설정 옵션으로 해당 언어를 체크 표시해야 한다.
- 새로운 언어 설정을 적용하려면 확인 버튼을 눌러준 후 라이노를 재시작해야 한다.

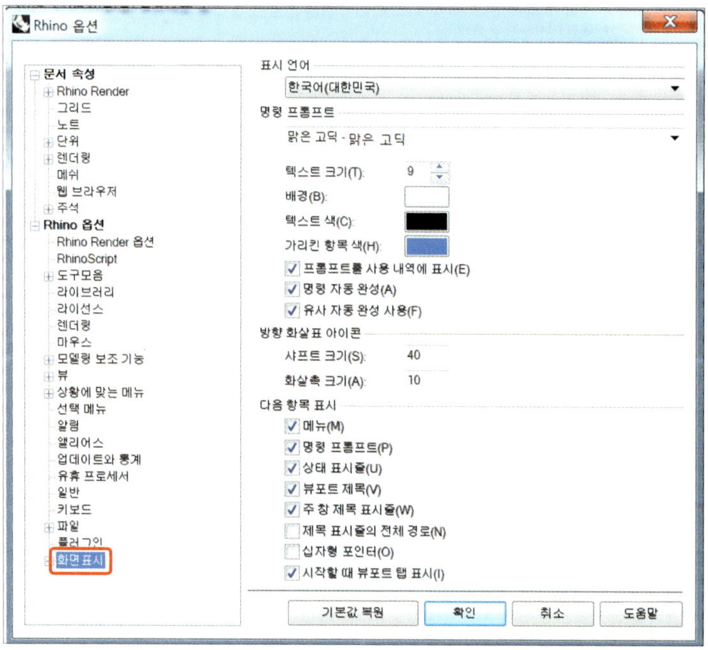

템플릿 선택

새파일 생성 시 작업할 기본 단위와 모델링 단위를 선택한다.

- 새파일 생성 시 템플릿 선택 화면이 나타난다.
- 작업 시 기본 단위와 모델링 디테일 단위를 설정하는데 대부분 작은 개체-밀리미터(small object milimeter)를 선택하면 작업에 무리가 없다. 건축 도면이나 선박 등의 거대한 물체를 설계할 때에는 다른 템플릿을 사용하기도 한다. 이렇게 템플릿을 다르게 설정하면 수치 입력 모델링 시 입력하는 수치의 단위가 다르게 된다. 모델링의 정밀도에는 큰 영향을 미치지 않으며 작업 중 단위를 바꾸는 것도 가능하다.

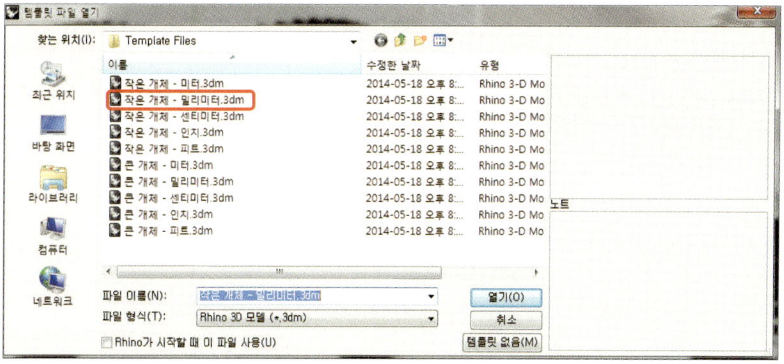

축 Axis

라이노의 기본 축 방향을 안다.

- 라이노의 축은 x, y, z로 표현한다. 평면상에 있는 Top뷰에서 가로 방향은 x축, 세로 방향은 y축이다.
- z축은 높이 방향을 나타낸다.
- 축의 방향성과 이름은 각 뷰 좌측 하단에서 확인할 수 있다.
- Perspective뷰의 축 방향 표시는 표시 영역을 회전함에 따라서 움직인다. (뷰포트 조정은 47쪽 참고)

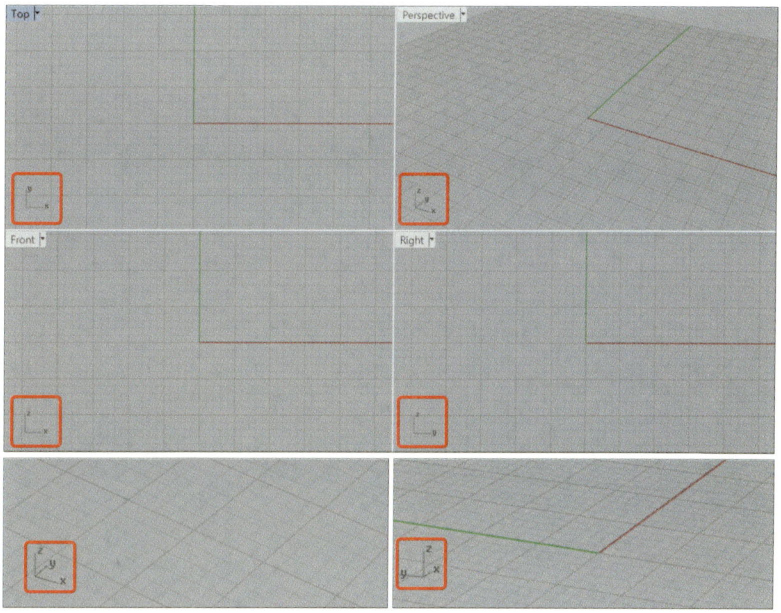

뷰포트 선택

뷰포트를 선택하고 뷰포트 메뉴를 사용한다.

- 뷰포트명을 더블클릭하면 해당 뷰포트를 전체 화면에서 사용할 수 있다.
- 전체 뷰포트가 되었을 때 뷰포트명을 다시 더블클릭하면 본래대로 4분할된 화면으로 돌아간다.

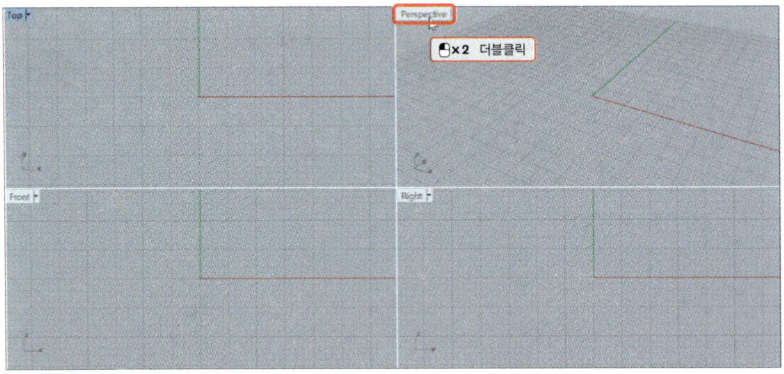

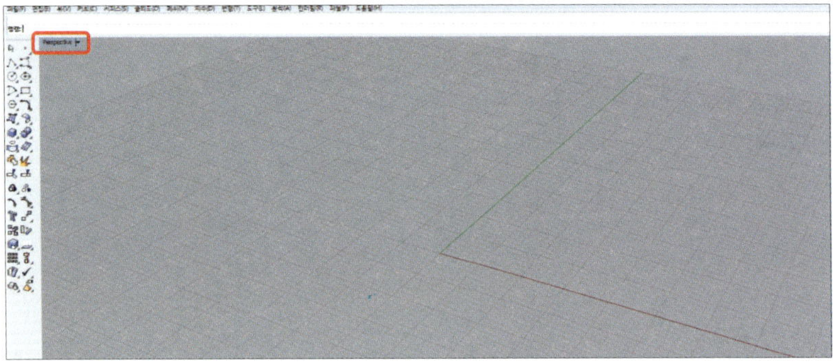

- 뷰포트명을 우클릭하거나 뷰포트명 우측의 삼각형(화살표)을 클릭하면 뷰포트 메뉴에 접근할 수 있다.
- 뷰포트 메뉴에서는 개체가 표현되는 방식 등 다양한 뷰 설정을 변경할 수 있다.

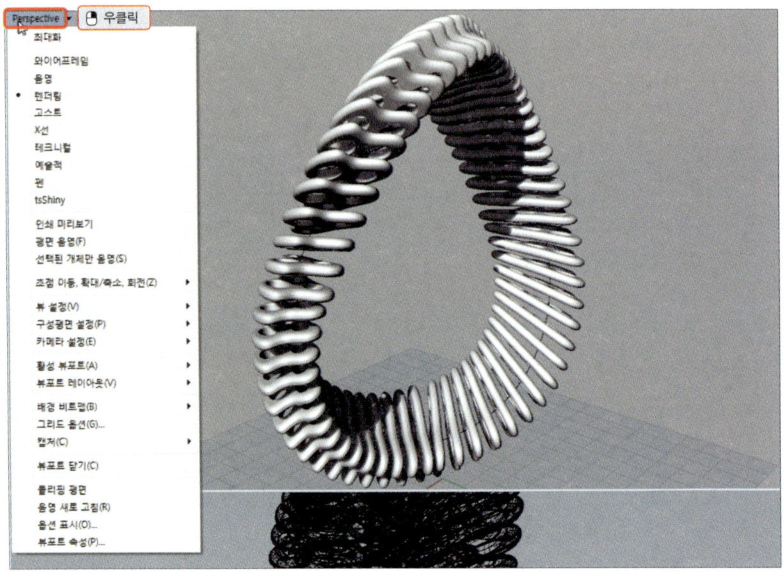

뷰포트 표시 모드 전환하기

뷰포트 메뉴에서 표시 모드를 전환한다.

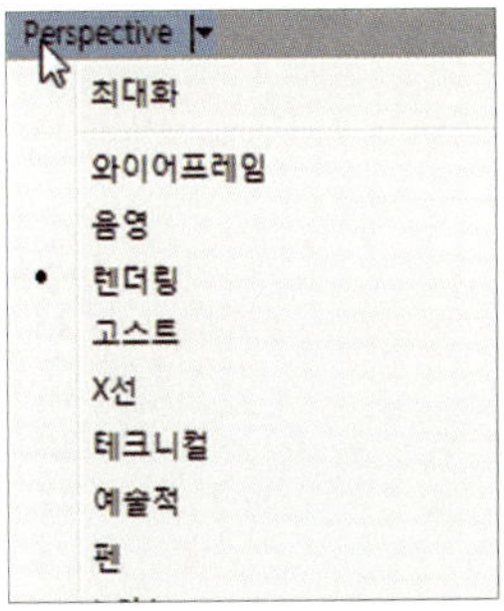

- 기본적으로 라이노의 각 평면 뷰포트(Top, Right, Front)는 와이어 프레임(Wireframe)으로 표시된다.
- Perspective뷰는 모델링의 과정을 전체적으로 모니터링하기 위해 사용되므로 다양한 표시 모드로 전환하면서 모델링을 진행하는 것이 좋다.
- 모든 뷰포트의 표시 모드를 각각 필요에 따라 전환하는 것이 가능하며 각 표시 모드에 따라 다음과 같이 표현된다.

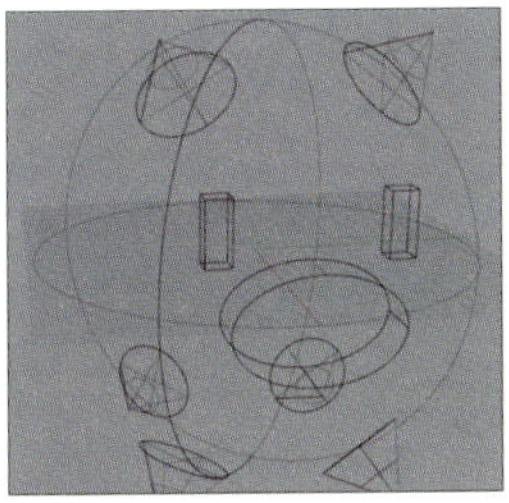

❶ 와이어 프레임(Wireframe)
모델링의 기본이 되는 아이소커브 선으로 표시된다.

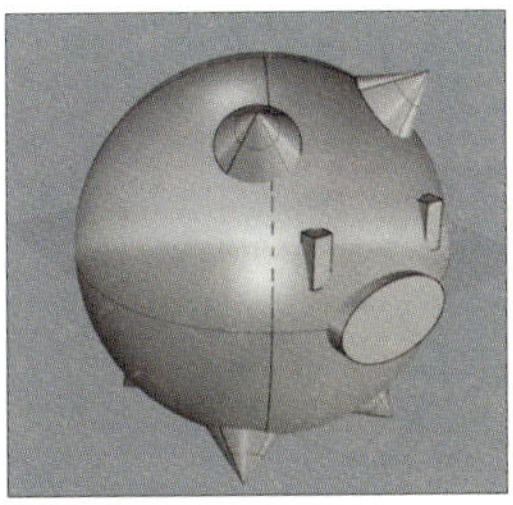

❷ 음영(Shade)
모델링의 표면에 보이는 방향의 아이소커브와 음영 효과를 표시해준다.

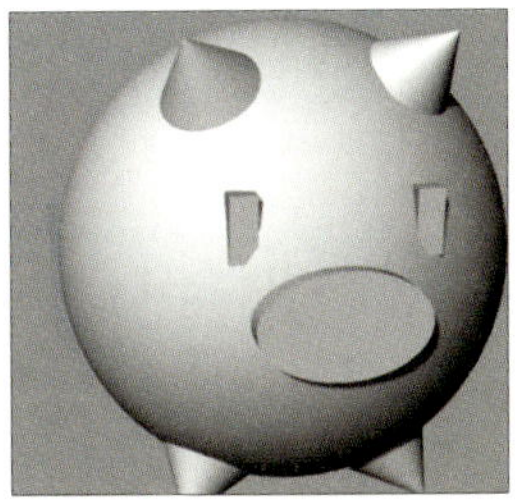

❸ 렌더링(Rendered)
모델링을 음영으로만 표시한다.

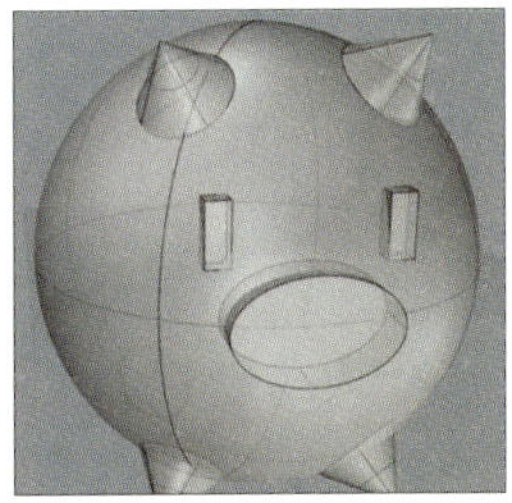

❹ 고스트(Ghosted)
모델링을 반투명한 객체로 표현한다.

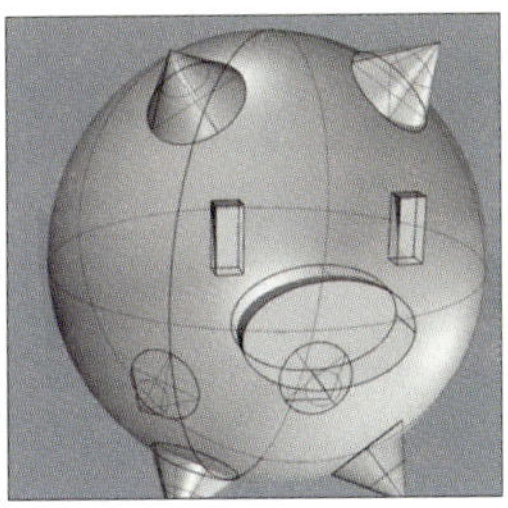

❺ X선(X-ray)
모델링을 투명한 객체로 표현한다.

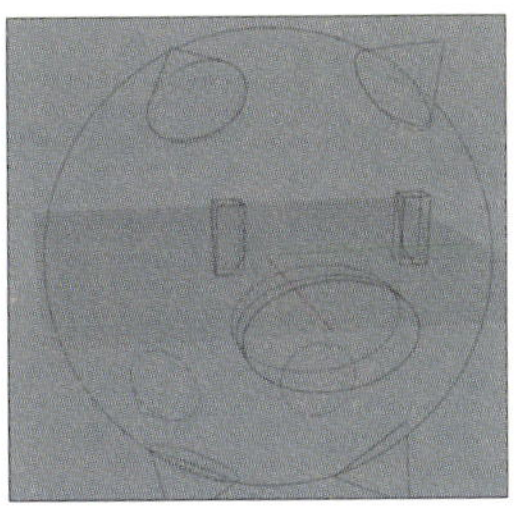

❻ 테크니컬(Technical)
마치 도면에서 그린 듯 표현한다. 보이는 방향에서 외곽은 실선으로, 감추어진 부분과 겹친 부분은 점선으로 표시한다.

❼ 예술적(artistic)
스케치북에 그린 그림처럼 모델링을 표시해준다. 선의 두께와 명암까지 그림을 그린 듯 표시한다.

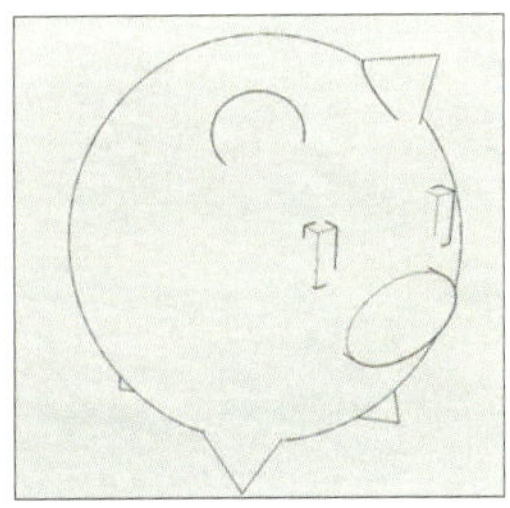

❽ 펜(pen)
종이에 그려진 펜화처럼 평면 이미지로 표현해준다.

뷰포트 조정

뷰포트를 조정해 객체 표시를 확대, 축소, 이동한다.

- 뷰포트에서 마우스를 우클릭한 채 드래그하면 화면에 표시되는 영역을 이동(패닝, Pan)할 수 있다.

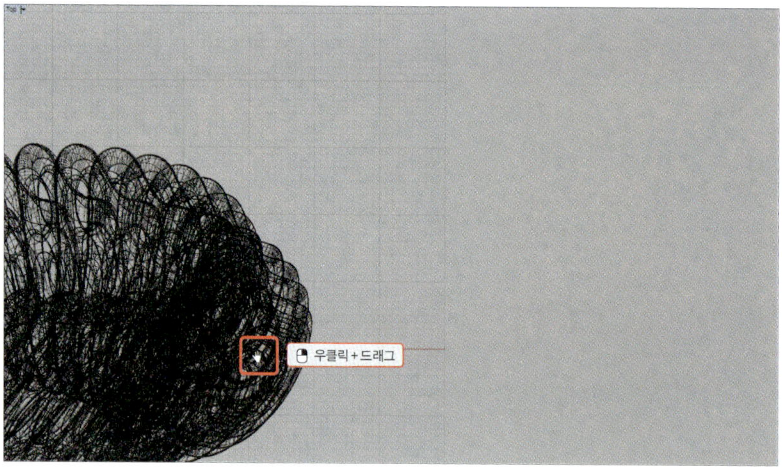

- 마우스 휠을 스크롤하여 화면에 표시되는 영역을 확대(Zoom In)하거나 축소(Zoom Out)한다.
- Perspective뷰에서 화면을 확대, 축소하고자 할 때에는 Ctrl+R키를 누른 채로 마우스를 우클릭하여 위, 아래 방향으로 드래그하면 된다.

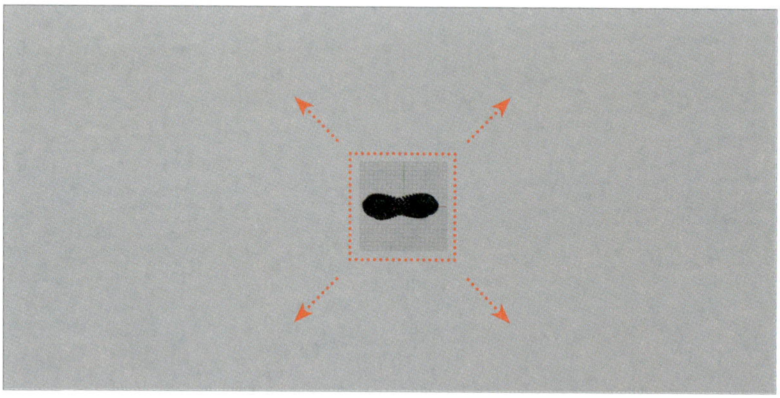

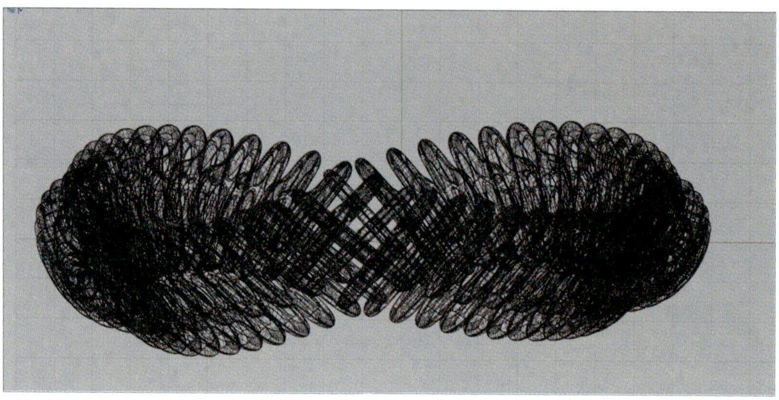

- Perspective뷰에서 마우스를 우클릭한 채로 드래그하면 카메라의 각도를 변화시키듯이 표시 영역을 회전시킬 수 있다.

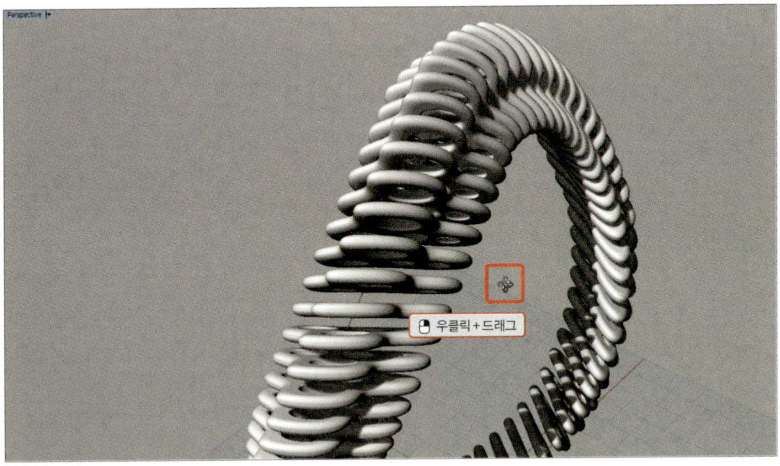

- Perspective뷰에서 Shift키를 누른 채로 마우스를 우클릭하여 드래그하면 중심점을 이동할 수 있다.

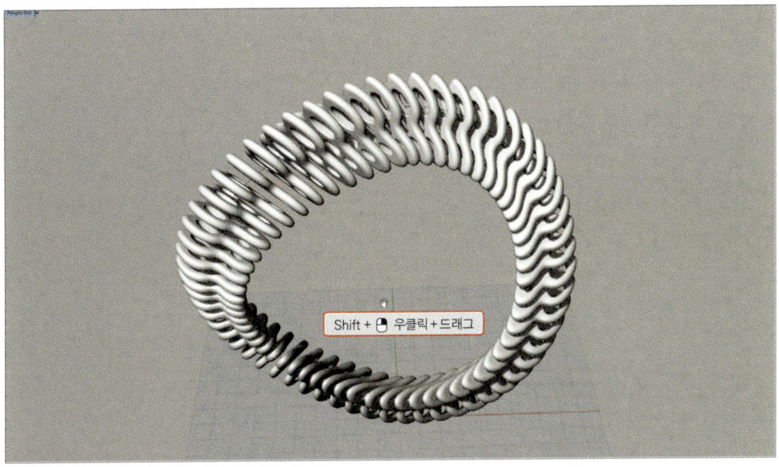

툴바 설명

툴(도구)에 대한 설명을 표시하고 툴바 그룹을 확장한다.

- 마우스로 툴바의 단추를 가리킨 채로 있으면 간단한 도구 설명이 나타난다.

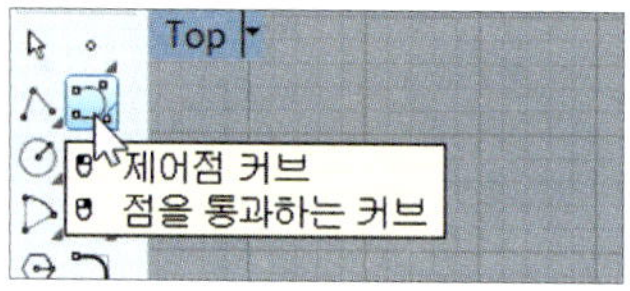

- 툴바 단추의 우측 하단 삼각형을 클릭하면 관련된 하위 툴 메뉴 그룹이 나타난다.
- 해당 그룹의 창을 드래그하면 툴바 그룹을 창으로 꺼낼 수 있다.
- 툴바의 아이콘을 클릭하는 대신, 메뉴를 클릭하거나 커멘드 라인에 명령어를 입력하는 것을 통해서도 동일한 작업을 수행할 수 있다.
- 툴바 그룹은 상단의 탭에서도 확인할 수 있다.

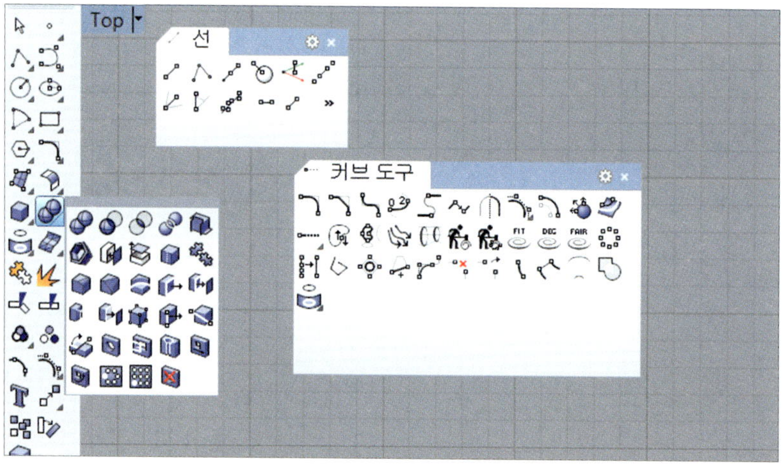

실행취소, 실행 반복

이전에 한 작업을 실행취소하거나 다시 실행하고, 같은 명령을 반복한다.

- 메뉴의 편집-실행취소를 클릭하거나 Ctrl+Z키를 이용해 마지막 명령을 취소할 수 있다.
- 편집-다시 실행을 클릭하거나 Ctrl+Y키를 이용하면 취소한 명령을 다시 실행할 수 있다.
- Enter키나 스페이스바를 이용해 마지막으로 수행한 명령을 반복할 수 있다. 뷰포트에서 마우스 우클릭해도 동일하다.
- 실행취소 후 Enter키를 누르면 실행취소가 아닌 마지막으로 수행한 명령이 반복된다.

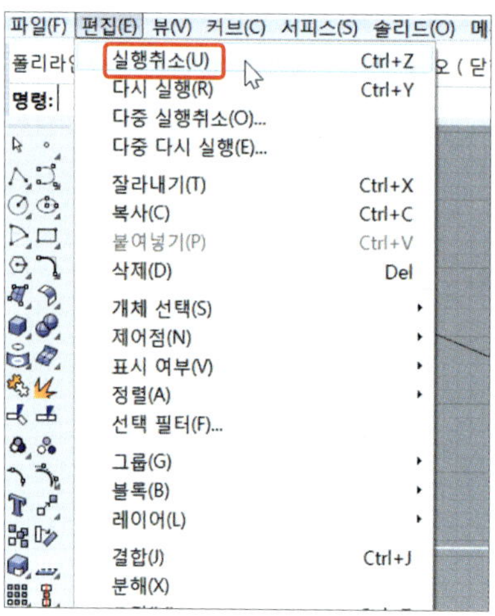

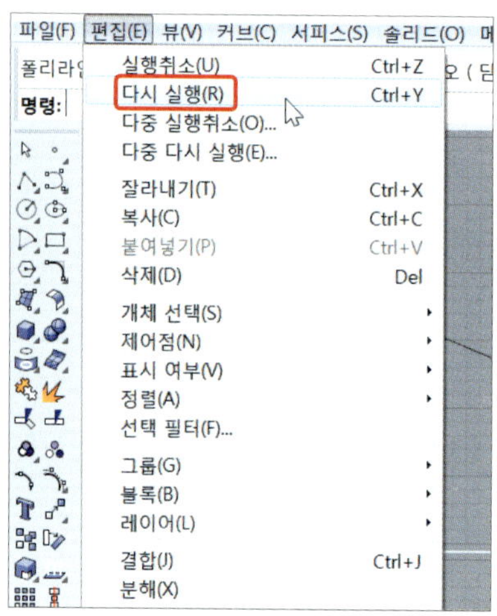

실행 반복 예

폴리라인 그리기를 예로 실행 반복 방법을 살펴본다.

- 폴리라인 툴을 선택한 다음 커멘드 라인에서 '폴리라인의 시작'을 확인한다.

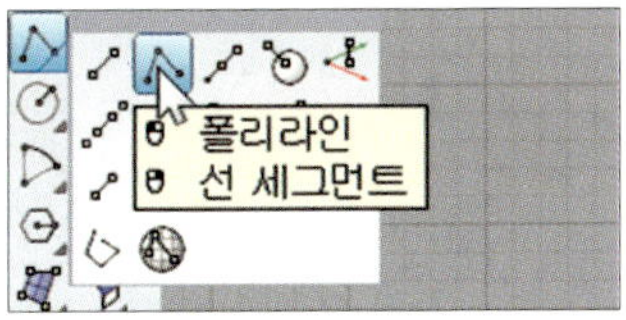

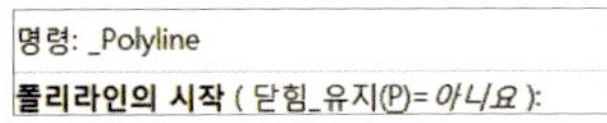

- 폴리라인 툴로 닫힌 도형을 그린 후, 커멘드 라인을 확인한다.

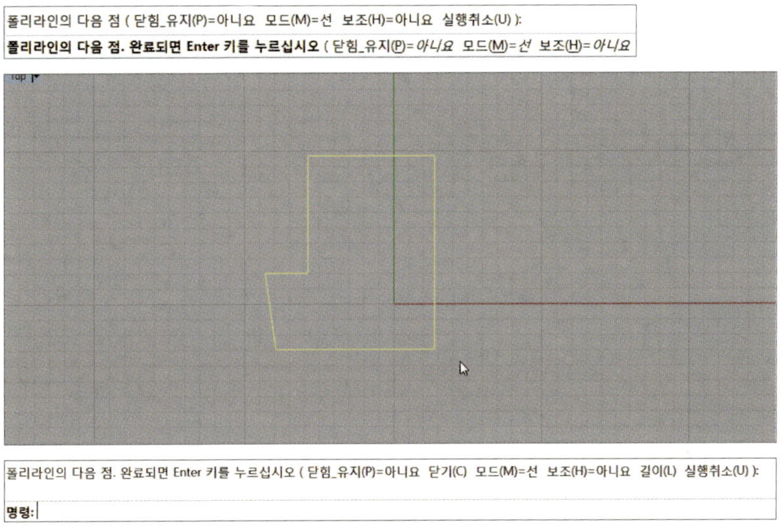

- 화면에서 마우스 우클릭을 하면 방금 전 실행한 명령이 재반복된다.
- 커멘드 라인에서 '폴리라인의 시작'을 확인할 수 있다.
- 라이노에서는 같은 작업을 반복할 때 마우스 우클릭 반복 기능을 활용하여 간편하고 빠르게 작업을 진행할 수 있다.

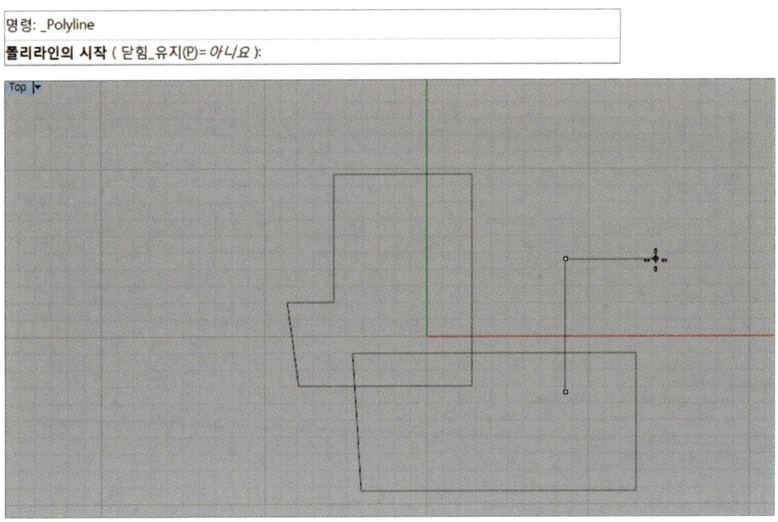

개체 선택하기

마우스와 키보드를 사용하여 개체를 선택하고 선택을 해제한다.

- 개체를 좌클릭하면 해당 개체를 선택할 수 있다.
- 개체가 아닌 곳을 클릭하거나 Esc키를 누르면 선택이 취소된다.

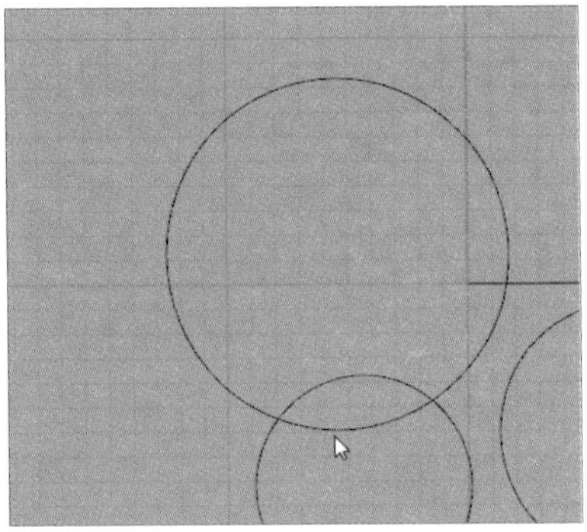

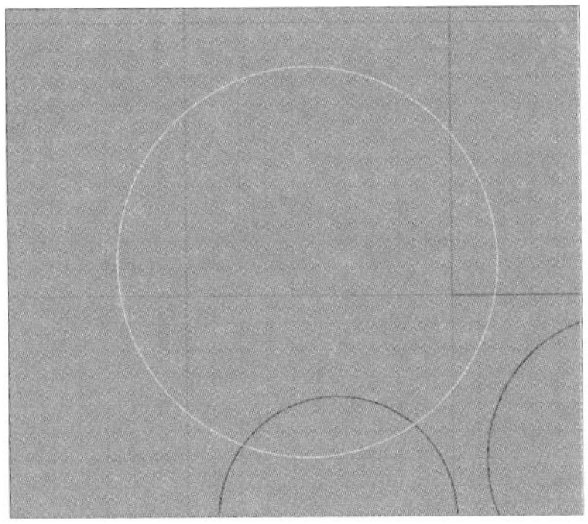

- Shift키를 누른 채 개체를 클릭하면 해당 개체를 추가할 수 있다.

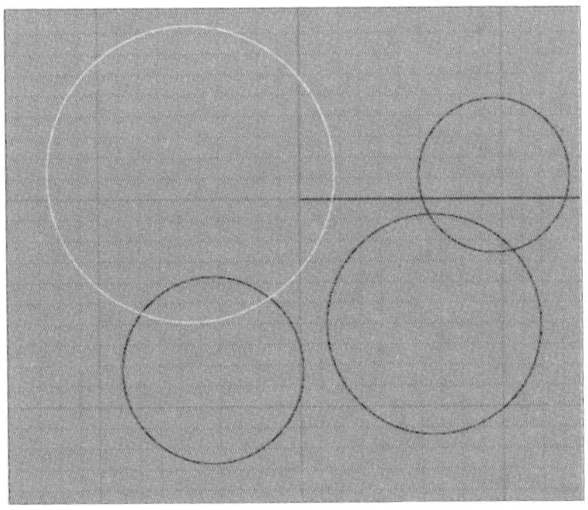

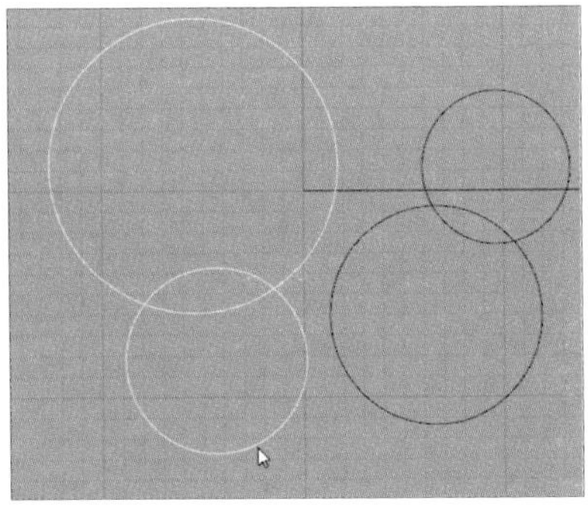

- Ctrl키를 누른 채 클릭하면 해당 개체의 선택을 해제할 수 있다.

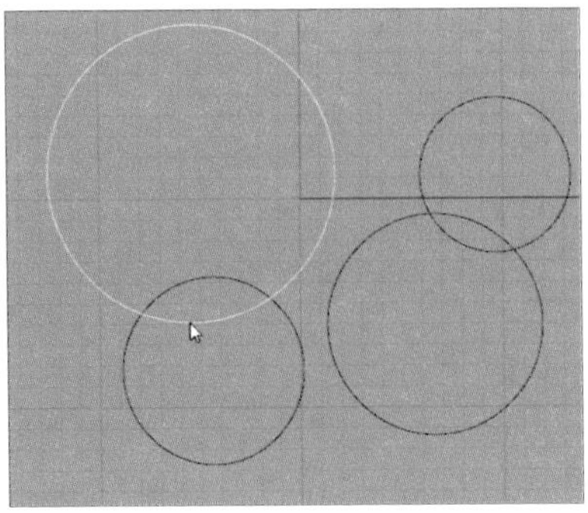

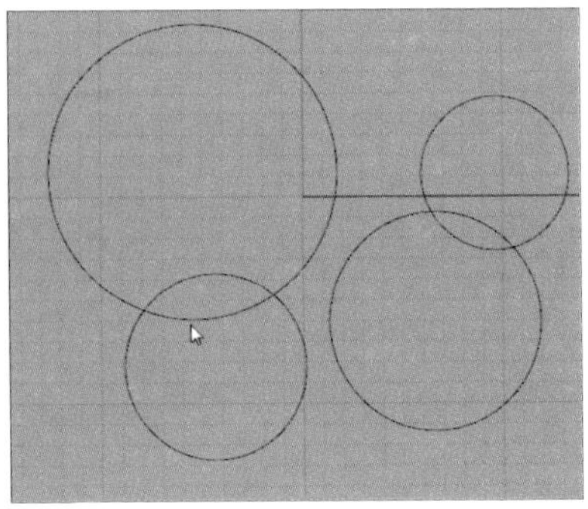

여러 개체 선택하기

라이노는 좌측에서 우측으로 마우스를 드래그해 객체를 선택할 때와 우측에서 좌측으로 마우스를 드래그해 객체를 선택할 때가 달라진다.

- 좌측에서 우측으로 마우스를 드래그해 객체를 선택할 때에는 선택 영역을 표시하는 선이 실선으로 표시되며 완전히 선택 영역 안에 들어온 객체만 선택된다.
- 드래그 영역에 완전히 포함되지 않은 객체는 선택되지 않는다.

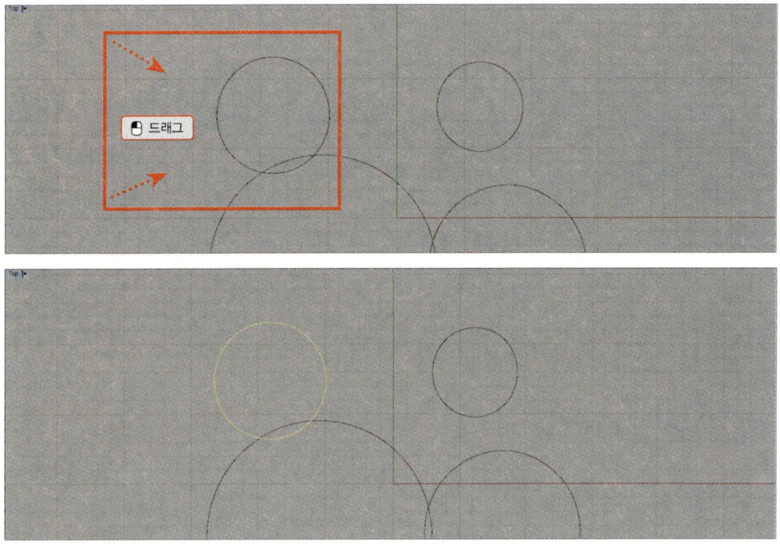

- 마우스를 우측에서부터 드래그해 객체를 선택할 때에는 선택 표시선이 점선으로 표시되며 점선 영역에 걸쳐진 모든 객체가 선택된다.
- 드래그 영역에 일부라도 포함된 객체가 모두 선택된다.
- 이 기능은 오토 캐드와 같다.

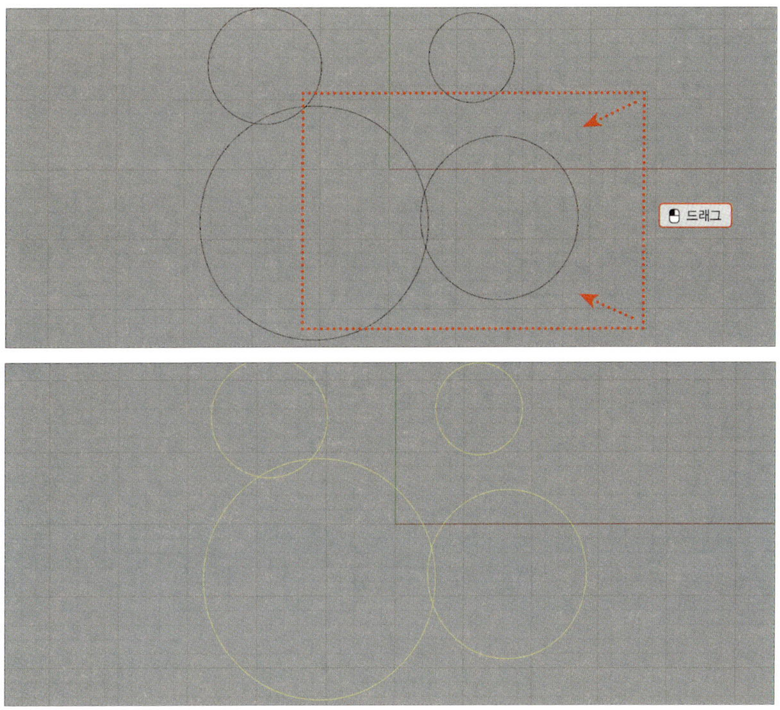

커멘드 라인 (명령 프롬프트)

명령어를 입력하여 화면상에 객체를 만들고 수정한다.

- 커멘드 라인에 명령어를 입력하고, 옵션을 설정하고, 거리와 각도 등을 입력하여 비교적 정확한 수치로 객체를 만들 수 있다.
- 커멘드 라인은 객체를 생성하기 시작하면 다음 작업에 대한 안내가 순차적으로 표시되므로, 작업을 진행하며 커멘드 라인을 확인하는 것은 매우 중요하다.

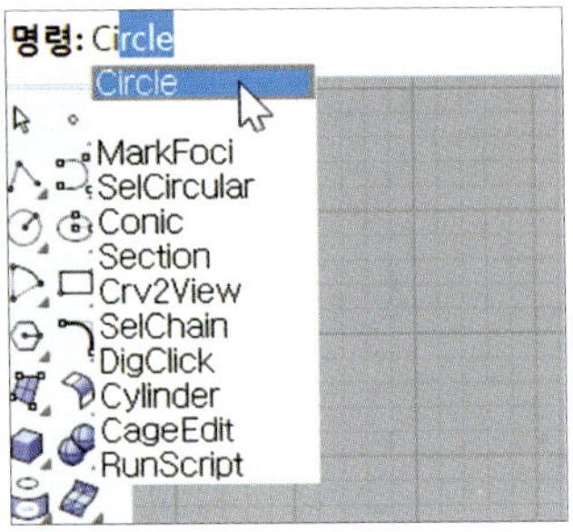

커멘드 옵션 선택

다양한 커멘드 라인의 옵션을 선택하여 입력한다.

- 커멘드 라인에는 명령에 대한 옵션이 괄호 기호와 함께 표시된다.
- 옵션을 활성화하기 위해서는 옵션을 마우스로 클릭하거나, 옵션의 단축 문자(괄호 안의 알파벳)를 입력한다.

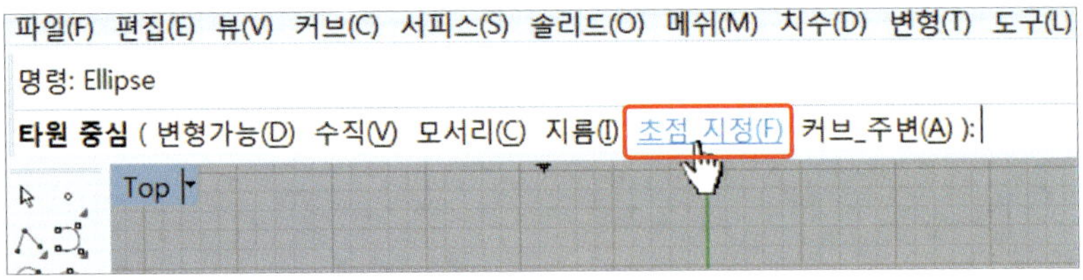

커멘드 라인 입력 예

원 그리기를 예로 실제 커멘드 라인 입력 방법을 살펴본다.

- 커멘드 라인에 명령어 Circle을 입력한다. Ci를 입력한 후 자동으로 표시된 Circle 명령어를 클릭한다. 혹은 Ci 입력 후 Enter키를 누른다.
- Circle 명령에 대한 옵션이 표시된다.

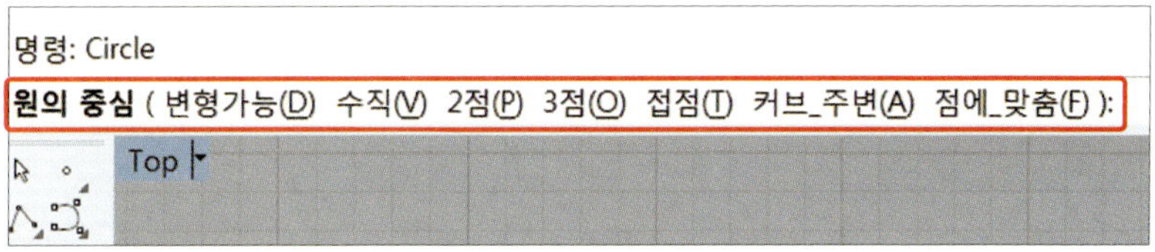

- 커멘드 라인 가장 좌측에 표시된 '원의 중심'에 해당하는 값을 입력한다.
- 커멘드 라인에 숫자 0,3을 입력하고 Enter키를 누르면 선택된 뷰포트의 단위에서 (x, y)좌표 (0,3)이 원의 중심점이 된다.

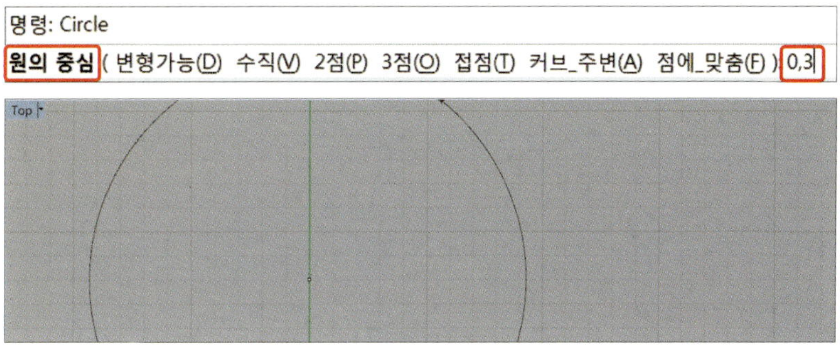

- 중심점을 설정하면 반지름 옵션을 입력하도록 자동으로 표시된다.
- 3을 입력하면 중심점이 (0,3)에 위치하고 반지름이 3mm인 원이 생성된다.

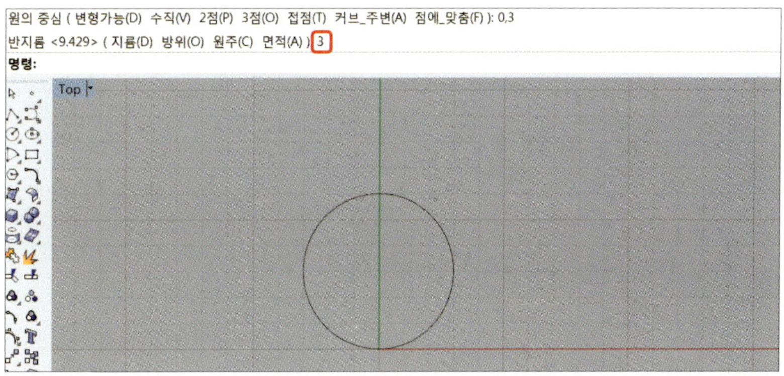

- 하나의 원에 정확히 접하는 다른 원을 그리고자 할 때에는 커멘드 옵션의 '접점(T)'을 선택하면 기존의 객체에 정확히 접하는 원을 그릴 수 있다.

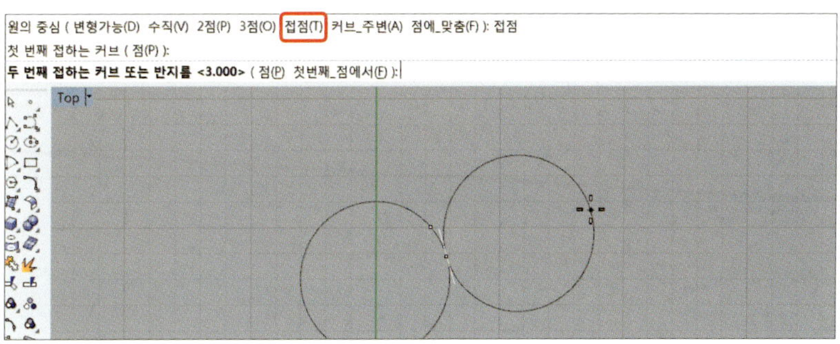

팝업 Popup 활용하기

팝업은 마우스의 가운데 버튼(휠)을 클릭하면 뷰포트 아무 화면에서나 나타난다.

- 윗부분의 바를 마우스로 클릭하면 창의 이름이 보인다.

- 툴바 등에서 자신이 원하는 기능의 아이콘을 Ctrl+마우스 드래그로 팝업 창에 등록시킬 수 있다.

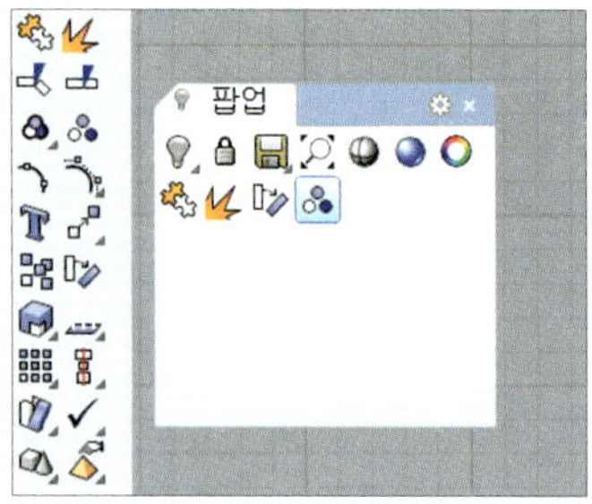

마우스의 사용

라이노에서는 기본적으로 마우스 좌클릭은 아이콘의 선택 및 기능 수행 시 사용하며, 우클릭은 명령(툴)의 사용을 마칠 때 사용한다.

- 툴바의 툴은 마우스 좌클릭으로 선택한다.
- 몇몇 툴에 대해서는 좌클릭과 우클릭에 따라 다른 기능을 수행한다.
- 모든 툴이 좌클릭, 우클릭에 따라 다른 기능을 수행하지는 않지만 툴바의 아이콘에 마우스 커서를 대고 있으면 그림과 같이 알람이 뜬다. 알람의 아이콘을 통해 좌클릭과 우클릭에 따른 기능을 알 수 있다.
- 뷰포트상에서 아무런 툴을 사용하지 않고 마우스 우클릭을 하면 바로 전 실행한 명령을 다시 반복 실행한다.

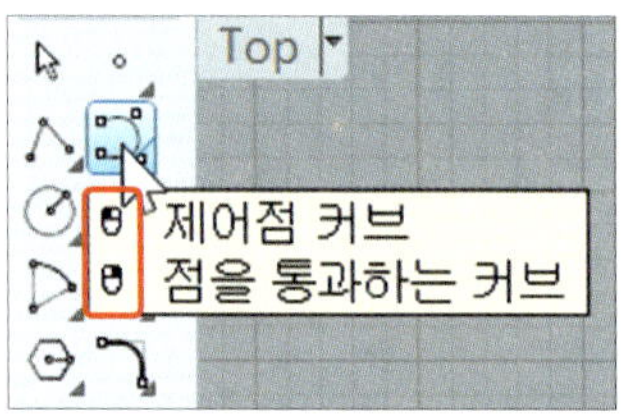

TIP 매우매우 중요한 라이노의 '도움말' 사용법

라이노의 도움말 기능을 확실히 활용할 수 있도록 도움말 사용 방법을 익혀두는 것이 좋다. 라이노의 도움말은 각 툴의 사용법을 차례대로 익힐 수 있게 되어 있으며 부분적으로 동영상을 활용해 이해를 돕도록 되어 있다. 라이노의 방대한 모든 기능을 책이나 예제로 익히는 것은 거의 불가능하다. 하지만 언제나 도움말을 통해 답을 얻을 수 있을 만큼 라이노의 도움말 기능은 막강하다.

- 사용하고자 하는 툴(명령어)을 클릭하면 우측 도움말 탭에서 해당 명령어의 사용법이 나타난다.
- 동시에 커멘드 라인에 해당 명령어의 입력값을 넣을 수 있도록 설명이 나타나게 된다.
- 도움말 창이 우측에 열려 있지 않더라도, 명령 수행 중 F1키를 누르면 해당 명령어에 대한 도움말을 볼 수 있다.

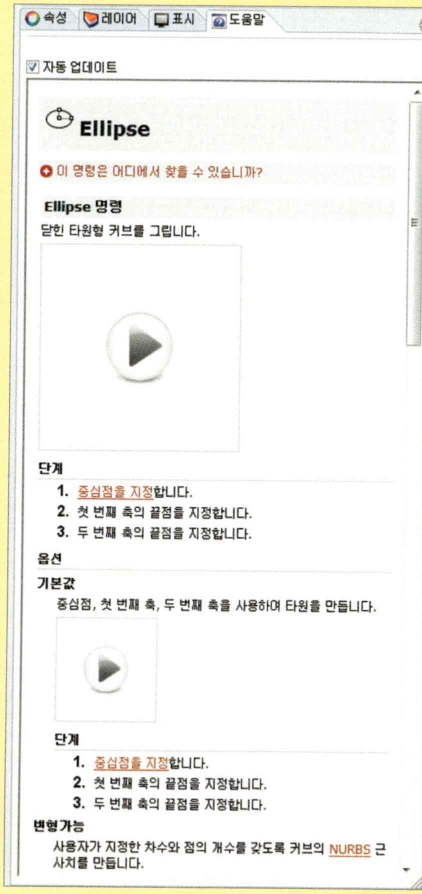

라이노의 도움말은 자동 업데이트 기능과 동영상 사용법이 함께 있어 튜토리얼로써 매우 훌륭하다. 라이노 도움말을 더욱 잘 활용하기 위해 다음의 두 가지를 기억하자.

1. 도움말 - 자동 업데이트(Auto-update)를 체크하자

도움말 창의 좌측 상단에 자동 업데이트(Auto-update)를 체크하면 자신이 작업하고자 하는 내용의 도움말이 계속 업데이트된다.

2. 동영상 튜토리얼을 활용하자

도움말 내부에는 동영상 튜토리얼이 항상 포함되어 있다. 마우스 커서의 움직임과 뷰포트에서 어떻게 활용하는지를 간단히 살펴볼 수 있는 아주 유용한 기능이다.

❸ 라이노의 기본 개체 유형

라이노는 점과 선, 면을 조합해 모델링을 진행한다. 점과 선, 면, 각 모델링 단위별로 편집 기능의 활용이 거의 동일하다. 라이노에서 모델링을 하기 위해서는 점을 찍어 선으로, 선과 선을 이어 면으로, 면을 모아 입체를 만든다는 것을 언제나 상기하고 있어야 한다. 이들을 합치고, 나누고, 자르고, 더하는 과정을 통해 입체 모델링을 완성한다. 원활한 작업 진행을 위해 각 모델링 단위의 드로잉 방법을 잘 익혀두는 것이 중요하다.

개체 유형

라이노의 기본 개체는 점, 커브, 서피스 등이다.

- 라이노의 기본적인 개체는
  ❶ 점,
  ❷ 커브 ,
  ❸ 서피스,
  ❹ 폴리서피스 등이다.

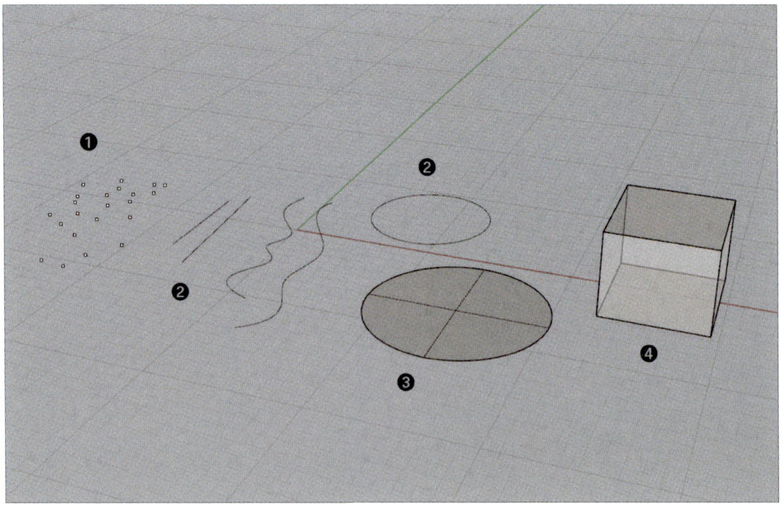

점 Point

공간상의 단일 점을 가리킨다.

- 점은 라이노에서 x, y, z축상의 좌표의 한 지점을 우리가 볼 수 있도록 표시한 것이다. 크기나 색상 등을 가지지 않은, 말 그대로 좌표 점이라고 생각하면 된다.
- 점은 작은 네모로 표시된다.
- 점은 공간의 어느 곳에든 배치할 수 있다.

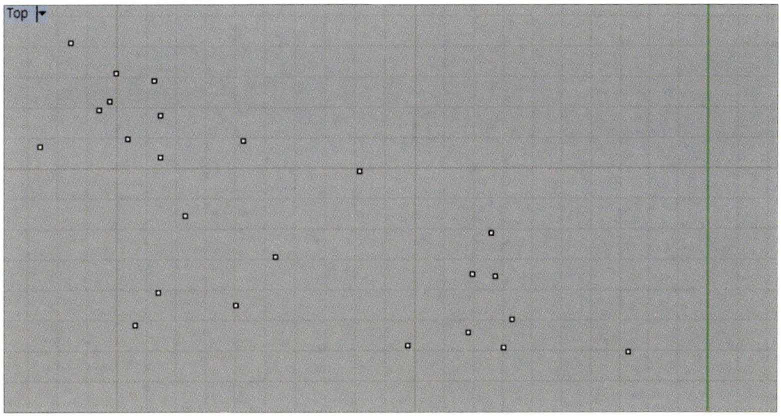

커브 Curve

모든 종류의 선을 가리킨다.

- 커브는 일반적으로 곡선을 의미하지만, 라이노에서는 직선과 곡선을 비롯한 모든 선(직선, 호, 원, 자유 형식 커브 등)을 포괄한다.
- 커브를 이용해 서피스를 만들거나, 서피스에서 필요한 커브를 추출하는 것이 가능하다.
- 닫힌 커브는 표면적이 존재하지 않는다는 점에서 서피스와 다르다.
- 커브는 평면상뿐만 아니라 3차원적으로 구부러져 존재할 수 있다.
- 커브는 직선과 곡선으로 나뉜다. 직선은 두 점의 사이를 이은 단선(Line)과 연속적으로 점을 찍어가면서 잇는 폴리 라인(Poly line)으로 나뉜다. 곡선은 수학 함수값에 의해 그려지는 포물선으로 커브(Curve)라고 부른다. 2차 함수 혹은 3차 함수로 이루어져 표현된다.

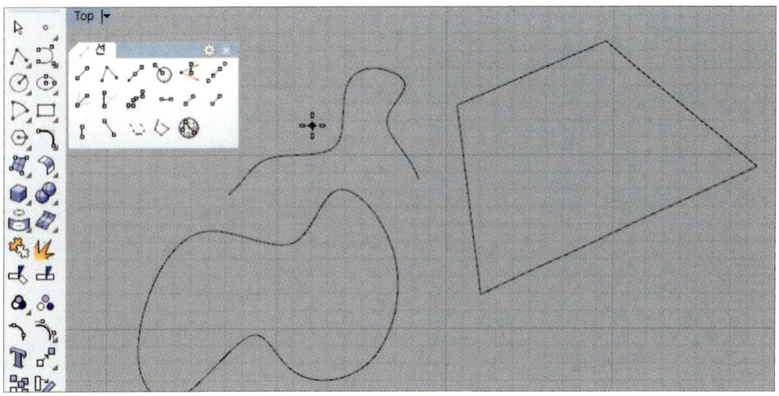

서피스 Surface

유연하게 휠 수 있는 평면이다.

- 3차원 공간에서 휘어질 수 있는 직사각형 평면이다.
- 서피스의 가장자리에는 윤곽선 커브가 표시되며, 가운데에는 서피스의 모양을 표현해주기 위한 보조선(아이소커브)이 표시된다.

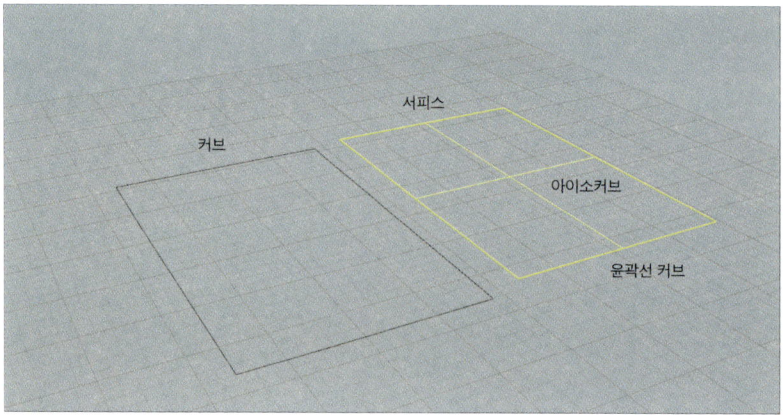

서피스 VS 폴리곤 메쉬

- 3D 스튜디오 맥스 등 폴리곤 메쉬 기반의 모델링 프로그램에서는 직선으로 표현된 삼각형을 기본으로 입체를 연산한다. 하지만 라이노에서 면은 닫힌 곡선 혹은 직선으로 이루어진 선의 값을 이어 기본 단위인 서피스로 통칭한다. 이는 라이노가 갖는 넙스(nurbs) 방식의 특성으로 큰 장점이자 단점이 되기도 한다. 넙스 방식은 폴리곤 메쉬에 비해 곡면의 표현에 유리한 반면 컴퓨터가 계산해야 할 데이터가 많아지는 단점이 있다.

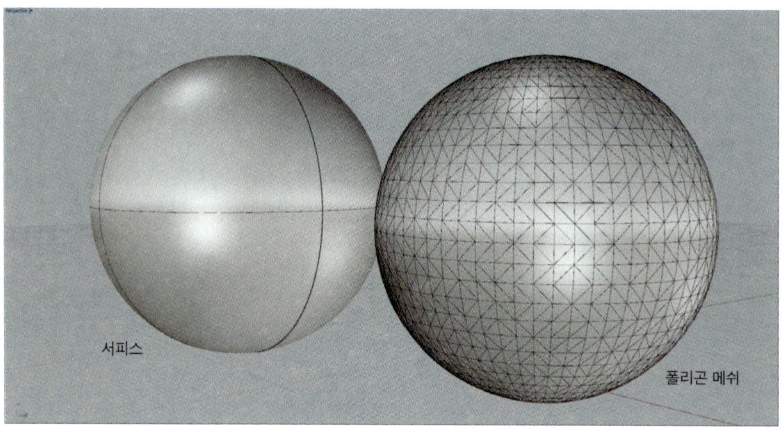

서피스의 열리고 닫힘

- 서피스는 기본적으로 3개 이상의 선이 만나 만들어진, 두께를 갖지 않는 개념적 면이다.
- 직사각형 형태의 기본 서피스를 열린 서피스라고 한다.
- 면의 한 끝과 다른 한 끝을 말아 붙이면 1방향에서 닫힌 서피스가 된다.
- 1방향에서 닫힌 서피스의 열린 부분끼리 맞닿게 만들면 2방향에서 닫힌 서피스가 된다. 이는 내부에 닫힌 부피를 갖게 되는데 이를 폴리서피스 혹은 솔리드 객체라고 본다.

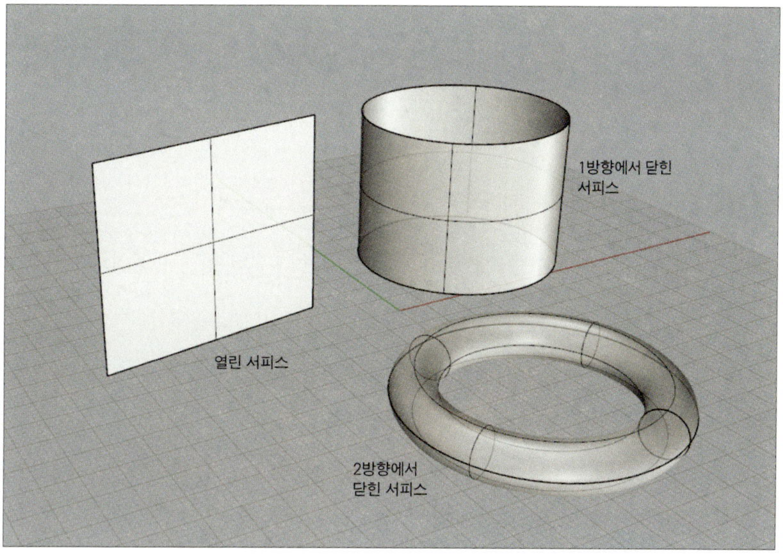

폴리서피스

- 2개 이상의 서피스를 결합한 것을 폴리서피스라고 한다.
- 서로 가까이 붙어 있는 서피스 여러 개라도 이들이 하나의 폴리서피스를 이루도록 명령을 내리지 않은 이상 각기 개별적인 서피스로서 존재한다.
- 폴리서피스도 일반 서피스와 마찬가지로 열려 있거나 닫혀 있을 수 있다.

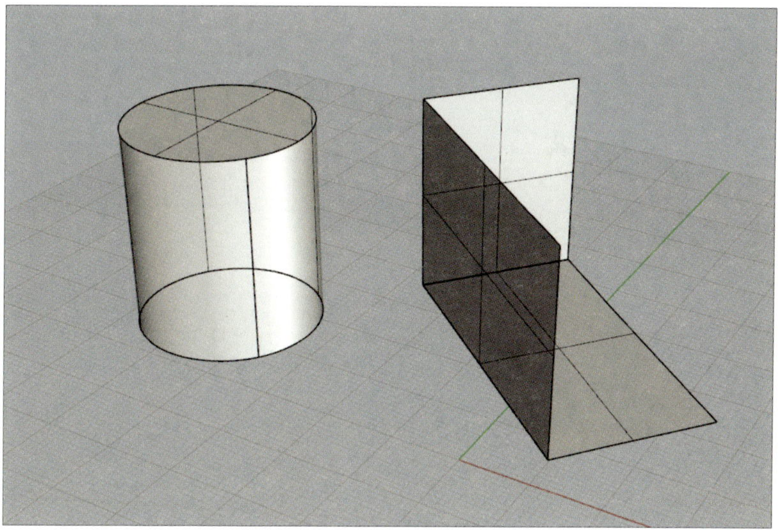

솔리드 Solid

열린 면이 없이 모든 면이 닫혀 있는 서피스나 폴리서피스를 솔리드라고 한다.

- 솔리드는 일정 공간이 서피스로 완전히 둘러싸인 것이다. 서피스나 폴리 서피스가 열린 면이 없이 모두 닫힌 형태로 만들어졌을 때 솔리드라고 부른다.
- 솔리드로 모델링이 되어야 비로소 입체로 만들 수 있다고 생각하면 된다.
- 엄밀히 말해 라이노의 솔리드 모델링은 닫힌 폴리서피스에 불과하다. 다른 상위 솔리드 모델링 프로그램의 경우 체적 계산이 가능해, 비중 등 다양한 물성을 적용하여 활용할 수 있지만, 라이노에서는 단순히 모든 면이 닫힌 형태의 개체를 솔리드라고 부른다.

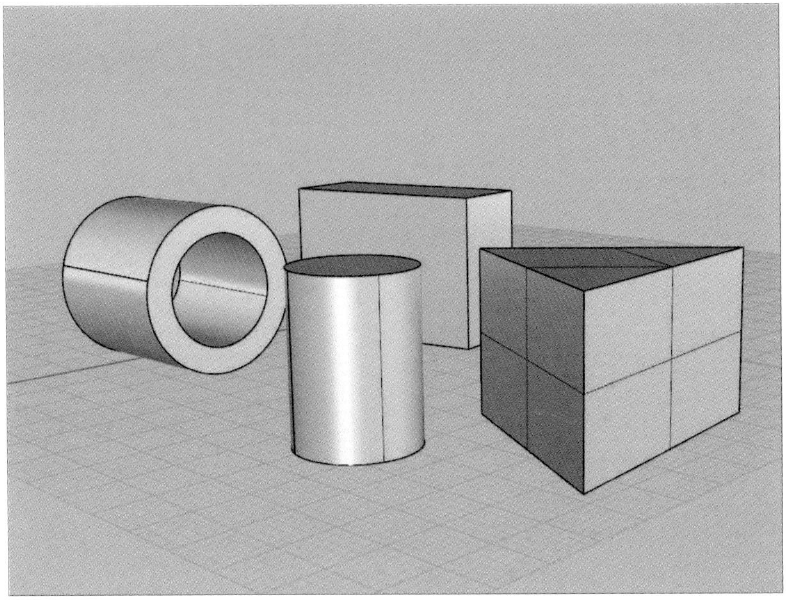

라이노
2D 드로잉

라이노의 2D 드로잉은 3D 모델링을 하기 위한 토대이면서 그 자체로 훌륭한 도면이 된다. 라이노 2D 기능의 사용법은 범용 캐드와 매우 흡사하며, 소수점 이하 정밀 치수를 기반으로 드로잉하는 것도 가능하다. 2D 드로잉만으로도 훌륭한 작품을 제작할 수 있고 건축 설계 등의 작업까지도 가능하다.

라이노는 4개의 뷰를 가지고 있다. 2D 작업을 진행하면서 주로 사용하는 뷰는 Perspective뷰를 제외한 단면뷰, 즉 Top, Front, Right뷰로 이 3개의 뷰를 중심으로 단면들을 그려간다.

본 장에서 주로 사용하는 뷰는 Top뷰로 범용 캐드에서 평면 도면을 그릴 때 주로 사용하는 뷰이다. 평면도 보기가 익숙해지면 시중의 모든 도면을 해석하는 데 큰 무리가 없을 것이다.

예술 작업을 하는 작가에게 도면을 보고, 그리고, 해석하는 능력은 자신이 가공하기 힘든 재료를 타인을 통해 가공할 때 아주 유용하다. 숨을 한 번 고르고 차근히 페이지를 넘기며 작업을 진행해보자.

3

❶ 직선 그리기

선(Line)을 그리는 기법을 익히도록 한다.

선 Line **1**

커멘드 라인을 사용해 직선을 그린다.

명령어 입력하기

- 커멘드 라인에 명령어 line을 입력하고 Enter키를 누른다.
- 커멘드 라인에 '선의 시작'이라는 옵션이 표시된다.

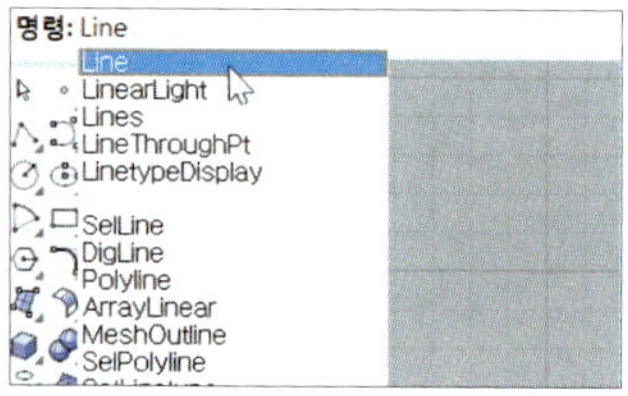

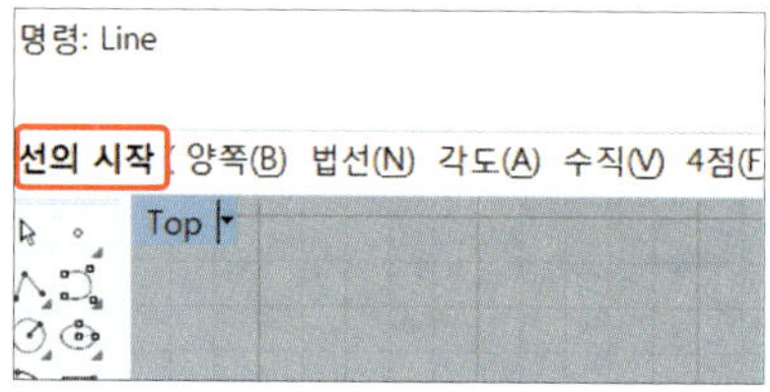

선 그리기

- 뷰포트상의 한 점을 클릭하면 해당 점이 '선의 시작'이 된다.
- 커멘드 라인을 확인하면 '선의 끝'이라고 떠 있다. 뷰포트상에는 마우스 커서가 십자 모양으로 변화하여 다음 지점의 입력을 대기하고 있다.

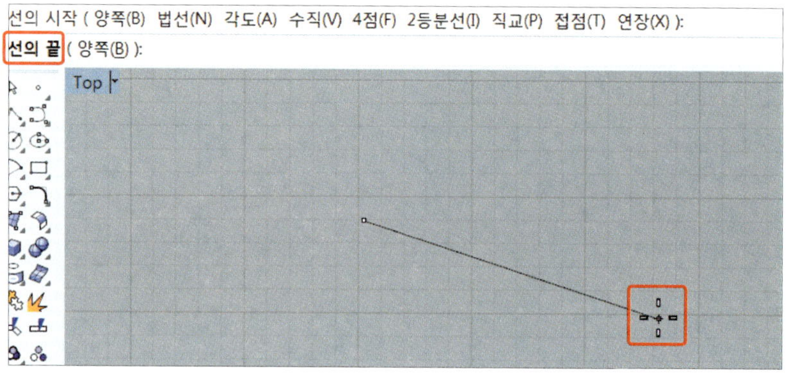

- 커멘드 라인에 직접 수치를 입력해 선의 위치를 지정할 수 있다. 예를 들어 0,3을 입력하고 Enter키를 누르면 뷰포트에서 (x,y) 좌표(0,3)에 해당하는 지점이 선의 끝이 된다.
- 영점을 입력하고자 할 때는 0,0이 아닌 0만 입력해도 된다.

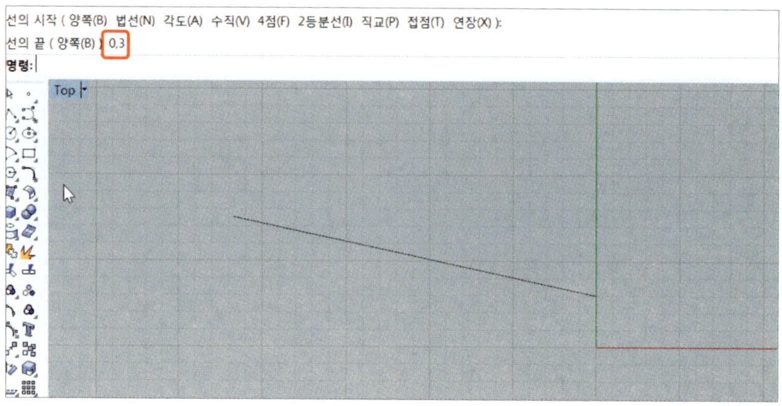

선 Line 2

툴바의 아이콘을 클릭하여 직선을 그린다.

- 좌측 툴바를 통해서도 동일하게 선 그리기를 실행할 수 있다.
- 툴바의 선 그룹 우측 하단에 작은 삼각형을 클릭하고 선 툴을 선택한다.
- 커멘드 라인을 보면 명령어 'line'을 확인할 수 있다. 선의 시작, 선의 끝 옵션 입력도 동일하게 커멘드 라인을 통해 확인할 수 있다.

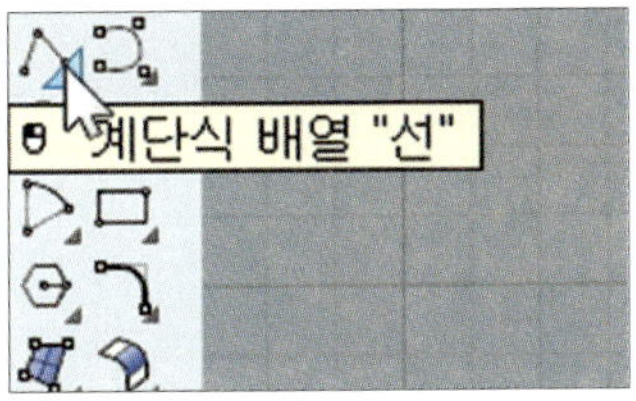

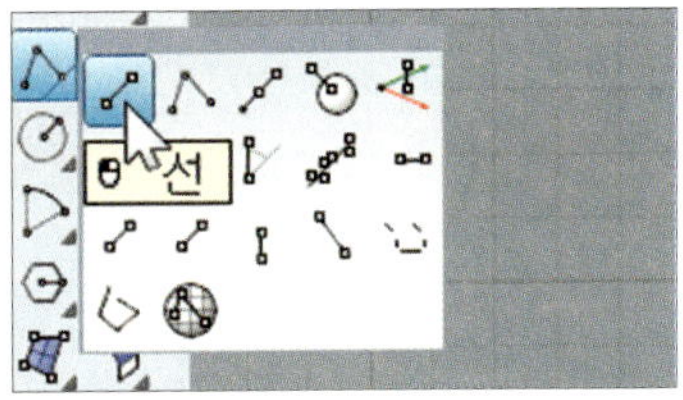

Lines

여러 개의 개별적 라인이 그려지는 Lines명령어를 사용한다.

명령어 입력하기

- 커멘드 라인에 명령어 Lines를 입력한다.

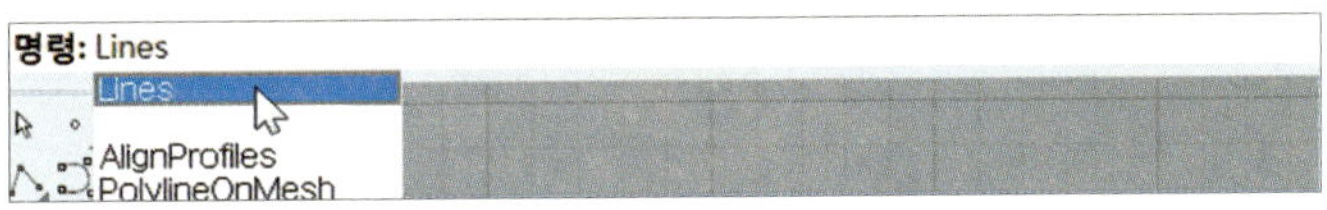

선 그리기

- 뷰포트의 점을 연속적으로 클릭하면 line 명령어와 달리 선이 끝나지 않고 바로 다음 선을 그리게 된다.
- Enter키를 누르거나, 시작점을 다시 클릭하면 Lines 명령이 완료된다.
- Lines 명령어로 그린 선들은 각각 별개로 존재한다.

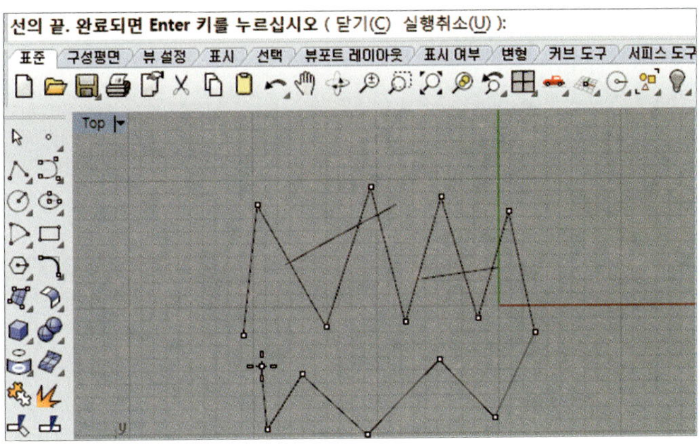

- 선의 끝을 시작점과 정확히 맞추어 클릭하려면 화면 하단의 개체 스냅에서 '끝점' 스냅을 켜두고, 화면상에 점이 표시되는 것을 기다려 클릭한다.

폴리라인 Polyline

폴리라인 명령어를 이용하여 선을 그린다.

도구 선택하기

- 툴바에서 폴리라인을 선택한다. 좌측 툴바에 기본으로 폴리라인이 노출되어 있다. 툴바 그룹을 확장하면 2번째 아이콘으로 폴리라인 명령을 내릴 수 있다.

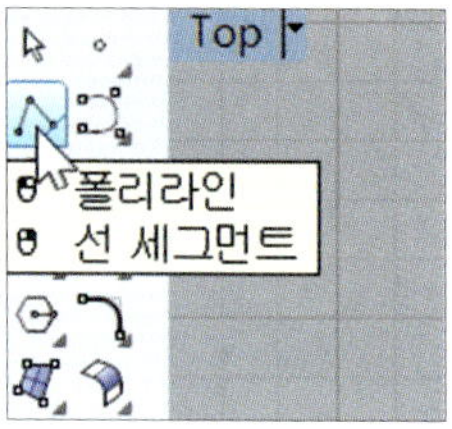

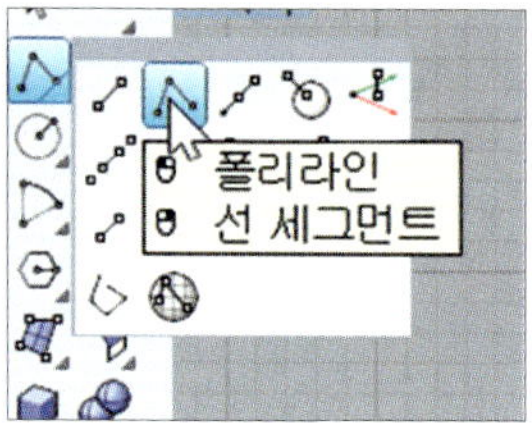

선 그리기

- 커멘드 라인에 '폴리라인의 시작'이 보이면 뷰포트상의 점을 클릭한다.
- 클릭하면 '폴리라인의 다음 점'이 보이며, 다음 점들을 입력하게 된다.

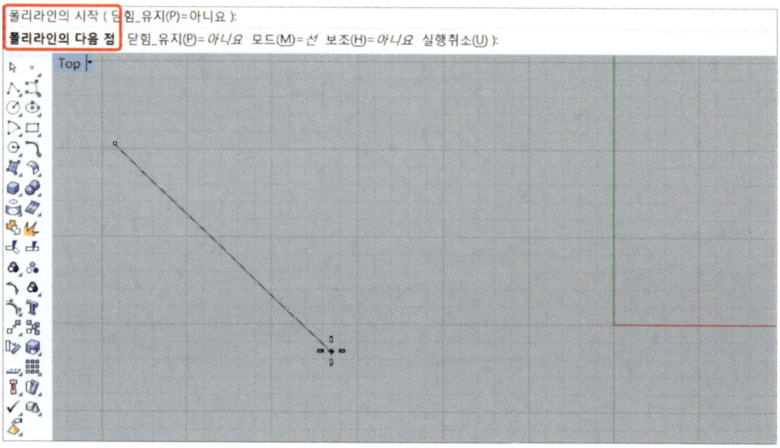

옵션 조정하기

- 폴리라인을 그리며 커멘트 라인의 옵션을 조정한다.
- 옵션 가운데 '닫힘 유지(P) =아니오'를 볼 수 있다. 해당 옵션에 마우스 커서를 대면 커서가 손가락 모양으로 바뀐다. 클릭하면 옵션이 '예'로 변환된다.

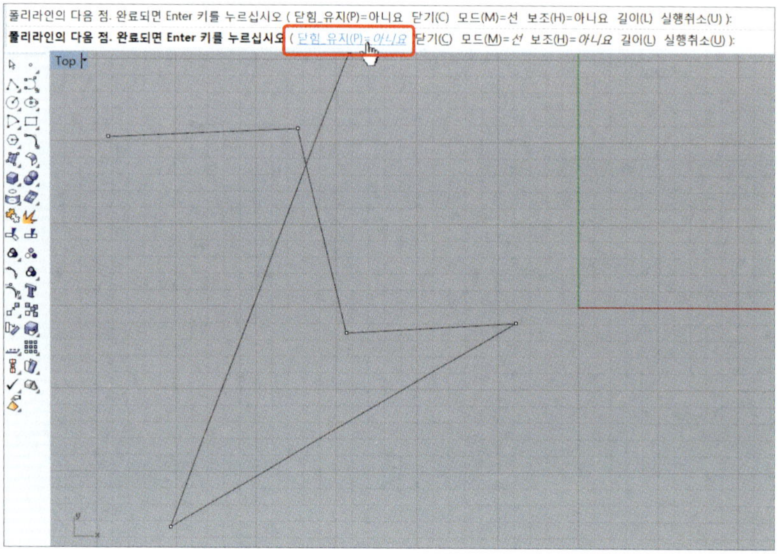

- '닫힘 유지(P) = 예'라는 명령어가 커멘드 히스토리에 보이며, 커멘드 라인의 옵션이 '닫힘 유지'로 변경되었다.
- 작업 중인 폴리라인의 형태가 새로운 점을 찍는 마우스 포인터의 앞뒤로 모두 연결된 닫힌 도형 상태로 바뀌었다.

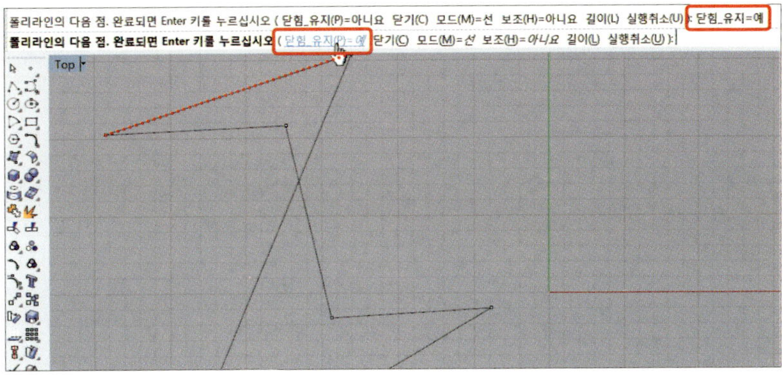

완료

- Enter키를 눌러 도형 그리기를 완료한다.
- 닫힌 도형이 되면 폴리라인의 명령이 자동 종료된다.

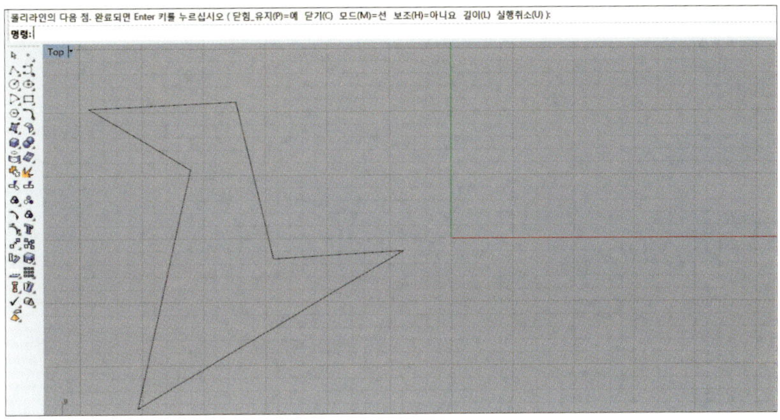

- 완료된 폴리라인을 선택하면 전체가 하나로 선택되면서 '1개의 커브가 선택에 추가되었습니다'라는 메시지가 나타난다.
- Lines가 각기 떨어진 별개의 선들을 그리는 것과 달리 폴리라인은 하나로 묶인 선을 그린다.

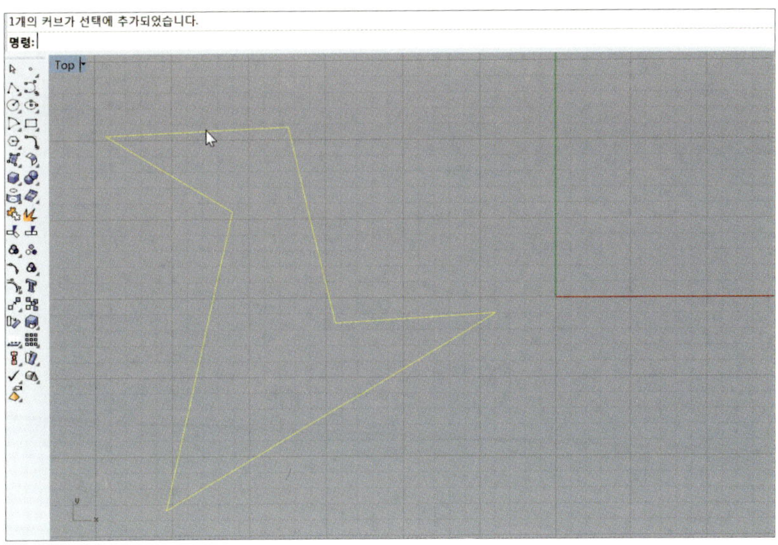

TIP 라이노 화면 하단 작업 보조 툴바의 활용

라이노 화면 하단에 있는 작업 보조 툴바를 활용하도록 하자.
사용자 편의를 위한 직교 모드, 평면 모드, 개체 스냅 메뉴들이 위치하고 있다.

❶ 직교 모드(Ortho)

선을 그리거나 면을 돌출시길 때, 바우스의 방향을 수직과 수평 방향으로만 움직이게 잠그는 도구이다. 단축키는 F8로 복사하기(Ctrl+C), 자르기(Ctrl+X), 붙이기(Ctrl+V)만큼이나 자주 쓰이는 단축키이므로 반드시 숙지하여 정확한 드로잉이나 모델링을 위해 활용하도록 한다.

❷ 평면 모드(Planar)

3D 모델링과 2D 드로잉을 병행해 진행하다보면 다른 높이의 점들과 엉켜 작업이 흐트러지는 경우가 발생한다. Top뷰에서 작업을 하면 z축의 값이 제멋대로 변하는 경우가 생길 수 있는데, 평면 모드를 켜면 각 뷰를 평면으로 여겨 각 뷰 기준상 높이값을 같은 값으로 보고 작업을 하게 된다. 단 개체 스냅(Onsnap) 기능을 꺼놓은 경우에 활용이 가능하다.

❸ 개체 스냅(Osnap)

만약 범용 캐드를 다뤄본 사람이라면 개체 스냅(Osnap)의 활용도에 대하여 잘 알 수 있을 것이다. 개체 스냅은 정확한 모델링을 위하여 일일이 수치를 입력하지 않아도 직관적으로 선이나 도형의 중심점이나 끝점을 자동으로 찾아주는 아주 편리한 기능이다.

- 끝점(End): 선(Line), 다각형(Polygon)의 끝점(Endpoint)을 자동으로 잡아준다.
- 근처점(Near): 근처점을 잡아준다. 정확한 모델링을 하고자 할 때는 오히려 불편하니 필요할 때에만 사용하기를 권장한다.
- 점(Point): 드로잉 혹은 3D 객체의 점을 잡아준다.
- 중간점(Mid): 단일 객체의 드로잉 선이나 서피스 등의 모서리의 가운데 점을 잡아준다.
- 중심점(Cen): 원이나 다각형의 중심점(Center point)을 잡아준다.
- 교차점(Int): 선이나 도형 사이의 교차점(Intersecting point)를 잡아준다.
- 수직점(Perp): 직각인 선의 수직점(Perpendicular point)을 잡아준다.
- 접점(Tan): 원의 접선을 구해준다.
- 사분점(Quad): 원에 내접하는 사분점(Quadrant point)을 잡아준다.
- 매듭점(Kont): 넙스 스플라인(Spline)을 그릴 때의 포인트를 잡아준다.
- 정점(Vertex): 메쉬 모델링의 폴리곤 포인트를 잡아준다.
- 사용안함(Disable): 모든 개체 스냅 기능을 한꺼번에 꺼준다. 자주 사용하는 개체 스냅은 주로 켜둔 채 작업하는 것이 좋은데, 평상시에는 사용안함(Disable) 기능을 이용해 비활성화 해놓고 필요할 때 해제하도록 한다.

❷ 곡선 그리기

커브(Curve) 가운데 3가지를 익힌다.

제어점 커브

제어점 커브를 사용하여 선택한 위치에 제어점을 만들며 곡선을 그린다.

도구 선택(명령어 입력)하기

- 툴바에서 제어점 커브를 선택한다. 혹은 커멘드 라인에 명령어 Curve를 입력한다.

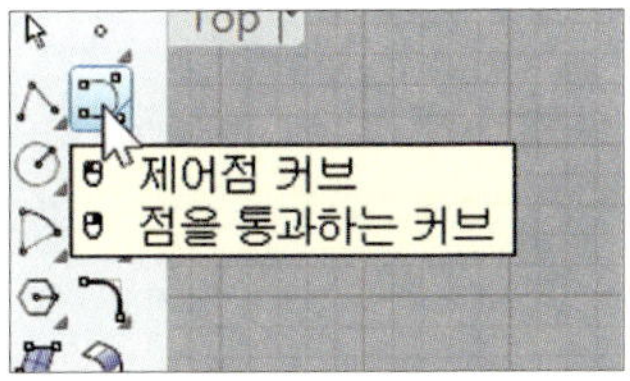

커브 그리기

- 뷰포트상에 시작점을 클릭한 뒤 다음 점을 찍고 마우스를 드래그하면 해당 점에서 떨어진 지점에 곡선이 그려진다.
- Enter키를 누르거나 마우스 우클릭으로 커브 그리기를 마칠 수 있다.
- 시작점에 점을 찍어서 곡선을 닫으면 자연스럽게 명령이 완료된다.

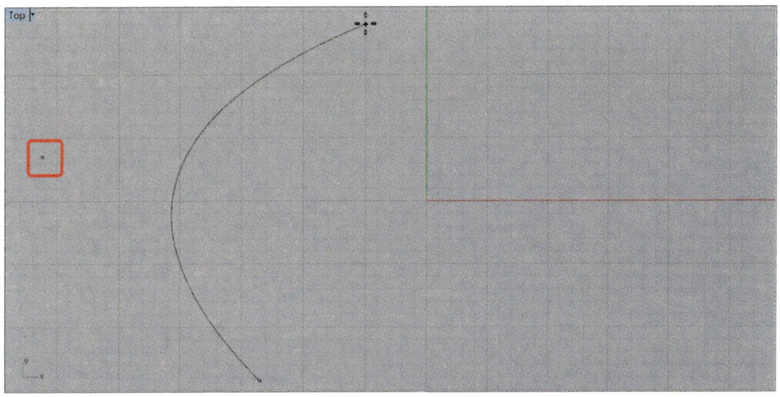

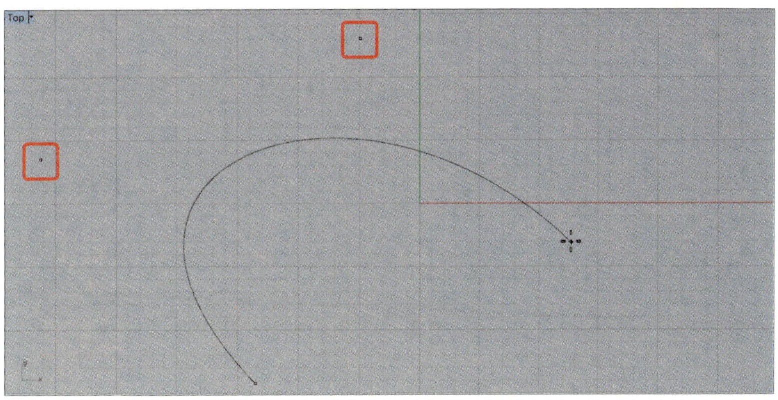

보간점 커브

Interpolate Curve

보간점 커브를 사용하여 선택한 위치를 통과하는 곡선을 그린다.

도구 선택(명령어 입력)하기

- 툴바에서 커브: 보간점을 클릭한다. 혹은 커멘드 라인에 InterpCrv를 입력한다.

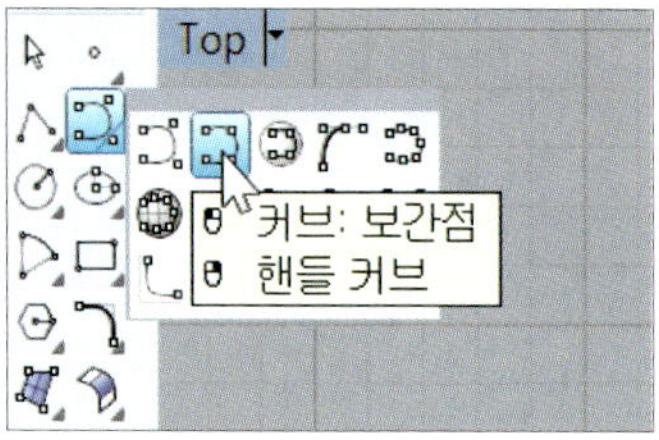

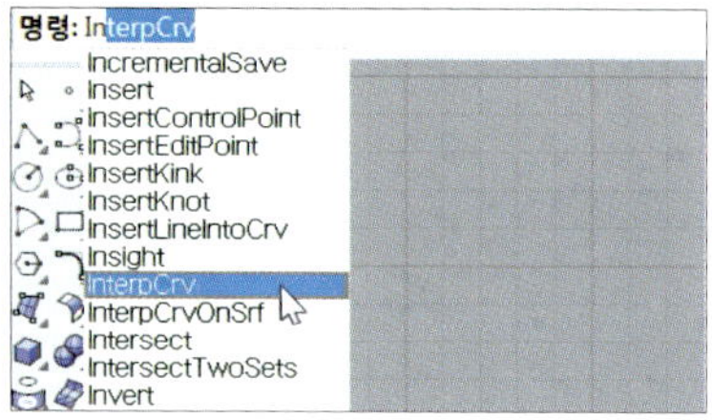

커브 그리기

- 뷰포트상에 점을 찍는다.
- 마우스로 다음 점을 클릭하고 드래그하면 클릭한 점을 통과하는 커브가 만들어진다.
- Enter키를 누르거나 마우스 우클릭을 하면 커브 그리기를 마친다.

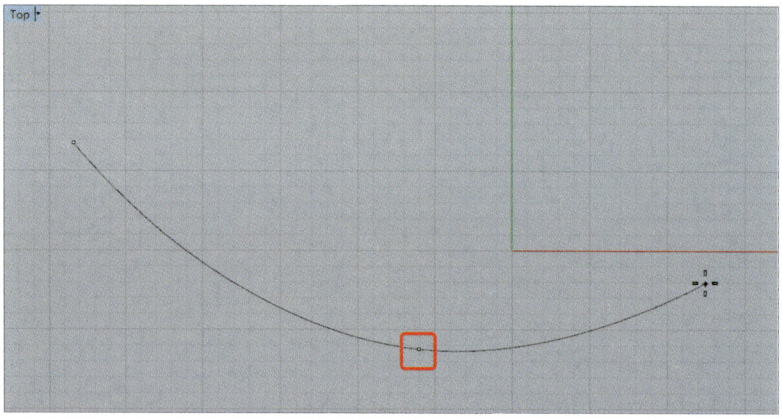

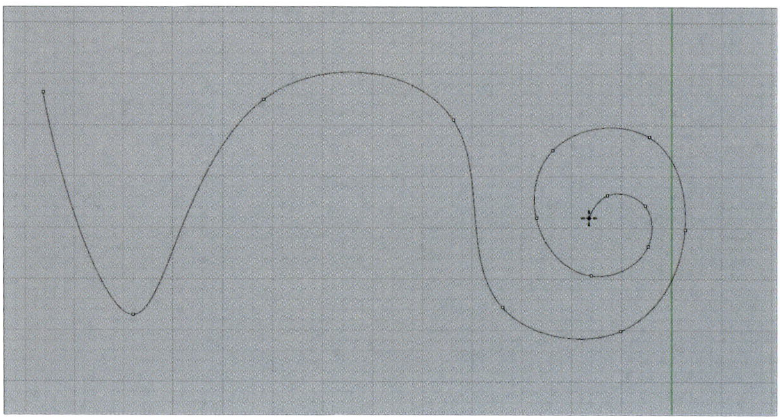

핸들 커브

Handle Curve

핸들 커브를 사용하여 일러스트레이션 프로그램과 같이 자유 곡선을 그린다.

도구 선택(명령어 입력)하기

- 툴바에서 핸들 커브를 선택한다. 혹은 커멘드 라인에 HandleCurve를 입력한다.

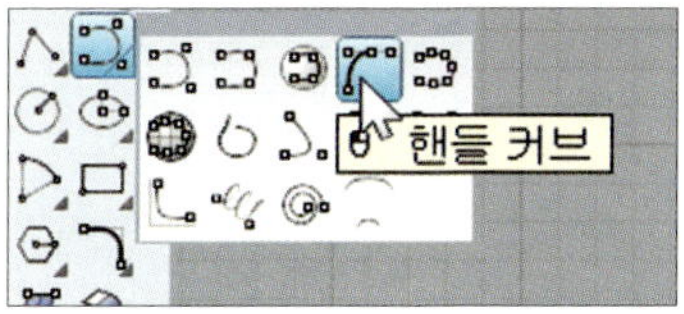

시작점 선택하기

- 뷰포트상에 점을 클릭하여 시작 위치를 지정한다.
- 커브점(시작점)을 정해 클릭하고 마우스를 드래그하여 핸들의 위치를 지정한다.
- 지정한 핸들 위치 방향으로 커브가 휘어지게 된다.

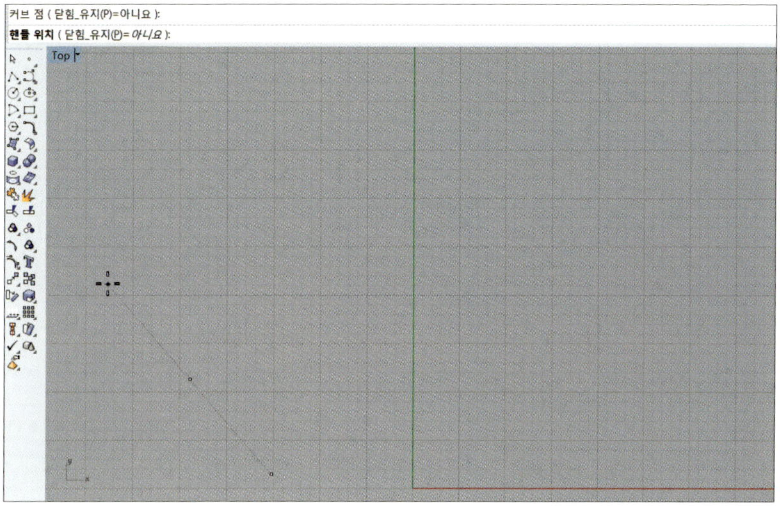

커브 그리기

- 다음 커브 점을 입력하면 핸들 방향으로 휘어진 첫 점과 다음 점을 잇는 커브가 생성된다.

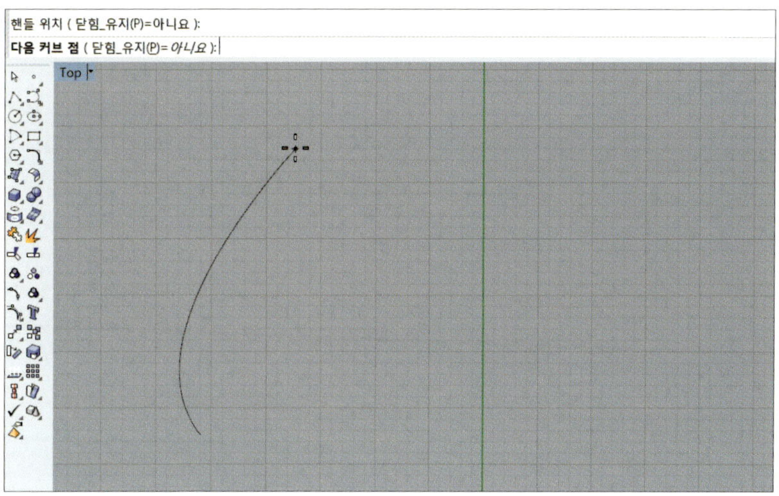

- 다음 커브 점을 지정한 뒤에도 연속적으로 핸들 위치를 지정한다.
- 핸들 위치에 따라 곡선의 형태가 달라지는 것을 확인할 수 있다.
- Enter키를 누르거나 마우스 우클릭으로 커브 그리기를 마친다.

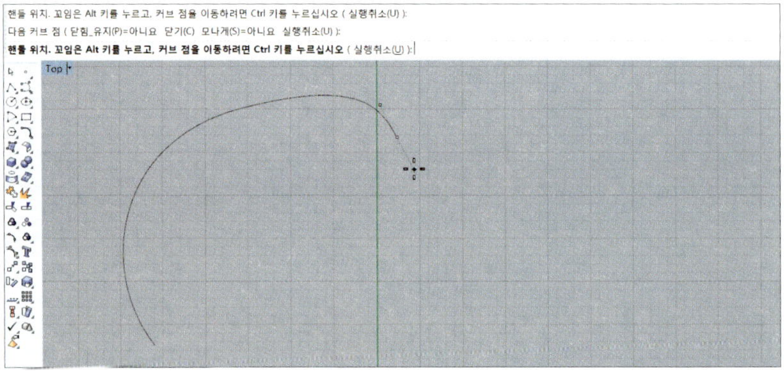

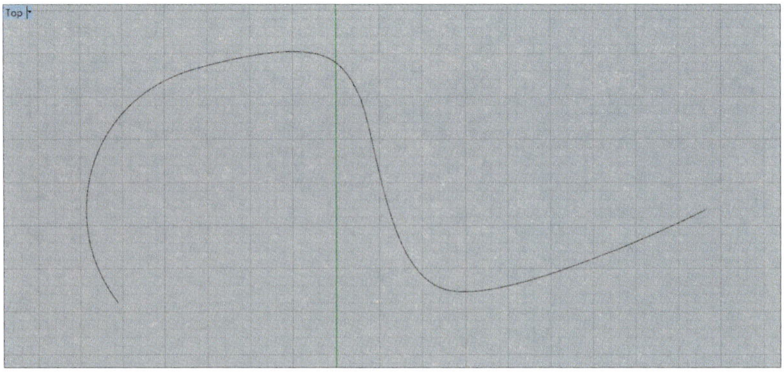

편집하기

- 커브 완성 후 커브점과 핸들을 다시 표시해서 수정할 수 있다.
- 개체를 선택한 상태에서 툴바의 '점 표시' 아이콘을 클릭한다.
- 커브점과 핸들이 보이면 수정을 원하는 부분을 클릭해 마우스를 드래그하며 수정한다.

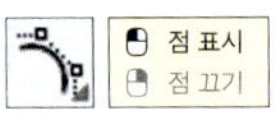

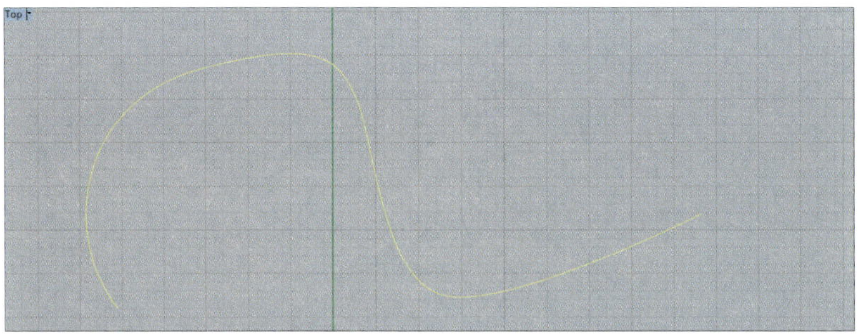

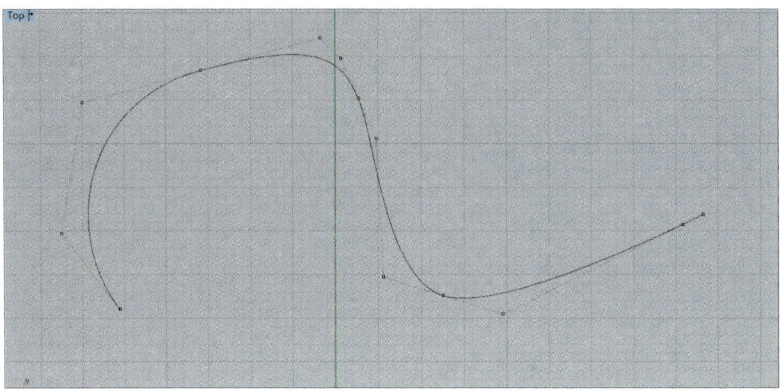

❸ 도형 그리기

원과 직사각형 그리기를 익힌다.

원 Circle

원 도구를 사용해 원을 그린다.

도구 선택하기

- 툴바에서 원: 중심점, 반지름을 선택한다.

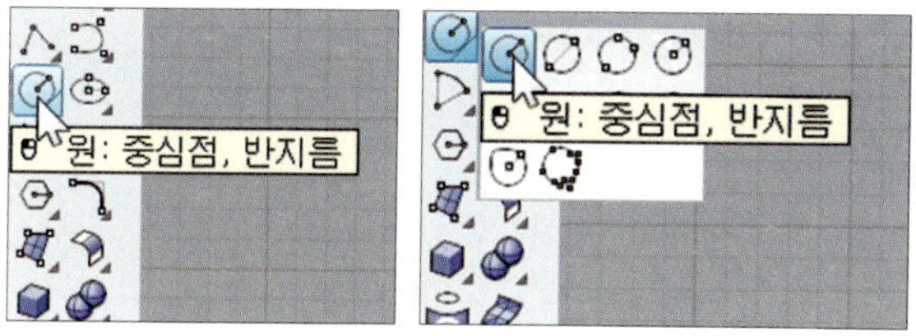

원 그리기

- 원의 중심점을 입력한다. 뷰포트상의 한 점을 클릭하거나 커멘드 라인에 원하는 위치의 좌표를 입력한다.
- 원의 반지름을 지정한다. 뷰포트상에서 한 점을 클릭하거나, 커멘드 라인에 반지름의 값을 입력한다.
- 기타 다른 원을 그리는 방식은 라이노의 도움말 기능을 참조한다.

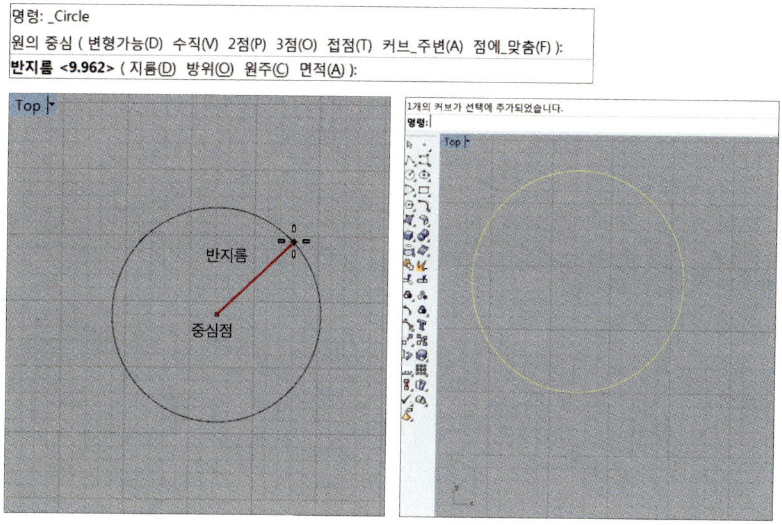

직사각형 Rectangle

직사각형 도구를 사용해 직사각형을 그린다.

도구 선택하기

- 툴바에서 직사각형: 모서리에서 모서리로를 선택한다.

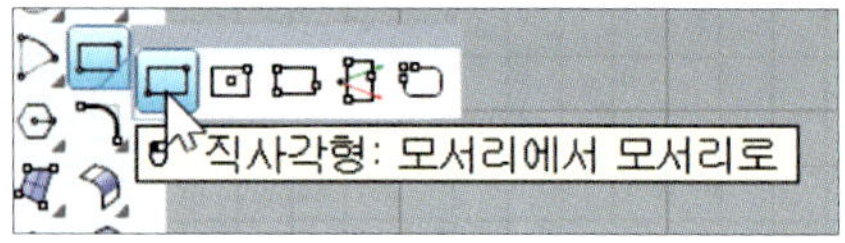

직사각형 그리기

- 커멘드 라인에 직사각형의 첫 번째 모서리를 선택하라는 메시지가 표시된다.
- 뷰포트상에서 첫 번째 모서리의 위치를 지정한 뒤, 대각선 반대편 모서리 위치를 지정하여 직사각형을 완성한다. 커멘드 라인에 좌표 값을 입력하여 그릴 수도 있다.
- 기타 도형을 그리는 방법은 도움말 기능을 참조한다.

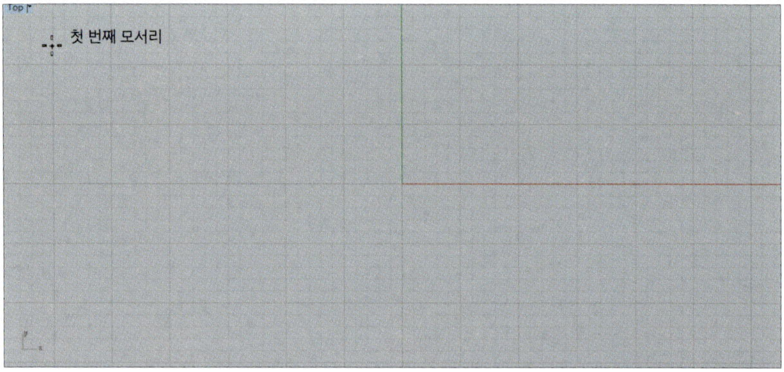

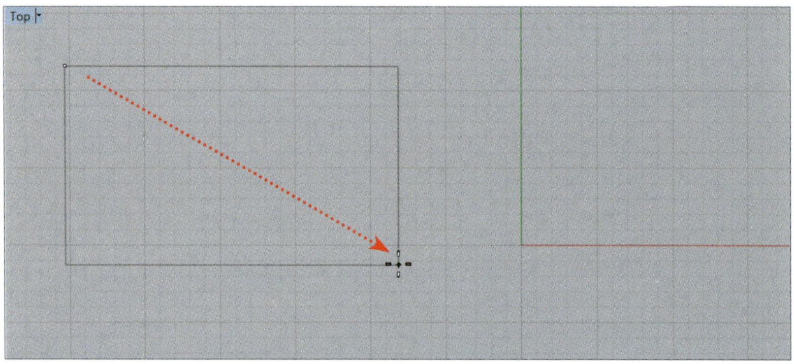

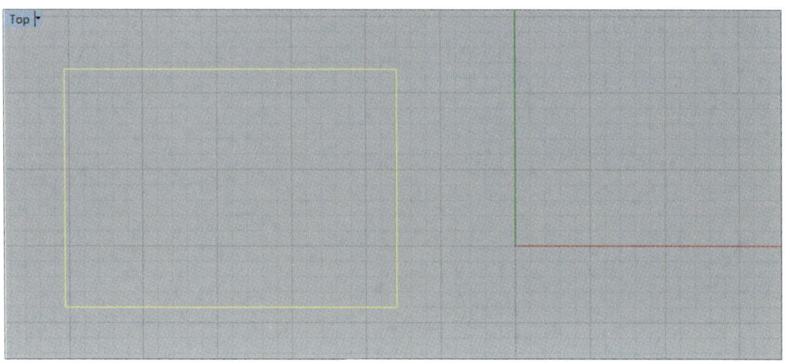

2D 드로잉 핵심 기능

1	**라인(Line)**	1개의 직선을 그린다.
2	**Lines**	끝점이 붙은 여러 개의 직선을 연속적으로 그린다. 하나의 객체로 보이더라도 Lines 명령어로 그린 선은 각각 따로 떨어져 있다.
3	**폴리라인(Polyline)**	끝점이 붙은 여러 개의 직선을 하나의 객체로 합쳐서 그린다.
4	**제어점 커브(Curve)**	마우스로 클릭한 위치에 제어점이 만들어지며, 이 제어점 바깥에 있는 곡선을 그린다.
5	**보간점 커브(InterpCurve)**	마우스로 클릭한 위치로 커브가 지나가는 곡선을 그린다.
6	**핸들 커브(HandleCurve)**	마우스를 클릭한 점을 지나가는 곡선을 그린다. 각 점에 핸들이 있어 지정한 핸들 방향대로 곡선의 모양이 만들어진다.
7	**원: 중심점, 반지름 (Circle: Center, Radius)**	중심점과 반지름값을 정해 1개의 원을 그린다.
8	**직사각형: 모서리에서 모서리로 (Rectangle: Corner to Corner)**	직사각형을 이루는 대각선의 양쪽 점을 선택해 1개의 직사각형을 그린다.

라이노 프로그램을 이용할 때에는 항상 커멘드 라인을 확인하도록 한다.
예를 들어, 원을 그리고자 할 때 커멘드 라인에 Circle을 입력하거나 툴바에서 해당하는 도구를 선택할 수 있다. 이후 커멘드 라인을 확인하면 아래와 같은 메시지가 나타난다.

원의 중심 (변형가능(D) 수직(V) 2점(P) 3점(O) 접점(T) 커브_주변(A) 점에_맞춤(F)):

커멘드 라인의 명령에 따라 원의 중심 위치를 지정한다. 원의 중심을 지정한 후에는 커멘드 라인에 다음과 같은 메시지가 나타난다.

반지름 <11.199> (지름(D) 방위(O) 원주(C) 면적(A)):

커멘드 라인의 명령대로 반지름 값을 입력하면 원이 생성된다.
위의 예시와 같이 커멘드 라인을 보면 현재 어떤 명령을 내려야 할 차례인지 파악할 수 있다. 라이노에서는 커멘드 라인을 확인하는 것이 매우 중요하므로 커멘드 라인을 확인하며 작업하는 습관을 기르도록 하자.

❹ 커브 편집하기

커브 편집 기능을 이용하면 좀 더 다양한 표현이 가능할 뿐만 아니라 작업의 완결성을 높일 수 있다. 또한 입체로 만드는 데 문제가 없는 평면 그림을 완성할 수 있다. 그러나 이 책에 소개된 커브 편집 기능은 가장 기본적인 편집 기능의 일부에 지나지 않음을 알고 있어야 한다. 초보자가 라이노를 통해 모델링할 때 꼭 필요한 기능만을 엄선해두었을 뿐이다. 좀 더 다양한 기능을 사용하고 싶을 때에는 라이노의 도움말 기능을 적극 활용하여 2D 드로잉이 익숙해질 때까지 연습하기를 권장한다.

복사 Copy

개체를 복사한다.

개체 선택하기

- 복사할 개체를 선택한다.

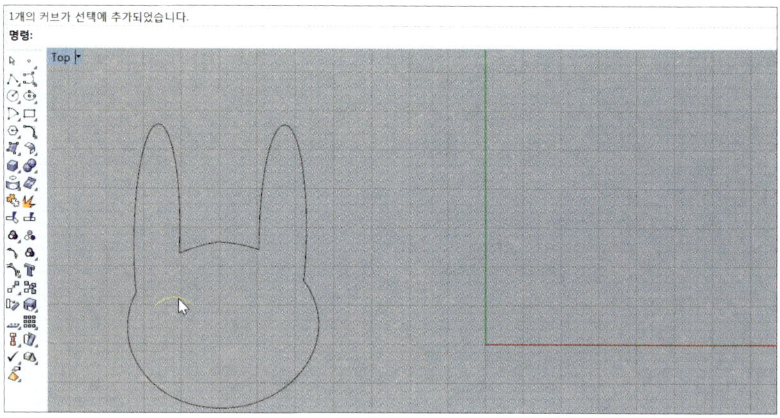

개체 복사하기

- Ctrl+C, Ctrl+V를 입력하면 같은 위치에 한 번 복사된다.
- 한 개체를 여러 번 복사하려면 툴바의 복사 도구를 선택한 후 복사할 위치에 원하는 횟수만큼 클릭한다. 혹은 툴바에서 같은 위치에 개체 복사 도구를 원하는 횟수만큼 클릭한다.

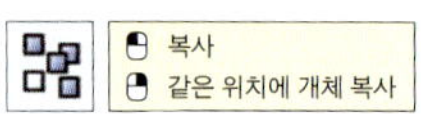

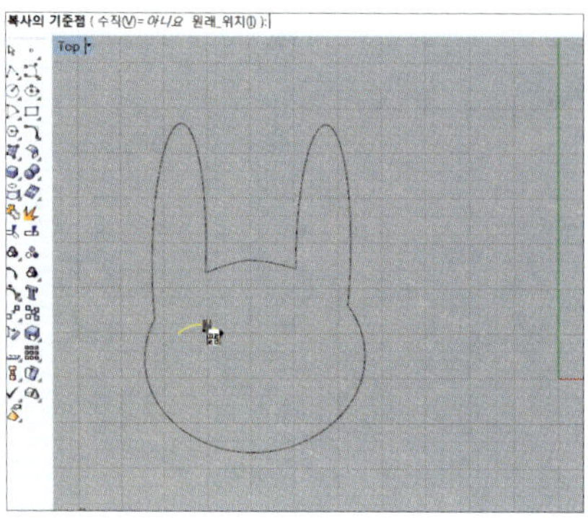

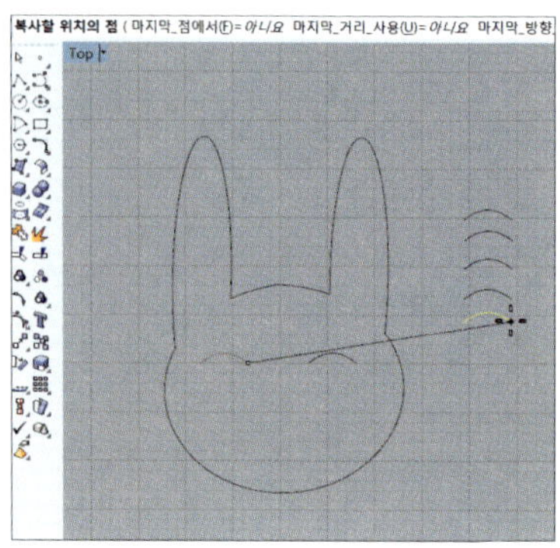

이동 Move 1

마우스를 이용하여 개체를 이동시킨다.

- 개체를 선택한 다음 마우스를 드래그하여 위치를 이동시킬 수 있다.
- Shift키를 누른 채로 드래그하면 직각으로 이동한다.

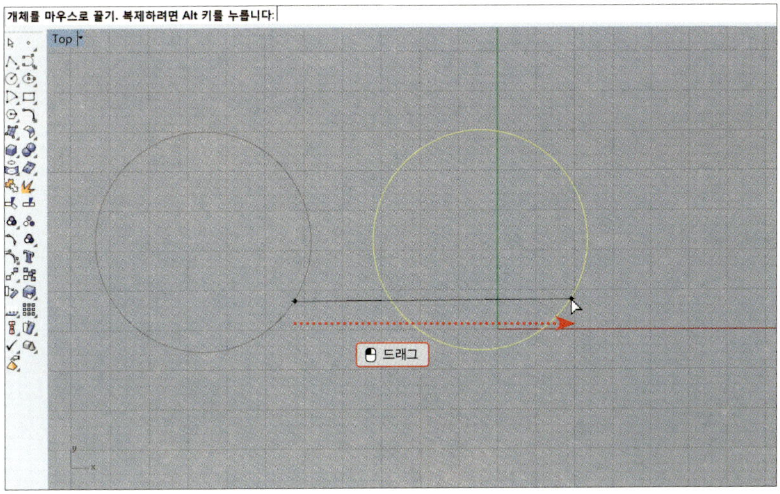

이동 Move 2

이동 도구를 사용하여 정확한 좌표로 이동한다.

도구 선택(명령어 입력)하기

- 이동 툴을 선택하고 이동하고자 하는 개체를 선택한다. 또는 이동하고자 하는 개체를 선택한 채로 이동 툴을 클릭한다. 커멘드 라인에 명령어 Move를 입력하는 것도 동일하다.

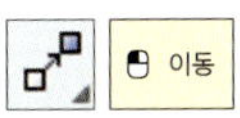

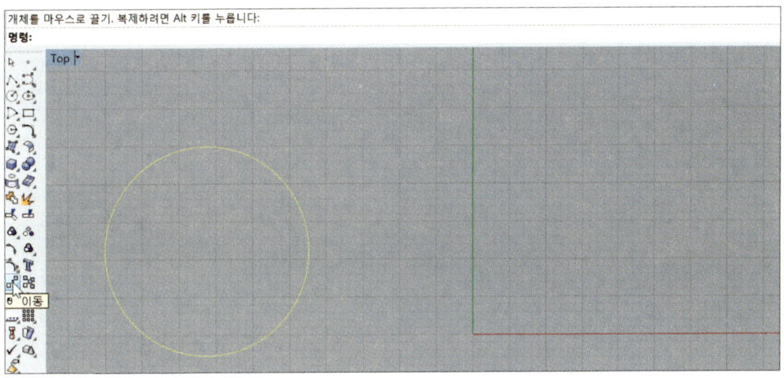

개체 스냅 설정하기

- 화면 하단의 개체 스냅 항목의 '중심점' 옵션을 켠다(개체 스냅에 대한 내용은 66쪽 참고).

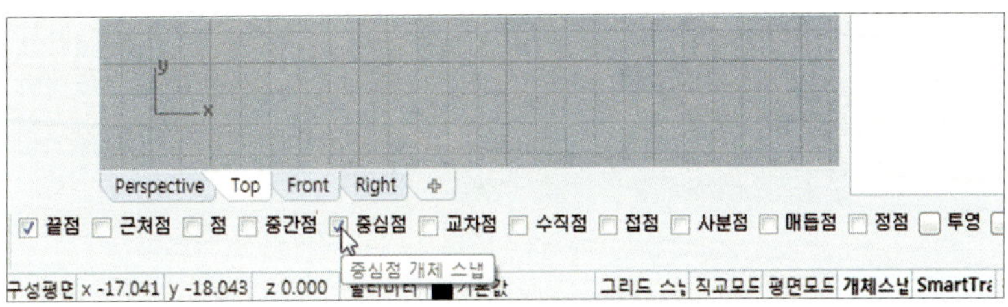

기준점 입력하기

- 커멘드 라인에 이동의 기준점을 입력하라는 메시지가 뜬다.
- 개체 스냅의 '중심점' 을 켜두었기 때문에 개체에 마우스를 가져가면 '중심점' 이라는 대화창이 나온다. 이때 클릭하여 개체의 중심점을 이동의 기준점으로 입력할 수 있다.

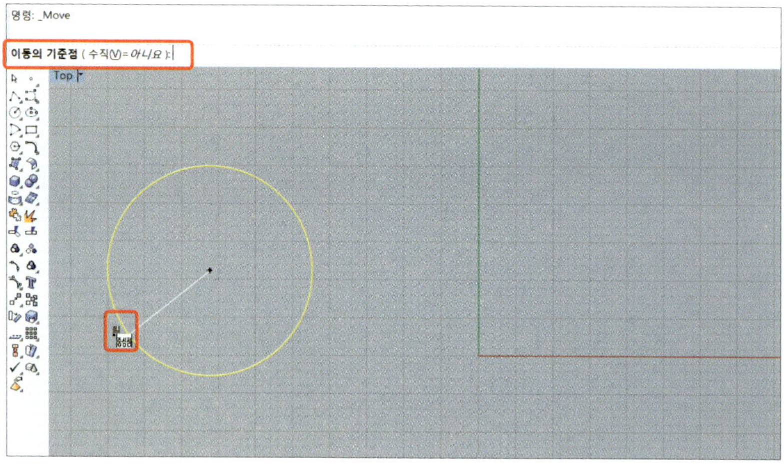

이동할 기준점 선택하기

- 이동의 기준점이 선택된 채로 마우스를 움직이면 기준점의 새 위치를 선택하라는 메시지와 함께 뷰포트상에서 이동될 위치가 표시된다.
- 뷰포트상의 한 위치를 클릭하거나 커멘드 라인에 수치를 입력하여 이동할 기준점을 정한다.

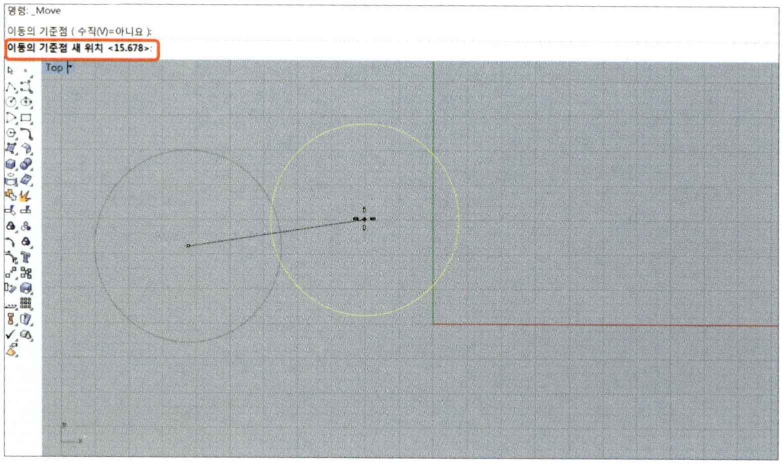

- 이동할 기준점을 원점으로 하려면 커멘드 라인의 '이동의 기준점 새 위치' 값에 0,0을 입력하면 된다.

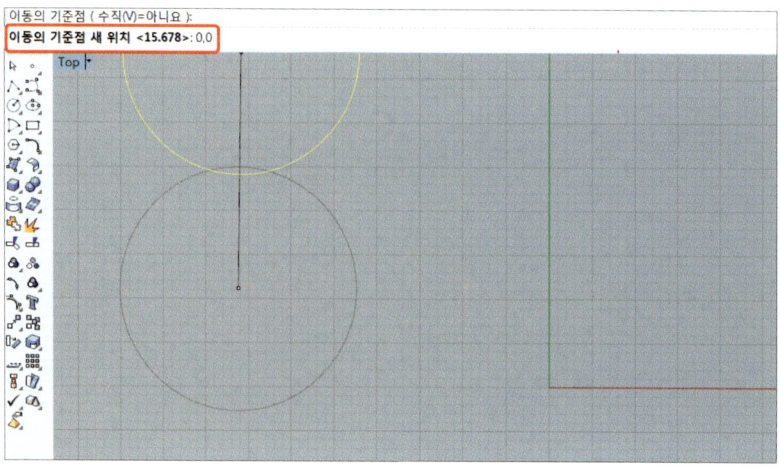

- 이동의 기준점인 원의 중심점이 좌표계의 원점으로 이동한 것을 확인할 수 있다.
- 다양한 스냅 기능을 활용하여 물체를 접하게 하는 등 응용이 가능하다.

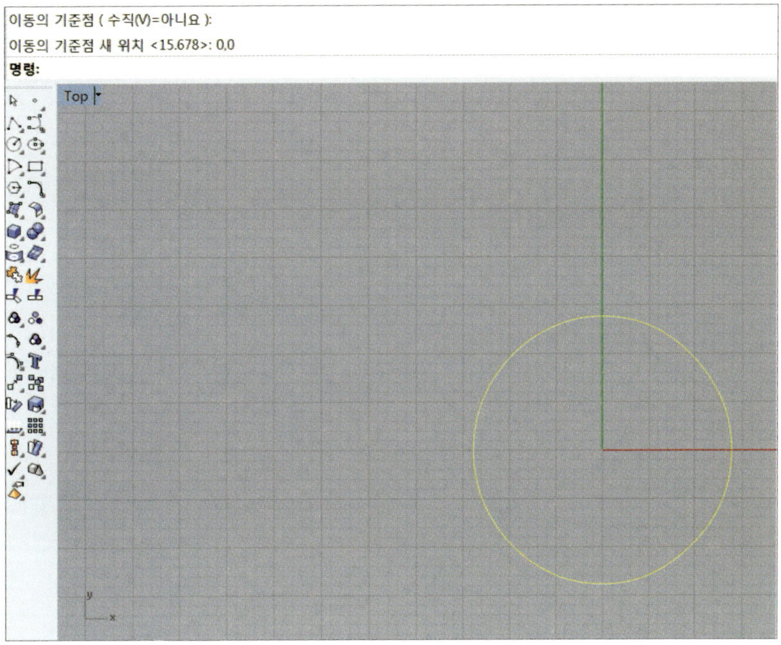

2D 회전 2D Rotate

개체를 구성 평면에 대하여 회전시킨다.

- 회전하고자 하는 개체를 선택한 채로 툴바에서 2D 회전을 클릭한다. 혹은 2D 회전 툴을 선택한 후 개체를 선택한다.

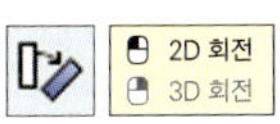

- 커멘드 라인에 회전의 중심점을 선택하라는 메시지가 나온다. 회전의 중심점을 뷰포트상에서 선택하거나 커멘드 라인에 수치를 입력한다.

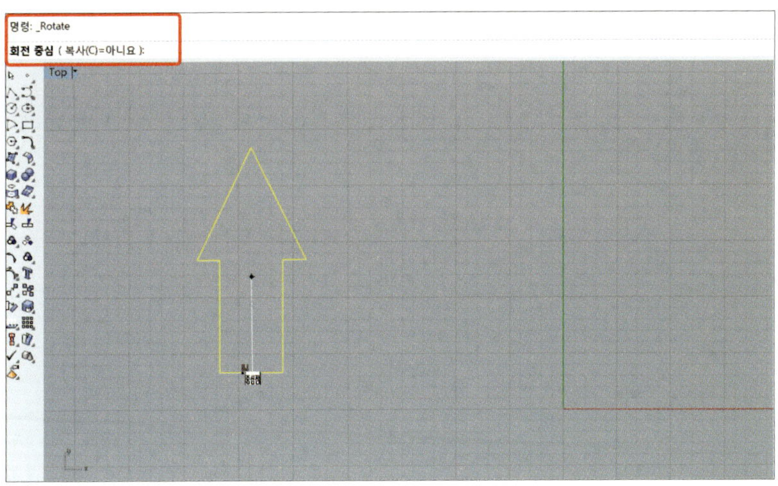

- 회전각을 입력하거나, 참조점을 선택해 회전시킬 수 있다.
- 참조점을 통한 회전은 회전 중심을 중심축으로 첫 번째 참조점이 두 번째 참조점으로 이동하게 함으로써 객체를 회전시킨다.
- 먼저 첫 번째 참조점을 선택한다.

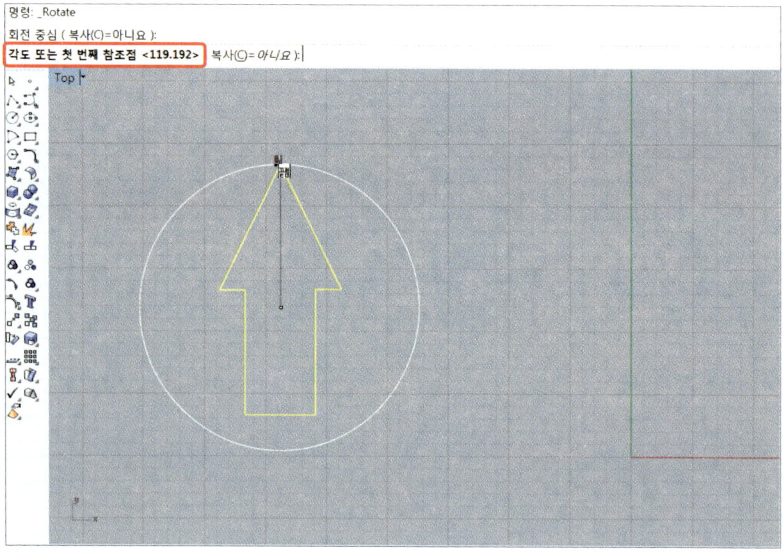

- 뷰포트에서 두 번째 참조점을 입력하면 해당 위치로 첫 번째 참조점이 이동될 만큼 개체가 회전한다.

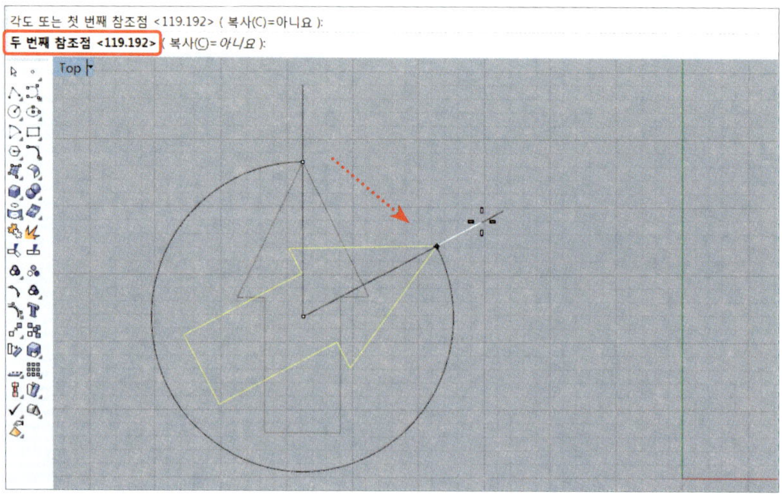

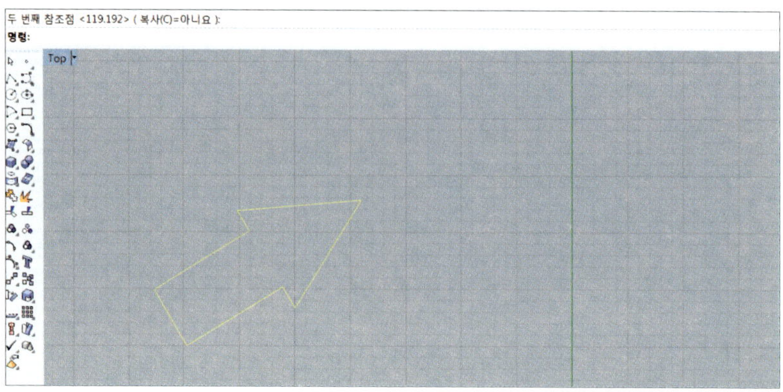

제어점 Point

커브의 제어점과 핸들 커브의 핸들 위치 등을 표시해 수정·편집할 수 있다.

- 개체를 선택한 상태에서 툴바의 점 표시를 클릭하면 제어점이 표시된다. 혹은 커멘드 라인에 명령어 PointsOn를 입력한다.

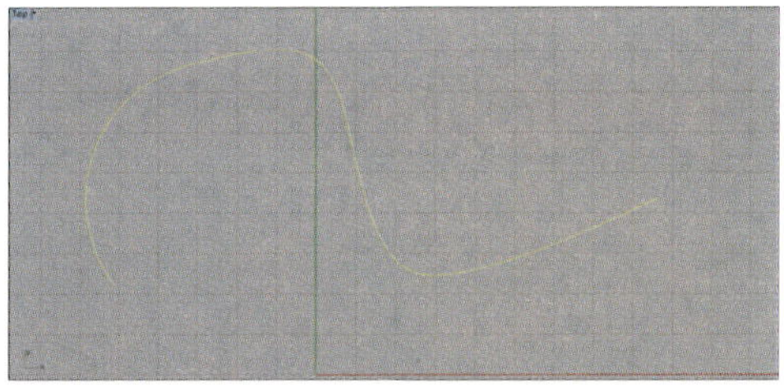

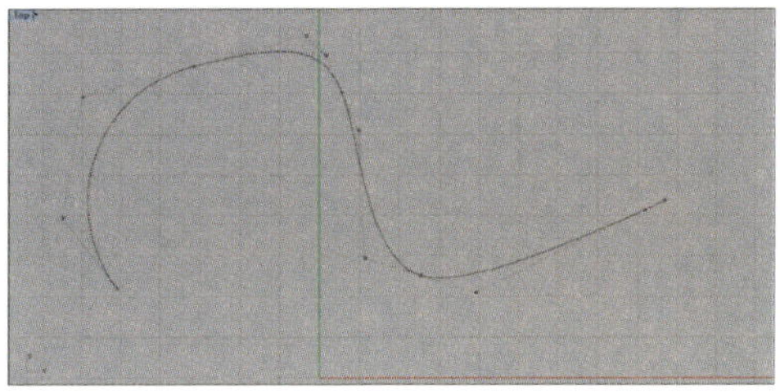

- 제어점이나 핸들을 선택하여 마우스로 드래그하며 편집할 수 있다.

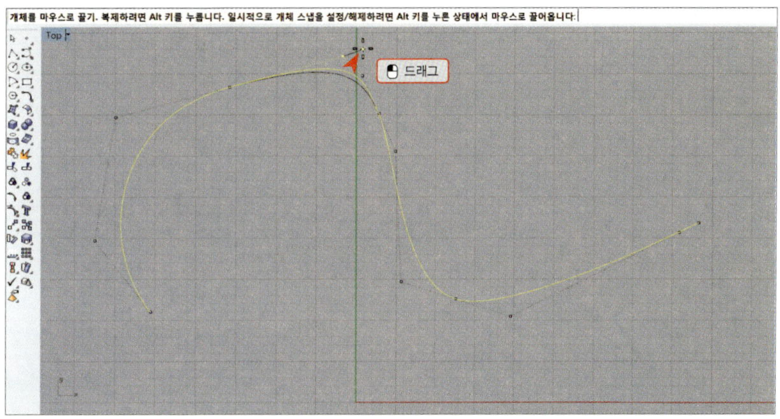

- 편집이 끝나면 툴바의 점 끄기 아이콘을 우클릭한다. 혹은 커멘드 라인에 명령어 Pointsoff를 입력한다.

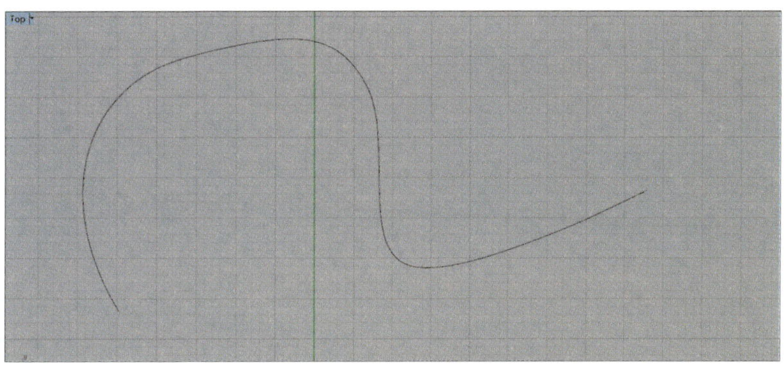

편집점 Edit Point

커브의 편집점을 표시해 수정·편집할 수 있다.

- 편집점을 표시하고자 하는 개체를 선택한 상태로 툴바의 편집점 켜기를 클릭하면 곡선 위를 지나가는 편집점이 뷰포트상에 표시된다. 혹은 커멘드 라인에 명령어 EditPtOn을 입력한다.

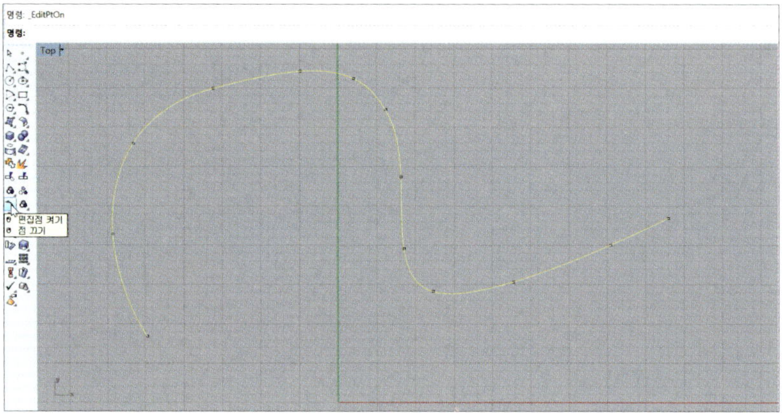

- 마우스 드래그로 편집점을 이동할 수 있다.

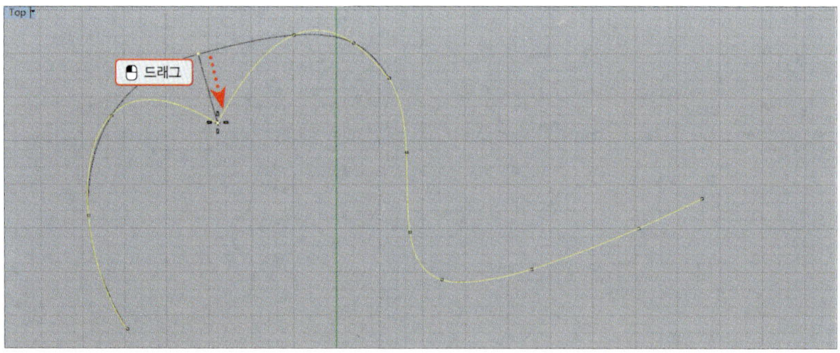

- 편집점을 끄기 위해서 툴바의 점 끄기를 우클릭한다. 혹은 커멘드 라인에 명령어 Pointsoff를 입력한다.

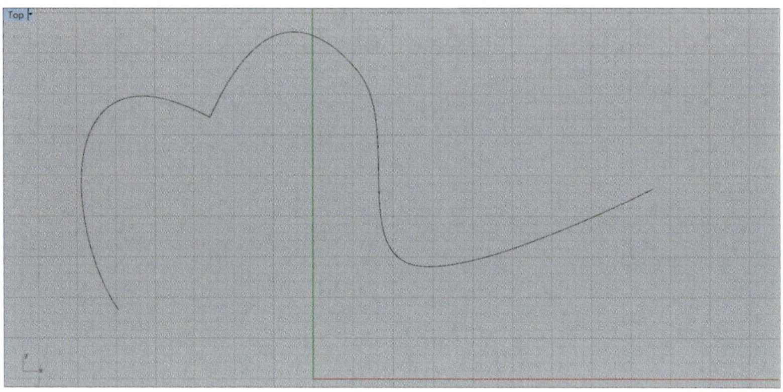

결합 Join

별개의 개체들을 하나로 결합한다.

- Lines 명령어로 완성된 도형을 클릭해보면, 이들이 서로 별개의 객체임을 알 수 있다.
- 노란색 선이 선택된 객체이다. 붙어 있지만 각각 별도의 객체이기 때문에 전체가 아닌 선 하나만 선택된 것이다.

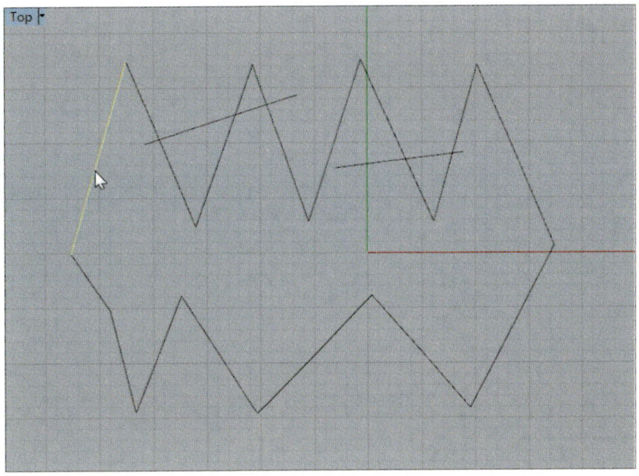

- 마우스를 왼쪽에서 오른쪽 방향으로 드래그하면 선택 범위에 완전히 포함된 개체가 모두 선택된다.

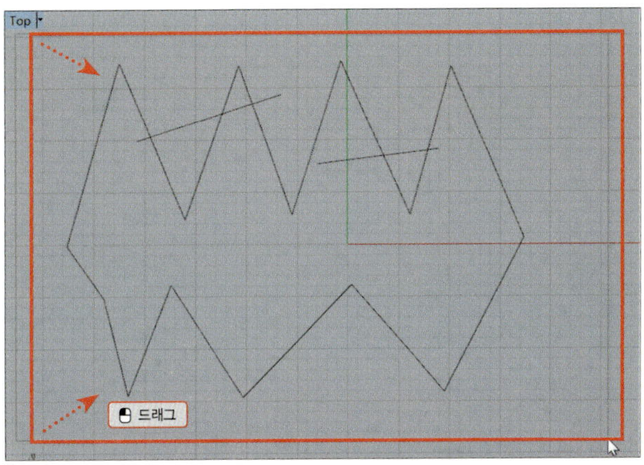

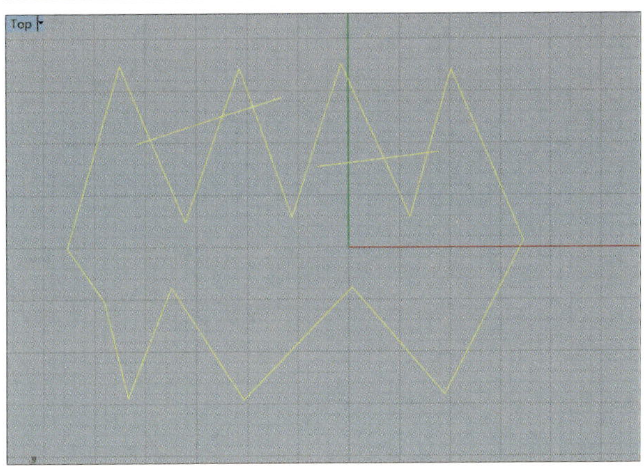

- Ctrl키를 누른 상태로 객체를 클릭해 선택에서 제외할 수 있다.

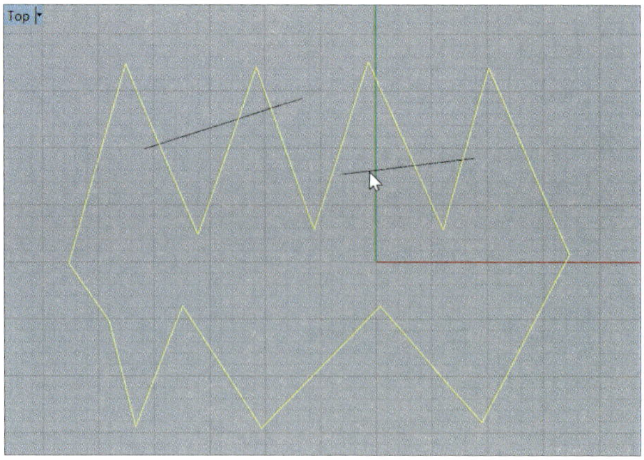

- 해당 직선들의 모임을 결합하기 위해 툴바의 결합을 클릭한다.

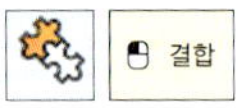

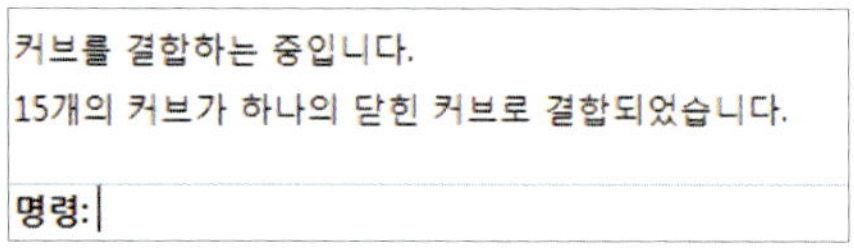

- 커멘드 히스토리에 '커브를 결합하는 중입니다'와 'x개의 커브가 하나의 닫힌/열린 커브로 결합되었습니다'와 같은 메시지가 출력된다.

- 결합한 결과물을 선택한 후 커멘드 히스토리를 보면 '1개의 커브가 선택에 추가되었습니다'라는 메시지를 볼 수 있다. 15개의 직선이 하나의 커브로 결합된 것이다.
- Lines 명령어를 사용한 후 결합하는 것과 같은 결과를 폴리라인으로 선을 그리면 동일하게 얻을 수 있다.

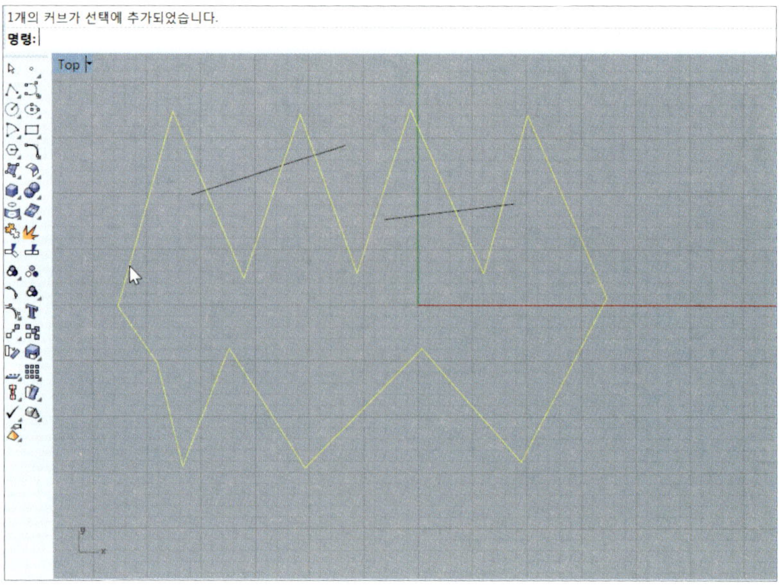

TIP **커브를 결합할 수 있는 조건**

• 커브는 끝과 끝이 맞닿아 있는 경우에만 결합할 수 있다.

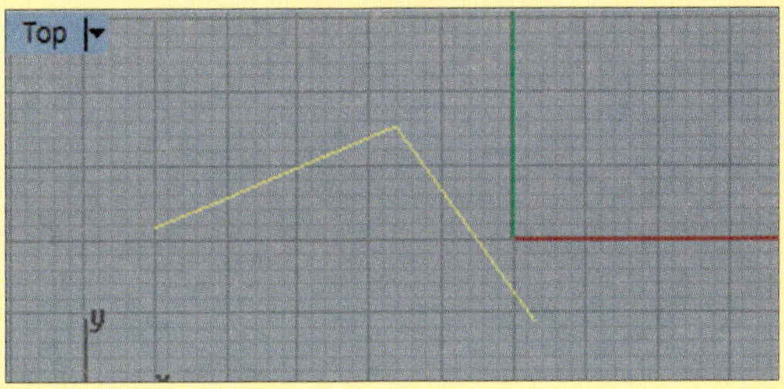

• 커멘드 히스토리에서 커브의 결합 결과를 볼 수 있다.

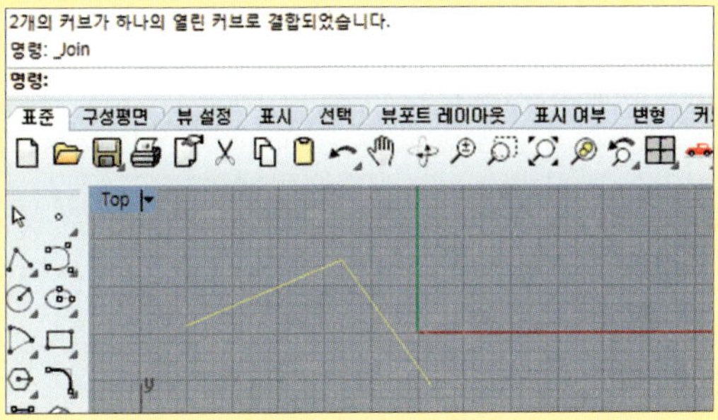

• 라인이 서로 닿지 않을 경우에는 결합할 수 없다.

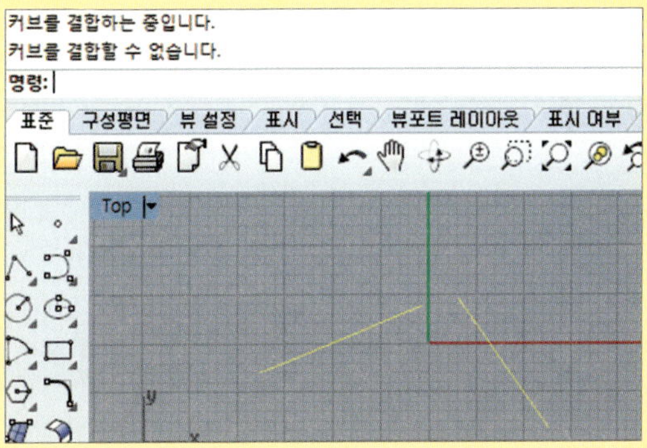

• 라인이 서로 교차하는 경우에도 결합할 수 없다.

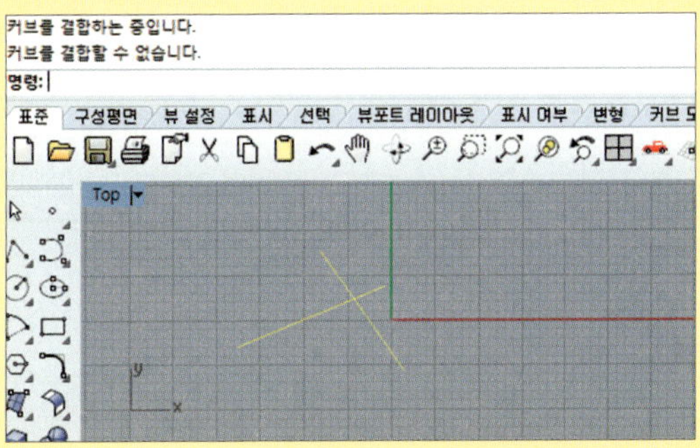

분해 Explode

결합된 커브를 분해한다.

- 결합된 커브를 선택한다.

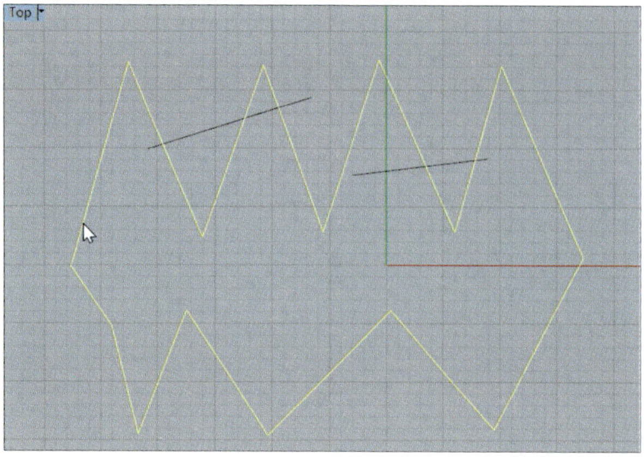

- 툴바에서 분해를 클릭한다.

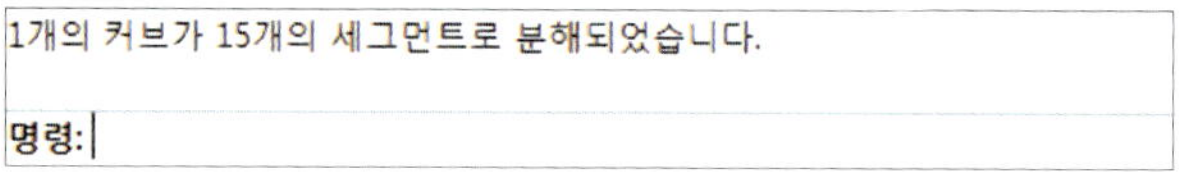

- 분해가 완료되면 '1개의 커브가 X개의 세그먼트로 분해되었습니다'와 같은 메시지가 커멘드 히스토리에 표시된다.

- 분해가 완료된 후, 커브를 선택해보면 각각의 선이 따로 선택된다는 것을 알 수 있다.

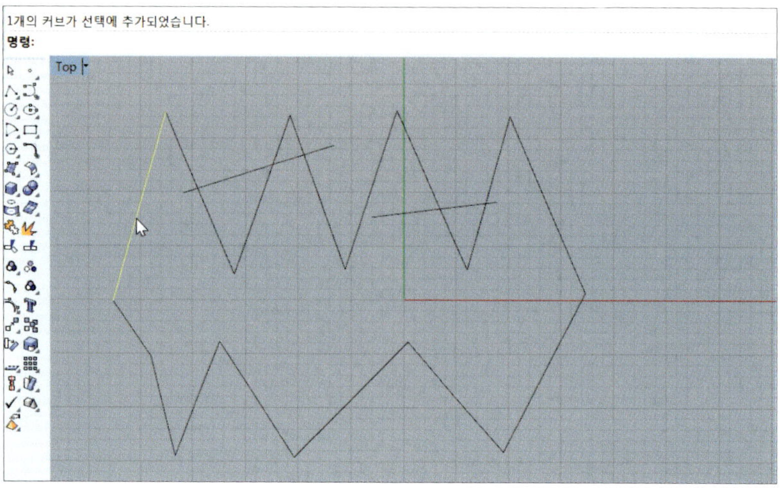

트림 Trim

교차하는 개체의 일부분을 자르고 삭제한다.

- 아무 개체도 선택하지 않은 상태에서 트림을 선택한다.

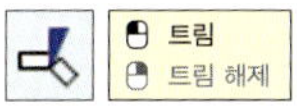

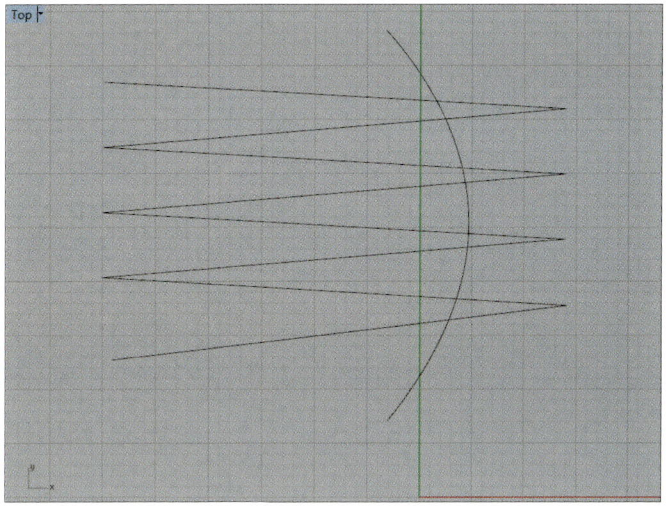

- 커멘드 라인에 '절단 개체 선택'이라는 메시지가 나온다. 이는 절단의 기준이 되는, 마치 가위같은 기능을 할 개체를 선택하라는 의미이다.
- 곡선을 기준으로 직선을 잘라내기 위해 곡선을 선택하고 Enter키를 누른다.

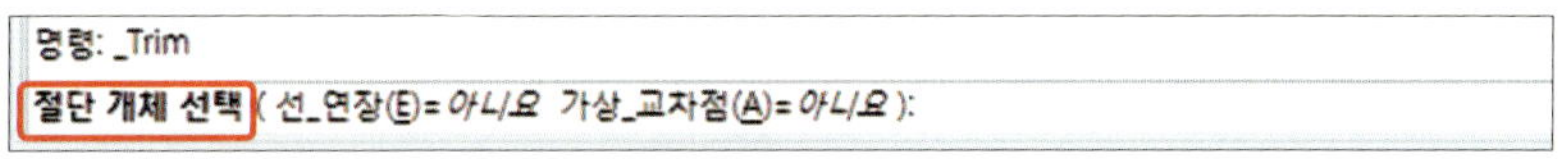

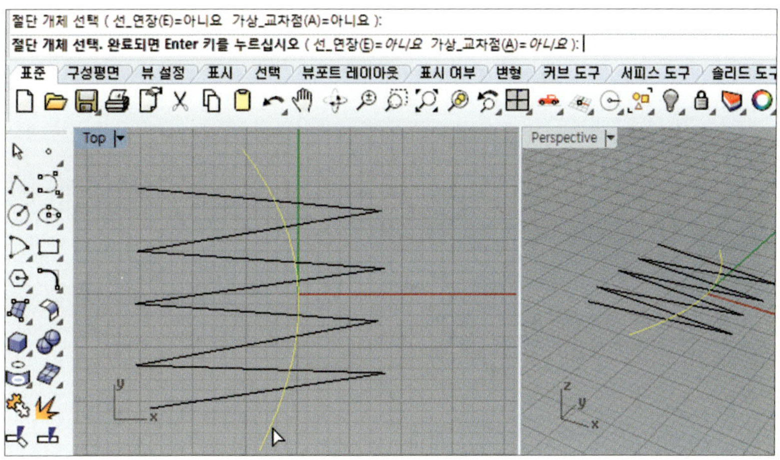

- 커멘드 라인에 '트림할 개체 선택'이 보이면 삭제하고자 하는 부분을 클릭한다.
- 모두 삭제했으면 Enter키를 누른다.

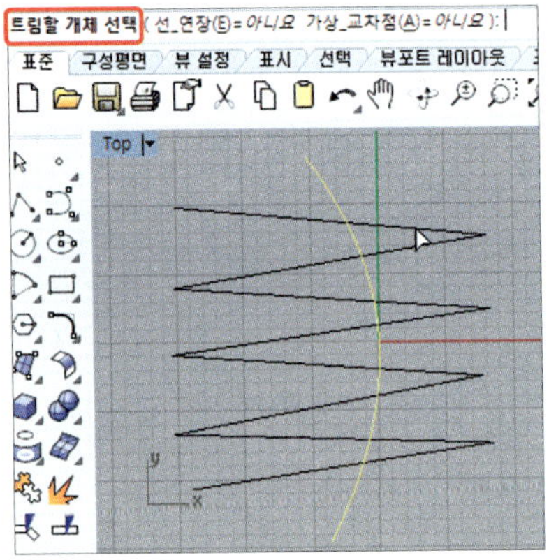

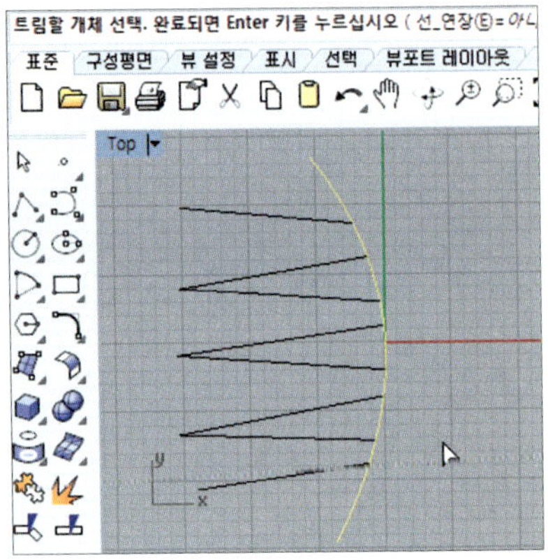

- 서피스를 트림하는 것도 가능하다.

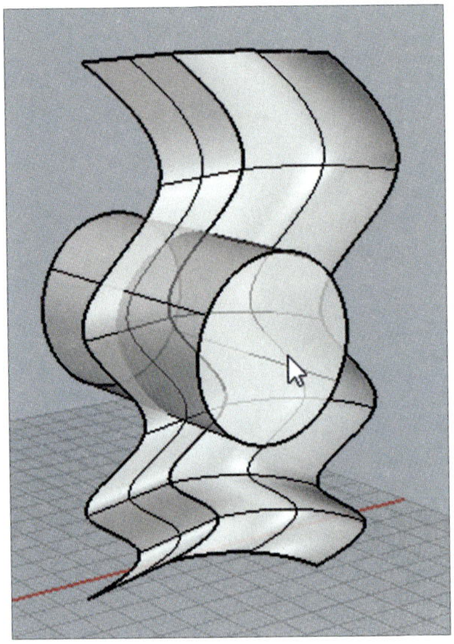

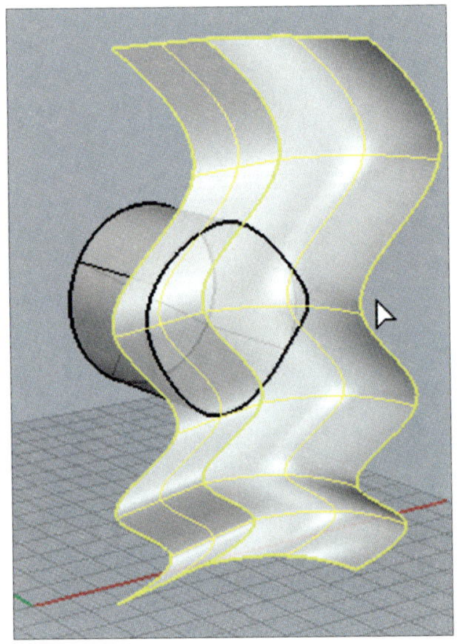

분할 Split

다른 객체를 절단기로 사용하여 객체를 여러 개로 나눈다.

- 분할은 트림과는 달리 개체를 나눌 뿐 일부분을 삭제하지는 않는다.
- 먼저, 분할하고자 하는 개체를 선택하고 분할 명령을 내린다.

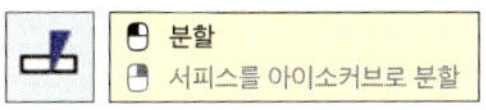

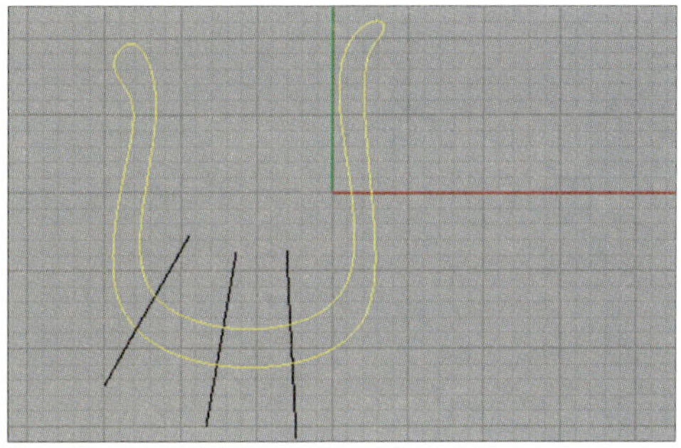

- '칼'로 사용할 개체가 '절단 개체'다. 절단 개체로 사용하고자 하는 개체를 선택한 후 Enter키를 누른다. 절단 개체는 여러 개를 선택할 수 있다.
- 처음에 선택했던 커브가 절단 개체에 의해 분할된다.
- 절단 개체나 처음 선택한 커브의 일부가 삭제되지는 않는다.

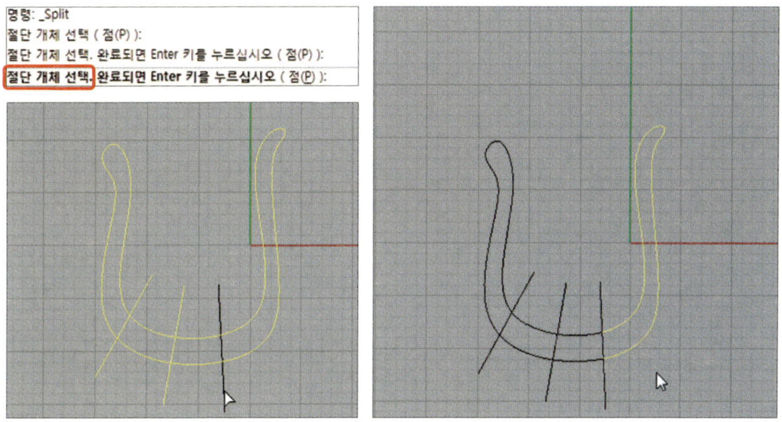

- 메쉬(입체)를 분할할 경우 단면이 자동으로 생성되지 않는다. 절단면 부분이 열린 폴리 서피스로 바뀌게 된다.

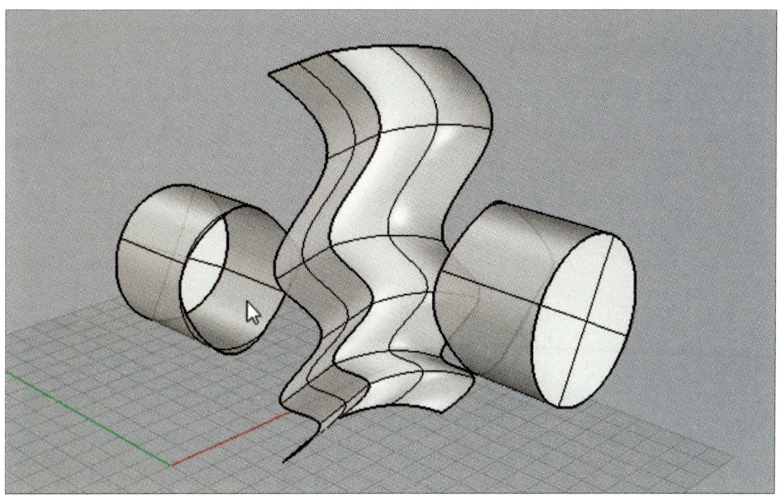

커브 필릿 Fillet Curve

두 커브의 사이를 채우는 둥근 커브를 만든다.

- 두 직선 사이를 채우는 곡선을 만들기 위해 툴바에서 커브 필릿을 클릭한다.

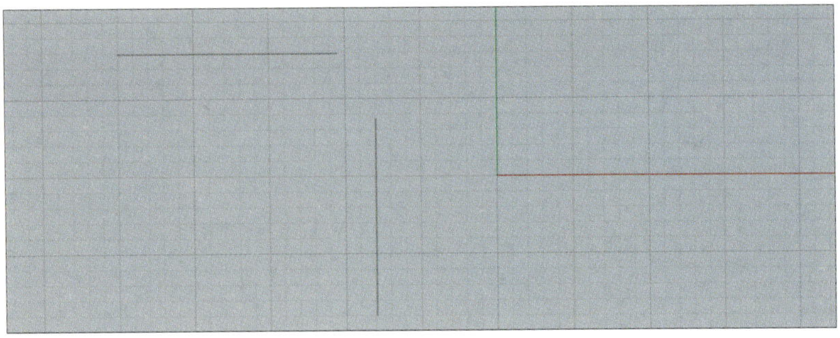

- 커멘드 라인의 반지름 옵션을 클릭한 후, 반지름값으로 사용할 수치를 입력한다.

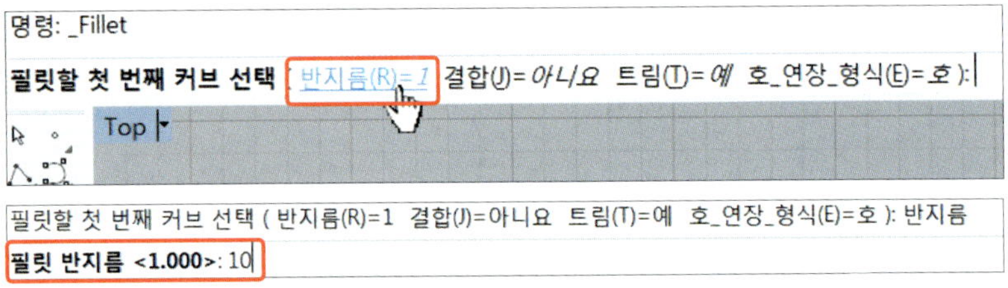

- 필릿할 두 커브를 차례로 선택하면 필릿이 완성된다.

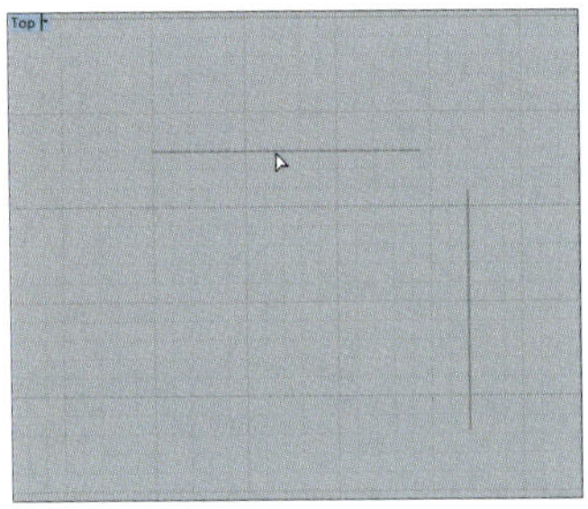

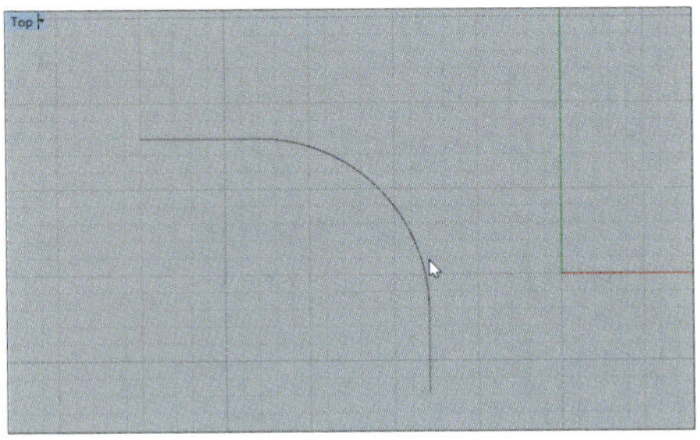

- 필릿 반지름을 0으로 설정하면 두 커브를 잇는 직선을 만들 수 있다.

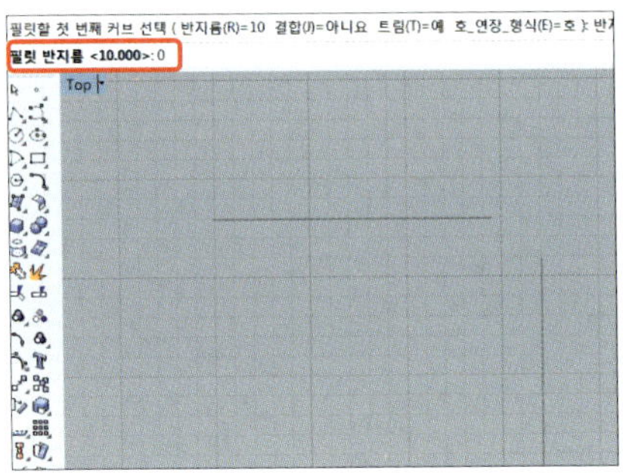

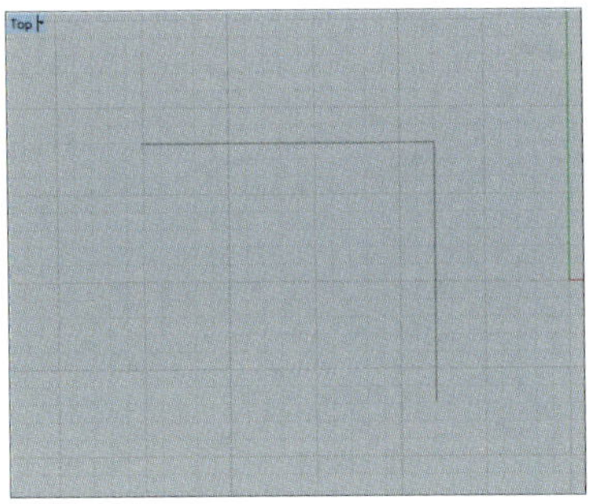

커브 모따기 Chamfer

두 커브의 사이를 채우는 각진 선을 만든다.

- 툴바에서 커브 모따기를 선택한다. 혹은 커멘드 라인에 Chamfer를 입력한다.

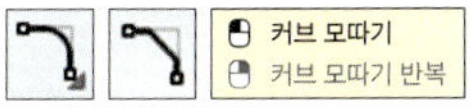

- 커브 모따기로 채워지는 선의 x, y값을 지정하기 위해서 커멘드 라인의 거리 옵션을 클릭한다.

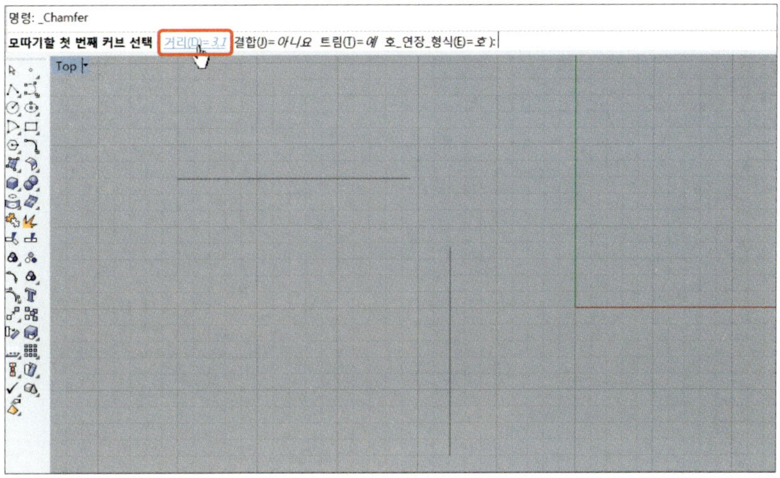

- x, y값을 차례로 입력한다.
- 첫 번째 모따기 거리에 x값, 두 번째 모따기 거리에 y값을 차례로 입력한다.
- 모따기 할 선을 차례로 선택한다.
- x, y값으로 3, 7을 입력할 경우, 가로(x)축 3, 세로(y)축 7만큼의 값의 사선을 두고 양쪽 직선이 서로 이어지게 된다.

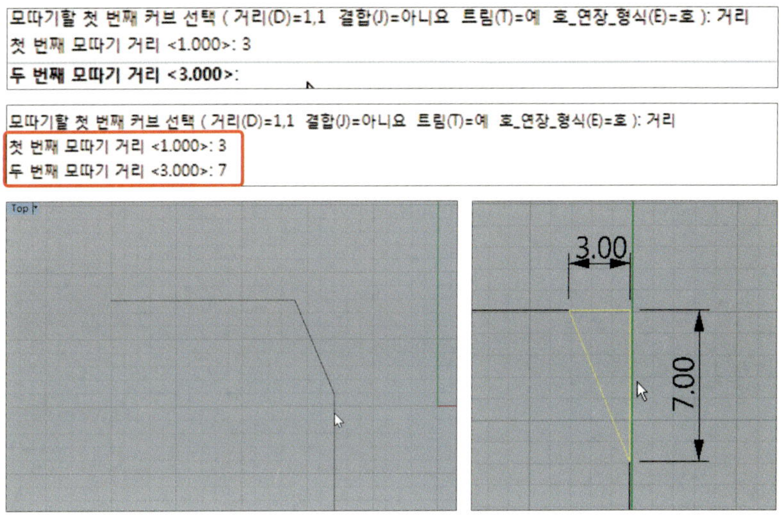

커브 간격띄우기 Offset

일정한 간격으로 커브를 복사한다.

- 툴바에서 커브 간격띄우기를 선택한다. 또는 커멘드 라인에 offset을 입력한다.
- 커브 간격띄우기를 할 객체를 선택한다.

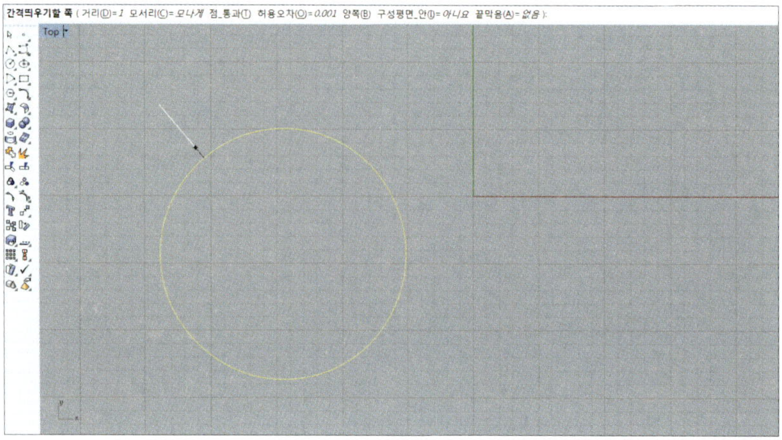

- 간격띄우기 방향을 입력한다. 마우스 클릭을 통해 입력할 수 있다.

- 간격띄우기 거리를 조정할 경우 커멘드 라인 옵션의 '거리'를 클릭하고 수치를 입력한다.

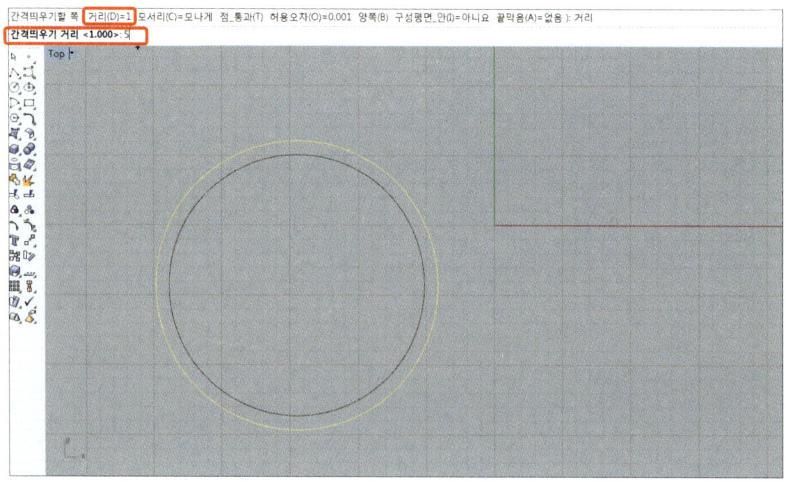

커브 연장 Extend

개체의 끝이 다른 개체와의 교차점에 정확히 만나도록 연장한다.

- 커브 연장 툴을 클릭한다. 혹은 커멘드 라인에 명령어 Extend를 입력한다.

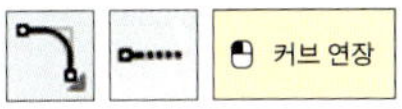

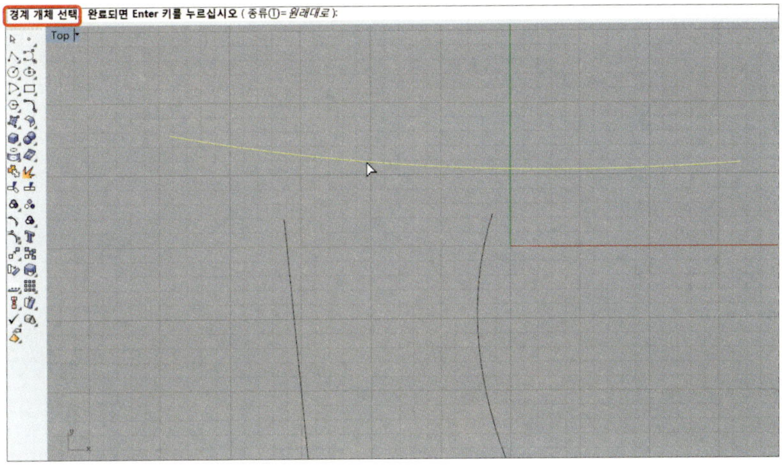

- 경계 개체(가장자리의 경계선이 될 개체)를 선택하고, Enter키를 누른다.

- 연장할 커브를 선택하면 경계 개체까지 연장된다.

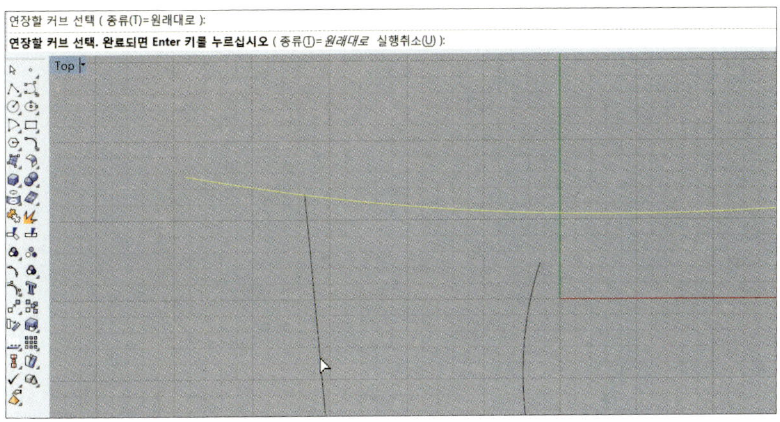

- 곡선 커브는 커브의 진행 방향을 따라 곡선으로 연결된다.

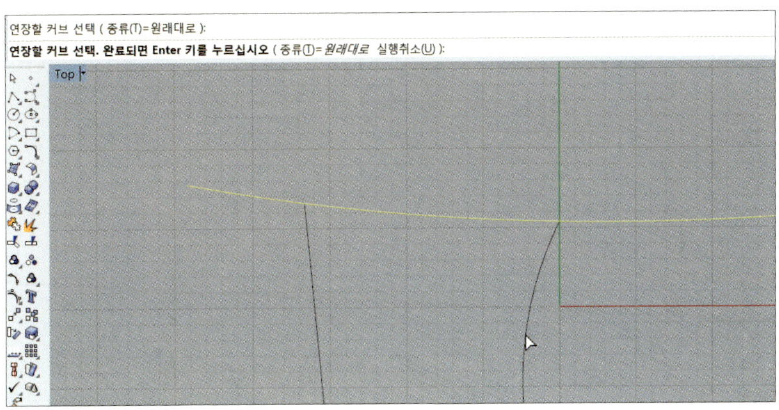

- 직선으로 연결하기 위해서는 커브 연장 툴 하위 메뉴인 선으로 연장을 사용한다.

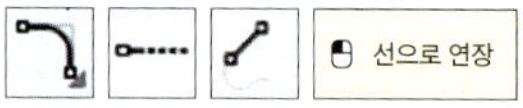

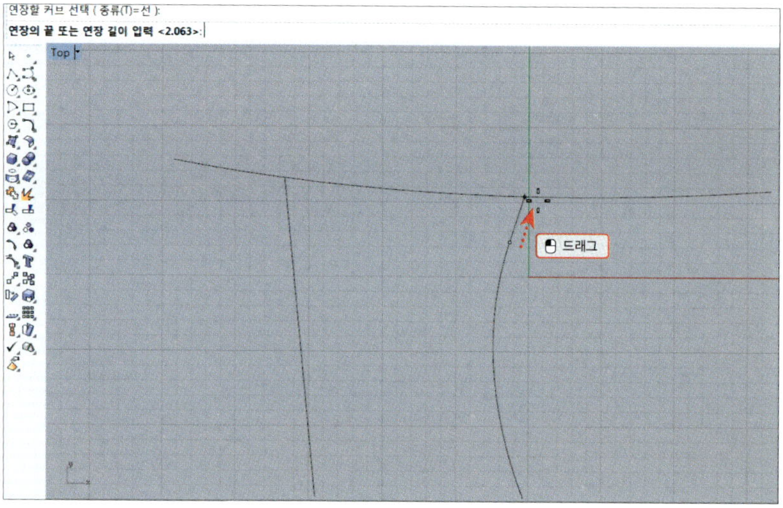

2D 모델링 핵심 기능

1	**복사(Copy), 이동(Move)**	개체를 복사, 이동한다.
2	**2D 회전(Rotate)**	개체를 구성 평면에 대하여 회전시키는 기능이다.
3	**제어점(Point)**	곡선의 방향성을 제어하는 점으로, 실제 곡선이 지나가는 점은 아니다.
4	**편집점(Edit Point)**	곡선이 지나가는 선 위의 점이다.
5	**결합(Join)**	맞닿아 있는 커브와 서피스를 결합한다. 커브와 커브를 결합하면 폴리라인, 서피스와 서피스를 결합하면 폴리서피스가 된다.
6	**분해(Explode)**	결합되어 있는 커브나 서피스를 해체한다.
7	**트림(Trim)**	절단의 기준이 되는 개체를 중심으로 선택된 개체의 부분을 잘라 삭제한다.
8	**분할(Split)**	절단의 기준이 되는 개체를 중심으로 선택된 개체를 분할한다. 이때 절단의 기준이 되는 개체는 여러 개가 될 수 있다.
9	**커브 필릿(Fillet Curve)**	떨어져 있는 두 개의 커브 사이를 채우는 둥근 곡선을 만든다.
10	**커브 모따기(Chamfer)**	떨어져 있는 두 개의 커브 사이를 채우는 각진 선을 만든다.
11	**커브 간격띄우기(Offset)**	선택된 커브를 일정한 간격을 띄워 복사한다.
12	**커브 연장(Extend)**	커브의 끝을 다른 개체와 정확이 맞닿도록 연장시킨다.

라이노
3D 모델링

라이노의 2D 드로잉을
이해했다면 이제부터는
3D 프린팅을 위해 필요한
3D 모델링으로 입체를 만드는
기술을 배울 차례이다.
2D 드로잉 작업에서는
Perspective뷰를 제외한
단면뷰만을 보며 작업했지만
이제부터는 Perspective뷰까지
포함해 4개의 뷰를 보면서
3D 모델링을 진행한다. 각 뷰를
보면서 원하는 형태로 만들기 위해
알맞은 뷰를 옮겨가며 작업할 수
있도록 많은 연습이 필요하다.
본 장의 예제를 따라해가며
3D 모델링에 익숙해지도록 하자.

4

❶ 솔리드 생성 툴을 이용해 입체 그리기

솔리드 생성툴을 이용하면 간단하게 다양한 솔리드 모델링을 할 수 있다. 기본 사용법은 Top뷰에서 해당 솔리드의 바닥 단면을 그린 후 높이값을 주는 방식, 즉, x-y-z축 순으로 입체를 그리는 것이다. 기본 솔리드 모델링을 통한 모델링 방법을 알아보자.

솔리드 생성 툴

- 육면체 솔리드 생성툴
- 원기둥
- 구_중심점
- 구_지름
- 타원체_중심점에서
- 타원체_지름
- 포물면
- 원뿔
- 원뿔대
- 피라미드
- 사각뿔대
- 튜브
- 원환
- 파이프 평평한 막음
- 파이프 둥근끝막음
- 닫힌 평면 다각형 돌출
- 단면 서피스 돌출

육면체 솔리드 만들기

육면체 솔리드 생성 툴을 이용해 육면체를 만든다..

- Top뷰에서 마우스 좌클릭으로 시작점을 지정한다.
- 마우스를 대각선 방향으로 움직이면 x-y축의 사각형 단면을 그릴 수 있다.
- 솔리드 도형을 그릴 때에도 커멘드 라인에서 치수를 입력해 그릴 수 있다.

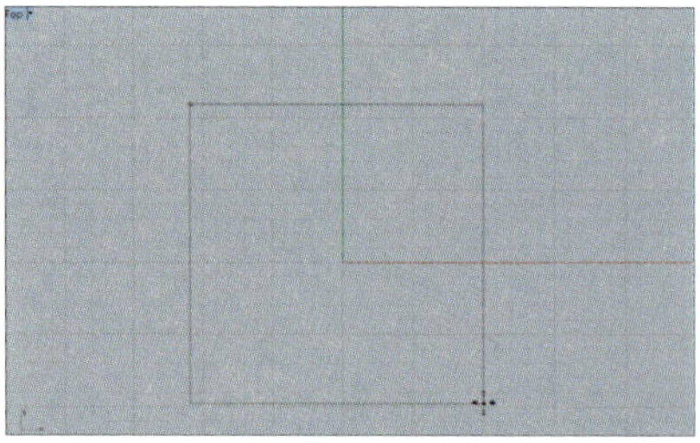

- 사각형을 그린 후 좌버튼에서 손가락을 뗌과 동시에 Perspective뷰를 보면, 마우스의 커서가 z축(높이) 방향으로 이동하는 것을 볼 수 있다.
- 높이를 지정하면 직육면체가 완성된다.

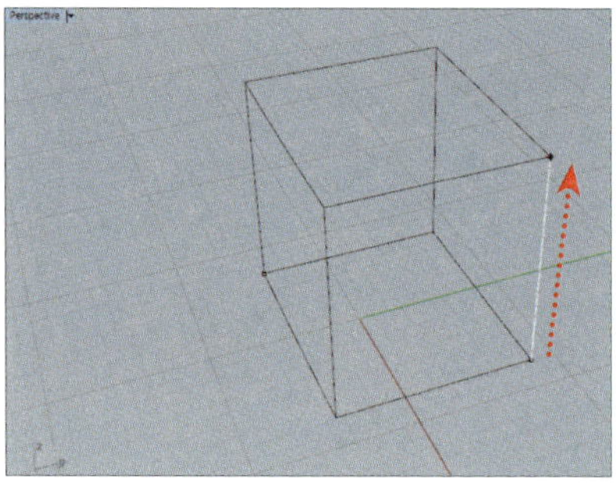

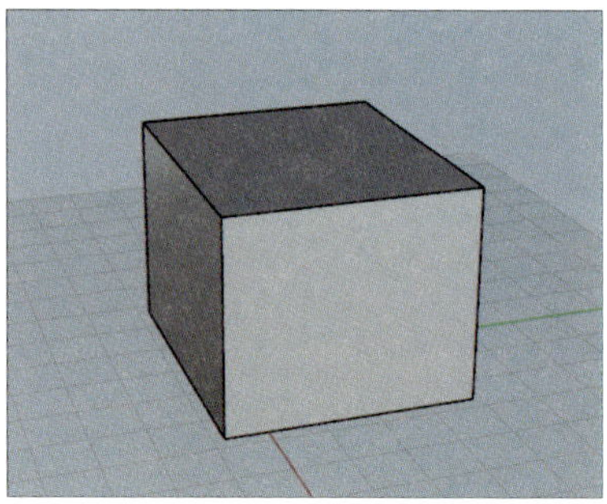

❷ 돌출Extrude 을 이용해 하트 모양 상자 그리기

서피스나 닫힌 평면형 커브를 수직으로 돌출시키는 기능은 3D 모델링에 있어 기본이라 할 수 있다.

하트 모양 상자 그리기

하트 모양 상자 모델링을 통해 돌출 기능을 익힌다.

Top뷰에서 커브 그리기

- 좌우 대칭의 하트를 그리기 위해 먼저 한쪽 커브만을 그린다.

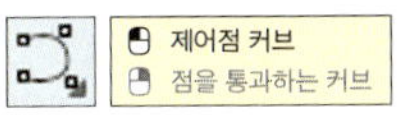

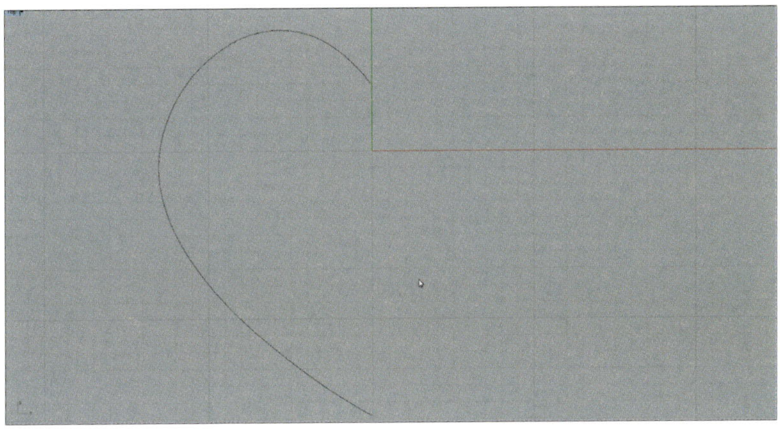

- 미러 툴을 이용해 하트 모양을 완성한다.

- 먼저 그린 커브를 선택하고, 미러 평면의 시작점과 끝점을 지정한다.
- 개체 스냅에서 끝점을 켜면 양쪽이 닫힌 커브를 그릴 수 있다.

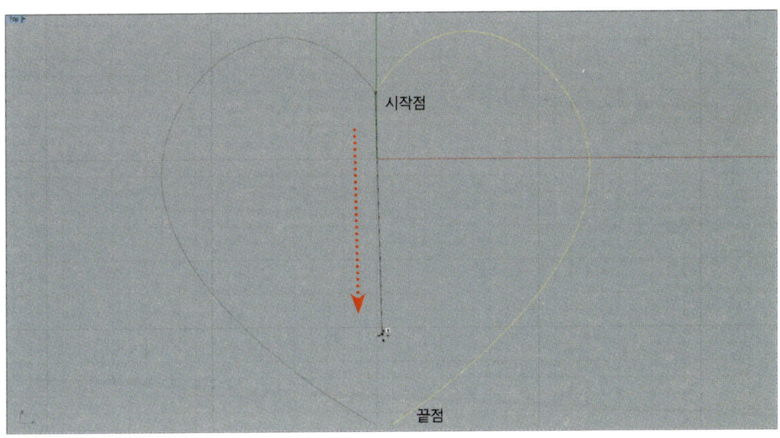

- 두 커브를 선택하여 결합한다.
- 커멘드 히스토리에 '2개의 커브가 하나의 닫힌 커브로 결합되었습니다'라고 나오는 것을 확인한다.

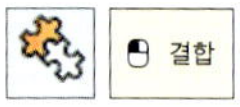

돌출 기능으로 입체 만들기

- 뷰포트를 이동한다. z축으로 높이를 주는 돌출 기능은 Top뷰가 아닌 Front뷰나 Perspective뷰에서 이용하도록 한다.
- 커멘드 라인에 명령어 ExtrudeCrv를 입력하거나 툴바에서 돌출 기능 아이콘을 선택해 입체를 만들 수 있다.

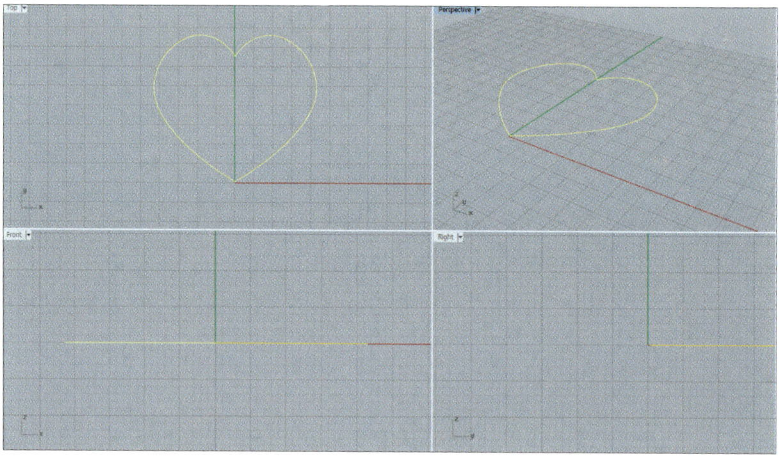

닫힌 평면형 커브 돌출 이용해 상자 만들기

- 먼저 닫힌 평면형 커브 돌출을 사용해본다.
- 위 아래가 막힌 솔리드 형태의 하트 모양 상자가 만들어진다.

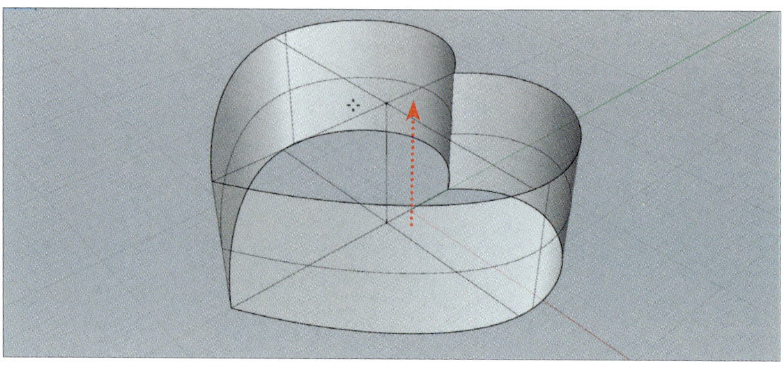

- 상자의 하단부를 선택한다. 이때 해당 위치에 처음에 만든 커브와 솔리드 만들기로 형성된 상자가 근접해 있어 어떤 개체를 선택할 것인지 묻는 창이 나타난다.
- '돌출'을 선택한다.

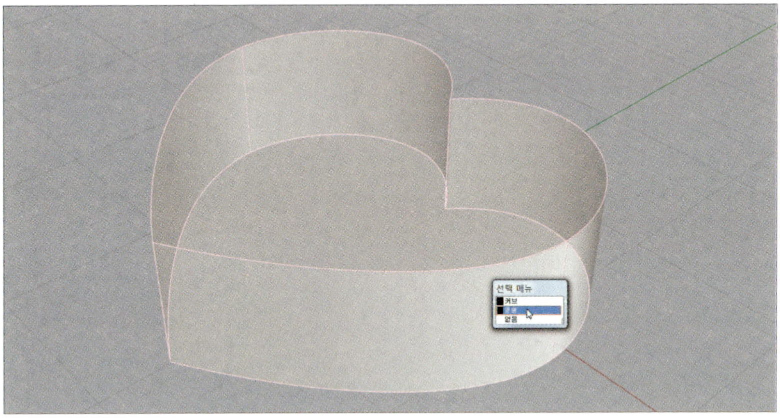

- 선택한 상자를 옆으로 옮기면 밑에 커브가 남아있는 것을 확인할 수 있다.

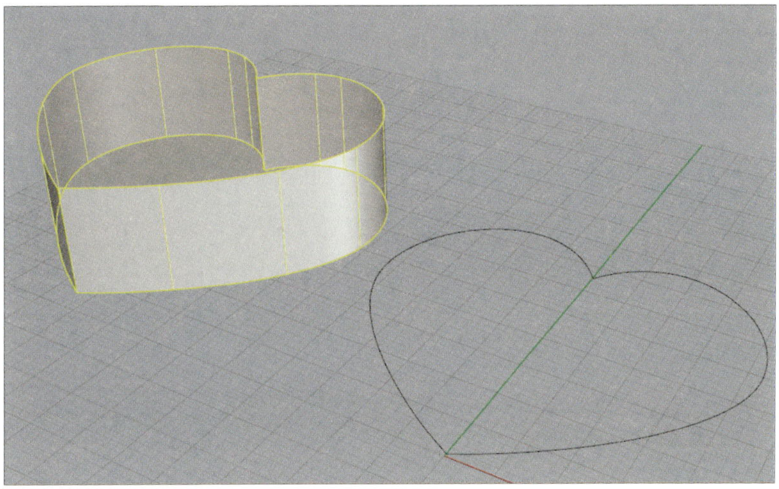

직선 돌출 이용해 상자 만들기

- 다시 커브를 선택한 후, 직선 돌출 기능을 이용하여 하트 상자를 만들어본다.
- 위 아래가 뚫린 상자가 만들어지는 것을 확인할 수 있다.

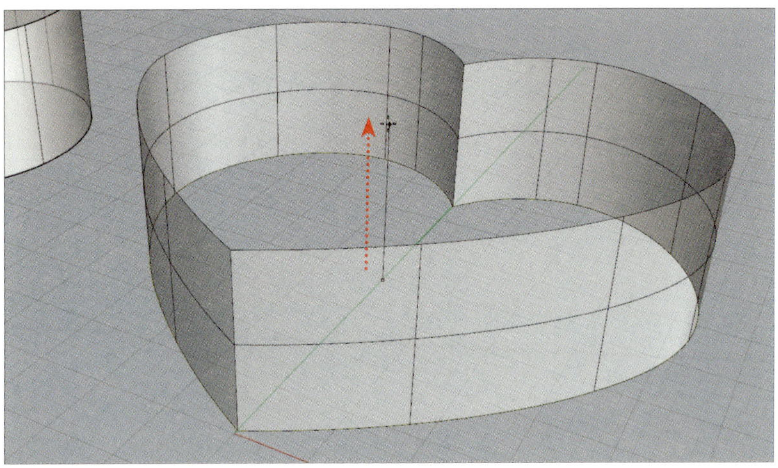

- 개체를 선택한 후 툴바에서 평면형 구멍 끝막음을 선택하거나 커멘드 라인에 명령어 Cap을 입력하여 열린 폴리서피스를 솔리드로 전환한다.
- 복수의 구멍도 자동으로 막힌다.

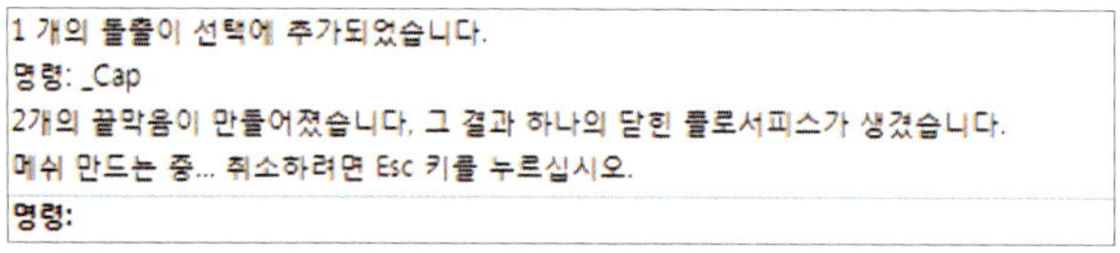

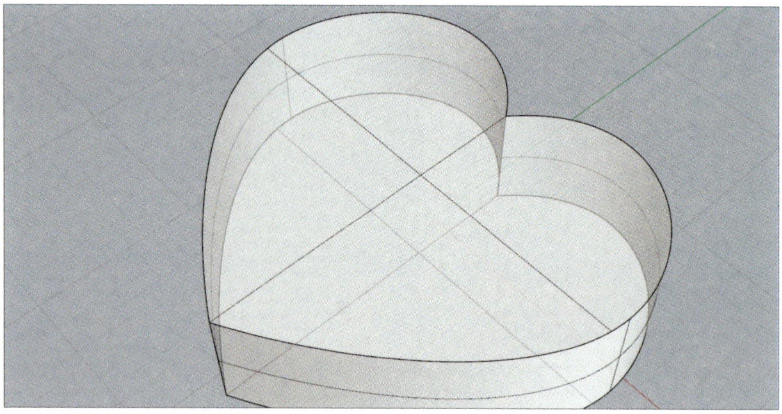

- 평명현 커브를 사용한 서피스(PlanarSrf)를 통해서도 돌출형 커브의 면을 막을 수 있다. 이 경우에는 한 번에 한 면만을 막으므로 2번 실행해야 한다. 평면형 구멍 끝막음은 자동으로 결합하여 하나의 닫힌 폴리서피스를 만드는 반면, 이 방법은 나중에 서피스를 하나로 결합해야 하나의 닫힌 폴리서피스가 생성된다.

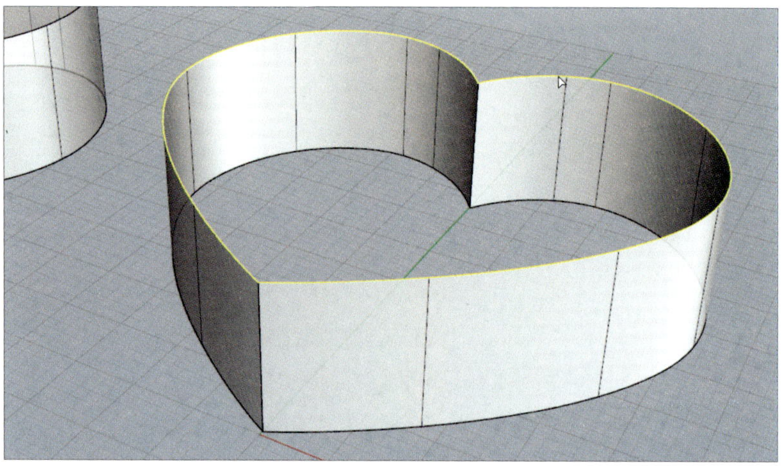

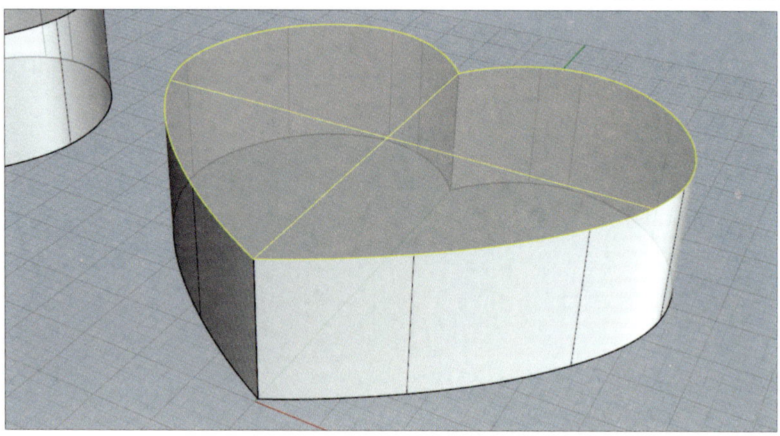

- 닫힌 평면형 커브 돌출로 생성한 솔리드와 직선 돌출로 생성한 솔리드를 비교해보면, 화면에 표시되는 아이소커브 형태에 차이점이 있다. 이것은 두 형태가 결과적으로는 같을지라도 프로그램에서 사용된 수학적 공식에 차이가 있기 때문이다.

- 솔리드를 생성하는 돌출을 실행할 것인지, 혹은 서피스를 생성할 것인지는 돌출 실행 도중 '솔리드' 옵션을 클릭하는 것을 통해 조정할 수 있다.

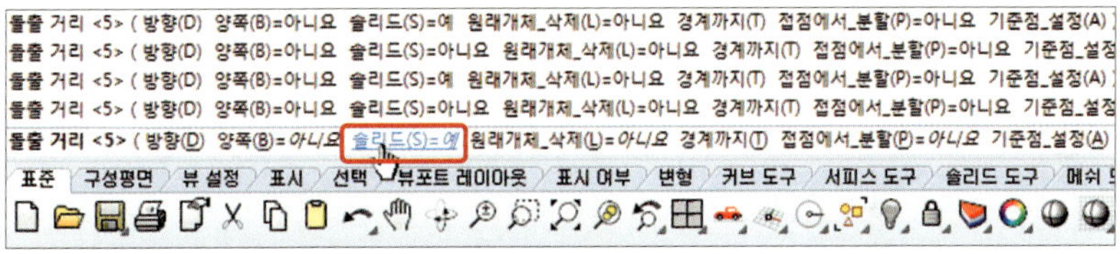

TIP 돌출 기능을 사용한 모델링

단순한 돌출 기능만으로도 수많은 모델링이 가능하다. 커브 혹은 서피스에서 돌출 기능을 이용해 만든 모델링은 이후에 설명할 보울(Boolean) 기능을 함께 더해 다양한 모델을 만들 수 있다.
아래 이미지 중 나비 날개의 뚫린 부분은 돌출 기능 이용 시 내곽, 외곽 형태를 모두 선택해 돌출시킨 것으로 한번에 모델링이 가능하다.

❸ 회전Revolve을 이용해 꽃병 그리기

회전 기능은 단면을 회전시켜 입체를 만드는 모델링 기법이다.
회전 중심축을 지정해줄 수 있기 때문에 다양한 모델링이 가능하다.
또한 회전 각도를 지정해 같은 형태를 기본으로 다른 모델링을 할 수 있다.
보급형 3D 프린터를 활용하는 데 가장 유용한 모델링 기법 중 하나이므로
기능을 익혀 다양하게 활용해보도록 하자.

꽃병 그리기

회전 기능을 익히며 꽃병을 만들어 본다.

Front뷰에서 단면도 그리기

- Front뷰에서 병의 단면도와 회전축을 미리 그려둔다.

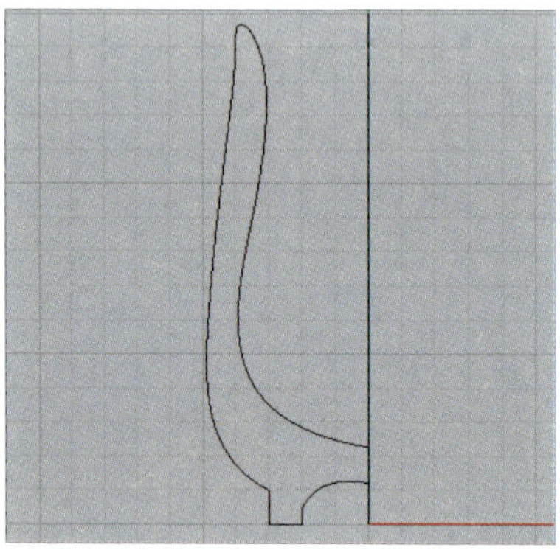

회전 기능으로 입체 만들기

- 회전 툴을 선택한다.
- 먼저 회전시킬 커브를 선택하고, 회전축을 입력한다.

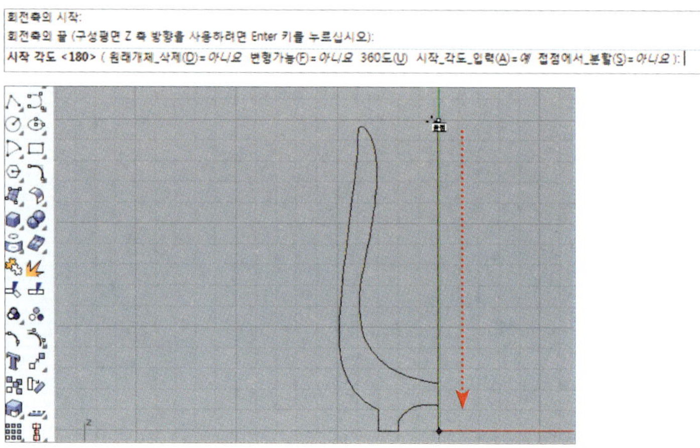

- 회전 시작 각도와 끝 각도를 입력하는데, 각각 숫자 0과 360을 입력한다.

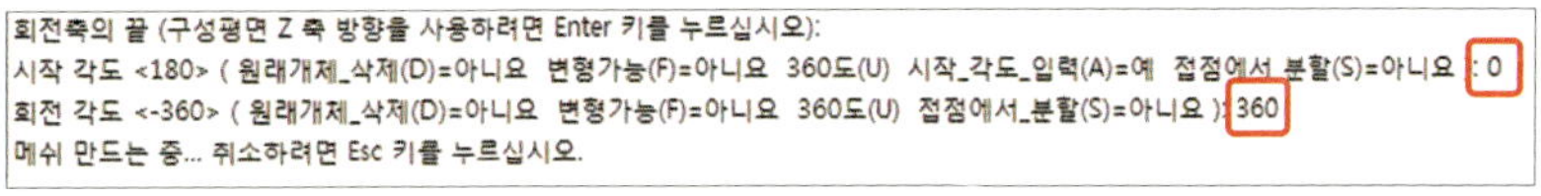

- 단면도를 회전축을 기준으로 회전시킨 도자기 모양을 얻을 수 있다.

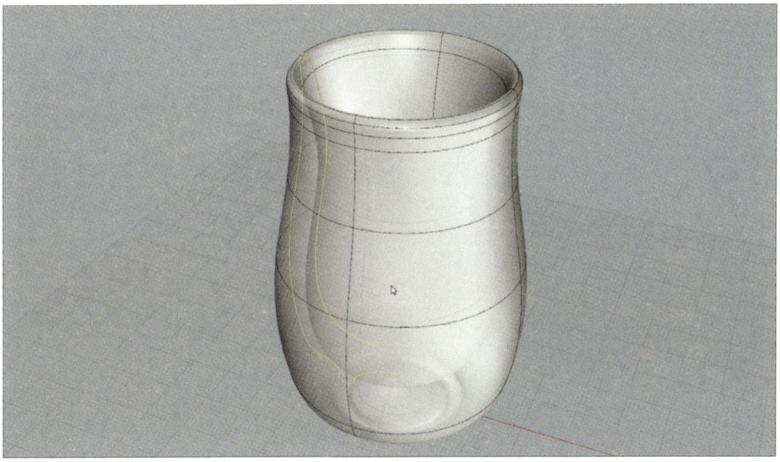

TIP 회전 기능을 활용한 다양한 객체 만들기

회전 중심선의 위치를 달리하면 같은 선으로도 다른 형태의 모델링이 가능하다. 또한 회전 각도를 달리해 모델링 작업을 진행하는 것도 가능하다.

❹ 3 또는 4개의 모서리점을 사용한 서피스SrfPt를 이용해 각면체 그리기

꼭지점 3개 혹은 4개를 가지고 다각형 평면을 그리는 서피스 드로잉은 가장 쉽게 면을 통한 모델링을 진행할 수 있는 도구이다. 이를 이용해 삼각형 혹은 사각형의 평면을 회전시키거나 이동시켜 이어붙임으로써 입체로 모델링하는 것이 가능하다. 이 방법을 통해 다양한 형태의 모델링에 도전해보기 바란다.

각면체 그리기

모서리점을 직접 지정하여 서피스를 만들고, 이 서피스를 이어붙여 각면체를 만든다.

- 3또는 4개의 모서리점을 사용한 서피스 툴을 선택한다.

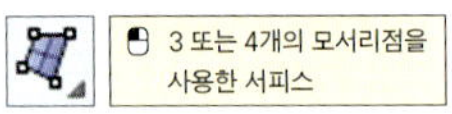

- 각 모서리점의 위치를 직접 지정하여 서피스를 만들 수 있다.
- 각 모서리점은 커멘드 라인에서 좌표를 입력하거나 뷰포트상에 마우스 클릭으로 위치를 지정해 입력할 수 있다.

명령: _SrfPt
서피스의 첫 번째 모서리:
서피스의 두 번째 모서리:
서피스의 세 번째 모서리:
서피스의 네 번째 모서리:

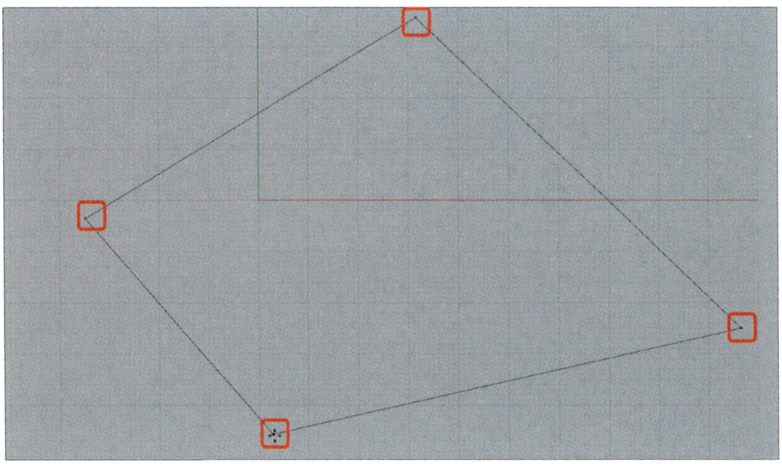

- 생성된 서피스들을 이동시키고 이어붙여 각면체를 만들 수 있다.
- 각 뷰를 옮겨가면서 다양하게 이어붙여본다.

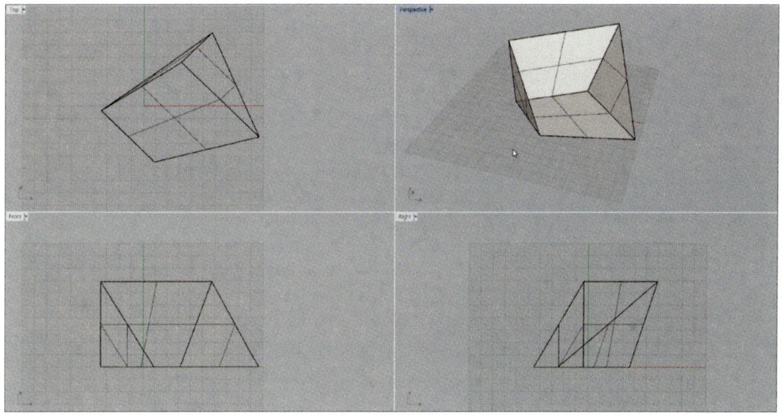

- 서피스를 솔리드로 만들기 위해 이들을 하나로 결합한다.
- 결합 시 이를 하나의 닫힌 폴리서피스로 만들었다는 메시지를 확인할 수 있다.

5개의 서피스가 선택에 추가되었습니다.
명령: _Join
서피스 결합이 진행 중... 취소하려면 Esc 키를 누르십시오.
5개의 서피스 또는 폴리서피스가 하나의 닫힌 폴리서피스로 결합되었습니다.
메쉬 만드는 중... 취소하려면 Esc 키를 누르십시오.

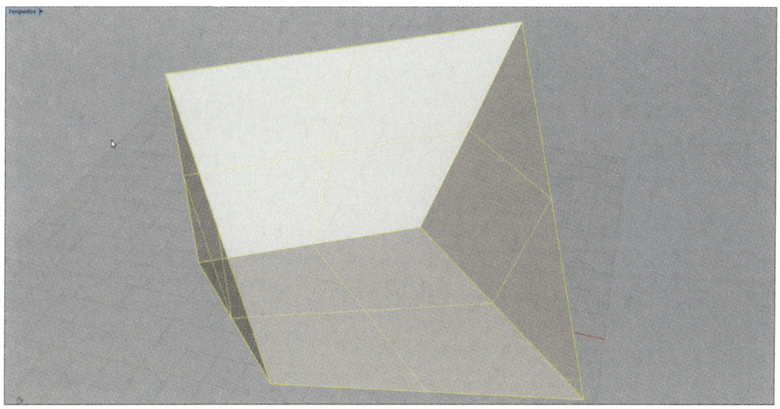

TIP **서피스의 결합과 해제**

결합 기능을 이용해 단면 서피스를 한 개의 폴리서피스로 만들 수 있다. 또한 바로 옆의 분해 기능을 활용하면 폴리서피스(솔리드)를 각각 단면의 서피스로 분해할 수 있다.

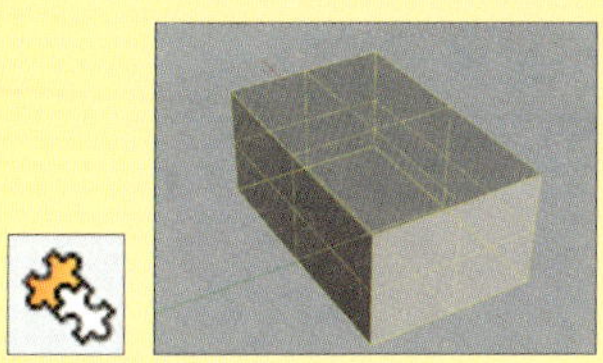

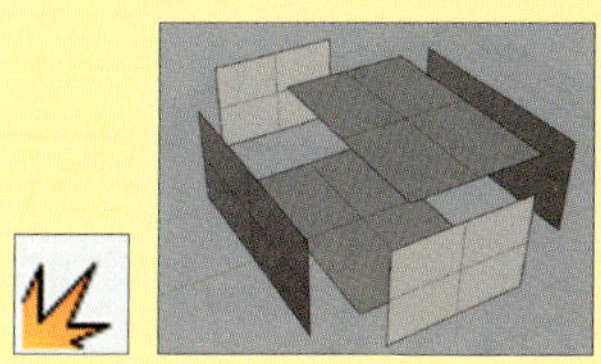

⑤ 스윕Sweep을 이용해 꽃 그리기

스윕 기능은 3D 모델링에서 가장 많이 사용되는 것으로 2D에서 그려진 선들을 활용하여 3D로 모델링하는 툴이다. 1개의 레일(Rail)과 단면을 활용해 모델링하는 1개 레일 스윕(Sweep 1 Rail)과 2개의 레일과 1개의 단면으로 모델링하는 2개 레일 스윕(Sweep 2 Rail)으로 나뉜다. 많은 디자이너들이 2D에서 미려한 곡선을 그리고 스윕 기능을 활용해 디자인을 하여 제품을 완성해낸다. 스윕 기능을 활용한 간단한 모델링 예제를 보면서 직접 연습해보고 기능을 완벽히 익히도록 하자.

1개 레일 스윕

Sweep 1 Rail

1개 레일 스윕을 사용하여 모양을 만든다.

- 툴을 사용하기 전에 레일이 될 커브와, 레일 가장자리 모양을 지정할 커브를 그려둔다. 가장자리 커브는 여러 개일 수 있다.
- 서피스 메뉴에서 1개 레일 스윕을 선택한다.

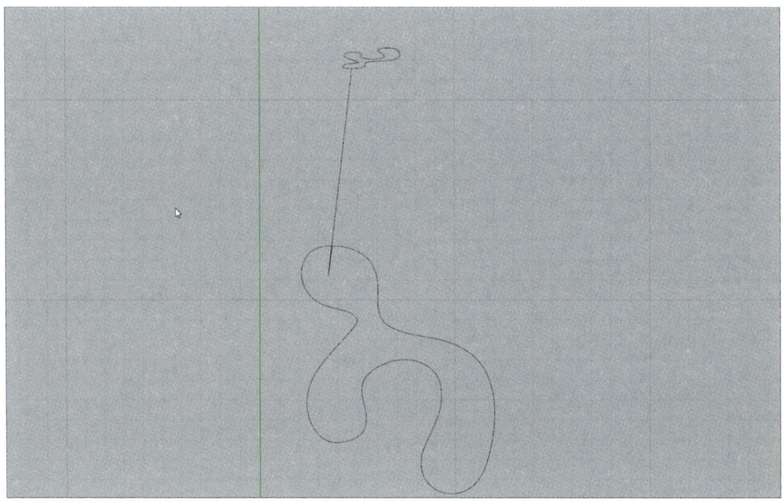

- 레일 커브를 선택한다.
- 왼쪽은 Top뷰에서 본 모습, 오른쪽은 Perspective뷰에서 본 모습이다.

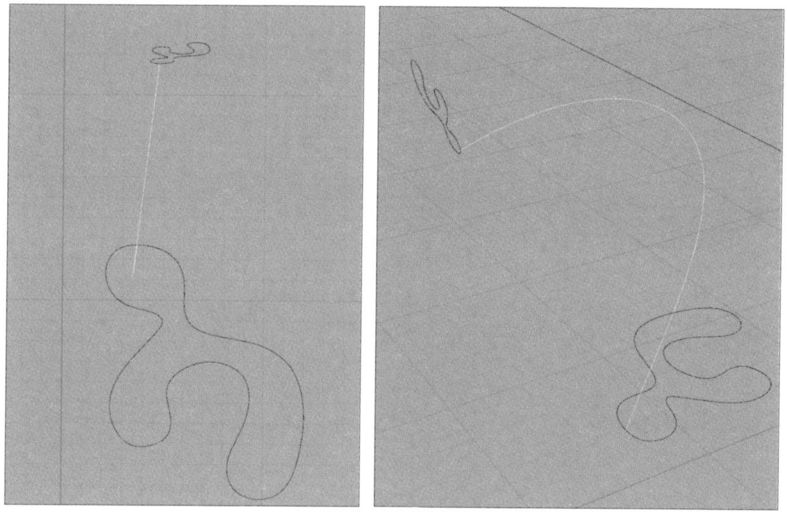

- 단면 커브를 선택한다.

레일 선택 (가장자리_연속선택(C)):

단면 커브 선택 (점(P)):

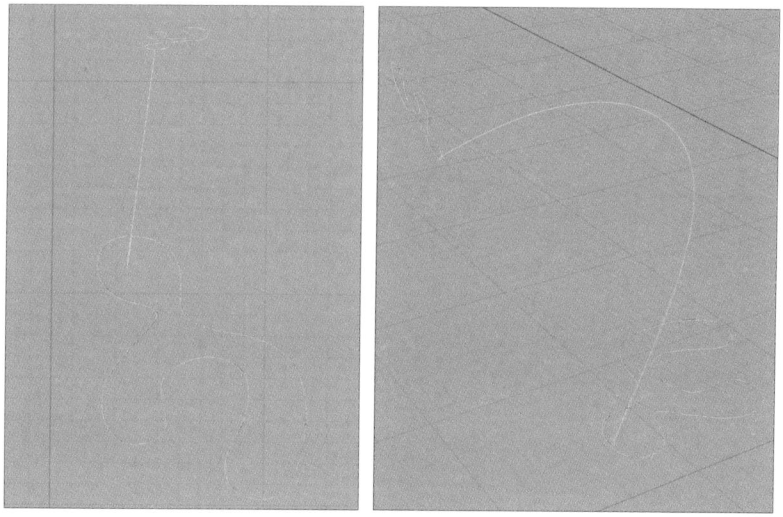

- 조정할 심 점을 선택한다. 보통 자동으로 선택된 점이 적당하다.

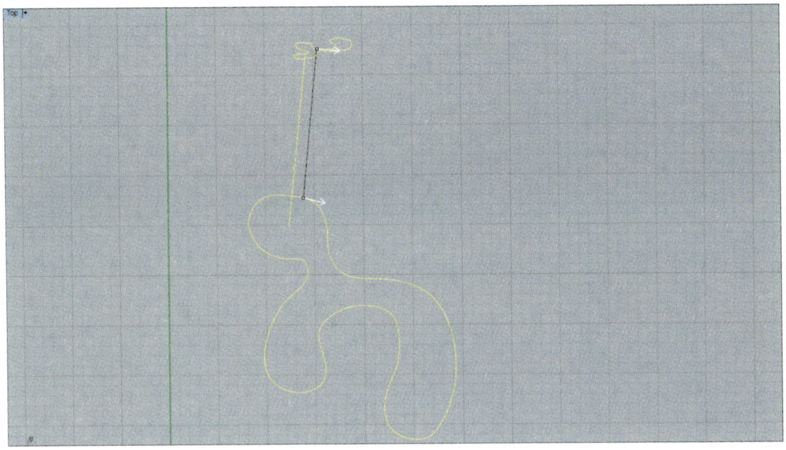

- 조정할 심 점을 선택하면 1개 레일 스윕 옵션이 나타난다. 확인을 클릭한다.

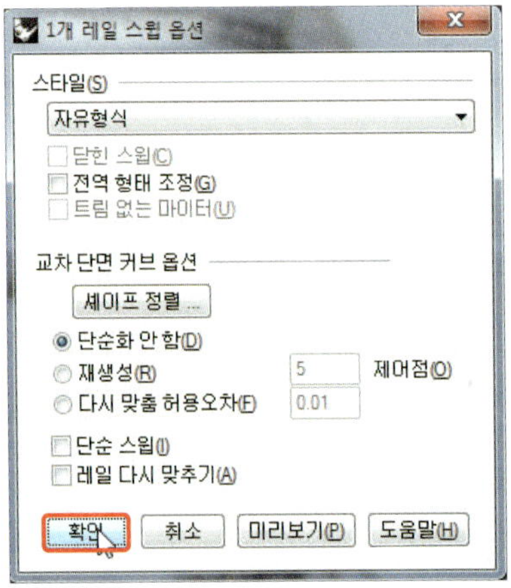

- 두 가장자리 커브에 맞추어 레일을 따라 그려진 서피스가 생성된다.

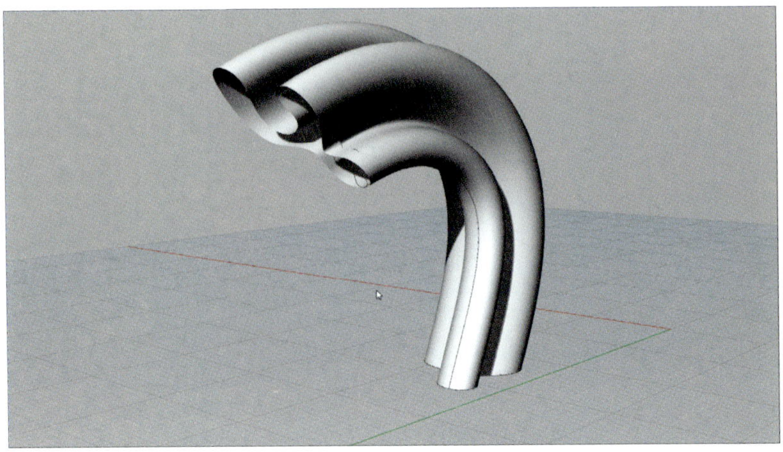

2개 레일 스윕

Sweep 2 Rail

2개 레일 스윕은 두 개의 레일과 단면선을 기반으로 한다. 1개 레일 스윕과 다른 점은 두 개의 레일을 따라 단면선이 변형되며 모델링이 완성된다는 데 있다. 많은 연습을 통해 다양한 레일 모델링을 익혀두는 것이 좋다.

- 가장자리 커브와, 레일 2개를 그려둔다.
- 2개 레일 스윕을 선택한다.

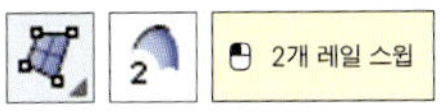

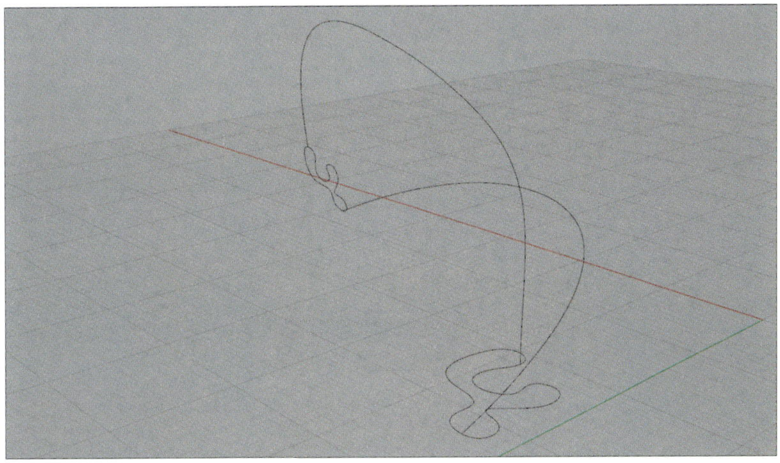

- 1개 레일 스윕과 마찬가지로 먼저 레일 2개를 선택한 후, 단면 커브를 선택한다.

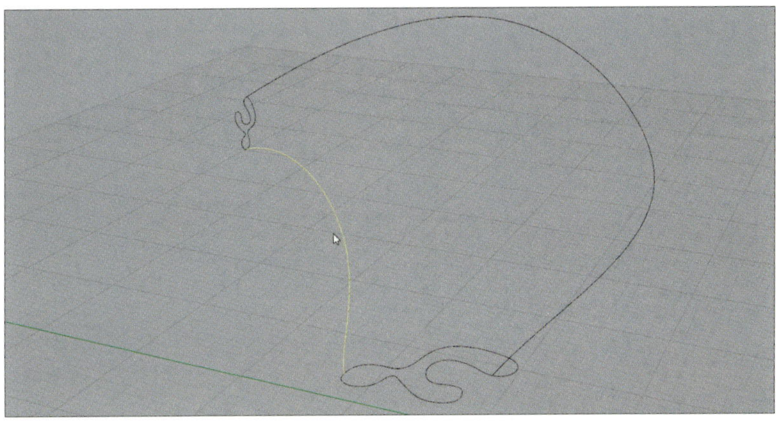

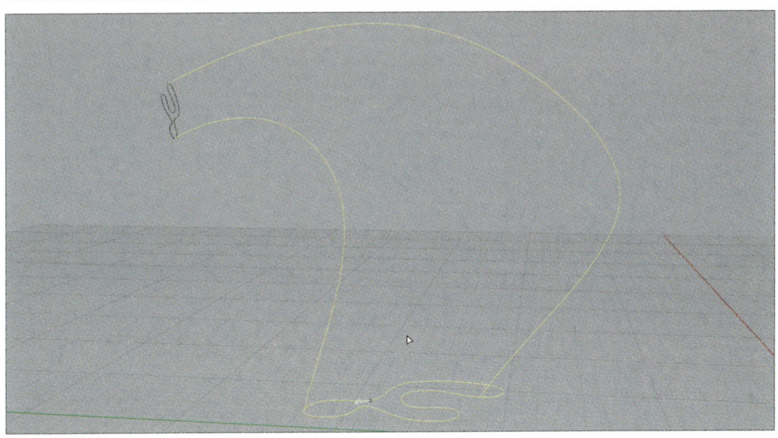

- 조정할 심 점을 선택한다.
  1개 레일 스윕과 마찬가지로 자동으로 선택된대로 진행하는 것을 권한다.
- 심 점을 선택하고 나면 옵션창이 뜬다. 생성된 서피스의 면을 재생성할 것인지 등의 옵션을 설정한 뒤 확인을 누른다.

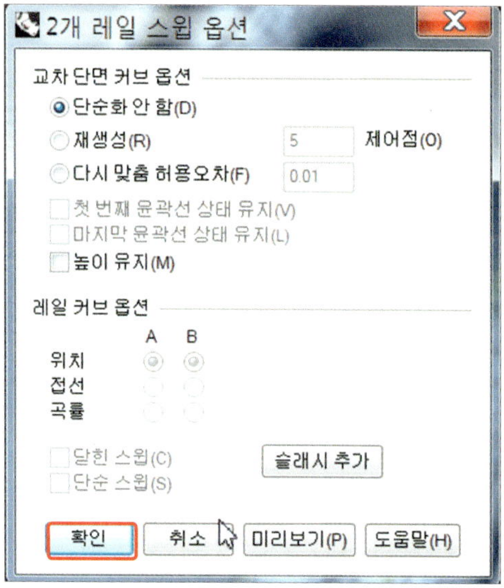

- 단면 커브를 기준으로 2개 레일을 지나는 서피스가 생성된다.
- 양쪽 면이 막히지 않은 상태이다. 끝을 막으면 솔리드 모델을 만들 수 있다. 툴바에서 평면형 구멍 끝막음을 선택한 후 객체를 선택해주면 된다.

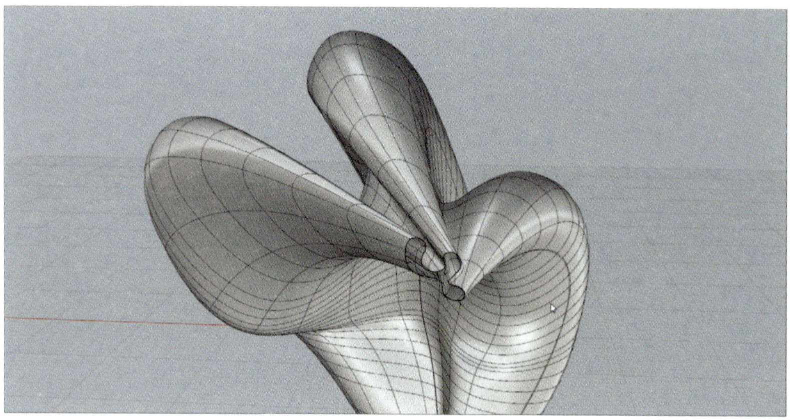

꽃 그리기

- 모형을 회전해 복사하면서 형태를 완성할 수도 있다.
- 원형 배열 기능을 활용해 더욱 쉽게 모델을 완성할 수 있다.
- 툴바에서 원형 배열을 클릭한 후, 개체를 선택한다.

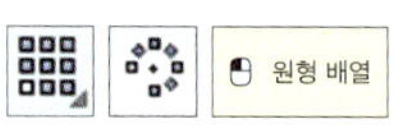

배열할 개체 선택:

배열할 개체 선택. 완료되면 Enter 키를 누르십시오:

- 커멘드 라인을 보며 적절한 값을 입력하면 된다.
- 원형 배열의 중심을 지정하라는 메시지가 나오면 회전의 중심이 될 점을 지정한다.
- 항목 수는 복제되어 배열될 숫자이다. 5를 입력하였다.
- 채울 각도는 360을 입력한다. 혹은 첫 번째 참조점과 두 번째 참조점을 지정해, 첫 번째 참조점에서부터 두 번째 참조점까지의 각도를 설정할 수도 있다.

원형 배열의 중심:

항목 수 <5>:

원형 배열의 중심:

채울 각도 또는 첫 번째 참조점 <360> (미리보기(P)=예 스텝_각도(S) 회전(R)=예 Z간격띄우기(Z)=0):

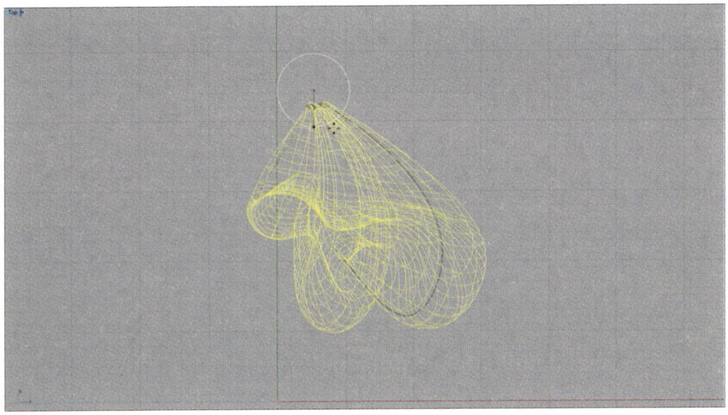

- 2개 레일 스윕과 배열 기능을 이용한 꽃 모양이 완성되었다.

스윕 기능을 활용한 꽃 조형물 예제(최유진 학생 작품)

❻ 커브 네트워크를 사용한 서피스NetworkSrf를 이용해 굴곡면 만들기

커브 네트워크를 사용한 서피스(NetworkSrf)를 이용해 평면이 아닌 면을 만든다.

굴곡면 만들기

커브 네트워크를 사용한 서피스를 이용해 굴곡면을 만든다.

- 커브들의 집합은 한 평면에 있을 수도 있지만, 평면적이지 않을 수도 있다.
- 오른쪽 두 도형을 Top뷰에서 보면 평면상에 있는지 쉽게 알 수 없다.

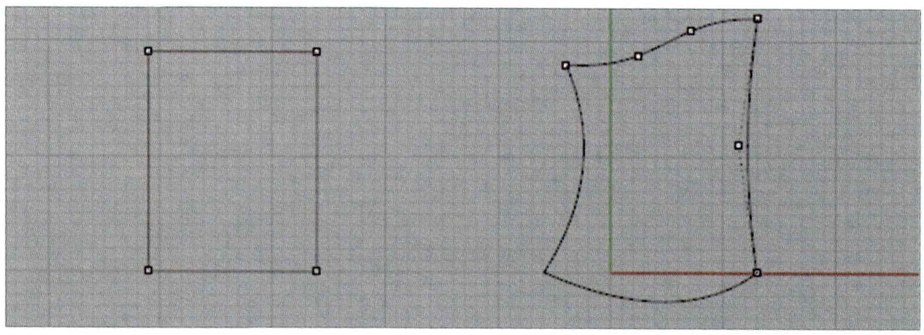

- 하지만 오른쪽 곡면 도형은 다른 뷰(Front뷰)에서 보았을 때, 평면상에 있지 않다는 것을 알 수 있다.
- 또한 각 커브는 끝이 닿아 있지만 따로 떨어져 있다.

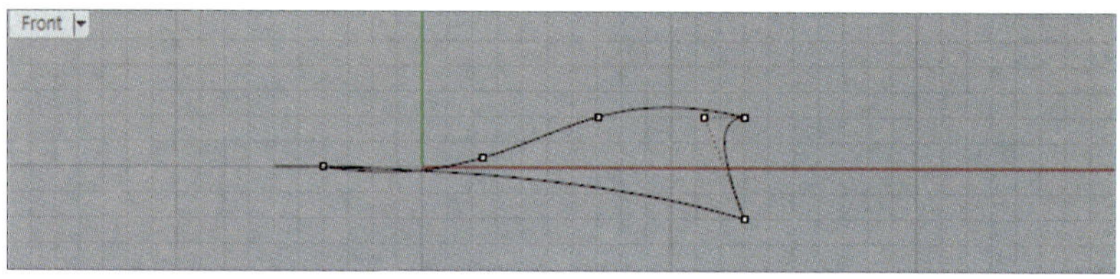

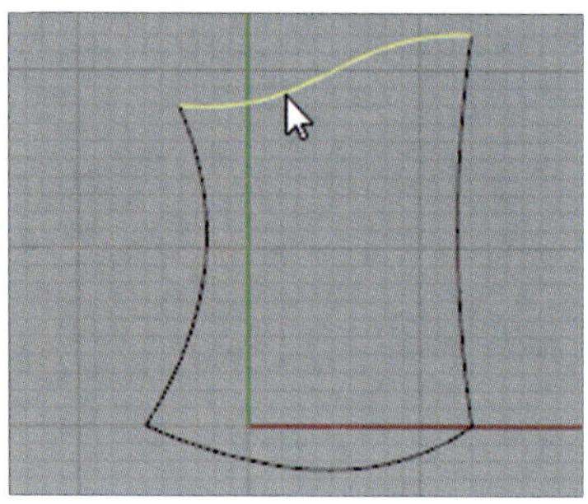

- 커브 네트워크를 사용한 서피스는 이렇게 한 평면상에 있지 않으며 따로 떨어져 있는 커브를 이용한다.
- 툴바에서 커브 네트워크를 사용한 서피스를 선택하고 커브를 하나씩 선택한다.

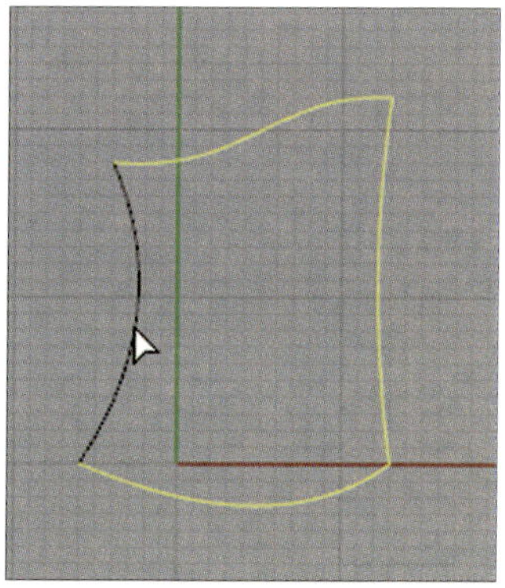

- Enter키를 누르면 옵션창과 미리보기가 나타난다.
- 도움말을 참고하여 필요한 만큼 옵션을 조정한다.

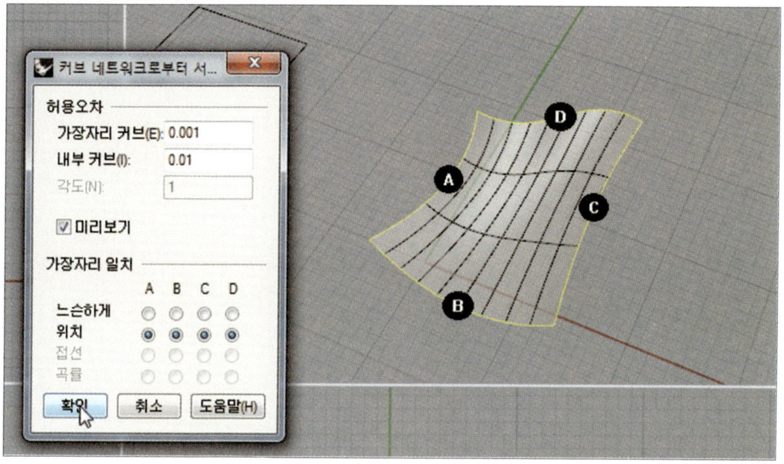

- 직선형 평면에 있지 않은 커브들을 이용하여 서피스(면)를 생성하였다.

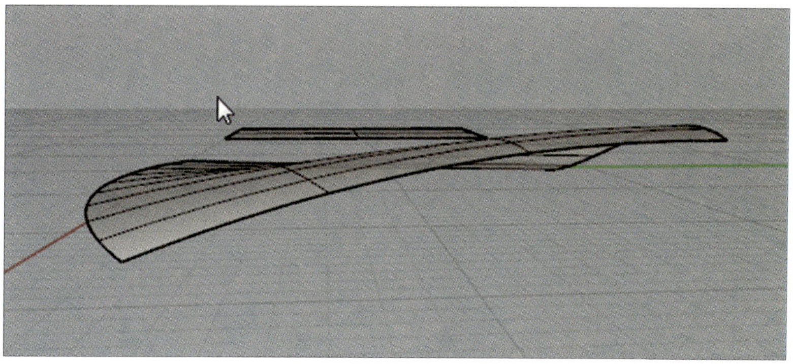

3D 모델링 핵심 기능

돌출(Extrude), 로프트(Loft), 스윕(Sweep), 모따기(Champer), 필릿(Fillet), 부울 연산(Boolean), 분할(Split), 솔리드(Solid), 회전(Revolve) 등 라이노의 기본 9가지 모델링 기법을 알고 있으면 고급 3D 캐드에서부터 무료로 배포되는 스케치업이나 123D 디자인 등과 같은 어플리케이션까지 문제 없이 모델링해나갈 수 있다.

1	**솔리드(Solid) 도구 모음**	육면체, 원통, 구, 도넛, 원뿔이나 다각형뿔 등의 기본 객체들을 형성한다. 솔리드 모델을 생성해 서피스로 분해시켜 편집하거나 솔리드 모델과 솔리드 모델, 솔리드 모델과 선, 솔리드 모델과 단일 서피스 등으로 편집할 수 있다.
2	**돌출(Extrude)**	평면에서 그린 단면의 선 혹은 평면을 그대로 올려 입체로 만드는 기능으로 3D 모델링의 기본이다.
3	**회전(Revolve)**	서피스(평면)나 선을 회전해 입체 모델링을 완성하는 기능이다. 기준점의 위치를 바꾸어 다양하게 모델링할 수 있다. 컵이나 그릇 등 원통형 모델링을 만들 때 유용하다.
4	**스윕(Sweep)**	단면과 그 단면이 지나갈 경로(Rail)를 통해 3차원 입체를 만들어내는 모델링이다. 라이노에서는 1개 레일과 2개 레일 스윕 기능을 가지고 있다. 선과 선을 이용한 중요한 서피스 생성 기법의 하나이다.
5	**3또는 4개의 모서리점을 사용한 서피스(SrfPt)**	꼭지점 3개 혹은 4개의 위치를 지정해 다각형 평면을 그리는 기능이다. 이렇게 그린 다각형을 이어붙여 3D 모델링을 할 수 있다.
6	**평면형 커브를 사용한 서피스(PlanarSrf)**	평면형 커브를 사용하여 서피스를 만든다.
7	**커브 네트워크를 사용한 서피스 (NetworkSrf)**	한 평면상에 있지 않고 교차하는 커브로 이루어진 네트워크로 서피스를 만든다. 이때 한 방향을 향하는 커브는 다른 방향에 있는 모든 커브와 교차하고 있어야 가능하다. 또한 동일한 방향의 커브는 서로 교차하면 안된다.
8	**미러(Mirror)**	지정한 축을 중심으로 선택한 객체를 대칭으로 이동시킨다. 복사 옵션을 활성화하면 객체와 대칭이 되는 복사본을 만든다.
9	**회전(Rotate)**	2D 회전과 3D 회전으로 나뉘며 선택한 객체를 회전시킨다. 복사 옵션을 켜면 선택한 객체는 그대로 있고 회전한 위치에 개체가 복사된다.
10	**평면형 구멍 끝막음(Cap)**	평면형 서피스를 구멍의 가장자리에 결합시켜 서피스나 폴리서피스의 열린 부분을 채워 솔리드를 만든다.
11	**로프트(loft)**	입체의 구간별 단면을 이어 모델링한다. 비닐하우스의 뼈대와 비닐막을 입혀 모델링하는 것이라 이해하면 편리하다. 로프트 모델링 또한 2D 드로잉 능력이 중요하다.

❼ 3D 데이터 편집하기

서피스나 솔리드를 편집하기 위한 방법을 익힌다.

케이지 편집

Cage Edit

케이지 편집 기능을 이용해 서피스나 솔리드를 자유롭게 편집한다.

- 편집할 객체를 선택하고 툴바에서 케이지 편집을 클릭한다.

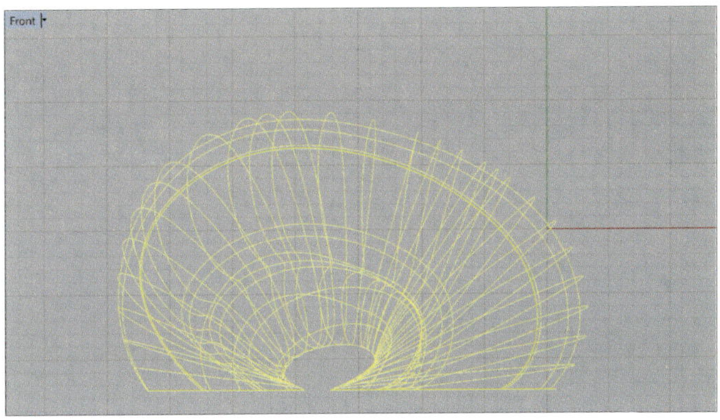

- 케이지를 생성하기 위한 옵션들이 차례로 커멘드 라인에 나타난다. 도움말을 참조하며 적절한 입력값을 넣는다.
- 예제에서는 제어 개체로 경계상자를 사용하기 위해 b를 입력했다.
- 좌표계는 절대좌표를 사용하기 위해 w를 입력했다.
- 점의 갯수는 기본 설정에서 변화를 주지 않기 위해 바로 Enter키를 누른다.
- 편집할 영역은 '글로벌(G)'을 클릭하면 자동 입력된다.

```
명령: _CageEdit
제어 개체 선택 ( 경계상자(B)  선(L)  직사각형(R)  상자(O)  변형(D)=정확함 ):
이 개체들을 사용할 수 없습니다. 선택에서 제외시키는 중입니다.
제어 개체 선택 ( 경계상자(B)  선(L)  직사각형(R)  상자(O)  변형(D)=정확함 ): b
좌표계 <절대좌표> ( 구성평면(C)  절대좌표(W)  3점(P) ): w
케이지 점 ( X점_개수(X)=4  Y점_개수(Y)=4  Z점_개수(Z)=4  X차수(D)=3  Y차수(E)=3  Z차수(G)=3 ):
편집할 영역 <글로벌> ( 글로벌(G)  로컬(L)  기타(O) ): 글로벌
```

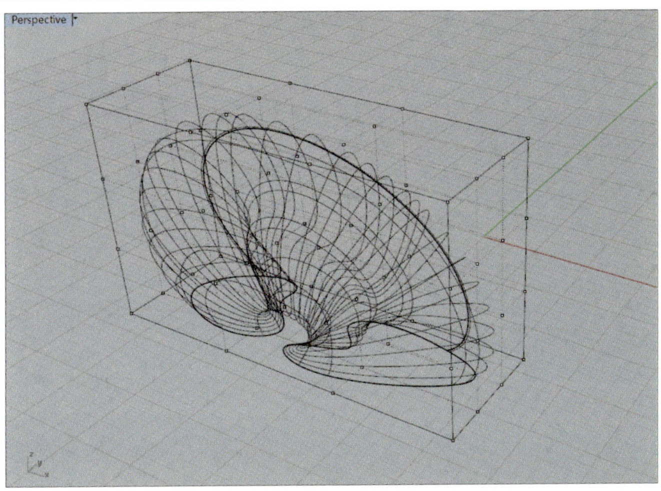

- 케이지가 생성되면 각 뷰에서 케이지 점(Cage Point)들을 마우스로 드래그하여 직관적으로 객체의 형태를 변형할 수 있다.
- Perspective뷰에서는 변형하지 않는 것을 추천한다.

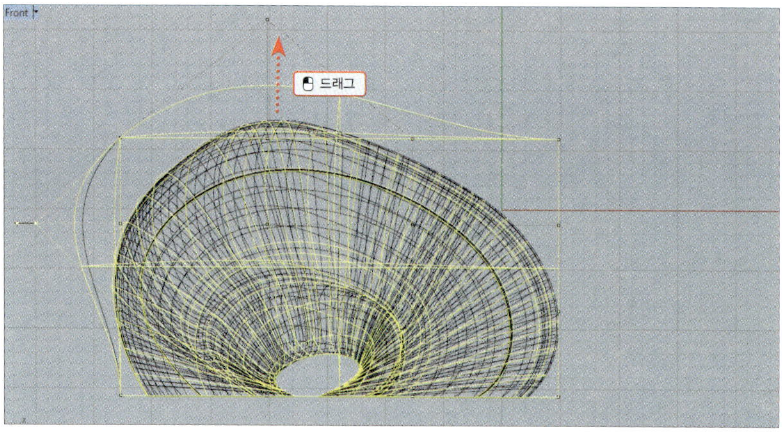

- 케이지 편집 기능을 통한 변형이 끝난 후 객체를 선택하면 '제어'라고 부르는 케이지의 선이 이의 영향을 받는 객체 주변에 표시된다.

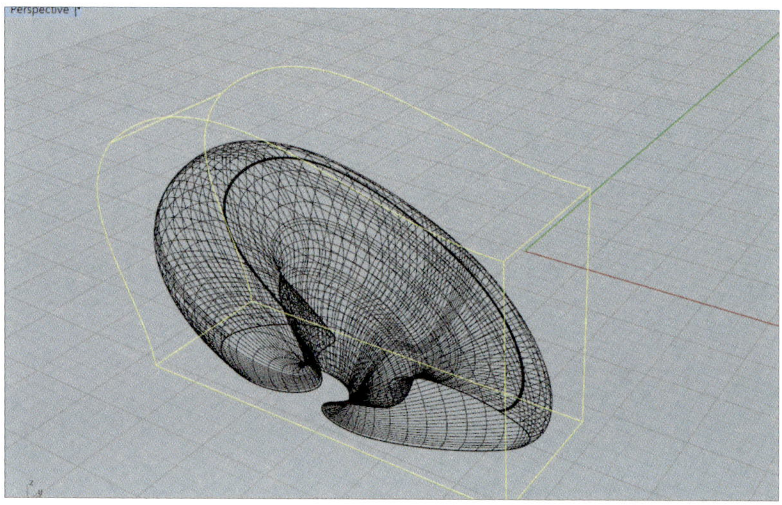

서피스 필릿

Surface Fillet

두 개의 면을 둥근 곡면으로 만드는 툴이다. 이외에도 서피스 도구에는 두 개 이상의 면 사이를 다양하게 편집하는 기능이 있다. 본 글에서 소개하지 않는 도구는 도움말을 보면서 익혀두도록 하자.

- 먼저 서피스 툴을 이용해 직육면체 형태를 모델링한다.
- 툴바에서 서피스 필릿을 클릭한 후, 모서리를 만드는 두 서피스를 차례대로 선택하면 모서리가 곡면으로 변한다.

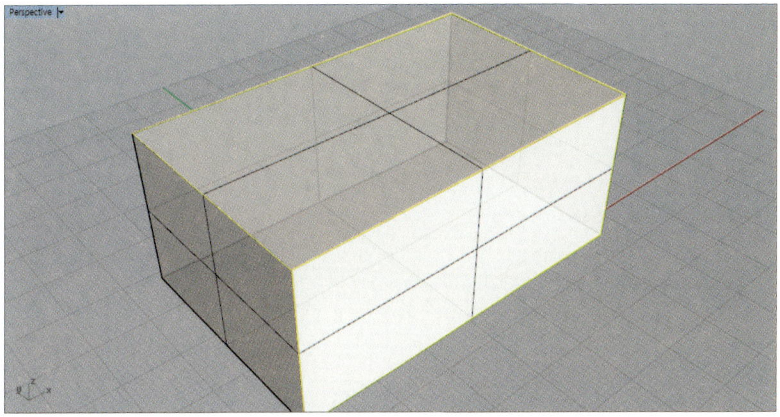

- 각각의 서피스를 결합해 폴리서피스로 변형한 후 솔리드 도구 모음에 있는 가변 반지름 필릿(variable fillet)기능을 이용할 수도 있다.

- 서피스 모따기(surface champer)를 이용하면, 모서리를 각진 면으로 깎아낼 수 있다.
- 각각의 서피스를 폴리서피스로 변형한 후 가변 반지름 모따기(variable champer)기능을 활용해도 같다.

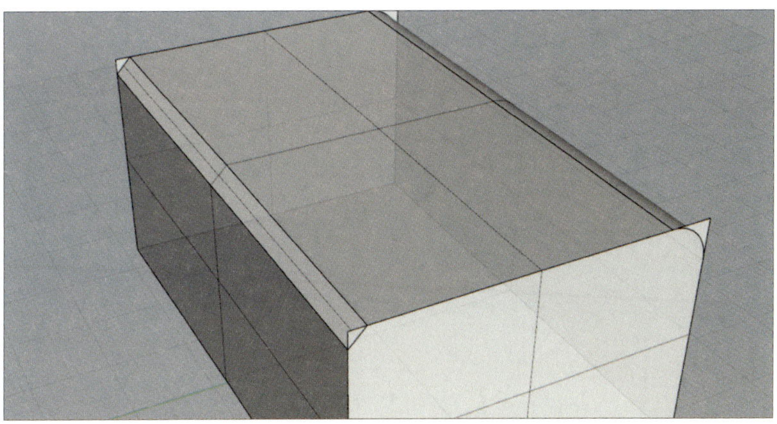

가변 반지름 필릿

Variable fillet

솔리드 객체에서 모서리를 둥근 곡면으로 만드는 툴이다.
본 글에서 소개하지 않는 솔리드 도구는 도움말을 보면서 익혀두도록 하자.

- 가변 반지름 필릿은 각 모서리에 서로 다른 반지름값을 입력해줄 수 있다.
- 솔리드 도구 모음에서 가변 반지름 필릿을 클릭한 후 적용할 모서리를 모두 선택하고 Enter키를 누르거나 마우스 우클릭을 해주면 오른쪽과 같이 실선 끝에 반지름(radius)값을 부분별로 지정해줄 수가 있다.

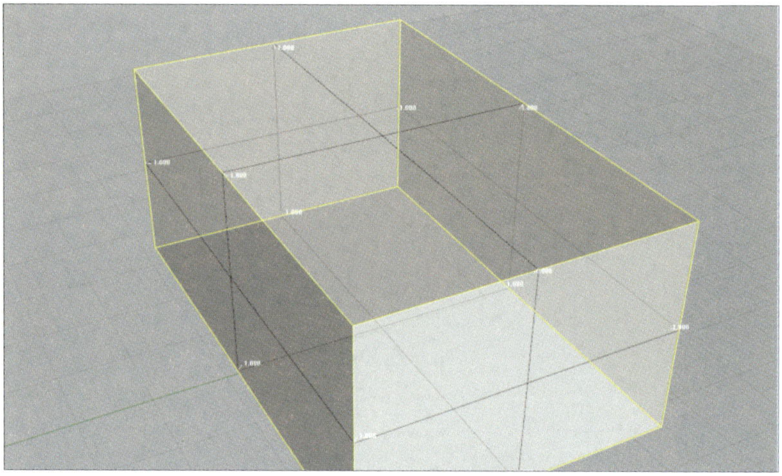

- 필릿값을 연산할 때 이음매가 부드럽지 않거나 터지는 경우가 발생할 수 있다. 이 경우, 솔리드를 서피스로 분해한 후 서피스 도구 모음에서 패치(Patch)나 커브 네트워크를 사용한 서피스를 이용하여 원하는 면을 만든 후 다시 결합하여 객체를 수정할 수 있다.

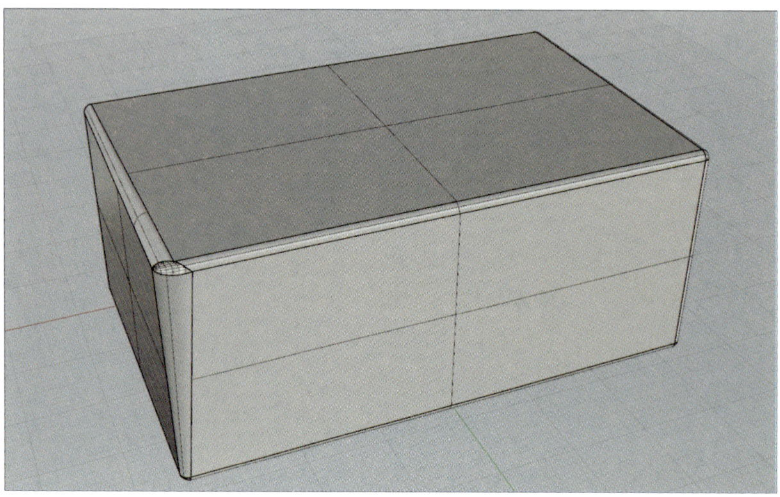

부울 합집합

Boolean union

서피스 혹은 솔리드 객체 간의 더하기 연산을 통해 두 개 이상의 서로 다른 객체를 합쳐 새로운 객체로 만들어낸다. 기본 솔리드 도형을 보다 복잡한 형태로 손쉽게 만들 수 있다.

- 부울 합집합(Boolean union) 아이콘을 클릭한다.

- 커멘드 라인을 확인하면 첫 번째 객체를 선택하라는 메시지가 나타난다.
- 첫 번째 객체 선택 후 하나로 합칠 객체 선택을 모두 완료한 후에 Enter키를 누르거나 마우스 우클릭으로 선택을 마친다.

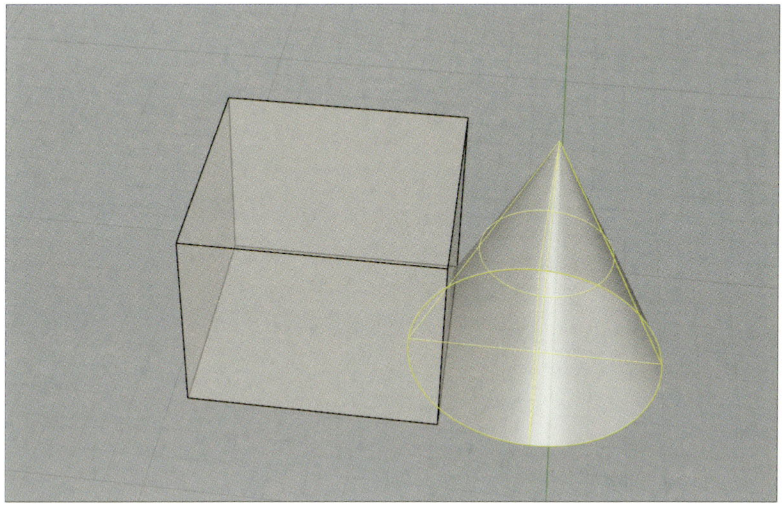

- 선택된 객체가 하나의 객체로 합쳐진다. 단, 객체 간에 겹치는 면이 있어야 그 면을 중심으로 하나의 객체로 합쳐진다.
- 객체 그룹(Ctrl+G)과 부울 합집합 기능의 가장 큰 차이는 수학적 연산에 있다. 객체 그룹은 모델링 중의 편의를 위해 여러 개의 객체를 임의로 묶어주는 것이고, 부울 합집합은 객체를 수학적으로 하나의 객체로 만드는 것이다.

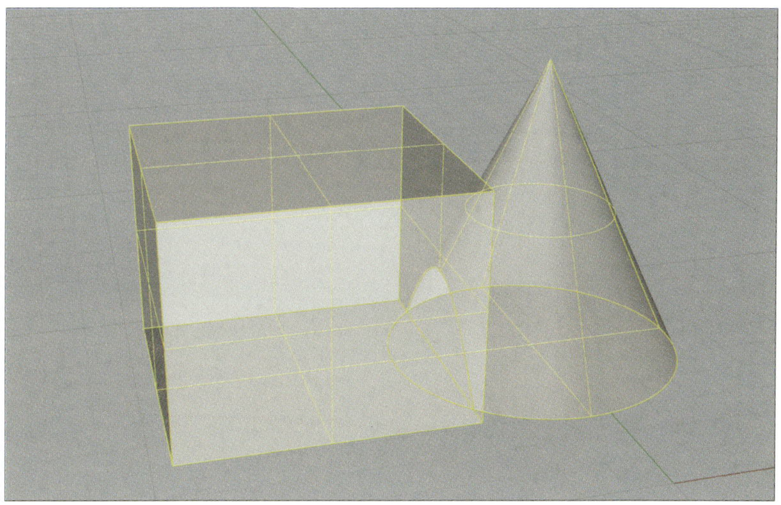

부울 차집합

Boolean different

한 객체에서 다른 객체의 겹치는 부분을 제외시켜 새로운 객체로 만들어준다.

- 여러 개의 객체가 겹쳐 있는 상태에서 부울 차집합을 클릭하고 실행할 첫 객체를 선택한다.

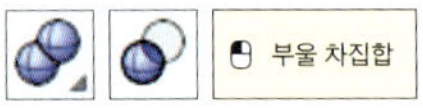

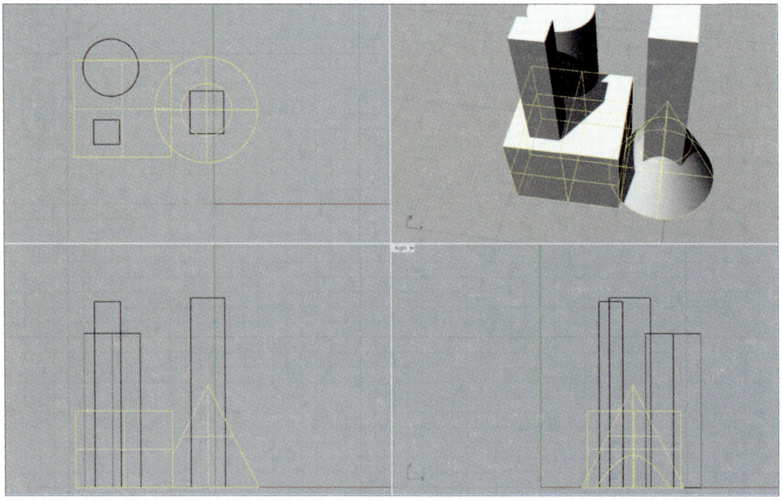

- 필요에 따라 여러 객체를 차례대로 선택하는 것도 가능하다. 필요한 객체를 모두 선택하고 Enter키를 누르거나 마우스 오른쪽 버튼을 클릭한다.

- 부울 차집합 연산을 통해 차집합이 될 객체를 선택한 다음 Enter키를 누르거나 혹은 마우스 우클릭을 해준다.

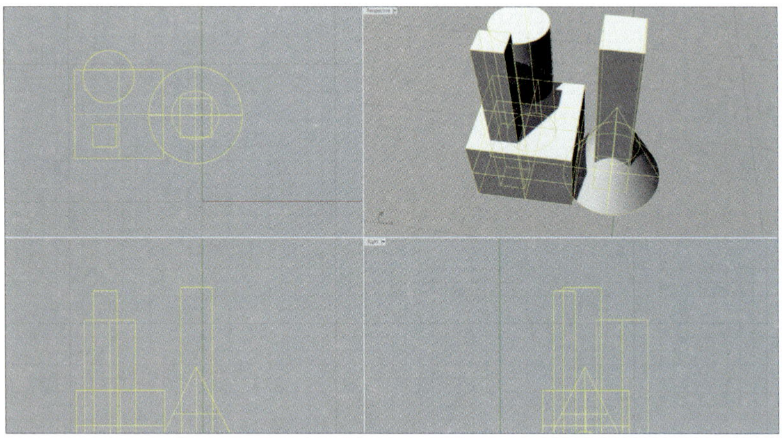

- 기존 객체에서 선택한 객체가 빠져 구멍이 뚫린 형태가 되었다.

그 외 부울 연산

부울 합집합과 부울 차집합 외에 두 객체를 분할하거나 두 객체 사이의 교집합을 얻는 부울 연산 분할과 부울 교집합 연산이 있다.

- 부울 연산 분할(Boolean split)은 객체를 객체로 잘라주는 연산을 한다. 사용법은 부울 차집합(booleandifference)과 동일하다.

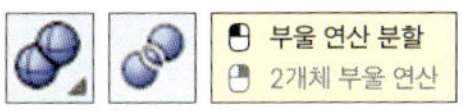

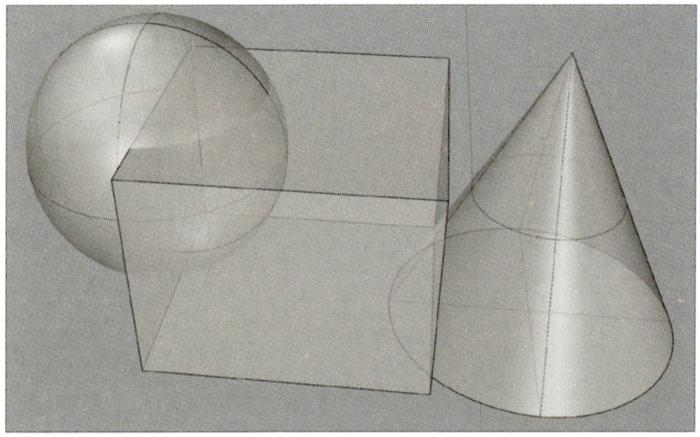

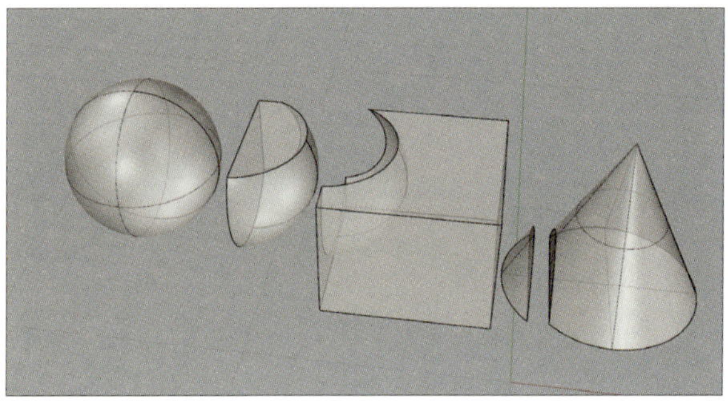

- 부울 교집합(Boolean intersection)은 두 개 이상의 객체 사이에서 교차 부분을 제외한 나머지 부분을 제거하여 새로운 객체를 만들어내는 명령이다. 사용법은 부울 합집합(boolean union)과 같다.
- 두 객체 사이의 교집합 부분만 남기고 나머지는 제거된다.

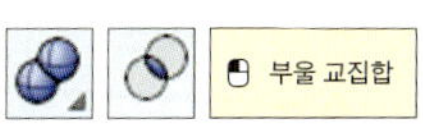

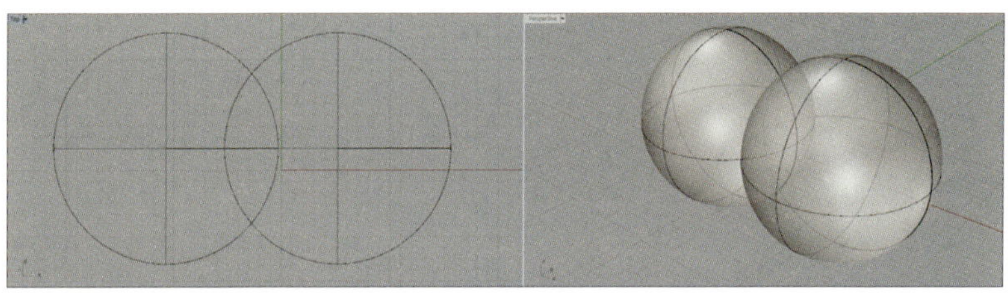

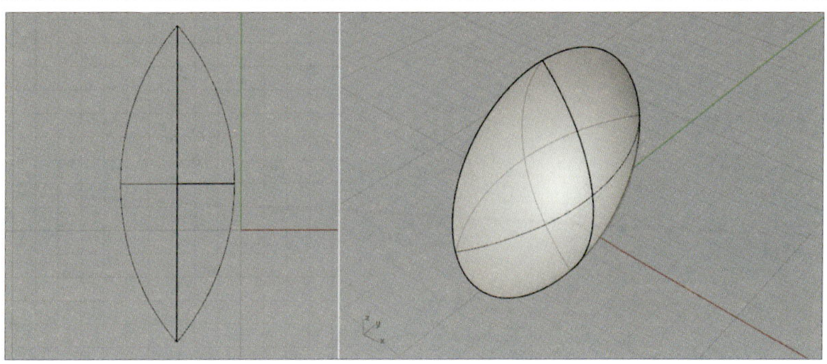

크기 조정 Scale

라이노의 크기 조정 툴은 기본적으로 배율을 통해 1방향, 2방향, 3방향으로 나누어 각기 다른 축들을 활용해 비율을 조절할 수 있다. 필요에 따라 기준이 될 보조선 등을 사용해 비율을 조절하면 훨씬 수월하게 비율을 조절할 수 있을 것이다. 기본적인 1축, 2축, 3축 크기 조정 사용법을 익힌 후 필요에 따라 다른 크기 조정 툴을 도움말 기능을 활용하면서 익혀두자.

- 라이노의 기본 크기 조정 툴은 크기 조정 시 사용되는 축의 개수로 나뉘어져 있다. 솔리드, 라인, 서피스 등 임의의 도형을 하나 그린 뒤 각 크기 조정 툴의 용도에 대해 알아보자.

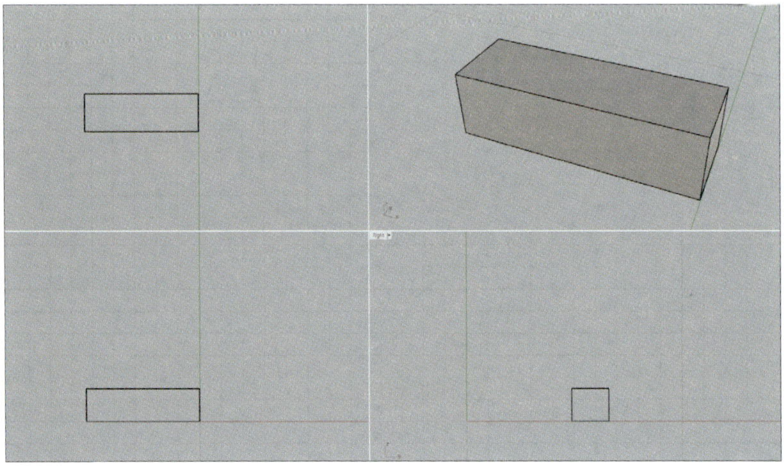

- 1D 크기 조정(1D scale)을 클릭한다.

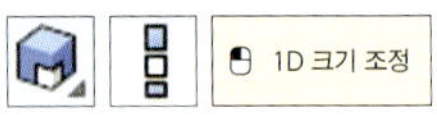

- 커멘드 라인을 확인하면 원점을 지정하라는 메시지가 뜬다. 원점을 지정한 뒤 변형할 1방향의 축을 선택하되 평면뷰 1곳을 선정해 방향을 잡는다.

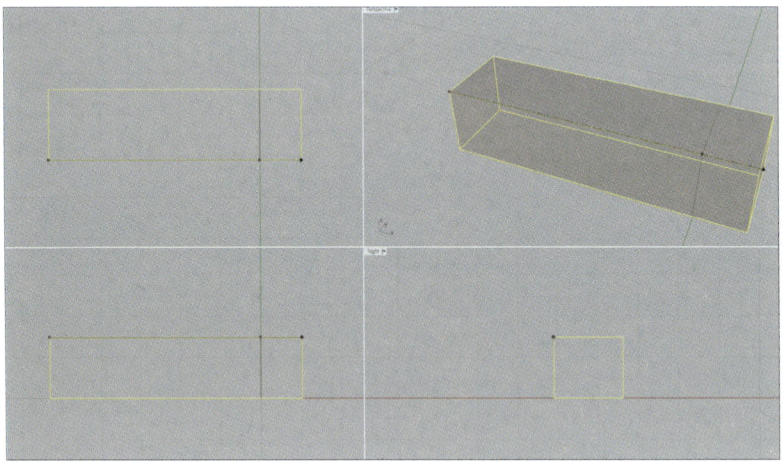

- 2D 크기 조정(2D scale)은 두 개의 축 방향으로 비율을 변경하는 툴이다. 즉 각 평면을 중심으로 xy축 혹은 yz, xz축으로 두 개의 축을 동시에 같은 비율로 변형해준다.

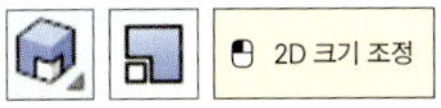

- 치수 입력은 1D 크기 조정과 같이 원점과 비율 변형 방향을 지정한 후 커멘드 라인을 통해 입력할 수 있다.
- 두 개의 축이 한 번에 비율이 변한다. 그리고 나머지 한 축은 비율이 변하지 않는다.

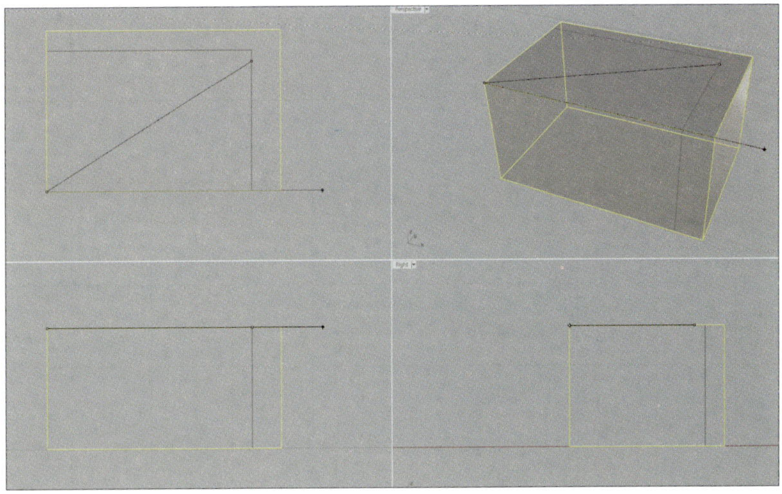

- 3D 크기 조정(3D scale)은 변경할 원점을 중심으로 xyz 모든 축의 비율을 동일하게 변경해준다. 즉 모델의 전체 부피가 변하게 된다.

- 모델의 전체적인 부피가 늘어나고 줄어들게 변형할 수 있다.

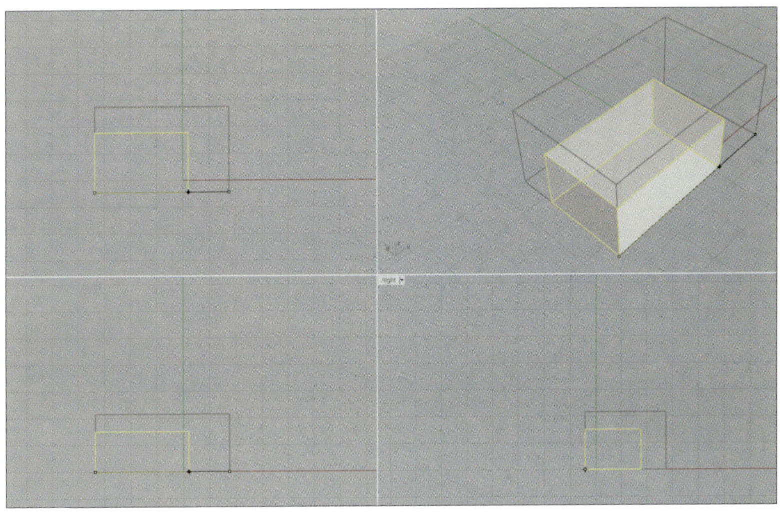

3D 모델링 핵심 기능

돌출(Extrude), 로프트(Loft), 스윕(Sweep), 모따기(Champer), 필릿(Fillet), 부울 연산(Boolean), 분할(Split), 솔리드(Solid), 회전(Revolve) 등 라이노의 기본 9가지 모델링 기법을 알고 있으면 고급 3D 캐드에서부터 무료로 배포되는 스케치업이나 123D 디자인 등과 같은 어플리케이션까지 문제 없이 모델링해나갈 수 있다.

1	**케이지 편집 (Cage Edit)**	3D 모델링의 형태를 직관적으로 변형시킬 수 있는 편집 기능이다. 선택한 개체를 둘러싼 케이지를 생성한 후 케이지의 제어점을 이용해 개체의 형태를 수정할 수 있다.
2	**필릿(Fillet)**	선과 선, 면과 면, 솔리드 모델링의 모서리를 편집하는 모델링 명령어이다. 모서리를 둥글게 깎아주는 명령으로 폴리곤 메쉬 모델링에서는 근본적으로 표현이 불가능한 모델링 기법이다. 라이노에서는 모따기와 마찬가지로 각 모델링 단위별로 각기 다른 필릿 명령어를 가지고 있다.
3	**모따기(Champer)**	선과 선, 면과 면의 모서리를 깎아 모델링을 수정·편집하는 기능이다. 2D와 3D 모델링 모두 사용이 가능하다. 라이노에서는 2D와 3D 서피스 그리고 솔리드 상태에서 각각 다른 모따기 명령어 체계를 가지고 있다. 그리고 각 단위별로 다른 모따기 기능을 가지고 있다.
4	**부울 연산(Boolean)**	솔리드 모델 혹은 메쉬 모델 중 모든 면이 닫힌 객체들을 편집하는 기능으로 각 객체 간의 집합 개념으로 모델링을 편집한다. 부울(Boolean)은 합집합, 차집합, 교집합의 개념으로 각기 다른 두 개의 모델링을 하나로 합치거나 빼거나 교차 부분을 남기고 나머지를 제거하는 방식으로 편집한다. 면이 많고 자유로운 모델링을 한 번에 진행하기 어려운 라이노의 특성상 아주 유용하게 사용할 수 있는 편집 기능이다. 솔리드 상태에서 모델에 구멍을 뚫거나 돌기를 붙이거나 서로 다른 형태를 합쳐 새로운 형태를 만드는 등의 다양한 활용이 가능하다. 모델링 객체를 단순히 꾸러미로 한데 묶는 그룹(group)과는 다르게 수학적인 계산에 의해 한 개의 새로운 객체를 만들어준다.
5	**크기 조정(Scale)**	선택된 객체의 크기를 x, y, z 방향에서 변경하는 편집 기능이다. 라이노의 크기 조정 기능은 1방향, 2방향, 3방향으로 나누어 각기 다른 축들을 활용해 비율을 조절할 수 있다.

실전 라이노 모델링 예제

본 장은 앞서 배운 라이노의 부분 기능들을 종합적으로 활용하면서 라이노의 기초에서부터 기본 기능을 익힐 수 있도록 구성되어 있다.
가정용 3D 프린터를 활용하는 데 필요한 기본적인 모델링 방법을 익힐 수 있도록 적합한 모델들을 선정하여 서술하였다. 모든 예제를 따라 모델링을 완성하면 어느새 라이노의 사용법에 익숙해질 것이다. 모델링 과정 중 모르는 부분이 있다면 언제나 그렇듯 라이노의 뛰어난 도움말 기능을 활용하자. 3D 모델링을 책으로만 공부하기에는 벅찬감이 있다. 하지만 라이노의 도움말 기능은 거의 동영상 강의 수준으로 정리가 잘 되어 있어 확실히 도움 받을 수 있다. 또한 같은 형태를 그리는 길이 단 하나인 것은 아니다. 필자의 예제 외에 자신이 응용하여 다른 기능을 사용할 수도 있다. 여러 기능을 이용해보며 시도해보자.

5

❶ 귀면기와 만들기

2D 드로잉과 편집 기능을 익히는 데 중점을 두고 만든 예제이다.
라인과 폴리라인, 커브 툴을 이용한 그리기는 자신이 원하는 대로 그릴 수 있을 때까지
반복하여 연습하는 것이 중요하다. 귀면기와를 구성하고 있는 다양한 선을 따라
그려보면서 라이노에서의 선 그리기를 손에 익혀보자. 본 예제 외에도 다른 예제를
스스로 생각해 라인 드로잉 연습을 많이 해보기 바란다.

작업을 위한 라이노 기능

라인, 폴리라인, 커브 툴을 활용하여 선을 그리는 연습을 한다. 또한 크기 조정과 트림 등의 기능을 익히면서 라이노의 기본 사용과 모델링 개념을 익히도록 하자.

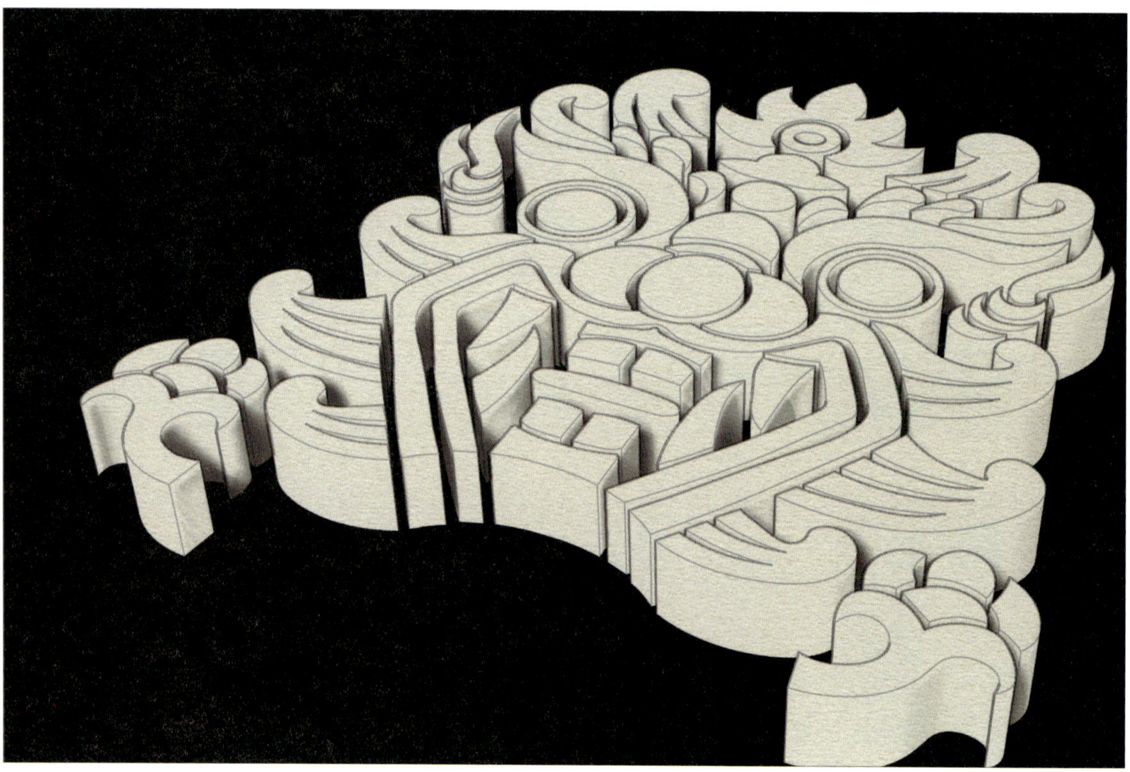

이미지 불러오기

- 툴바에서 그림 프레임을 선택하여 작업에 필요한 이미지를 불러온다.

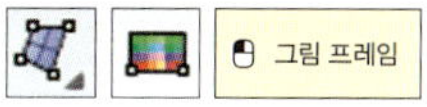

- 이미지의 크기는 임의로 정해준 다음 크기와 위치를 조정한다.

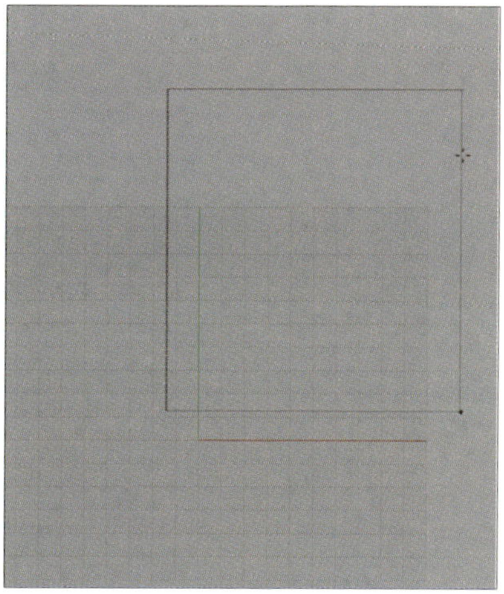

레이어 설정

- 화면 우측의 설정 - 레이어 파트에서 레이어를 변경시킨다. '레이어01' 위에서 마우스를 우클릭하고 '개체 레이어 변경'을 선택한다.
- 자물쇠 아이콘을 클릭하여 잠금(Lock)을 실행한다. 잠금 상태가 된 개체는 고정이 되어 변형이 불가하다.

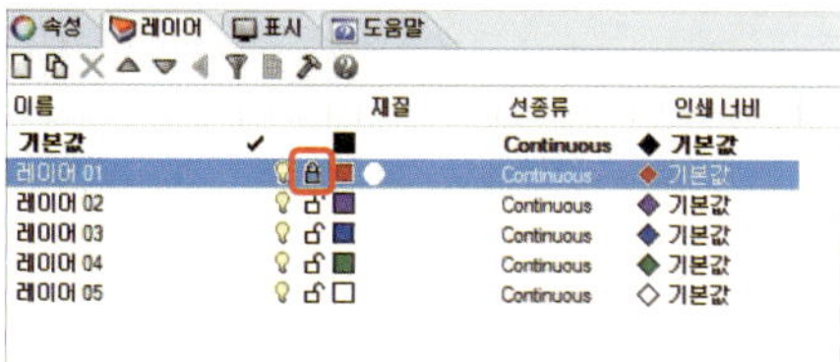

기와 그리기

- 커브: 보간점을 이용해 외곽선을 그린다.

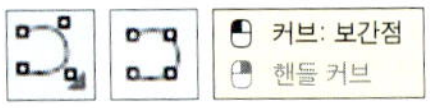

- 이미지의 반만 그린 후, 레이어 01을 끄기(Off)로 설정해 배경 이미지가 보이지 않도록 한다.

- 그린 커브를 전체 선택 후 결합시킨다.

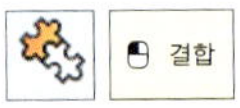

- 미러 툴을 이용해 대칭을 맞추어 반대편을 완성한다. 복사 옵션을 활성화 해야 한다.

선 수정하기

- 오차가 생겨 어긋난 선들을 트림을 이용해 수정한다.

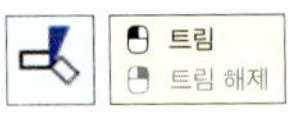

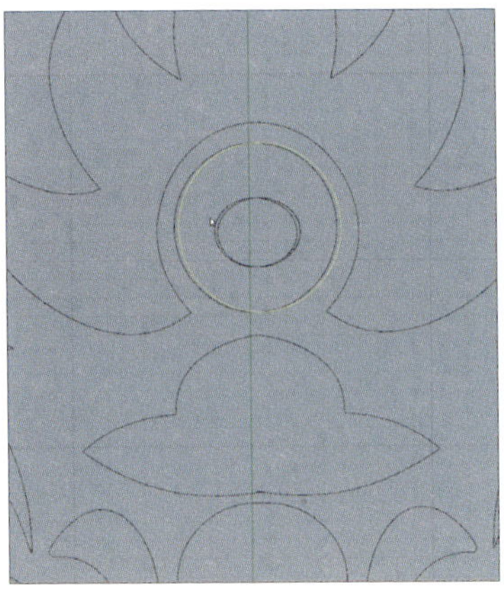

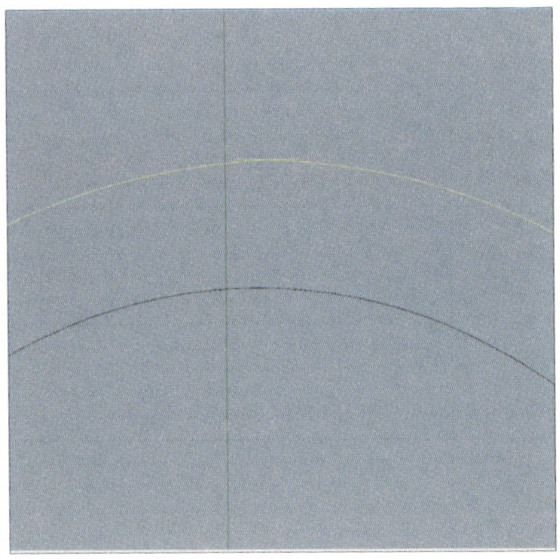

- 떨어져 있는 선은 호 블렌드를 이용해 이어준다.
- 툴바에서 호 블렌드를 선택한 다음, 끝점을 차례로 선택하고 Enter키를 누르면 된다.

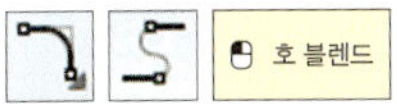

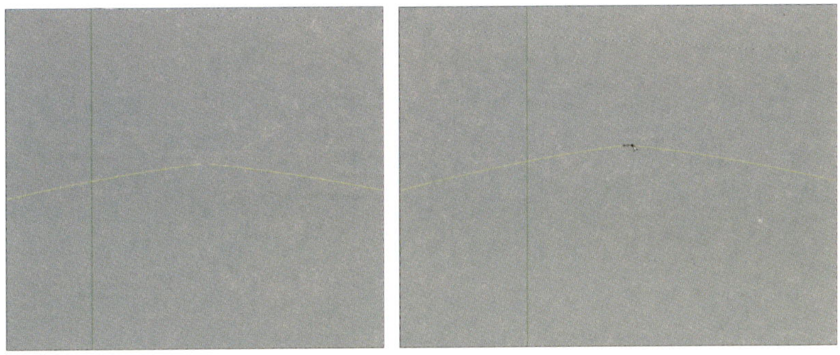

기와 두께 만들기

- 전체를 선택해 결합시킨다.
- 닫힌 평면형 커브 돌출을 이용해 솔리드를 만든다.

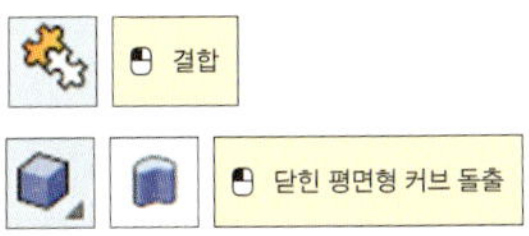

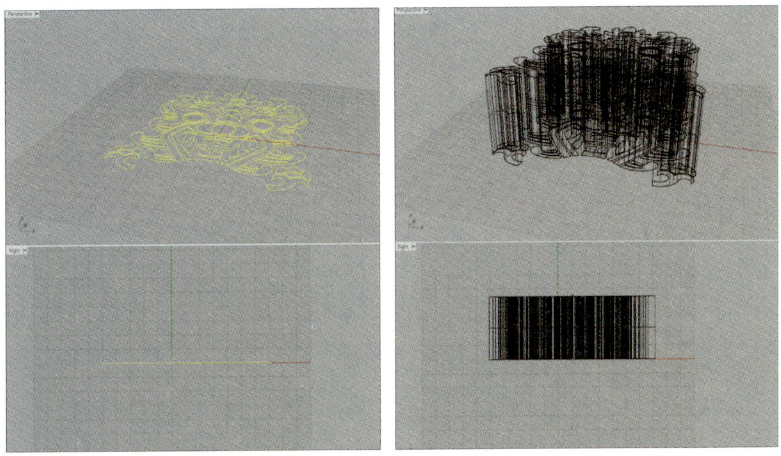

- Perspective뷰의 설정을 음영으로 바꾼다.

- 커브 툴을 이용하여 기와판의 형태를 그린다.
- 커브를 그린 후 커브 간격 띄우기를 이용하여 여러 겹으로 외곽선을 만든 다음 돌출시킨다.

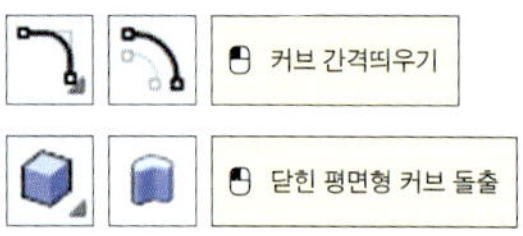

기와 완성하기

- 부울 합집합을 이용해 하나의 폴리서피스로 묶어주면 완성된다.

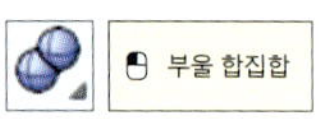

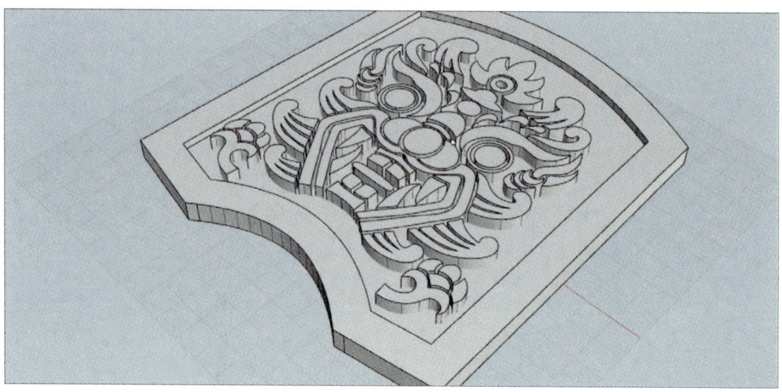

❷ 돼지 저금통 만들기

솔리드 생성 툴을 이용한 모델링은 라이노에서 제공하는 기본 솔리드 도형들을 편집하여 작업하는 방식으로, 간단한 어린이 장난감이나 단순한 형태의 물건을 디자인할 때 유용하게 사용된다. 물론 서피스나 라인 툴 등을 활용해 함께 작업하기도 한다. 본 예제를 통하여 솔리드 생성 툴을 사용하여 기본 솔리드 도형을 그리는 법을 배우고 이동과 크기 변형 기능 등을 활용해 단순한 형태의 사물을 모델링하는 방법을 익혀보자.

작업을 위한 라이노 기능

기본 솔리드 도형 툴을 활용해 구와 원뿔 등의 기본 솔리드 모델을 그리고 배치하며 원하는 기본 형태를 잡은 다음, 부울 연산 기능을 이용해 저금통 형태를 완성한다. 본 예제는 3D 프린팅에 편리하도록 디자인을 정했다. 예제를 따라하면서 부분 부분 디테일을 정리하는 방법을 공부해보자.

몸통 만들기

- 솔리드 도구 모음에서 구: 중심점, 반지름을 선택한다. Top뷰에서 구의 중심점 위치를 클릭한 다음 반지름을 입력해 구를 그린다. 이때 원하는 치수를 입력하여 모델링할 수 있다. 예제에서는 지름 120mm인 구를 그렸다.

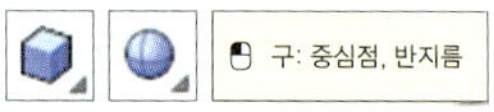

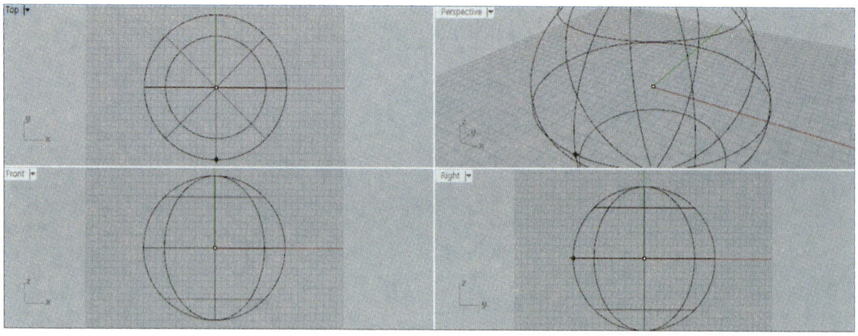

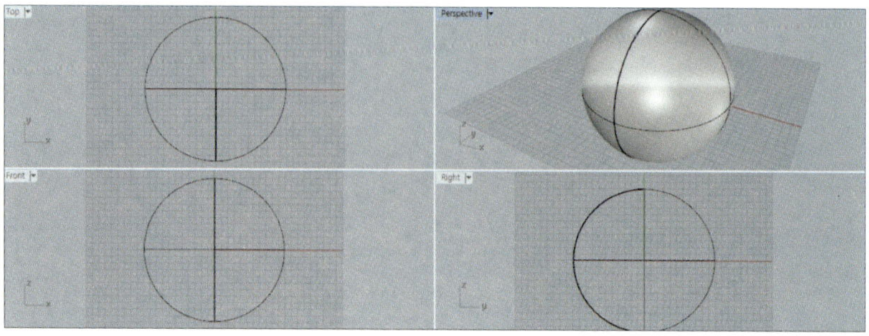

코 만들기

- Right뷰에서 타원: 지름을 이용해 타원을 그린다.
- Front뷰에서 닫힌 평면형 커브 돌출을 선택해 돼지 코의 기본 모양을 완성한다.

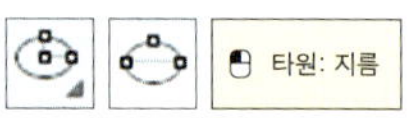

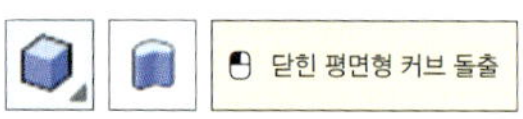

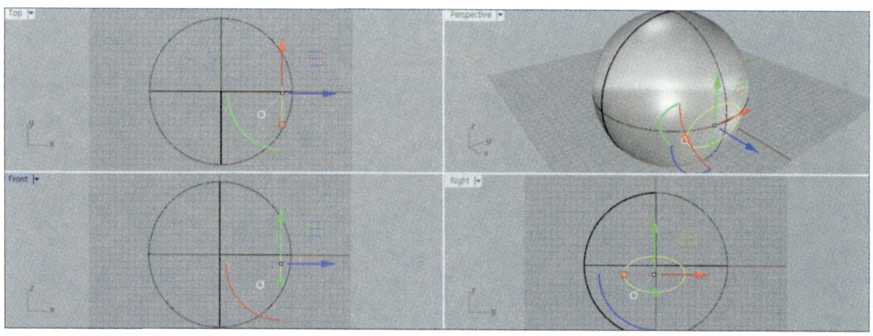

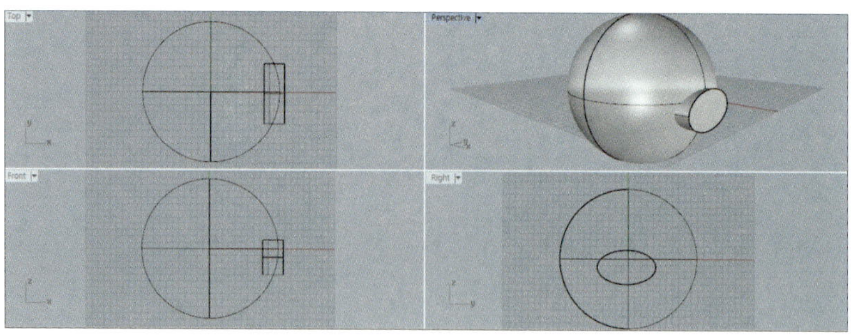

TIP **3D 모델링과 뷰포트 조정**

3D 모델링 시에는 하나의 뷰에서 개체를 그린 다음 각 뷰를 옮겨가며 위치를 조정해야 한다. 기본 화면에서 보이는 Top/Front/Right뷰 외에도 Bottom/Back/Left뷰까지 각 뷰포트를 활용하여 모델링하는 것에 익숙해지도록 하자.

- 솔리드 도구 모음에서 타원체: 지름 지정을 선택한다.
- Right뷰에서 콧구멍 한 개를 그린다.

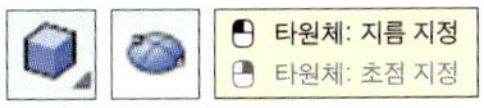

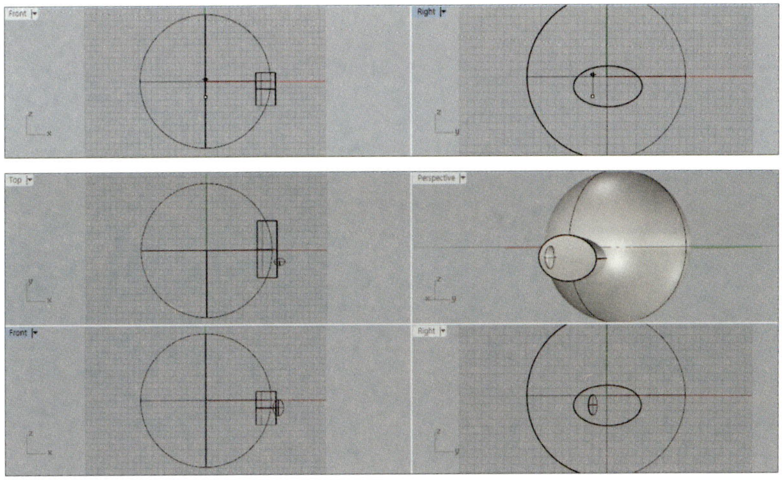

- 미러를 선택하고 복사 옵션을 활성화하여 콧구멍을 하나 더 만든다.

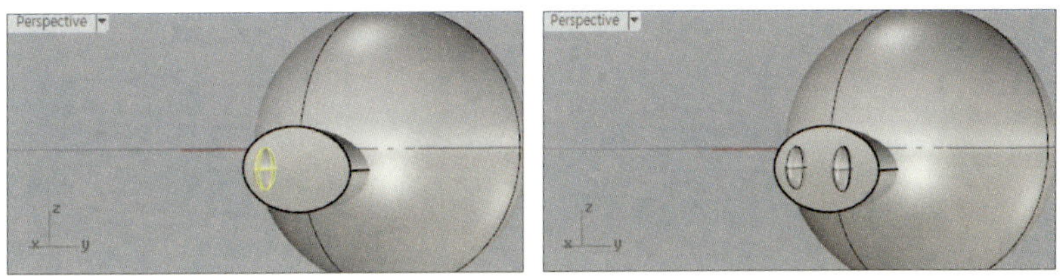

- 알맞은 위치에 콧구멍을 배치한 후 부울 차집합 연산을 활용해 콧구멍을 파주면 콧구멍이 완성된다.

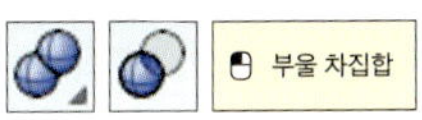

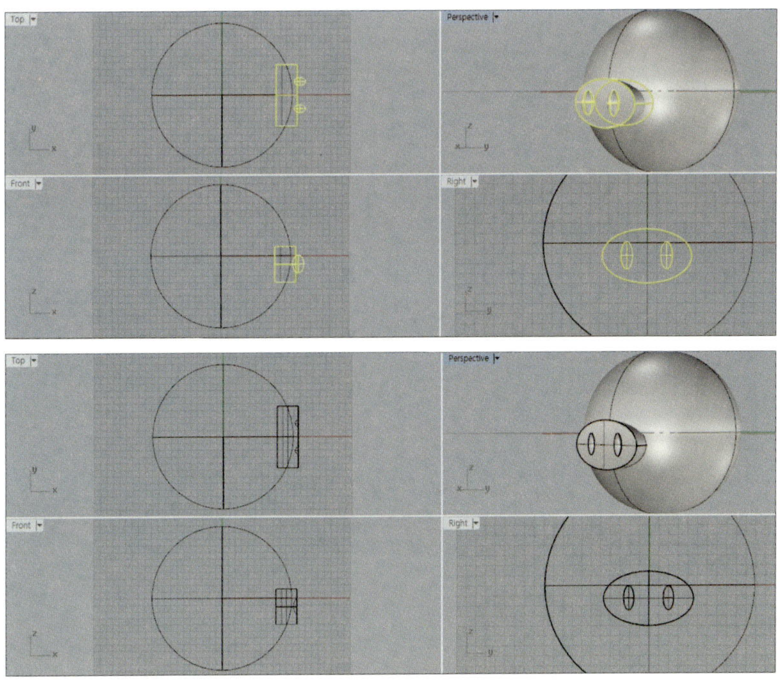

돼지 다리 만들기

- 돼지의 다리가 될 원뿔을 그린다. 원뿔을 선택한 후 Top뷰에서 바닥 면의 지름을 먼저 그린 후 Front뷰에서 뿔의 높이를 그린다.

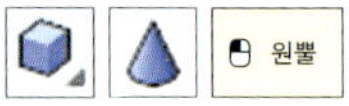

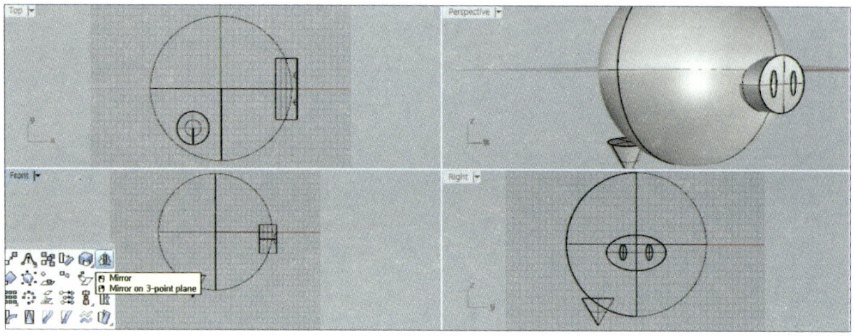

- 측면(Right/Left)뷰와 Top뷰를 보며 알맞은 위치에 다리를 배치한 후 미러를 활용해 일정 간격으로 배치한다.

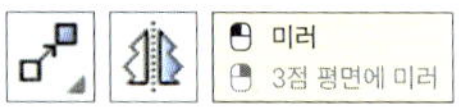

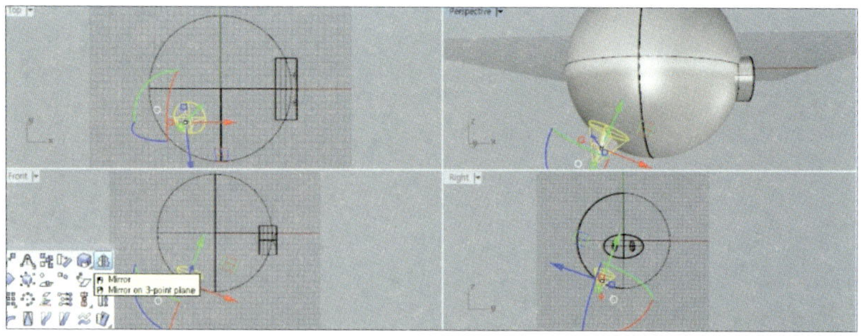

- 돼지 다리를 복사하여 배치할 때에는 여러 가지 툴을 응용할 수 있다. 복제 툴이나 이동 툴을 사용할 수도 있다. 이외에도 배열 툴을 사용해 배치할 수도 있지만 보다 많은 수의 객체를 일정하게 배열할 때를 제외하고는 배열 툴의 사용은 비효율적이다.

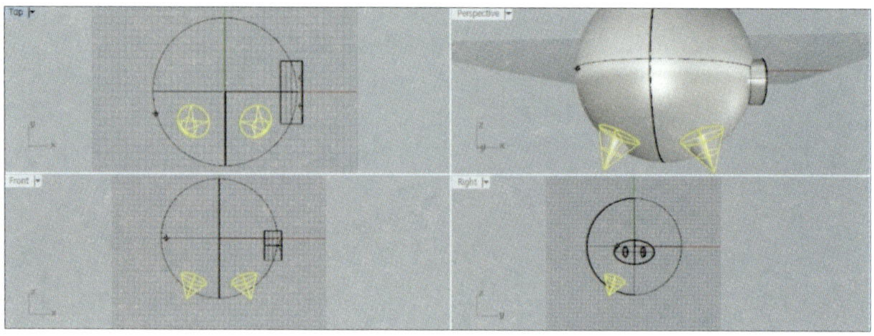

- 전체를 부울 합집합으로 묶어 다리 부분을 완성한다.

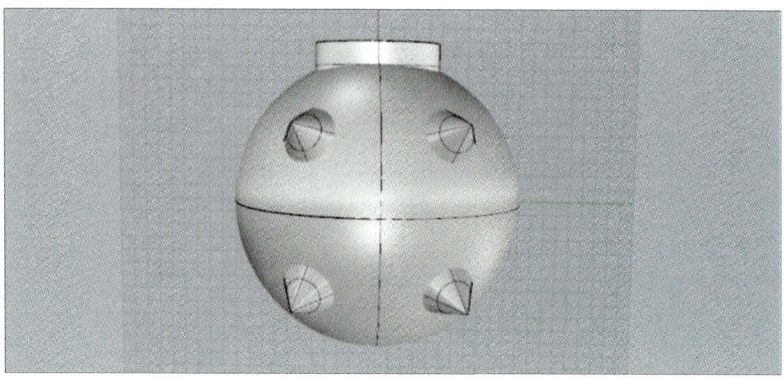

귀 만들기

- 다리와 같은 방식으로 귀도 만든다.

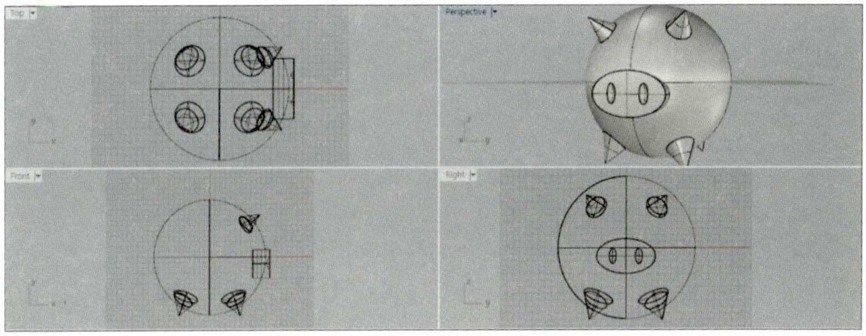

눈 만들기

- 원하는 위치에 직사각형을 한 개 그리고 미러로 대칭을 맞춘다.

직사각형: 모서리에서 모서리로

미러
3점 평면에 미러

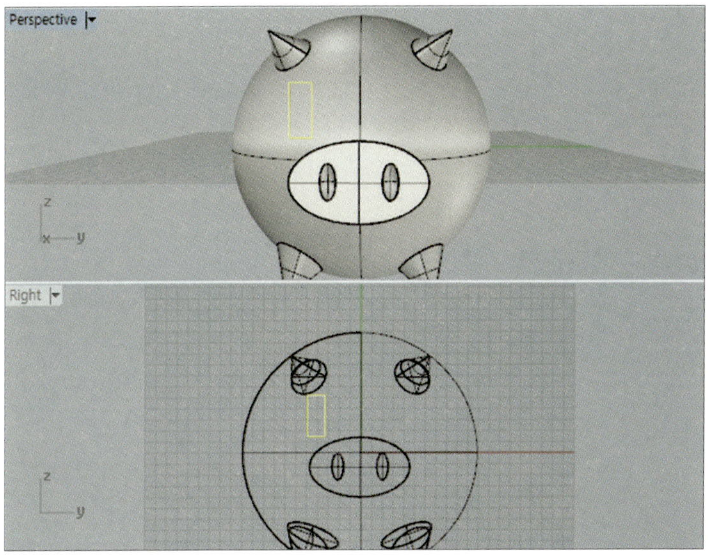

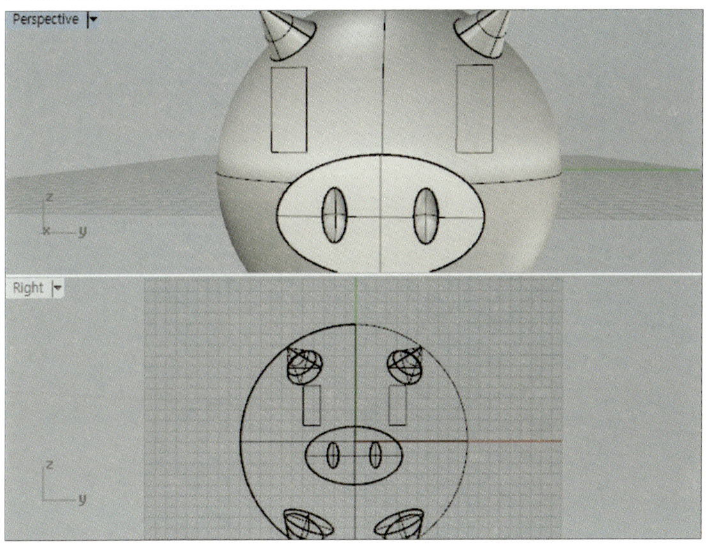

- 커브 끌어오기를 사용해서 직사각형을 몸체의 곡면에 투영시킨다.
- 커멘드 라인에 끌어올 커브와 점을 선택하라는 메시지가 나오면 눈을 선택하고 Enter키를 누른다.
- 커멘드 라인에 끌어올 서피스와 메쉬를 선택하라는 메시지가 나오면 몸체를 선택하고 Enter키를 누르면 된다.
- 커멘드 라인의 옵션에서 '원래개체_삭제(D)=예'로 하여 작업한다.

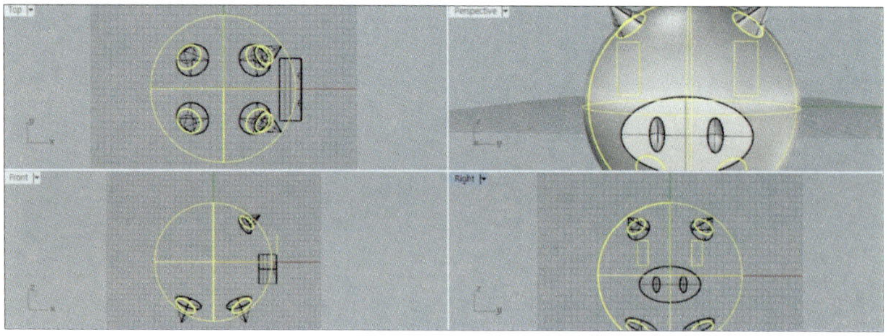

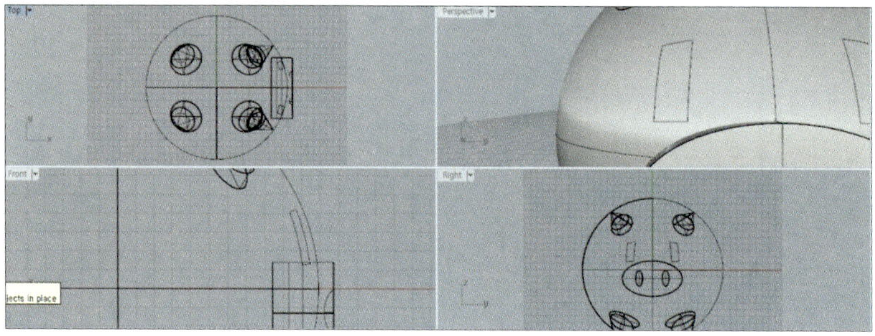

- 복사를 이용해 구의 바깥쪽과 안쪽으로 각각 3mm 간격으로 떨어뜨려 양쪽 눈을 복사한다.

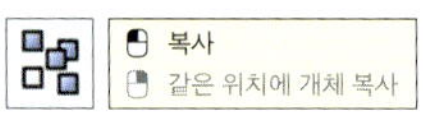

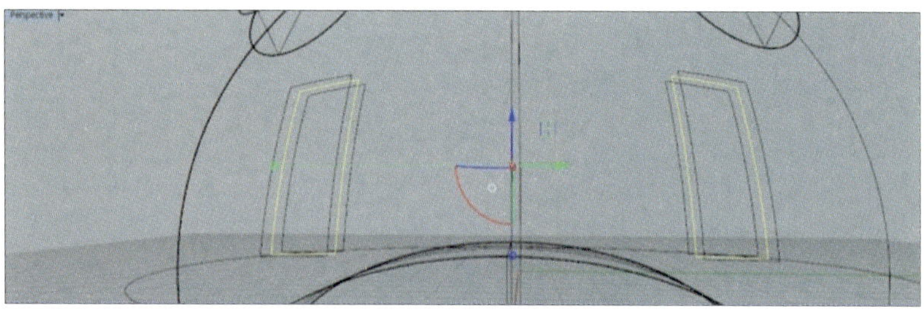

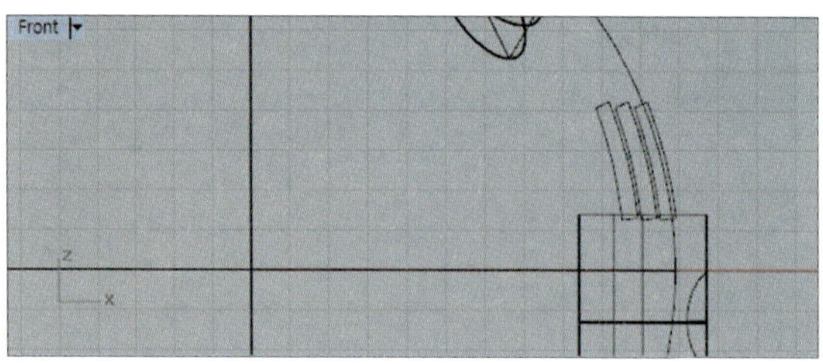

- 로프트를 이용해 눈의 옆면을 생성한다. 안쪽과 바깥쪽 2개의 커브를 선택한 후 Enter키를 누르면 된다.

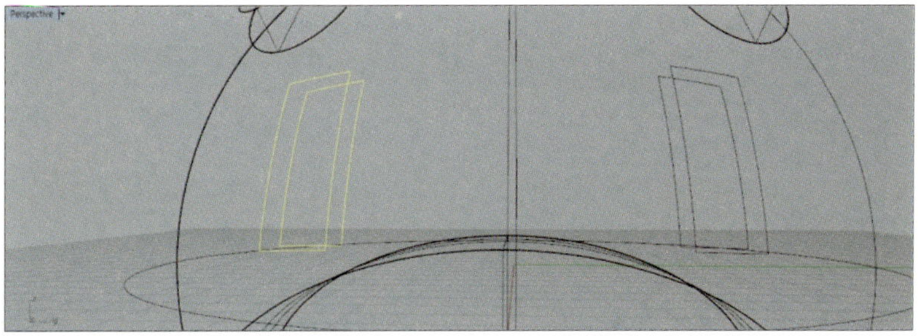

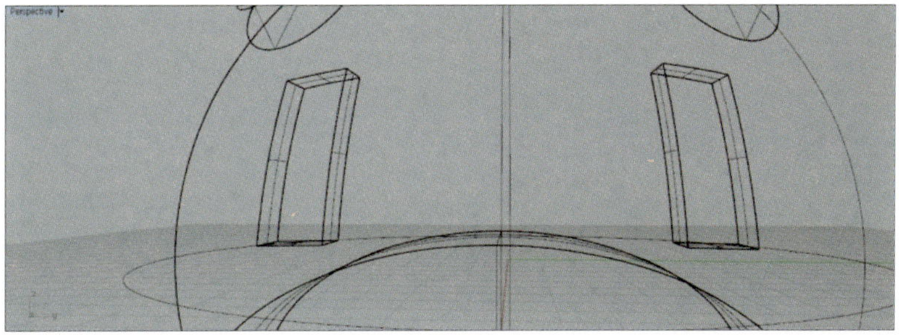

- 2, 3 또는 4 가장자리 커브를 사용한 서피스를 이용해 나머지 눈의 뚫려 있는 면을 모두 닫는다.

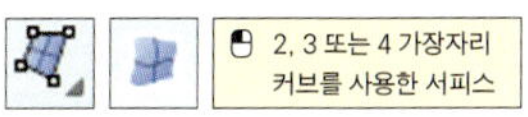

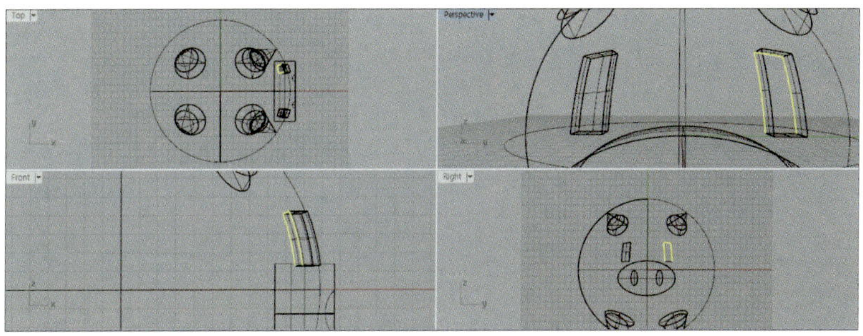

- 생선된 면들을 모두 선택한 후 결합해준다.

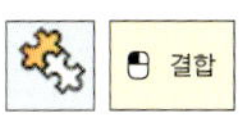

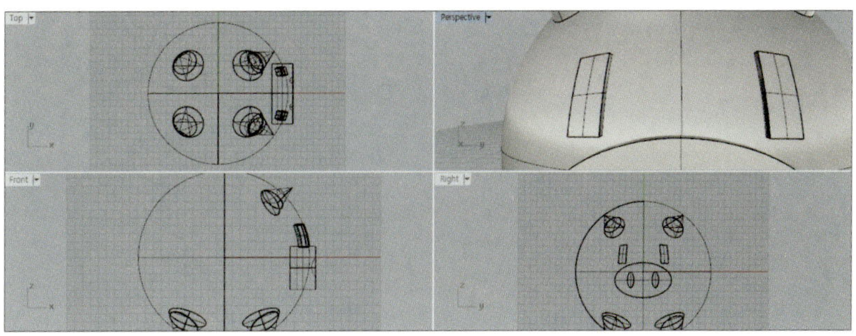

형태 다듬기

- 눈과 코의 모서리를 가변 반지름 필릿으로 부드럽게 만든다.

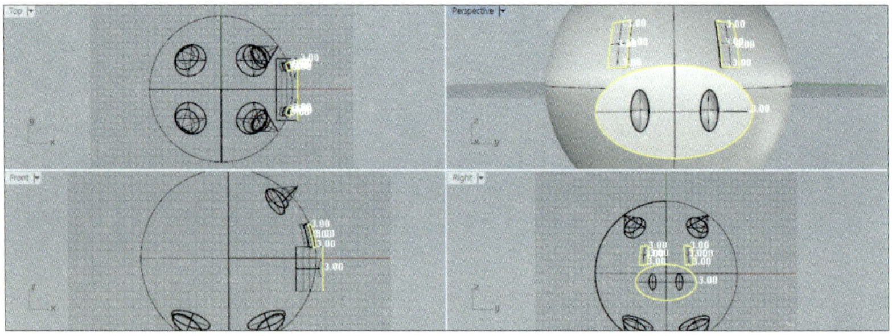

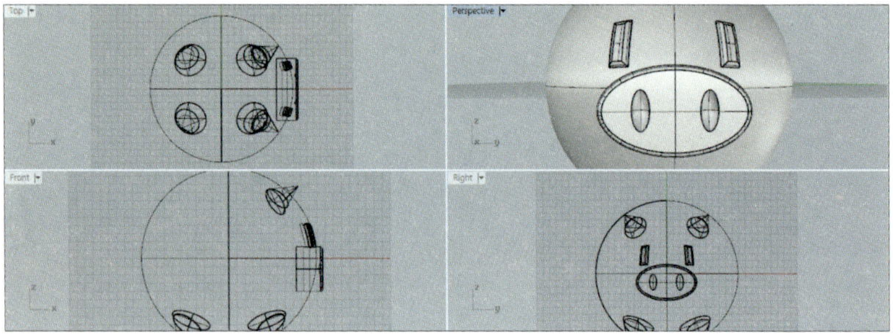

- 지금까지 만든 객체를 모두 선택하고 부울 합집합을 이용해 하나의 폴리서피스로 만든다.

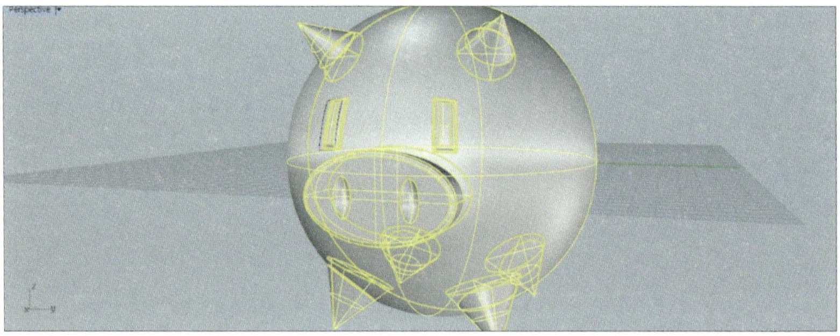

저금통 두께 만들기

- 몸통의 구체 안쪽으로 또 하나의 구를 만들어준다.
- 바깥 구는 지름 120mm, 두 개의 구 사이의 간격은 2mm로 한다.

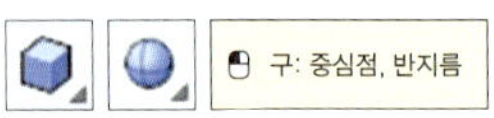

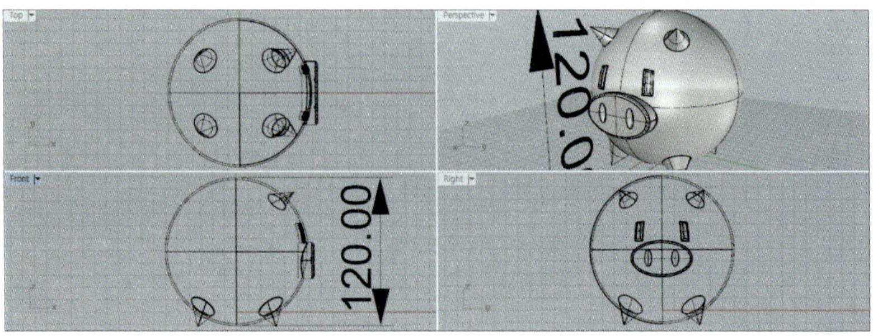

동전 투입구 만들기

- Top뷰에서 저금통의 몸통 위쪽에 동전 크기보다 조금 크게 직사각형을 그린다.

직사각형: 모서리에서 모서리로

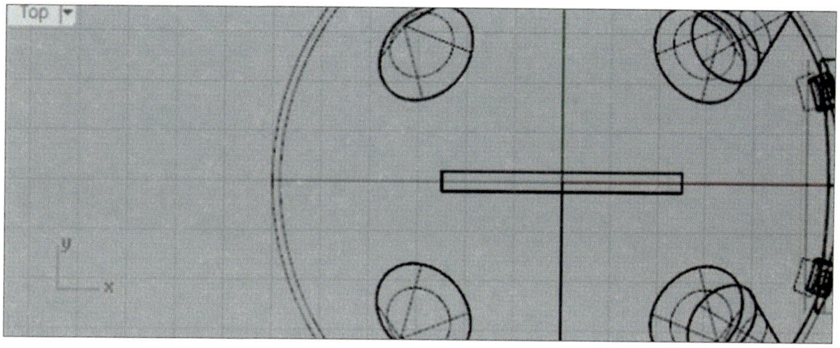

- 닫힌 평면형 커브 돌출을 이용해 직사각형을 직육면체로 만든다.

닫힌 평면형 커브 돌출

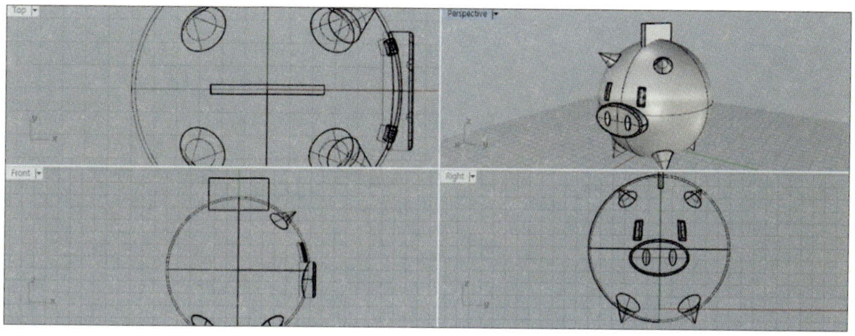

- 구체에 구멍을 뚫기 위해 트림을 사용한다.
- 트림을 선택하고 몸통과 직육면체를 차례대로 선택한 후 Enter키를 누른다.
- 솔리드가 교차되어 튀어나온 부분을 선택해서 지워준다.

트림
트림 해제

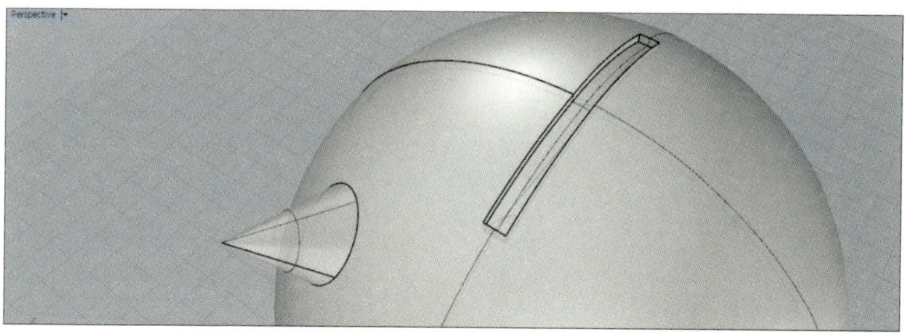

완성하기

- 모든 작업을 마친 뒤에 전체를 한 번 더 결합시키면 지름 120mm인 돼지 저금통이 완성된다.

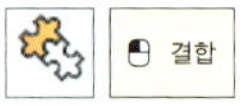

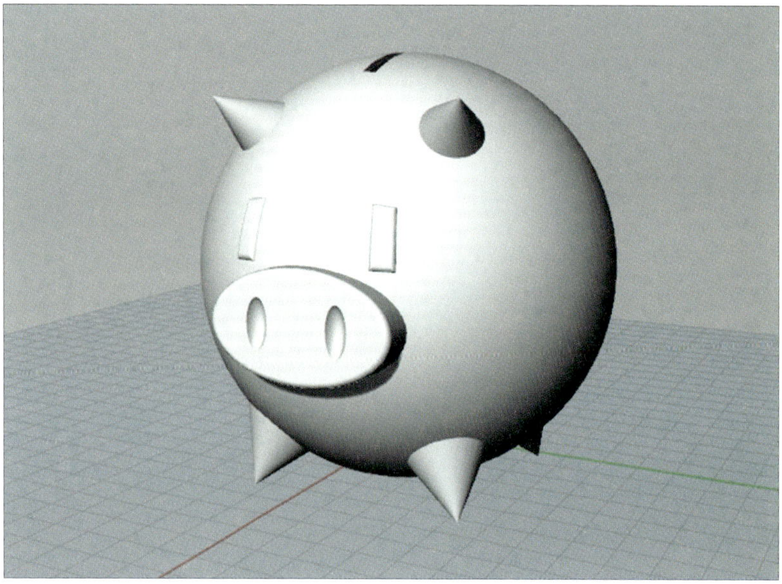

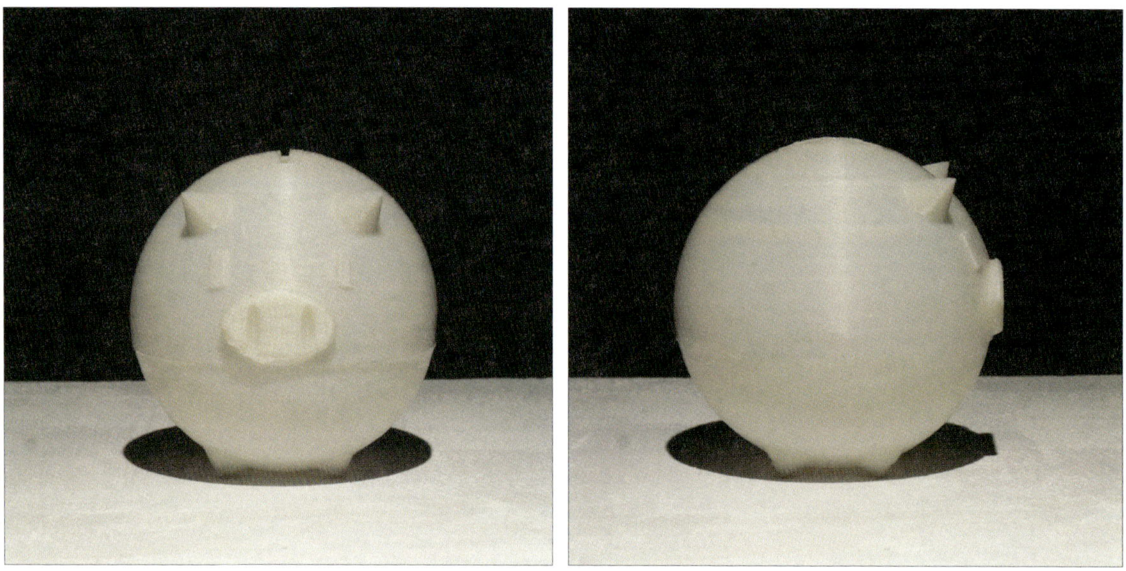

3D 프린터로 출력하여 완성한 돼지 저금통

❸ 머그컵 만들기

3D 프린팅으로 실생활에 사용 가능한 제품을 만들어보자. 다음의 예제를 보고 실제 컵의 사이즈를 실측해 직접 제작해보는 것도 재미있는 경험일 것이다. 생활 제품들을 만들다보면 의외로 실생활의 도구들이 단순한 선들을 중심으로 이루어져 있다는 점을 새롭게 알게 될 것이다. 나아가 자신만의 소품을 직접 디자인하고 3D 프린터로 출력해 사용해보자. 이런 경험은 작품을 제작하는 데에도 많은 도움을 준다.

작업을 위한 라이노 기능

머그컵의 몸체를 만드는 방법에는 여러 가지가 있다. 본 예제에서는 로프트와 평면형 커브를 사용한 서피스 생성, 그리고 결합 기능을 활용해 컵의 기본 몸체를 만들었다. 컵의 손잡이는 1개 레일 스윕 기능을 사용해 만들었는데, 이외에 어떤 방법을 통해 컵의 손잡이를 그릴 수 있을지 자신만의 방법을 생각해보고 같은 모델을 만드는 연습을 해보자.

컵 그리기

- 원: 중심점, 반지름을 이용하여 바닥면이 될 원을 하나 그린다. 이 원은 컵의 기준 면이 된다.

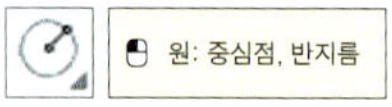

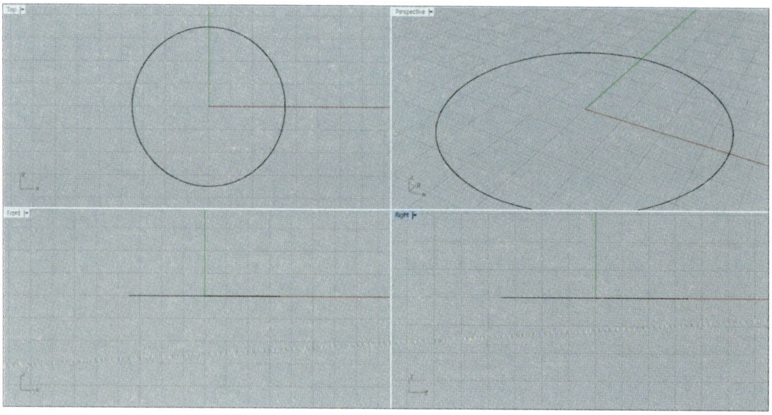

- 컵의 윗 부분을 만들기 위하여 커브 간격띄우기를 활용한다.
- 원하는 만큼 크기를 조정해주면 되는데 처음 그린 원보다 10mm 더 크게 그렸다.

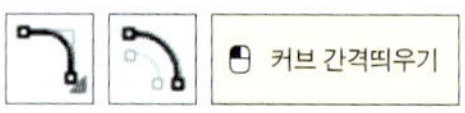

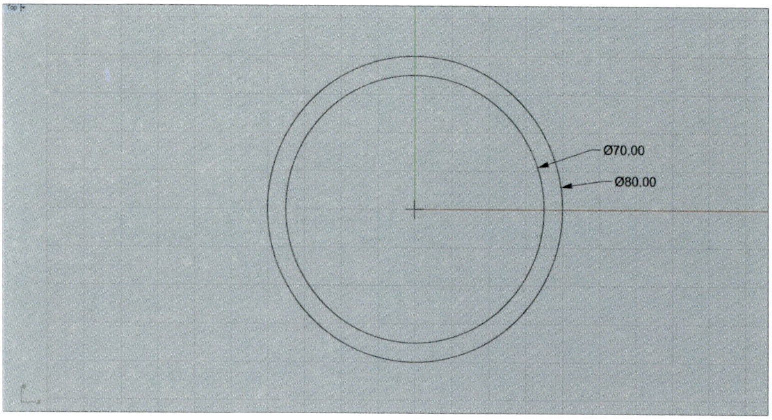

- 윗면이 더 큰 컵을 만들기 위해 큰 원을 이동시킨다.
- Front뷰나 Perspective뷰를 보고 80mm 위로 이동시킨다.

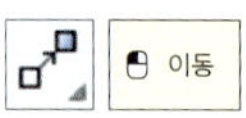

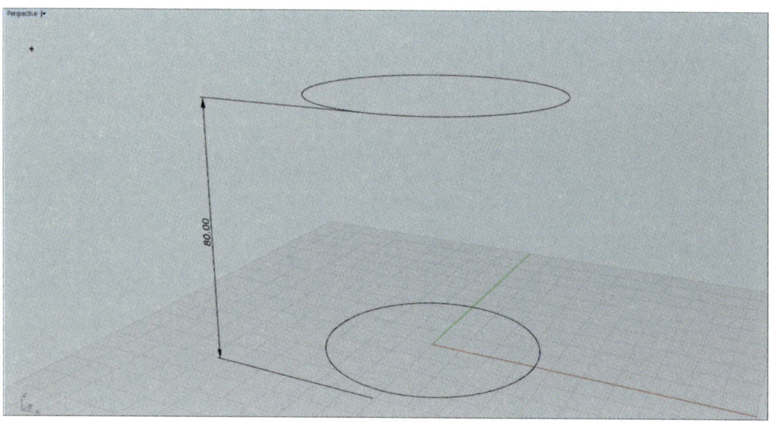

- 두 개의 원을 모두 선택하고 로프트를 클릭하면 컵의 옆면이 만들어진다.

로프트

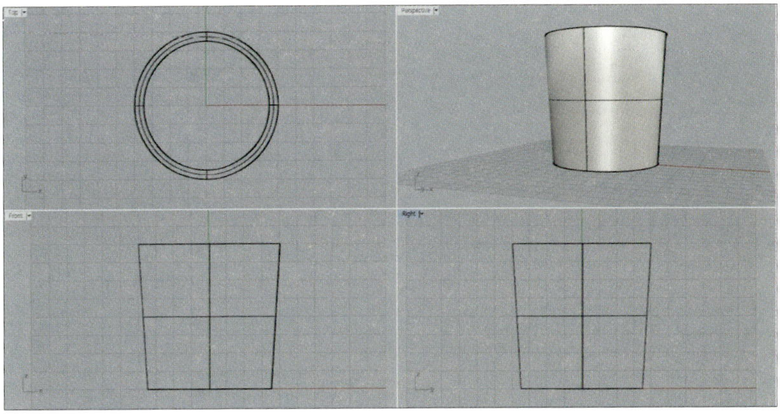

손잡이 만들기

- 손잡이 부분이 될 타원과 커브를 그린다. 타원은 Front뷰에서, 커브는 Right뷰에서 그린다.
- 타원은 손잡이의 두께의 기준이 되고, 커브는 손잡이의 옆 선의 기준이 된다.

타원: 지름

커브: 보간점

- 1개 레일 스윕을 이용하여 커브와 타원을 기준으로 손잡이를 생성시킨다. 손잡이 옆 선의 기준이 되는 커브가 레일이 되는 것이다.

1개 레일 스윕

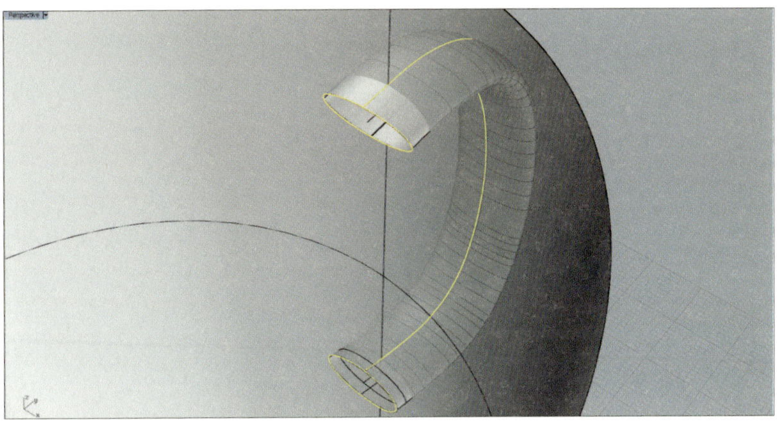

컵 밑면 만들기

- 컵 밑부분의 커브를 선택한다.
- 평면형 커브를 사용한 서피스를 선택하고 Enter키를 누르면 바닥면이 생성된다.

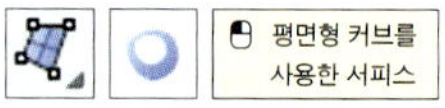

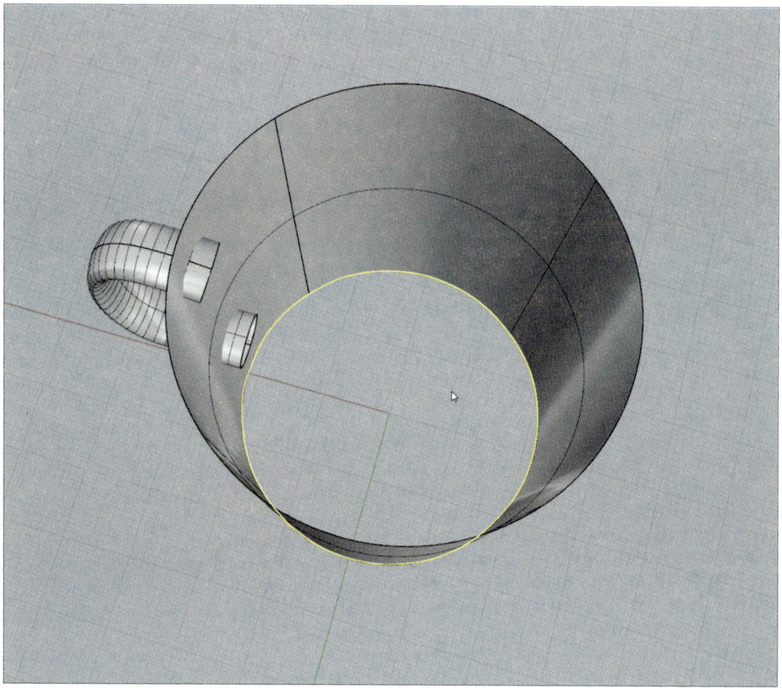

- 컵의 윗면, 아랫면, 옆면이 모두 나뉘어져 있는 상태이므로 이들을 선택하여 결합시킨다.

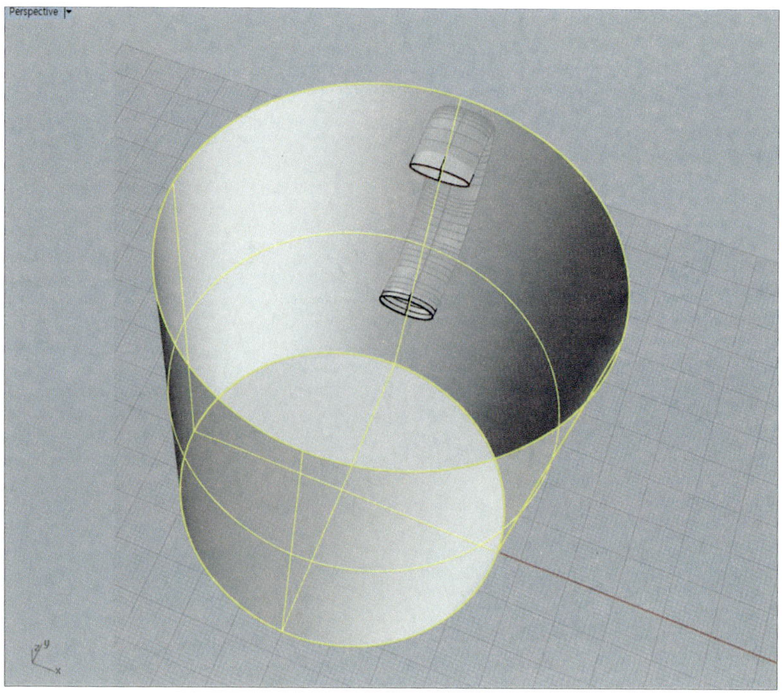

마무리하기

- 컵의 두께를 만들어주기 위해 서피스 간격띄우기를 이용한다.
- 두께를 설정 한 후 Enter키를 누른다.
- 안쪽으로 서피스를 생성하기 위해 커멘드 옵션 중 '모두_반전(F)'을 활성화시키고 작업한다.

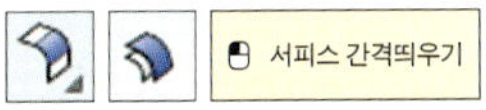

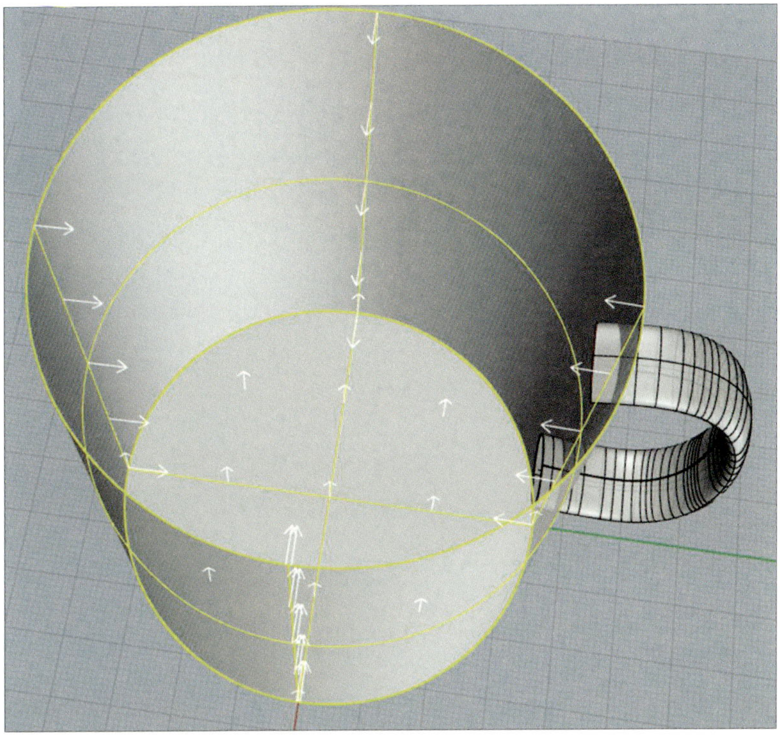

- 두께의 모서리를 부드럽게 해주기 위해 가변 반지름 필릿을 이용한다.
- 필릿값의 숫자가 클수록 둥글게 바뀐다. 임의로 2.5를 입력하였다.

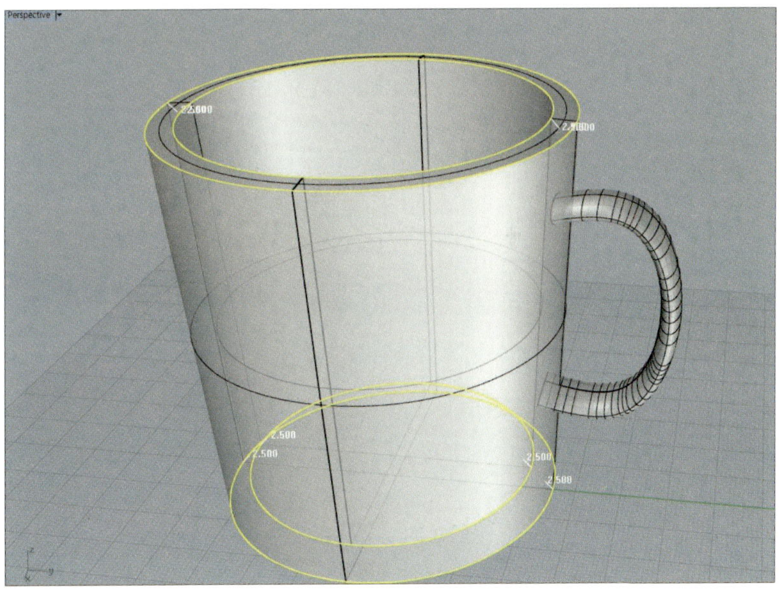

완성

- 완성된 형태를 모두 선택하고 부울 합집합을 이용하여 하나로 묶는다.

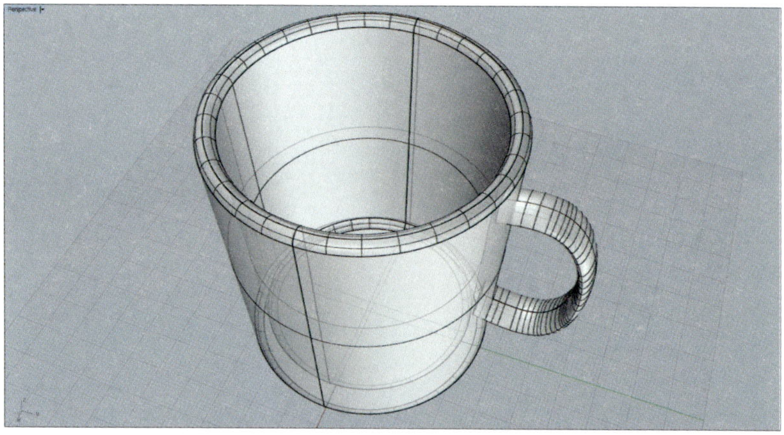

3D 프린터로 출력하여 완성한 머그컵

④ 자전거 거치대 만들기

실제 자전거를 거치할 수 있는 자전거 거치대를 작게 축소해 만든 모형 작품이다.
실제 자전거 모형을 거치할 수 있도록 실측 수치를 기반으로 모델링하였다.
라이노의 치수 기반 모델링을 익힐 수 있는 좋은 예제이다.

작업을 위한 라이노 기능

부품이 많아 난이도가 조금 높게 느껴질 수 있다. 하지만 각 부분은 기본 솔리드 생성 툴을 이용한 모델링 혹은 2D 드로잉을 이용한 돌출 모델링으로 이루어져 있으므로 차근차근 진행해보자. 꼭 예제에서 사용하는 툴을 사용하지 않고도 자신만의 방법으로 모델을 완성하는 방법을 고민해보도록 하자.

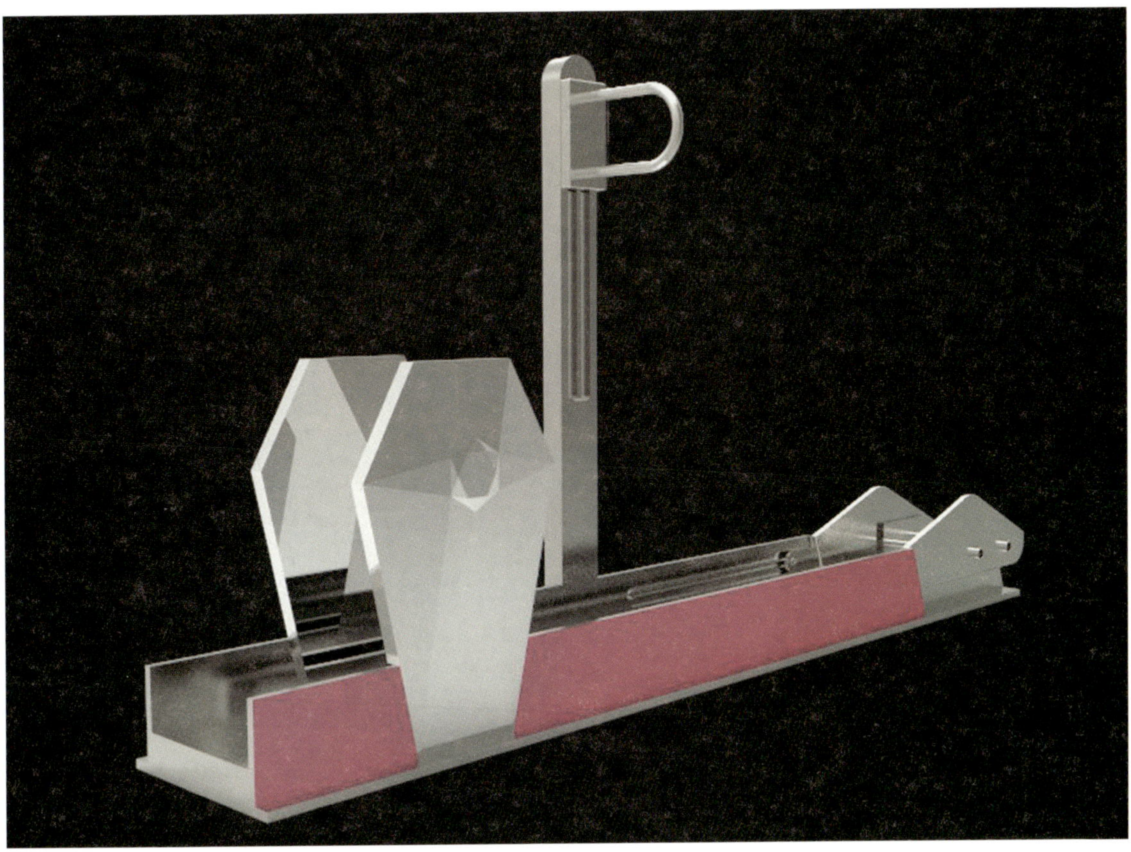

김성연(서울대학교 미술대학 4학년) 학생 작품

자전거 거치대 수치 계산

- 자전거 피규어의 치수를 먼저 잰 뒤에 설계 시 반영한다.
- 선형 치수(Linear Dimension)로 모델링한 제품의 치수를 잰 것이다.

선형 치수

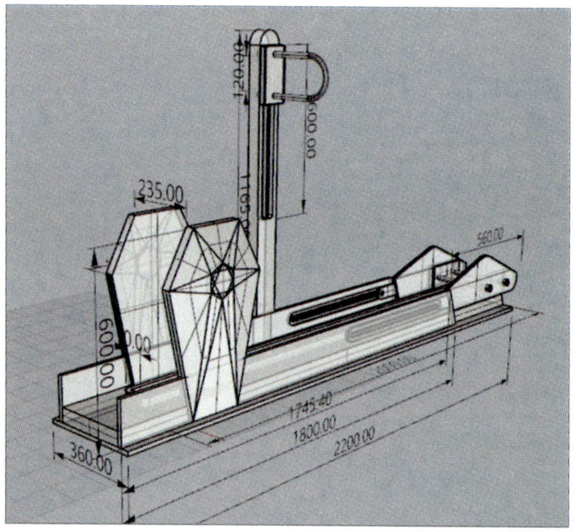

베이스(Base)판 만들기

- Top뷰에서 직사각형을 그린 후, 닫힌 평면형 커브 돌출을 이용해 직육면체가 되게 한다.

직사각형: 모서리에서 모서리로

닫힌 평면형 커브 돌출

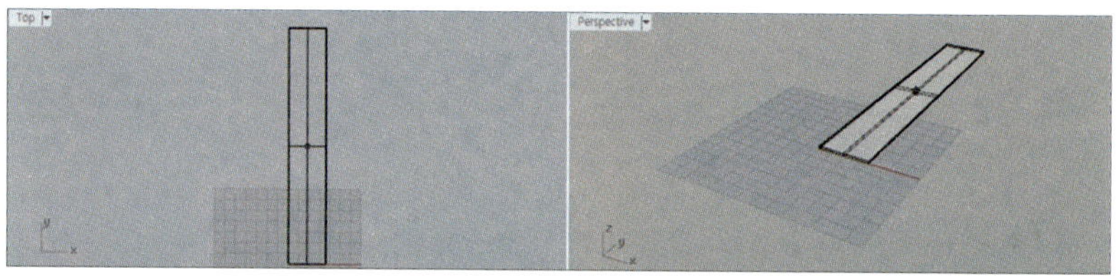

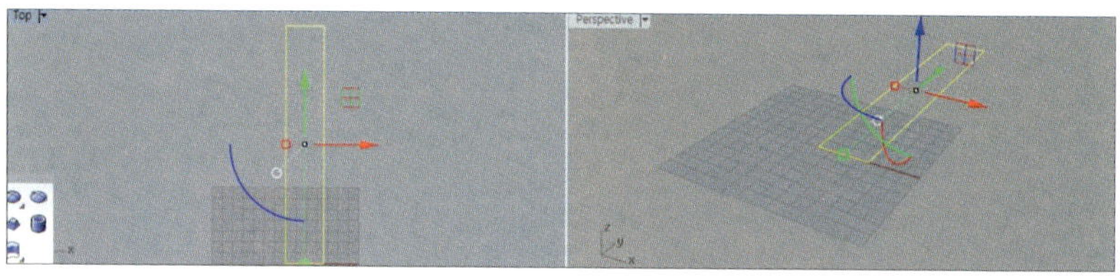

TIP 검볼 켜기

- 화면 하단 상태 표시줄에서 검볼을 체크해 활성화시킨다.
- 검볼은 화면의 객체들의 좌표와 회전 방향을 보다 알기 쉽게 표현해준다.

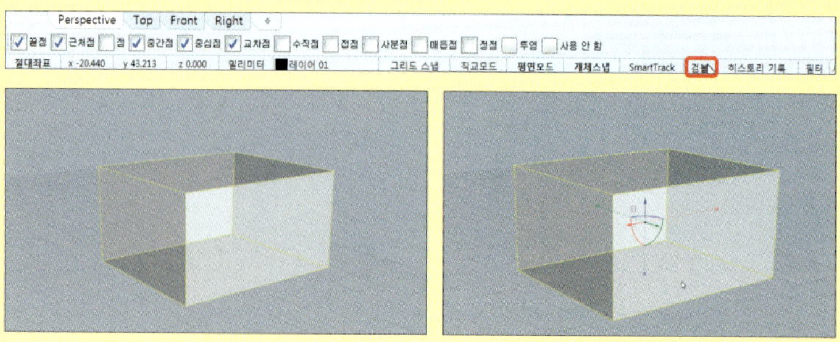

- 두 번째 단도 똑같은 과정으로 만든 다음, 이동 툴을 이용해 알맞은 위치에 배치한다.

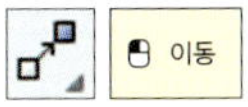

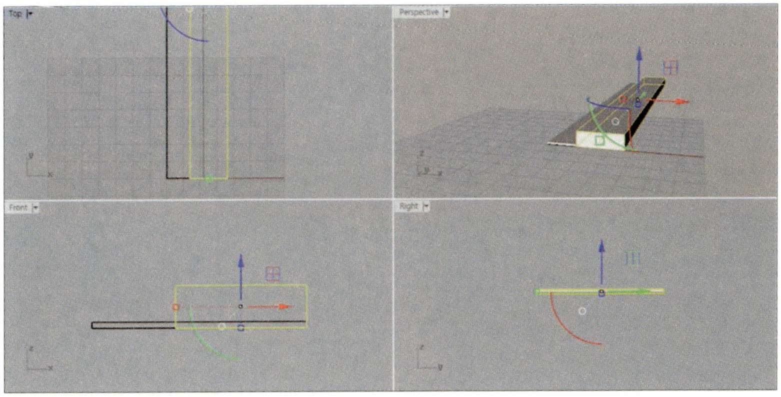

- 두 번째 단 위에 똑같은 과정으로 솔리드를 만든다.
- 부울 차집합을 이용해 겹쳐져 있는 솔리드를 빼준다.
- 개체 A를 선택한 후 차집합을 실행할 개체 B를 선택한 다음 Enter키를 누르면 된다.

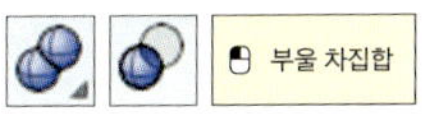

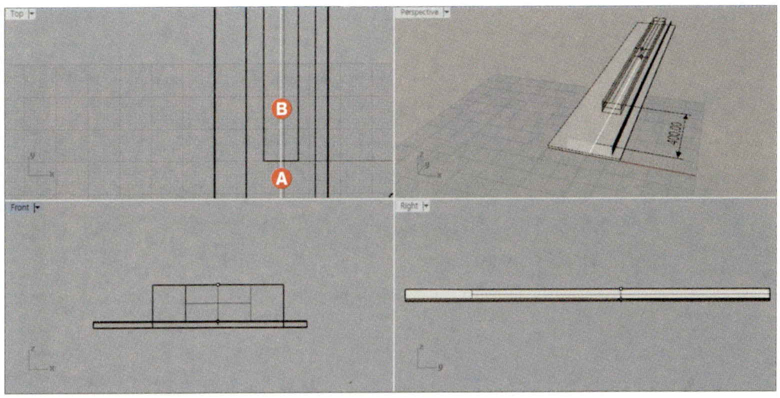

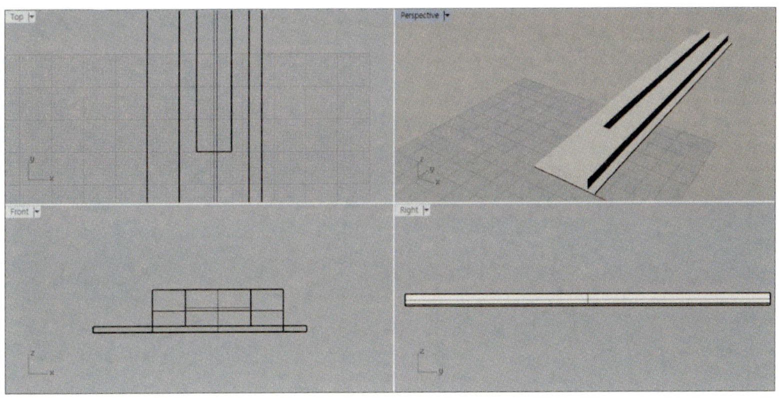

- 부울 차집합을 실행한 형태에 맞춰 폴리라인 툴을 이용해 선을 그린 후 커브 간격띄우기를 실행한다.

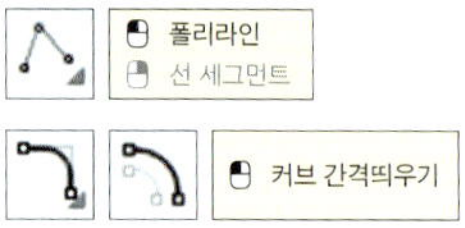

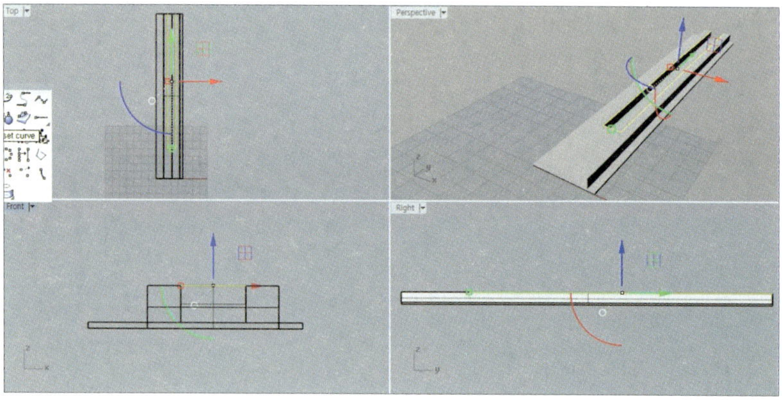

- 커브를 결합한 후 돌출시킨다.

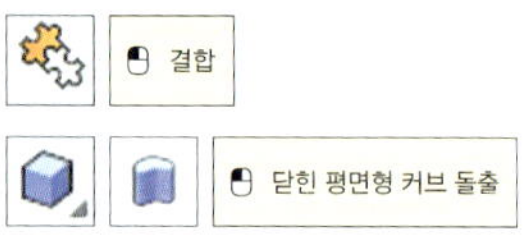

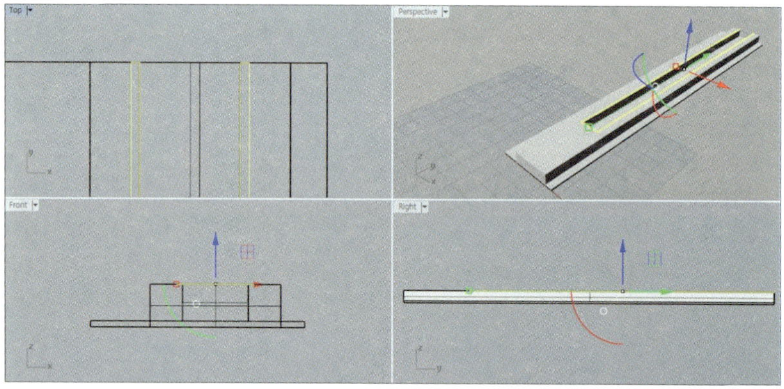

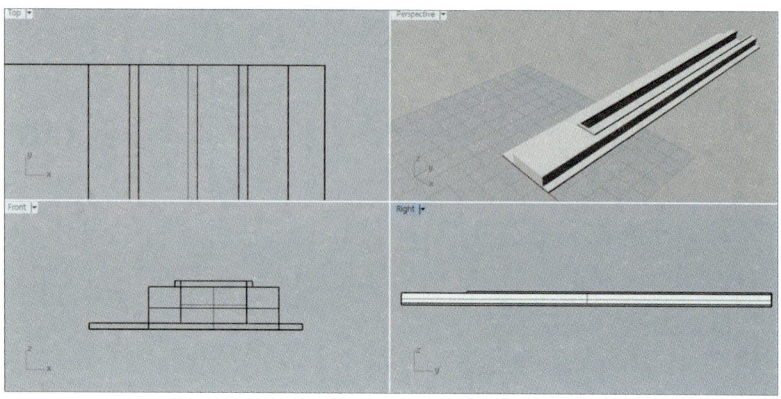

- 가변 반지름 필릿을 이용해 모서리를 부드럽게 한다. 필릿값은 5정도로 한다.

가변 반지름 필릿
가변 반지름 블렌드

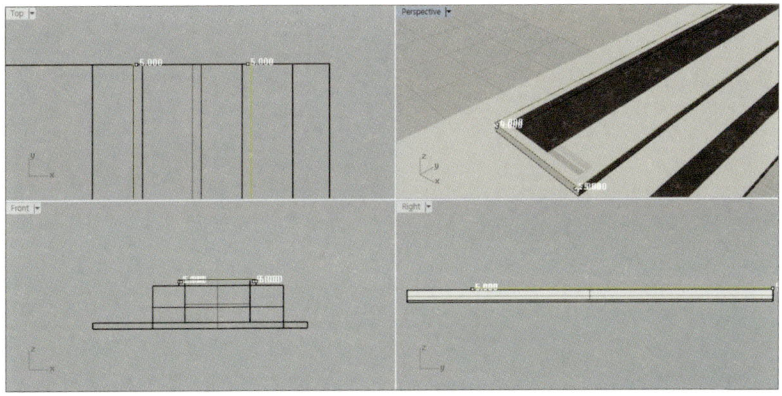

장금장치 만들기

- 길게 직사각형을 그리고 돌출시켜 직육면체를 만든다.

직사각형: 모서리에서 모서리로

닫힌 평면형 커브 돌출

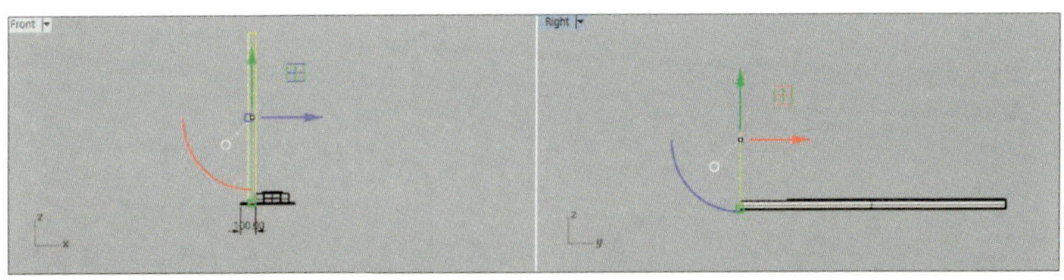

- 가변 반지름 필릿으로 윗부분을 둥글게 한다. 필릿값은 50으로 한다.

가변 반지름 필릿
가변 반지름 블렌드

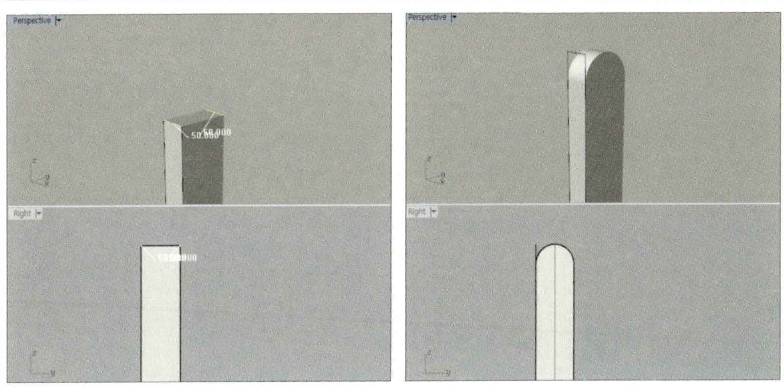

- 만든 개체를 원하는 위치로 이동시킨다.
- 장금장치를 만들 베이스로 직사각형을 그린 다음 돌출시킨다.
- 이후 장금장치 레일을 설치할 공간을 부울 차집합으로 만든다.

직사각형: 모서리에서 모서리로

닫힌 평면형 커브 돌출

부울 차집합

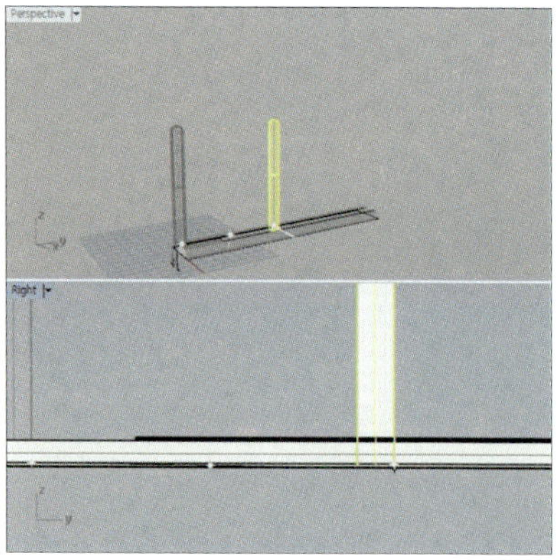

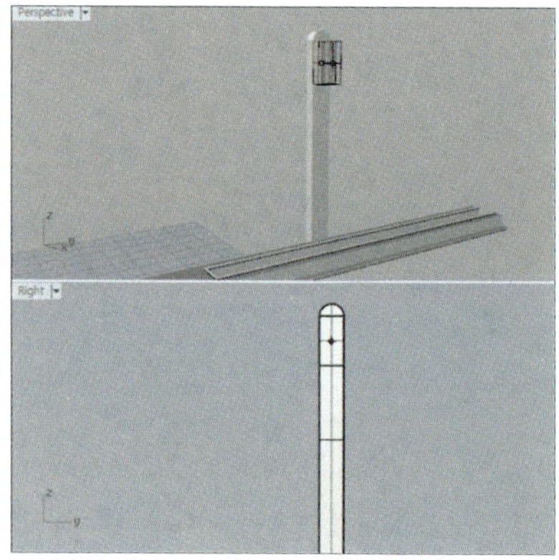

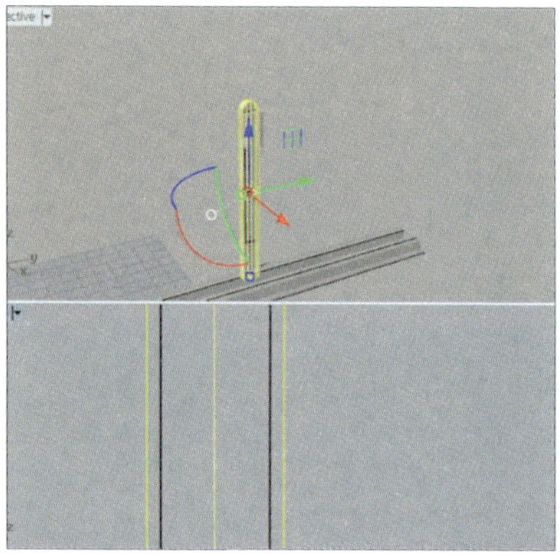

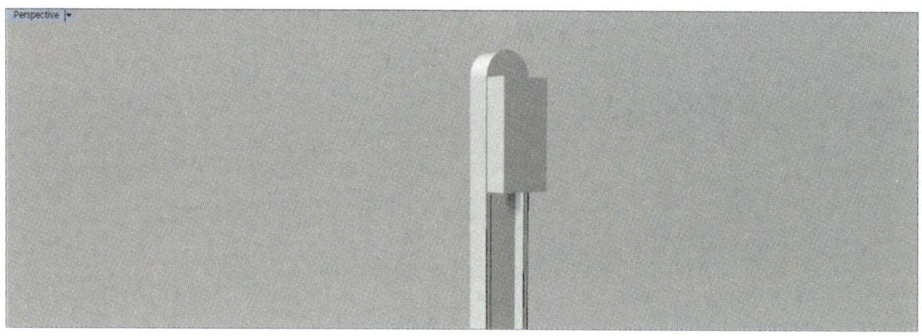

- 직사각형을 그리고 돌출을 이용하여 잠금장치를 움직여 줄 레일을 만든다.

직사각형: 모서리에서 모서리로

닫힌 평면형 커브 돌출

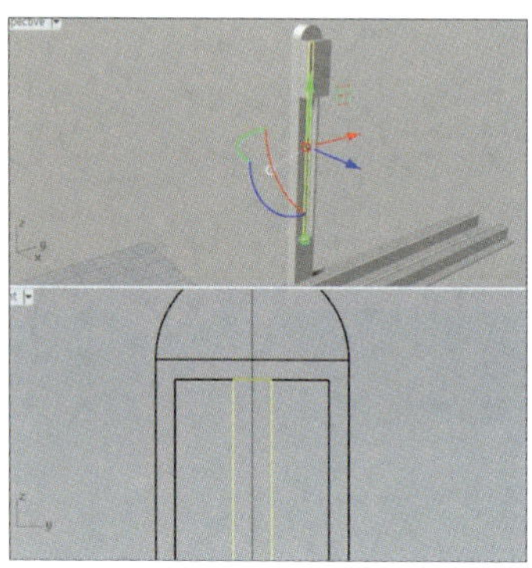

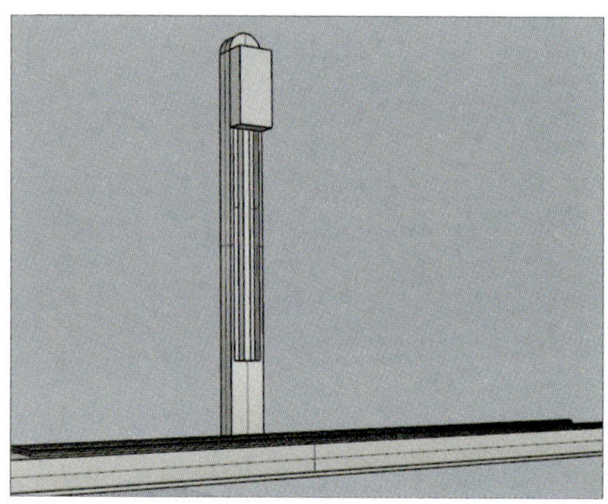

- 원을 그린 후 돌출시키는 방법으로 원기둥 2개를 그린다.
- 가이드라인을 그려준 후 그 선에 맞춰 락링을 만들 커브를 그린다.
- 1개 레일 스윕 툴을 이용하여 락링(Lock Ring)을 만든다.
- 원과 커브를 선택한 후 Enter키를 누르면 된다.

원: 중심점, 반지름

닫힌 평면형 커브 돌출

제어점 커브
점을 통과하는 커브

1개 레일 스윕

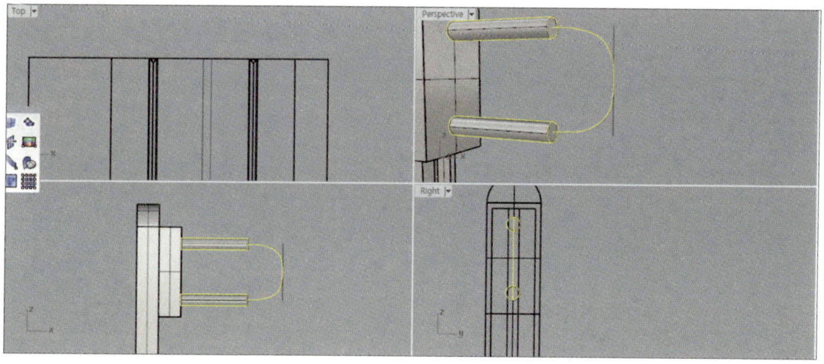

- 만들어진 A와 B를 부울 합집합을 이용해 하나로 묶어준다.

부울 합집합

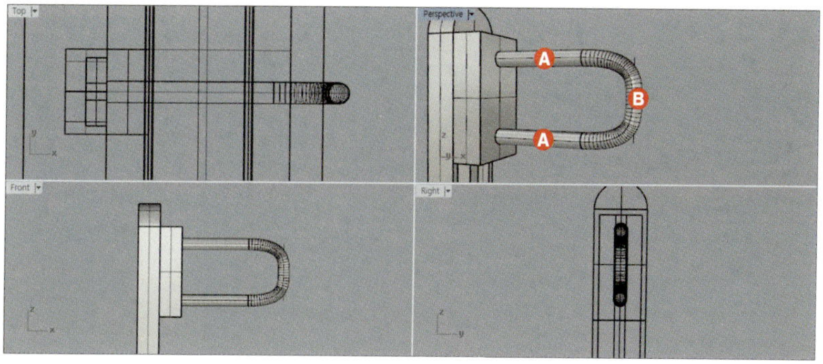

- 부울 차집합을 이용해 링을 베이스 판과 나눠준다.
- 이때 커멘드 라인 옵션에서 '원래 객체_삭제(D)'를 비활성화해야 링이 삭제되지 않는다.

부울 차집합

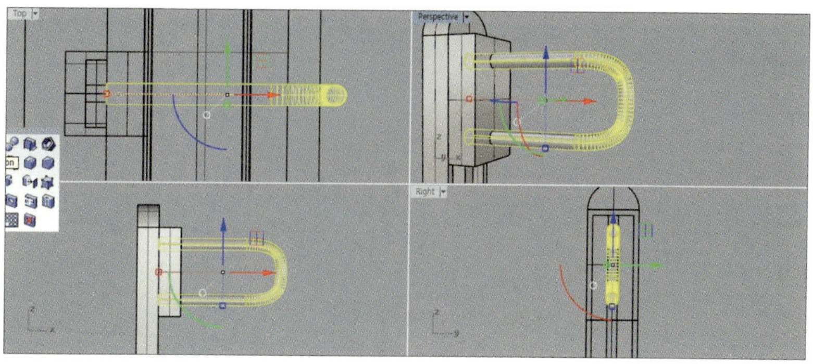

- 옆 자판 부분을 만든 후 가변 반지름 필릿으로 마무리한다.
- 필릿값은 3으로 한다.

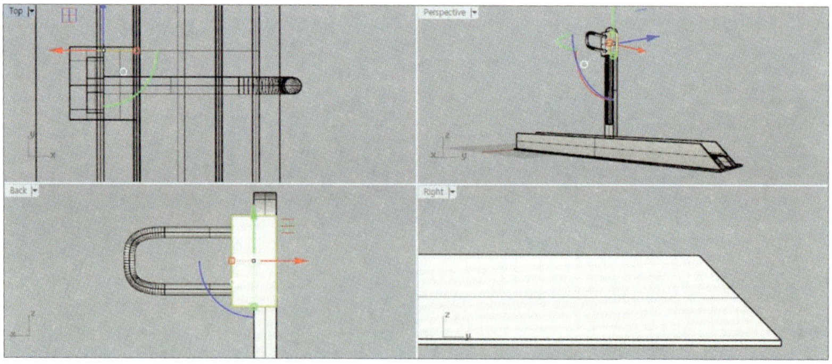

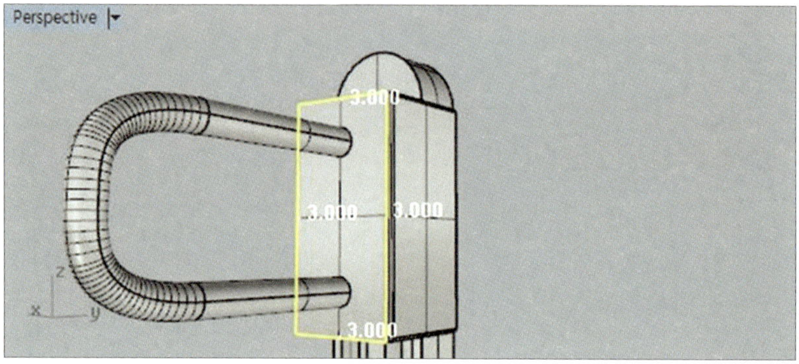

막 만들기

- 밑부분의 막을 만든다. 뒷부분은 각도를 계산해서 분할 기능으로 다듬어준다.
- 사선의 커브를 그린 뒤, 돌출시켜 판을 만든다. 그 판이 막을 자를 도구로 사용된다.
- 분할 후 뚫려있는 부분을 평면형 구멍 끝막음으로 닫아준다.

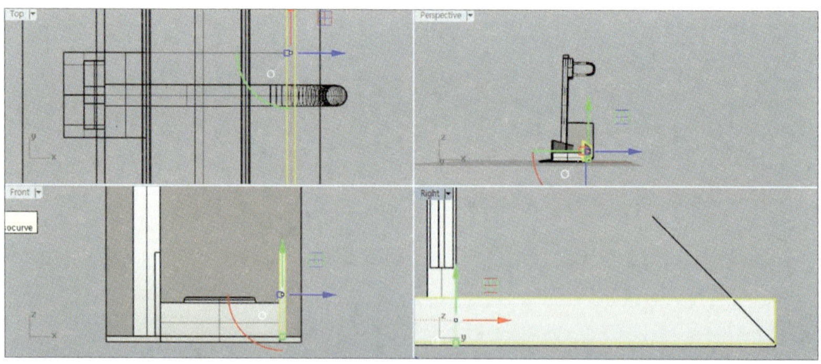

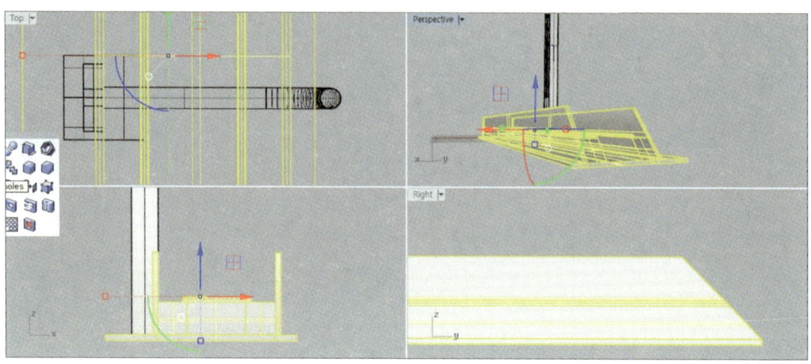

- 앞바퀴의 허브 부분을 가려줄 막의 형태를 커브로 그린 다음 평면형 커브를 사용한 서피스를 이용해 서피스로 만들어준다.
- 모든 면을 결합시킨다.

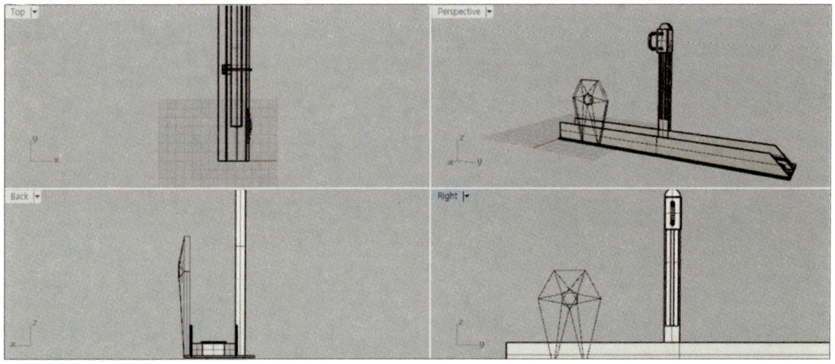

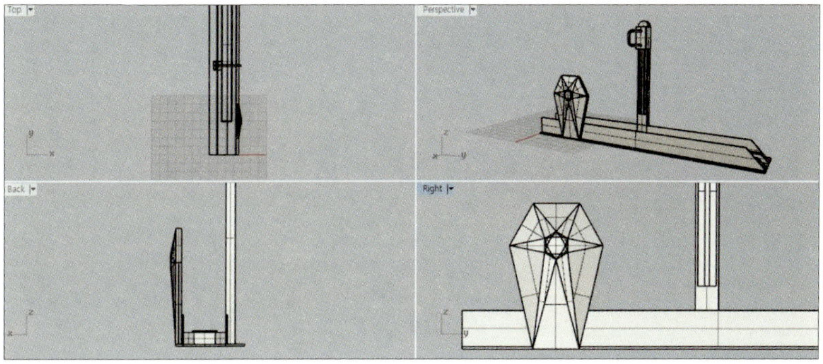

- 미러(복사 옵션 활성화 상태)를 이용해 반대편으로 복사해준다.
- 기준선을 잡을 때에는 Top뷰에서 전체의 중심이 아닌 2번째 단의 중심에 맞춘다.

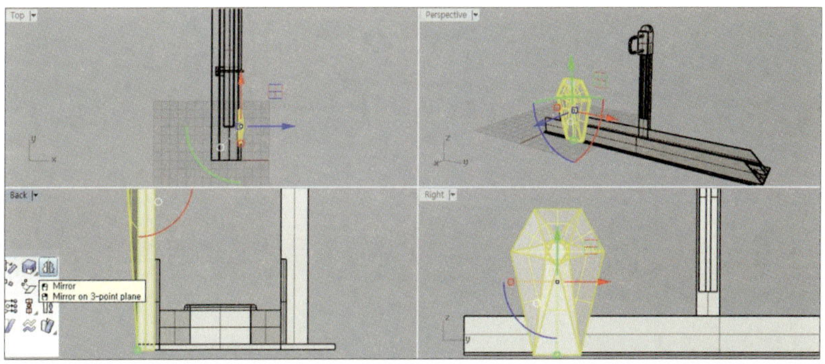

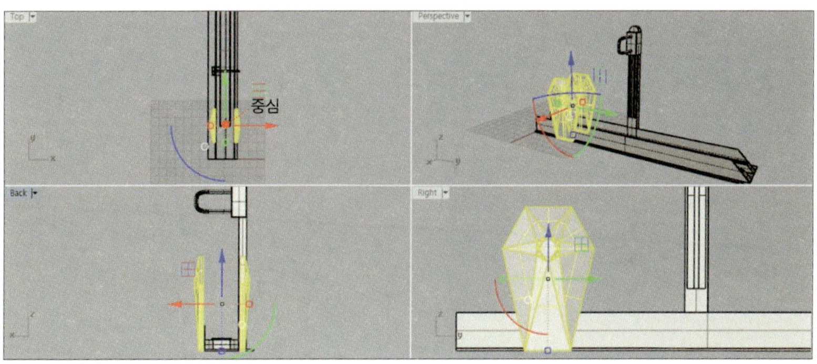

- 뒷부분의 날개를 움직일 레일을 만든다.
- 직사각형과 원을 그린 후 트림으로 정리하고 결합한다.
- 부울 차집합과 돌출 기능을 이용하여 형태를 완성한다.

직사각형: 모서리에서 모서리로

원: 중심점, 반지름

트림
트림 해제

결합

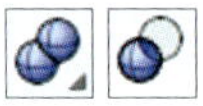
부울 차집합

닫힌 평면형 커브 돌출

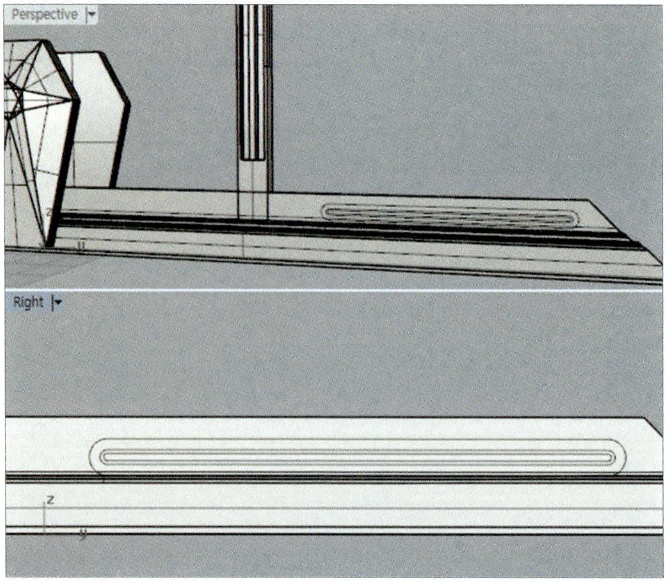

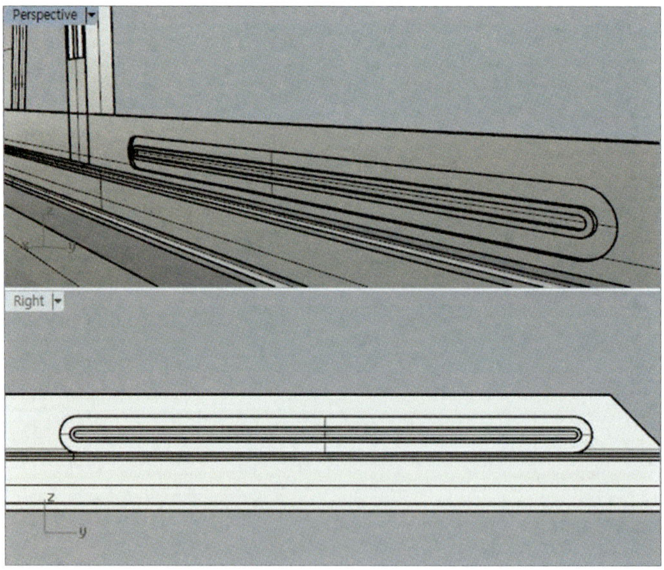

날개 만들기

- 날개 형태를 커브로 그려준 후 돌출시킨다.
- 미러 툴로 복사한 뒤 이음새 부분을 만든다.
- 막 만들기와 마찬가지로 기준점은 2번째 단의 중심이다.

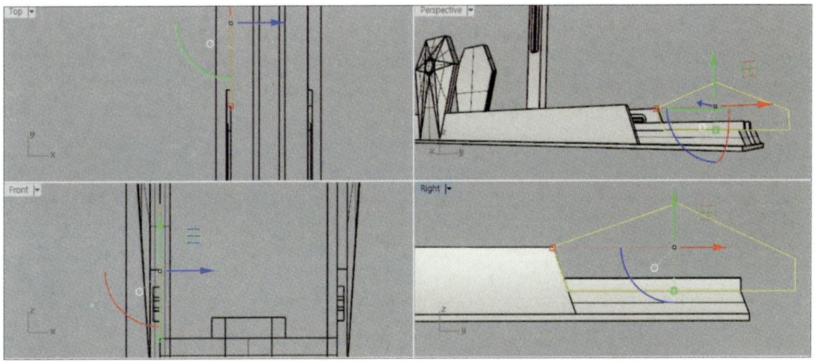

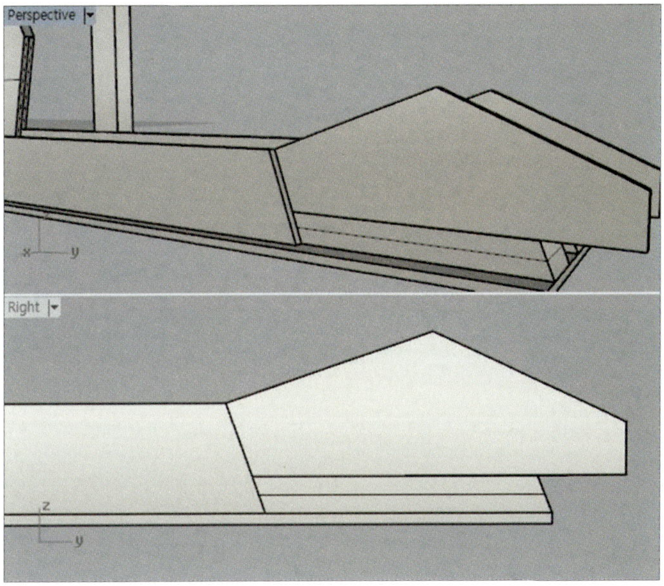

- 이음새 부분과 날개를 부울 합집합으로 합쳐준다.
- 연결 고리까지 넣어주면 끝이다.

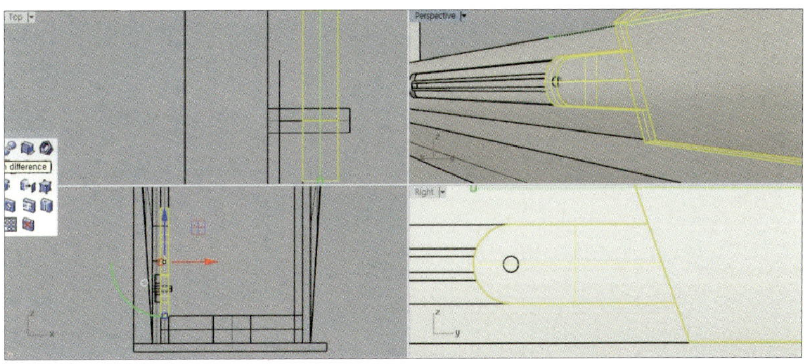

- 양쪽으로 베이스판을 넣어주고 락링을 만든다.
- 락링은 원을 그린 후 돌출하여 만든다.

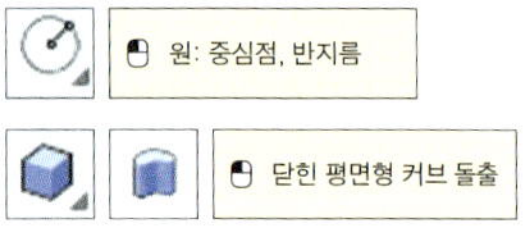

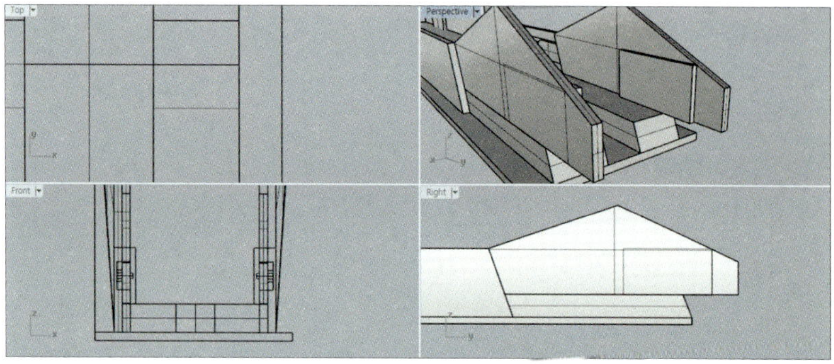

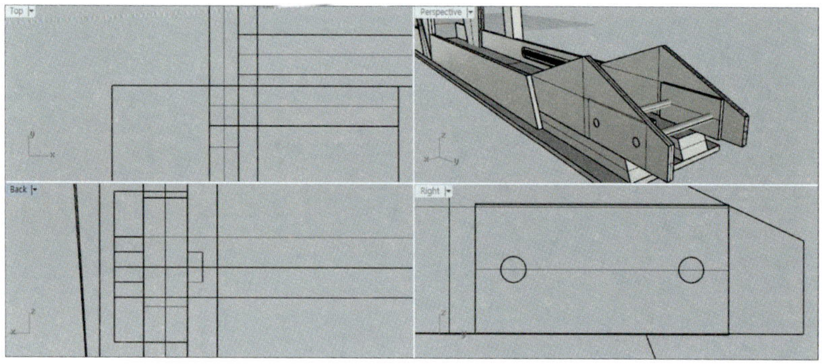

- 락링이 통과하는 부분의 디테일을 넣어준다.
- 필릿값 1을 주어 마무리한다.

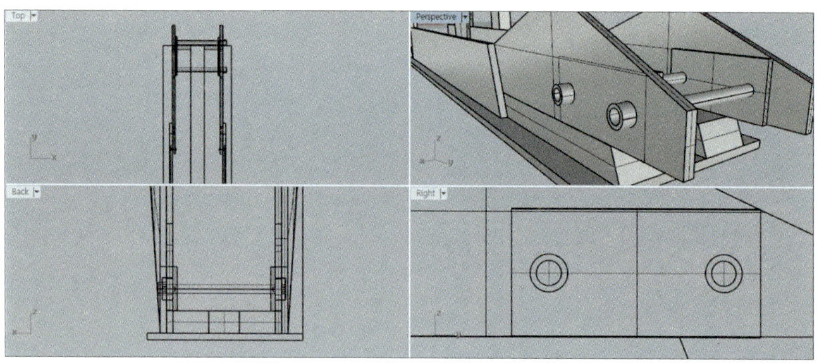

- 장금장치 부분과 날개 부분에 필릿값을 주면 자전거 거치대는 완성이다.
- 각각 필릿값으로 1과 3을 주었다.

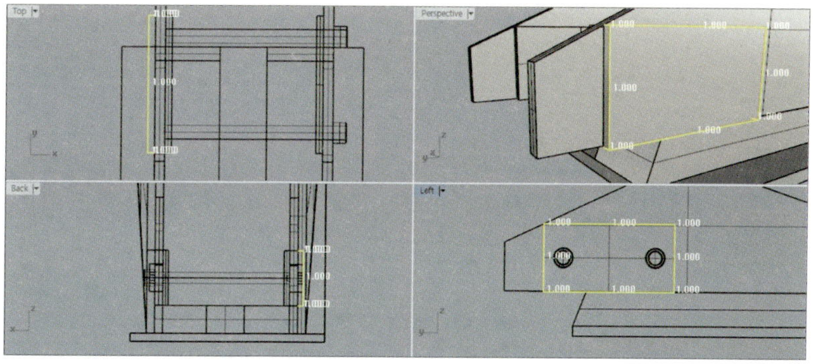

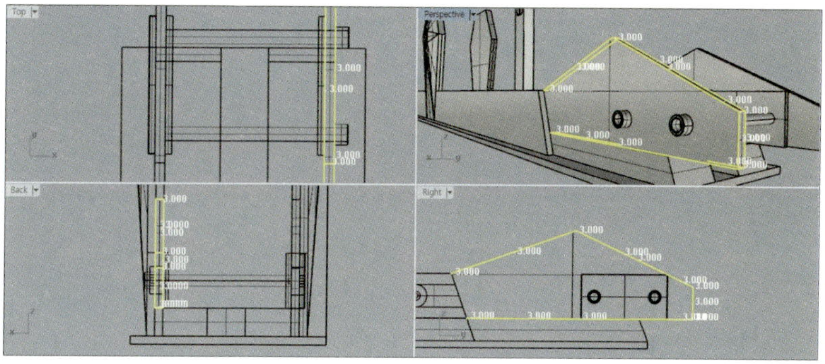

완성

- 자전거 도난 방지 자동 잠금 시스템 거치대가 완성되었다.

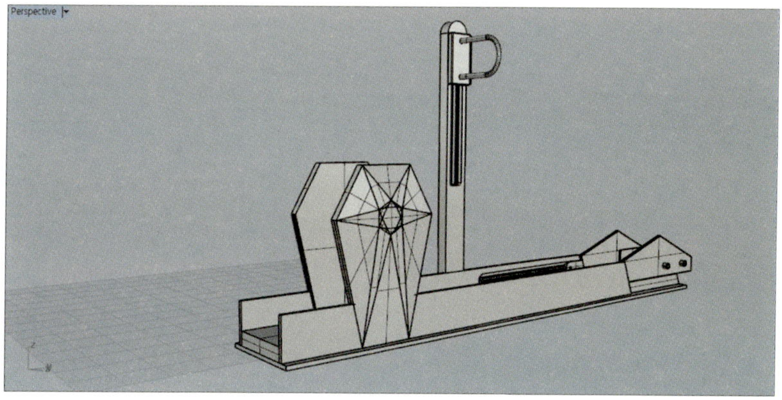

3D 프린터로 자전거 거치대를 출력해 자전거 모형과 배치한 모습

❺ 태엽 달린 오리 만들기

본 예제는 온라인 마켓에서 판매하는 태엽 걷기 모형에 라이노에서 모델링한 형태를 입혀 실제 장난감으로 사용할 수 있도록 한 것이다. 이처럼 모델링을 하다 보면 기성품 부품과 연계해 작업을 해야 할 경우가 많이 생긴다. 때문에 치수를 측정하고 치수에 기반해 모델링을 하는 연습을 하는 것이 중요하다. 태엽(기성품)에 맞춰 조립할 수 있는 캐릭터를 치수를 계산해서 만들어보자.

작업을 위한 라이노 기능

본 예제에서 중요한 기능인 케이지 편집은 제어할 수 있는 포인트(케이지 점)를 생성해 각 포인트를 늘리고 줄여 마치 찰흙을 만지듯 모델링을 수정한다. 정형적인 모델링이 강조되는 라이노 모델에서 비정형적으로 또 직관적으로 모델링을 편집할 수 있는 거의 유일한 툴이다. 본 예제를 통해 그 사용법을 정확히 알고 다른 모델링에 활용해보기 바란다.

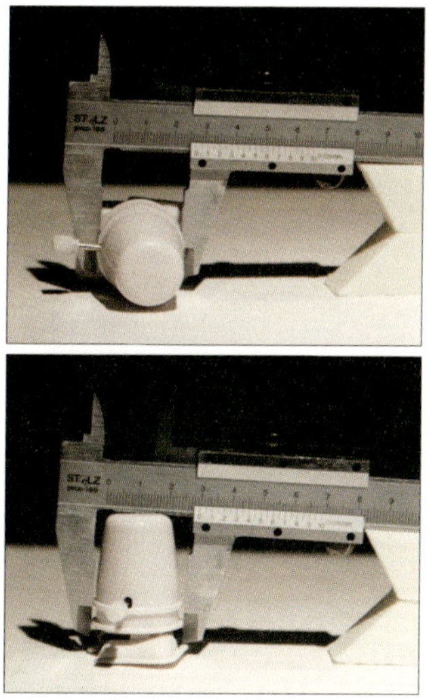

걷는 태엽 장난감 부품의 치수를 측정했다. 걷는 태엽 장난감은 온라인 마켓에서 손쉽게 구할 수 있다. 이외에도 시계 부속 등을 응용하여 제작해볼 수 있다.

머리와 몸 만들기

- Right뷰에서 오리의 머리와 몸통 부분을 단순하게 원 형태의 커브로 그린다. 이때 앞서 측정한 태엽 장난감의 치수를 이용해 모델링의 크기를 정해준다. 만약 임의의 사이즈로 모델링 한다면 모델링이 완성된 후 크기 조정(scale) 기능을 사용해 크기를 변경한다.

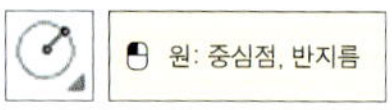

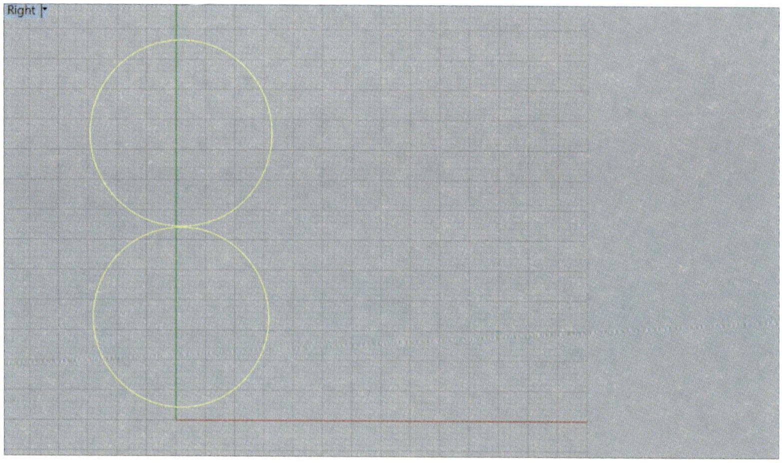

- 조정 가능한 커브 블렌드를 이용하여 두 개의 원을 부드럽게 이어준다.

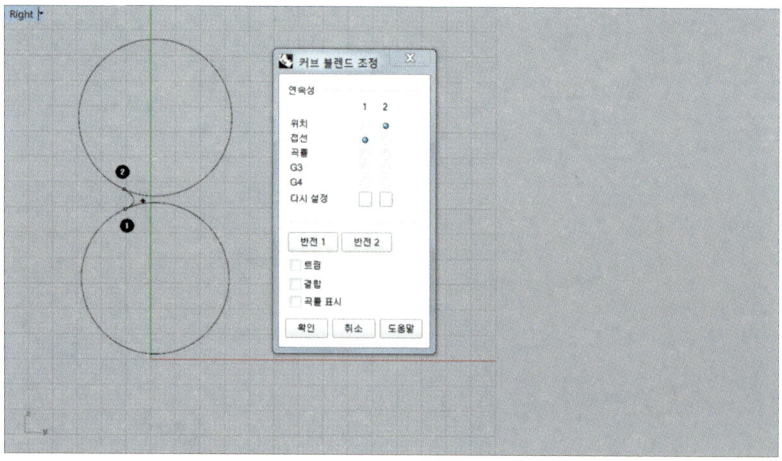

- 트림을 이용해 오리 목이 되는 부분의 안쪽 선을 제거해준다. 조정 가능한 커브 블렌드로 생성된 선을 절단 개체로 하여 안쪽 선을 제거해주면 된다.

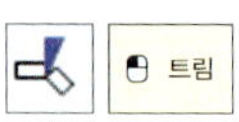

- 제어점을 켜 선을 부드럽게 정리해주고 모든 커브를 선택해 결합한다.

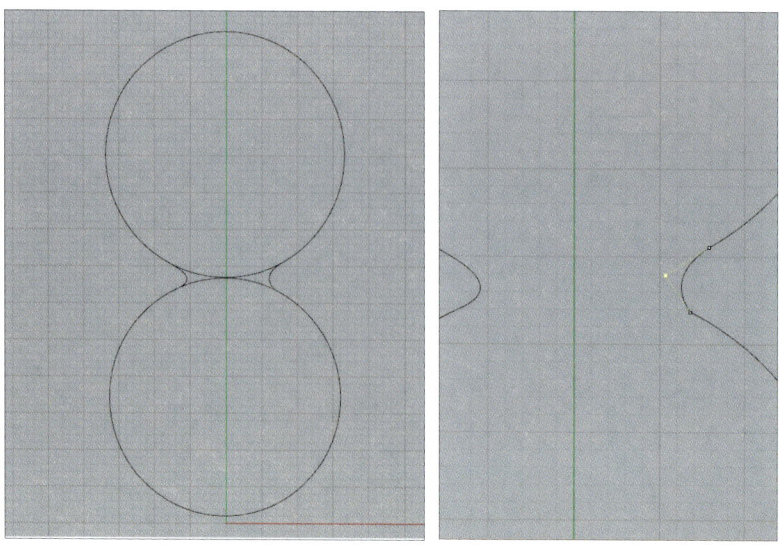

- Right뷰에서 회전을 선택한 후 회전축을 설정한다.

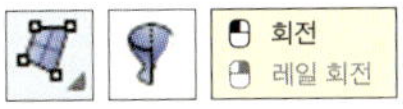

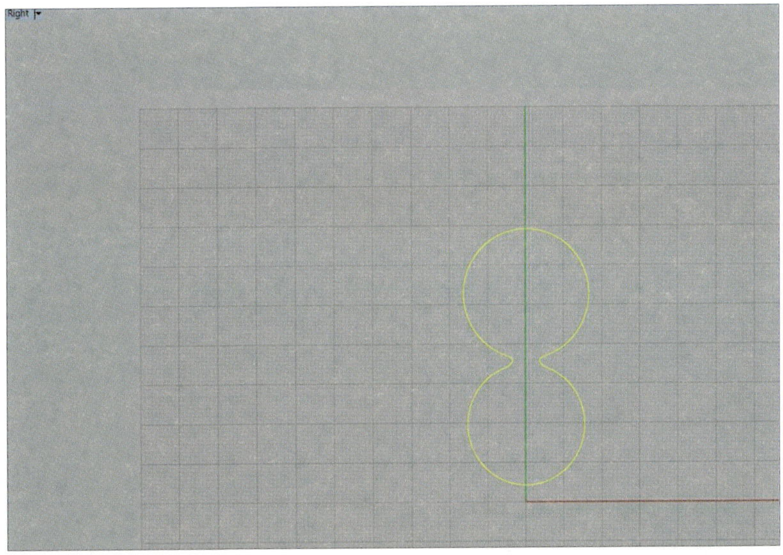

- 시작 각도를 설정하고 360도로 회전시킨다.

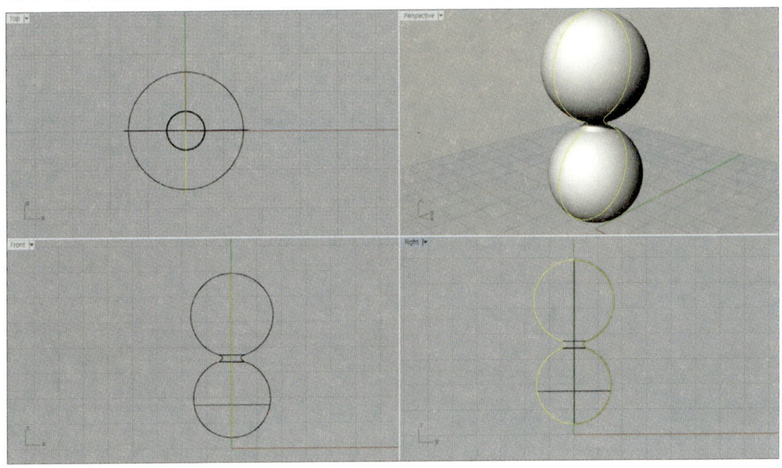

- Right뷰에서 2D 회전을 통해 살짝 기울여준다.

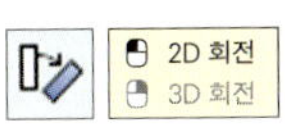

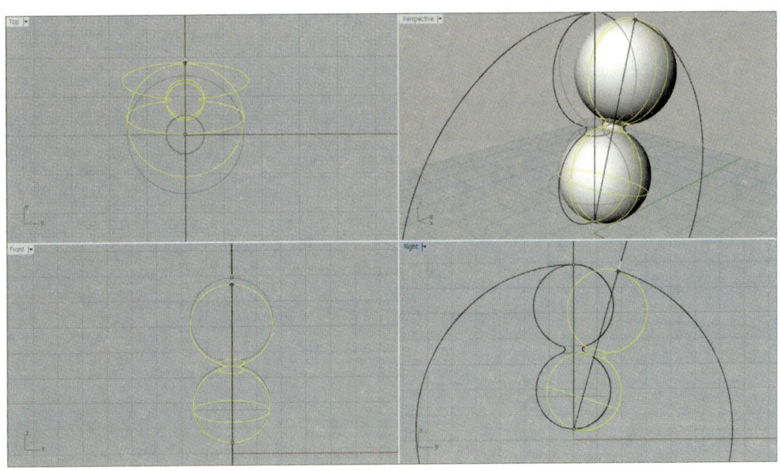

- 케이지 편집으로 형태를 수정한다. 케이지 점(Cage point)은 기본 설정대로 그대로 둔다.

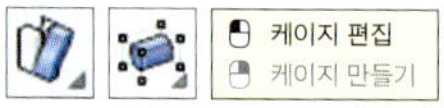

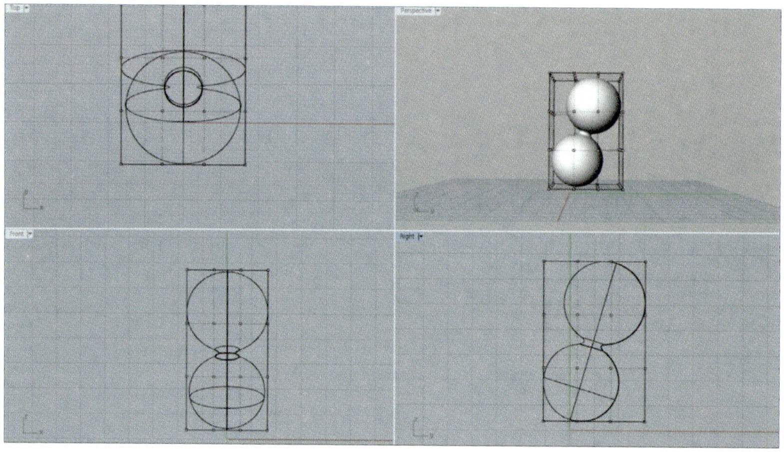

- Right뷰에서 수정할 오리 궁둥이 부분의 점을 선택하고 마우스를 드래그하여 원하는 형태로 만든다.
- 머리 부분도 위와 같은 방법으로 변형시킨다.

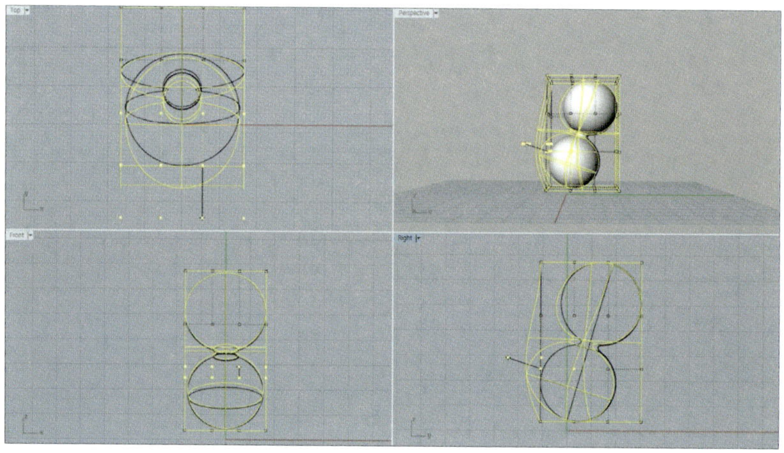

부리 만들기

- Right뷰에서 커브: 보간점을 선택하여 부리 형태를 그린다.

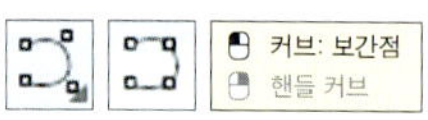

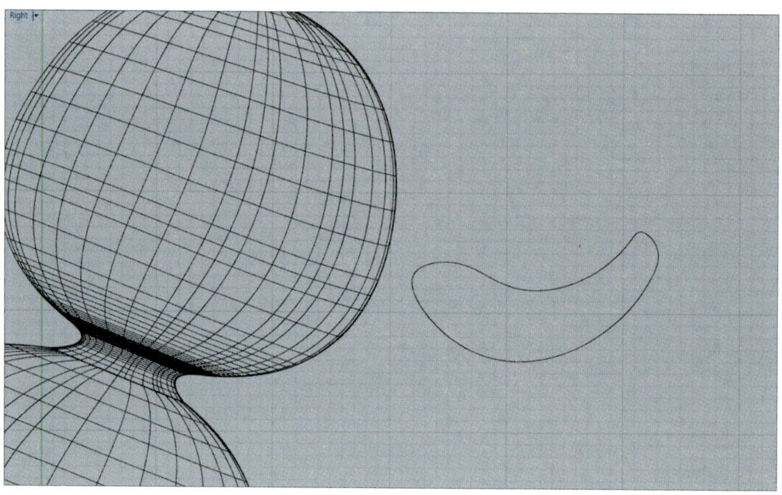

- 편집점을 켜고 부리 형태를 수정한다. 커브를 선택하고 F10을 누르면 편집점이 나타난다.

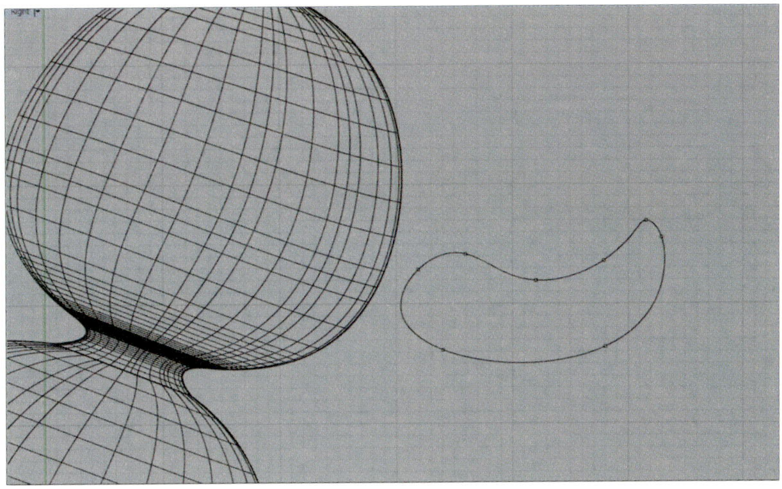

- Top뷰에서 닫힌 평면형 커브 돌출을 이용해 커브를 돌출시킨다. 이때, 커멘드 라인 옵션은 양쪽(Bothsides)으로 설정한다.

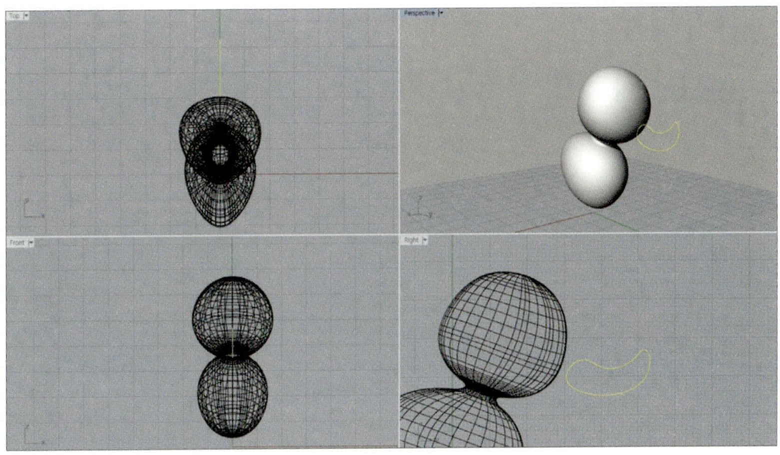

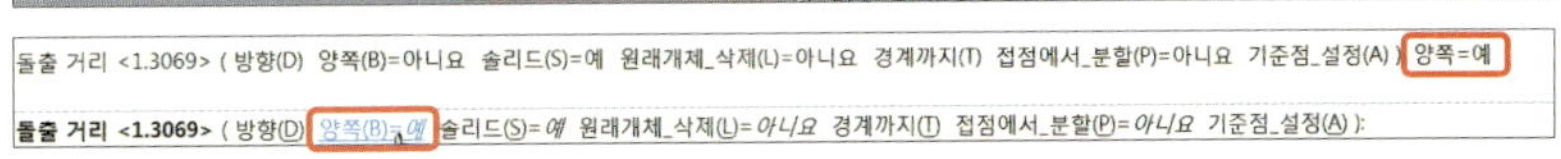

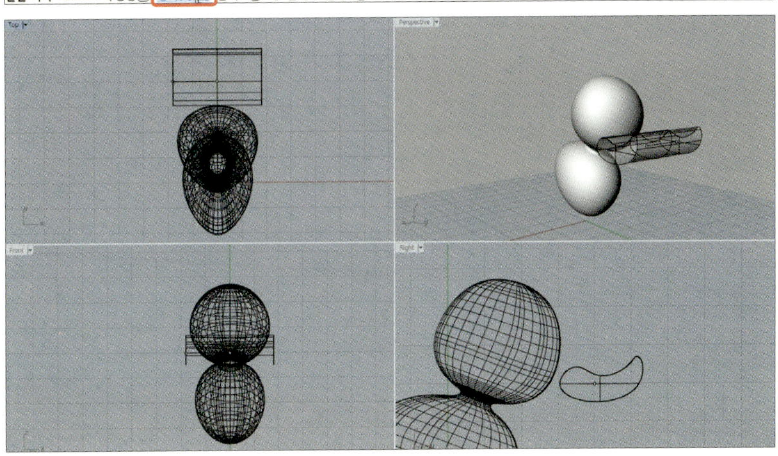

- Top뷰에서도 부리 형태를 그린다.
- 절반만 그린 후, 미러를 이용해 복사한다.
- 두 개의 커브를 결합시킨다.

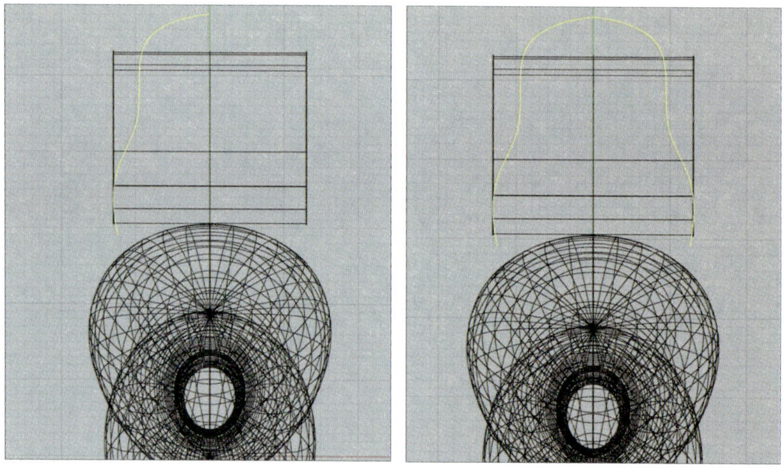

- Top뷰에서 그린 부리 모양의 커브를 직선 돌출을 이용해 돌출시킨다.

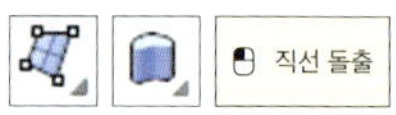

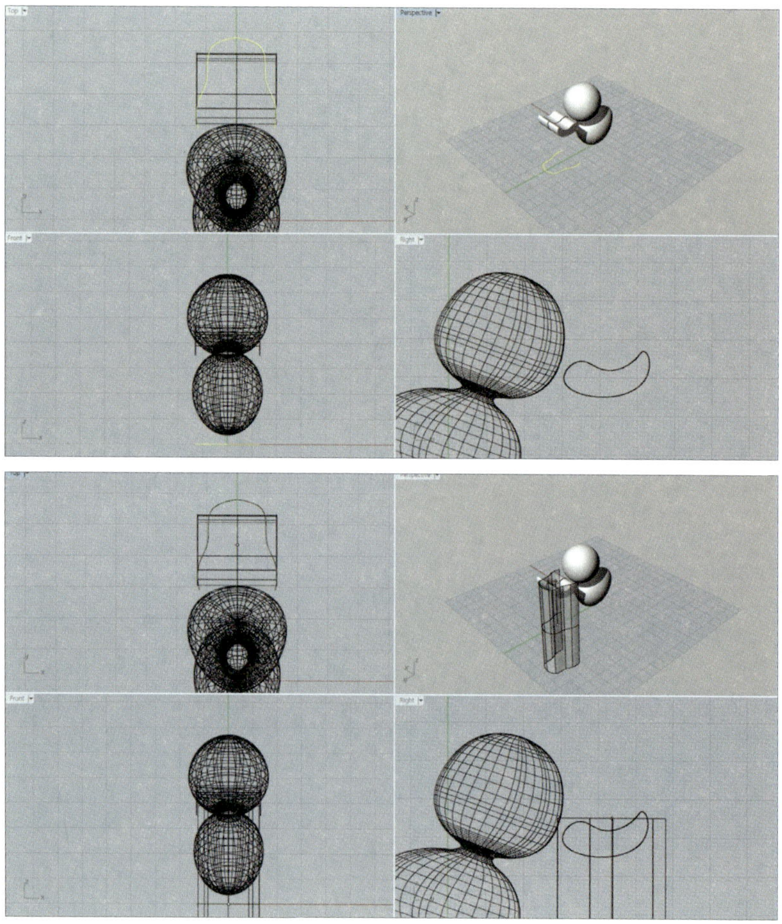

- 트림으로 두 개체에서 튀어나온 불필요한 부분을 제거한다.
- 툴바에서 트림을 클릭한 후, 절단 개체를 선택하고, 제거 부분을 클릭하면 된다.

트림
트림 해제

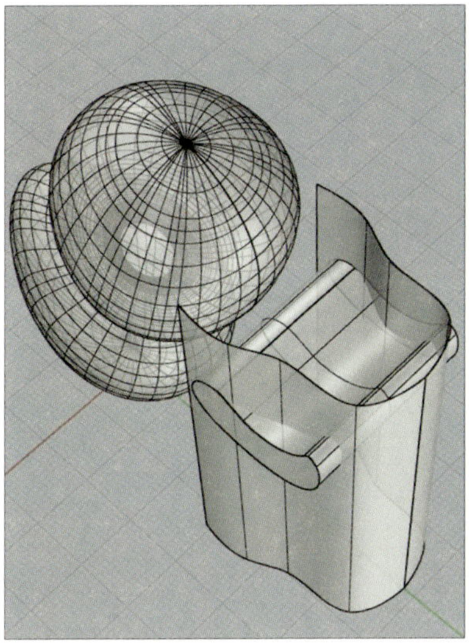
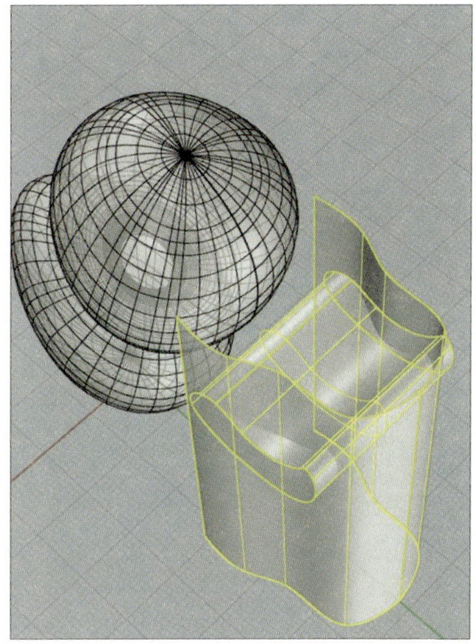

- 분할을 이용해 부리의 옆 형태에 맞닿는 면만 남기고 나머지 부분을 제거한다.
- 분할을 이용할 때는 방향에 맞는 뷰에서 작업을 해야만 정상적으로 실행이 된다.

분할
서피스를 아이소커브로 분할

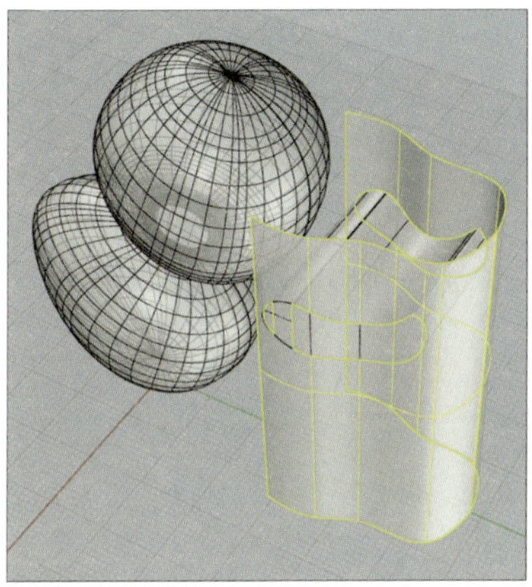
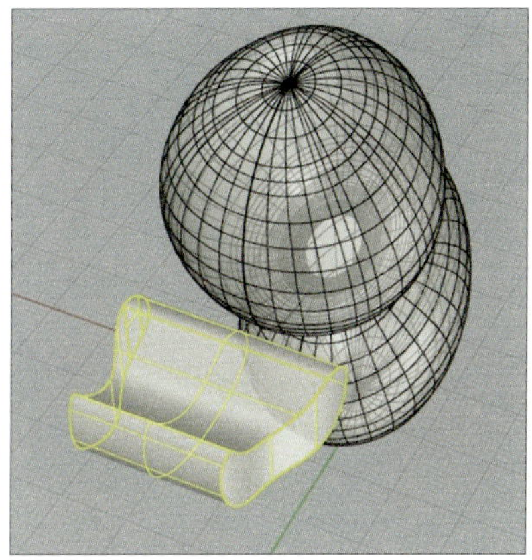

- 가변 반지름 필릿을 사용해 부리의 모서리를 둥글게 한다.

가변 반지름 필릿
가변 반지름 블렌드

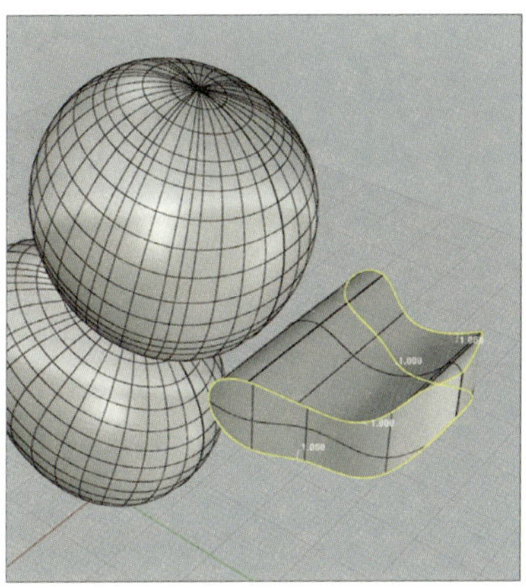

눈 만들기

- 타원체: 지름 지정을 이용해 오리 눈을 만든다.

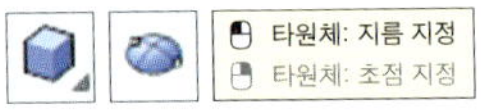

- 케이지 편집을 사용하여 눈 형태를 오리 머리의 곡면에 맞게 변형시킨다.

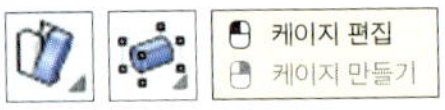

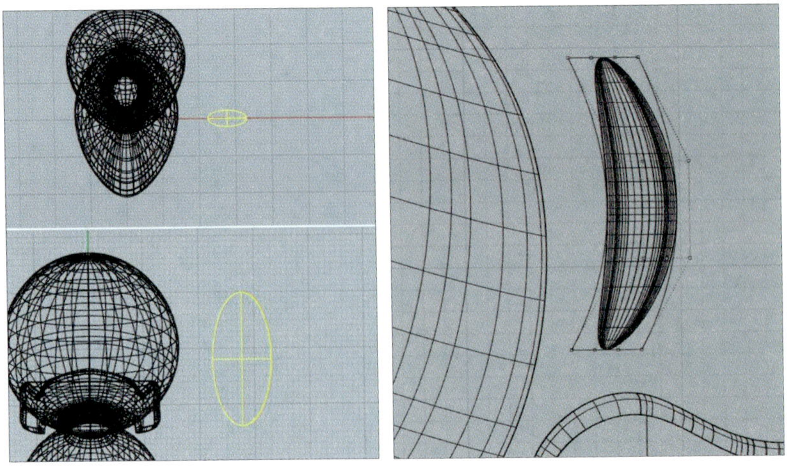

오리 완성하기

- 한쪽 눈을 복사한 후 이동시켜 알맞은 위치에 배치한다.
- 부리도 적당한 위치로 이동시킨다.

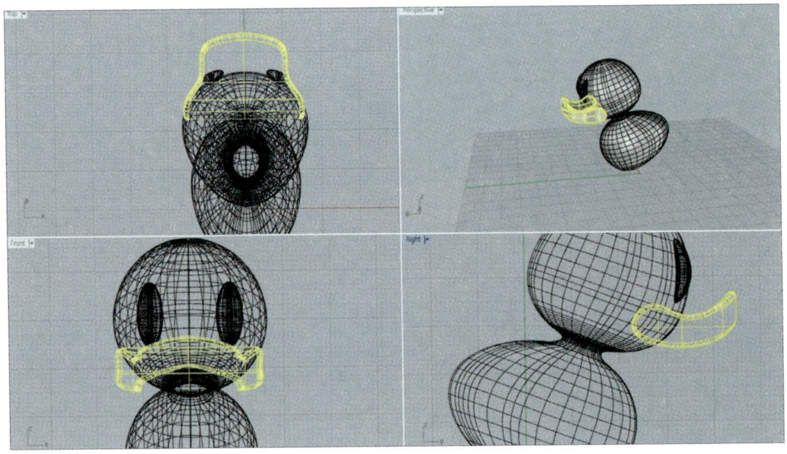

- Right뷰에서 하단 부분에 직선 커브를 그린 다음 나머지 부분을 분할을 이용하여 제거한다.

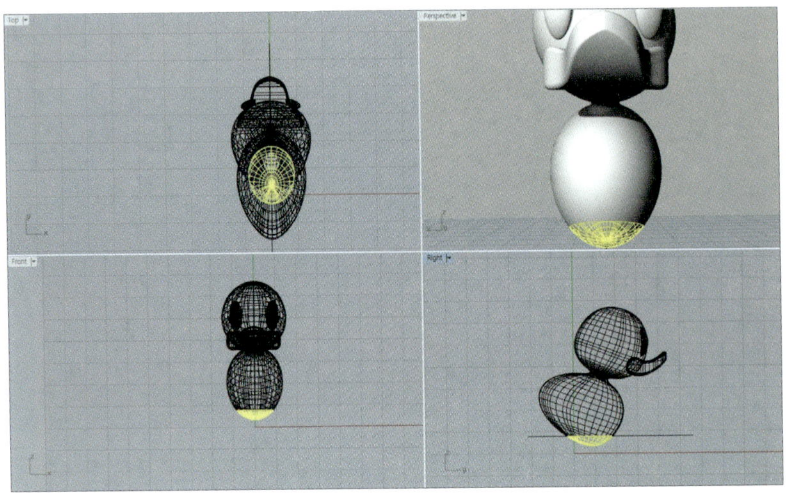

- 전체를 선택한 후 부울 합집합을 이용해 하나의 폴리서피스로 만든다.

- 아래 부분의 태엽을 설치할 부분은 치수에 맞춰 부울 차집합 연산으로 홈을 파주면 완성된다.

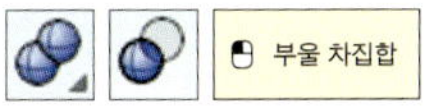

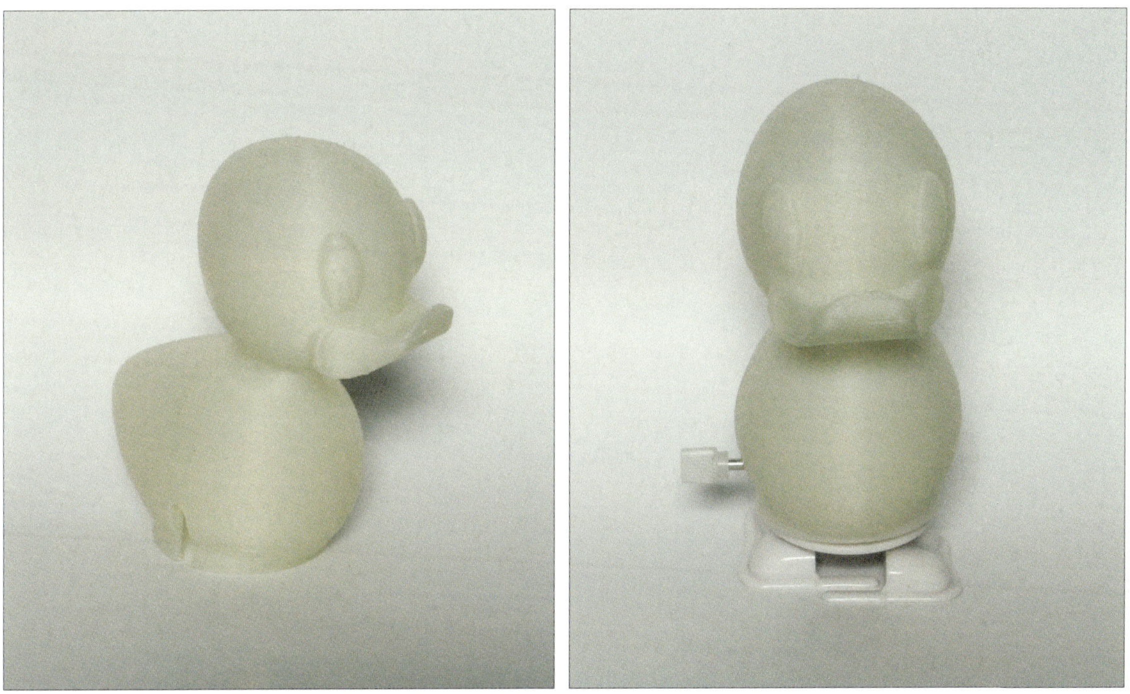

3D 프린팅 후 태엽을 조립한 모습

❻ 노리꽃등 만들기

라이노는 치수를 기반으로 모델링하고, 또 도면화할 수 있기 때문에 입체를 실측해 만들어 다양한 분야에 활용할 수 있다. 본 예제의 노리꽃등은 실제 공연에서 무대 장치의 일부로 사용되기도 한 것으로, 실제 크기를 축소하여 3D 프린팅에 맞도록 별도 제작한 것이다.

작업을 위한 라이노 기능

하나의 꽃잎을 로프트 기능을 이용해 제작하고 배열 기능의 옵션 중 하나인 회전 배열 툴을 사용해 전체 형태를 만든다. 회전과 배열은 하나의 개체를 재활용함으로써 다른 모델을 완성해가는 데 효과적인 툴이다.
예제 작품을 통해 한 개의 개체를 배열과 회전을 통해 다른 개체로 만드는 연습을 해보면 여러 응용 모델을 만들 수 있을 것이다.

고대웅(서울대학교 미술대학 4학년) 학생 작품

꽃잎 와이어 만들기

- Front뷰에서 제어점 커브를 이용해 꽃잎 와이어를 그린다.

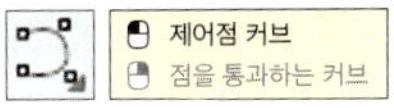

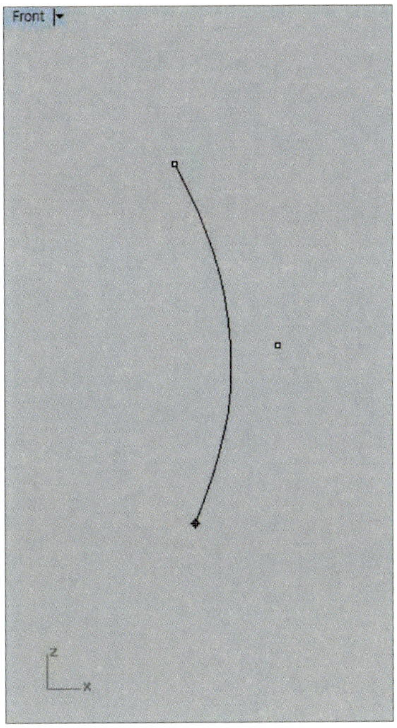

- 꽃잎의 한쪽만 그리고 Ctrl+C, Ctrl+V를 이용해 복사한다.
- 미러를 이용해 복제하기 위해 중심선을 만들고, 반대편으로 복제된 와이어를 옮긴다.

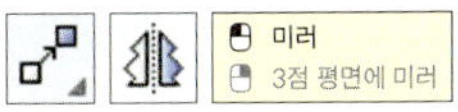

- Top뷰에서 Ctrl+C, Ctrl+V를 이용해 와이어 프레임을 한 번 더 복제하고 2D 회전을 통해 꽃잎 중심 와이어를 만들어 준다.

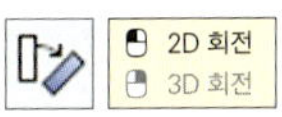

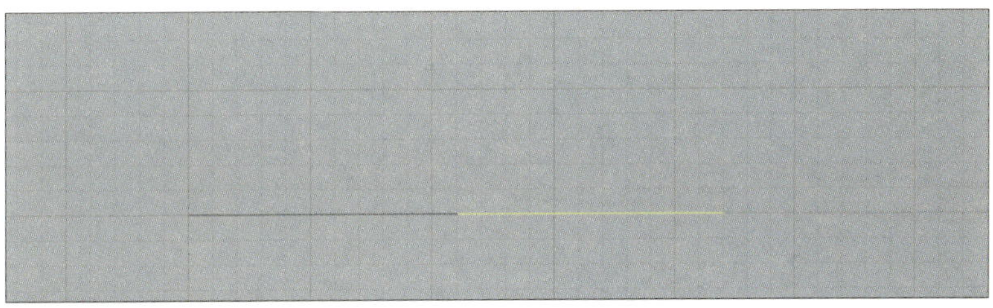

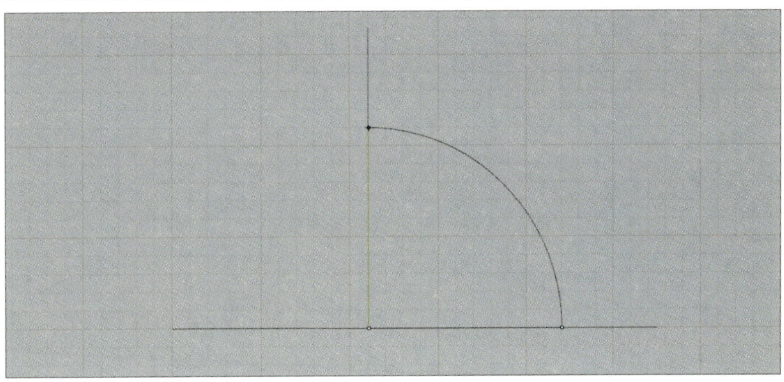

- 미러를 사용하기 위해 지정했던 중심선을 선택하고 Delete키를 눌러 삭제한다.

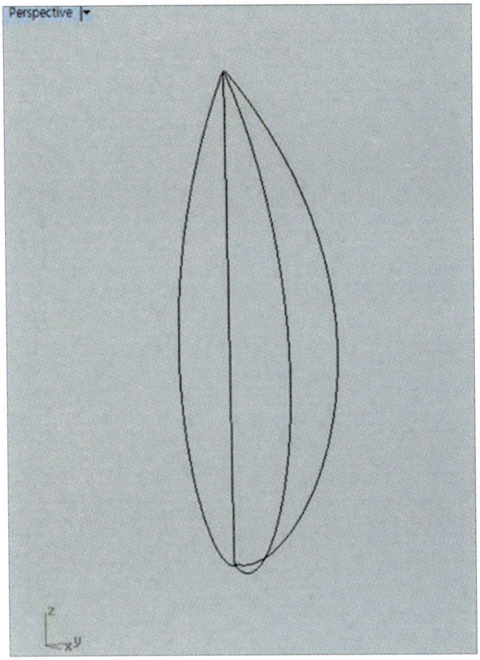

꽃잎 서피스 만들기

- Front뷰에서 만들어진 꽃잎 와이어 프레임 중 왼쪽과 중심 와이어를 선택한다(오른쪽 그림은 Perspective뷰의 모습).
- 로프트를 이용해 서피스(면)를 생성한다.

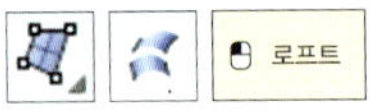

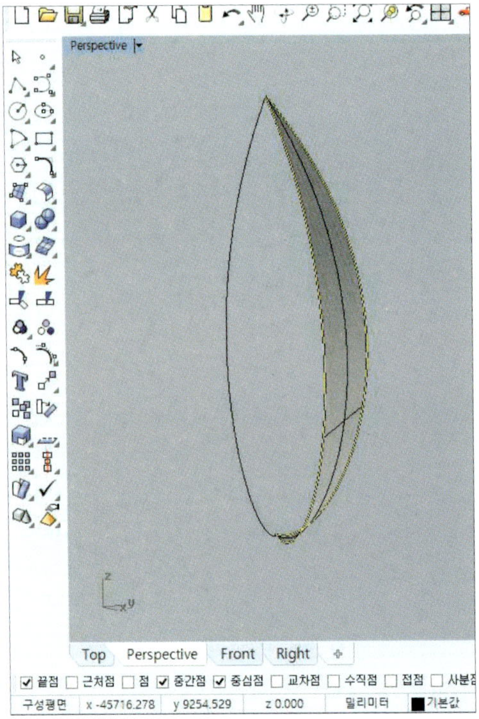

- 오른쪽 와이어 프레임과 중심 와이어 프레임도 선택해 로프트를 이용해 서피스(면)를 만든다.
- 생성된 서피스를 모두 그룹으로 묶어준다.

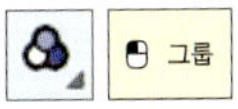

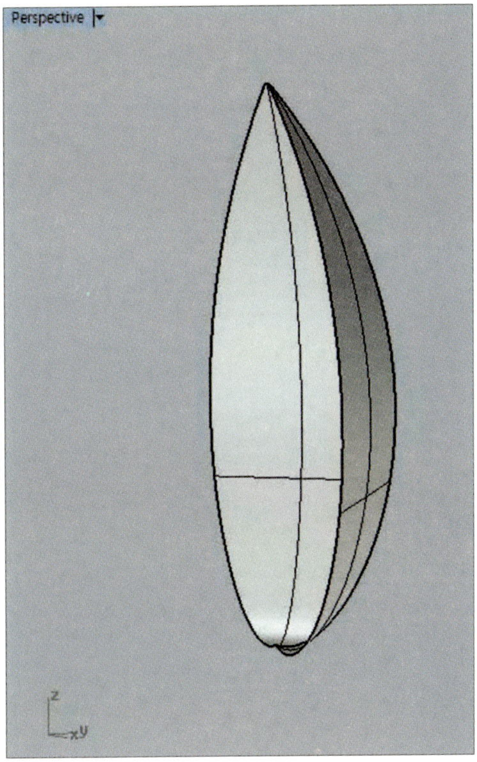

- Right뷰에서 2D 회전을 선택한다.

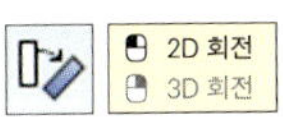

- 꽃잎을 선택한 후, 회전 할 중심점을 선택한다.
- 원하는 각도만큼 기울인다.

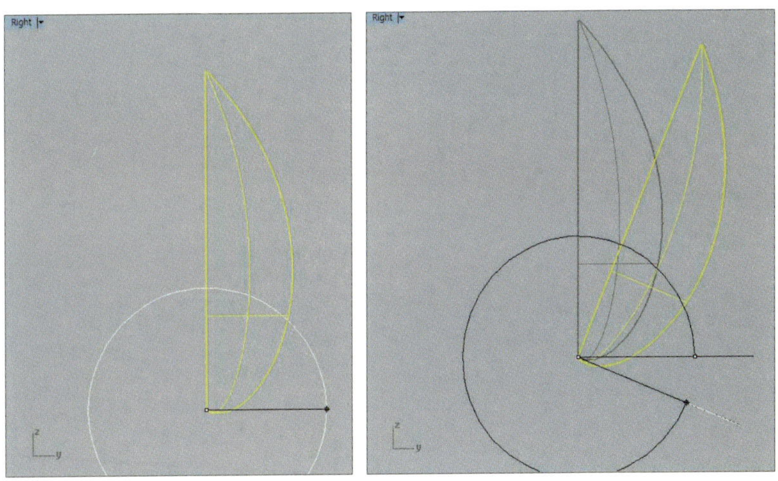

TIP CNC가공 등 레이저 커팅을 위한 도안

레이저 커팅을 위한 꽃잎 도안 만들기

• Front뷰에서 꽃잎의 반쪽을 선택한 후 커멘드 라인에 명령어 Smash를 입력한다.

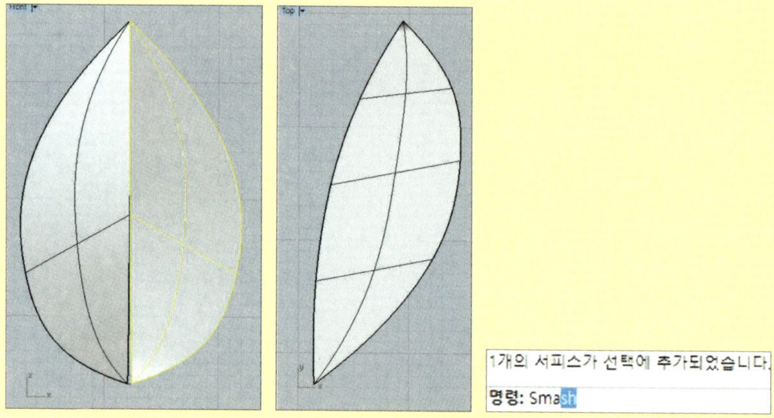

• 미러 툴을 이용하여 반대쪽 꽃잎 평면도도 생성한다.

• 테두리 복제 툴을 이용하여 생성된 서피스의 테두리 와이어를 생성한다.

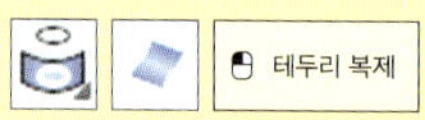

• 트림 툴을 이용하여 가운데 존재하는 불필요한 와이어를 삭제한다. 이를 삭제하지 않을 경우 레이저 커팅시, 꽃잎 판이 두 쪽으로 생성된다.

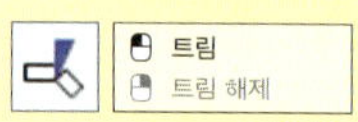

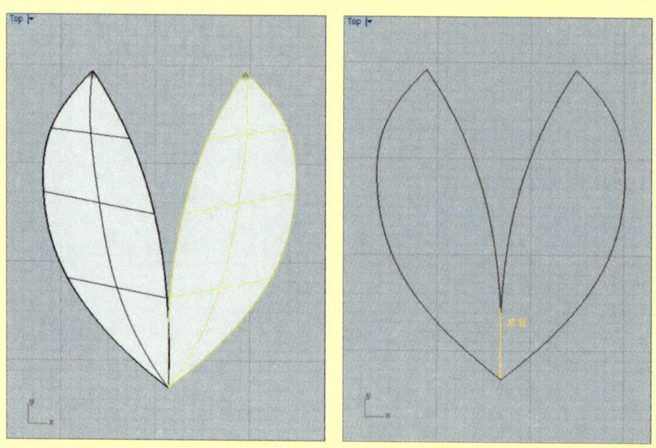

꽃 받침 만들기

- 원환 툴을 이용하여 원형 파이프를 제작한다.
- 만들어진 큰 원을 기준으로 보다 작은 사이즈의 원환을 두 개 더 제작한다.

원환

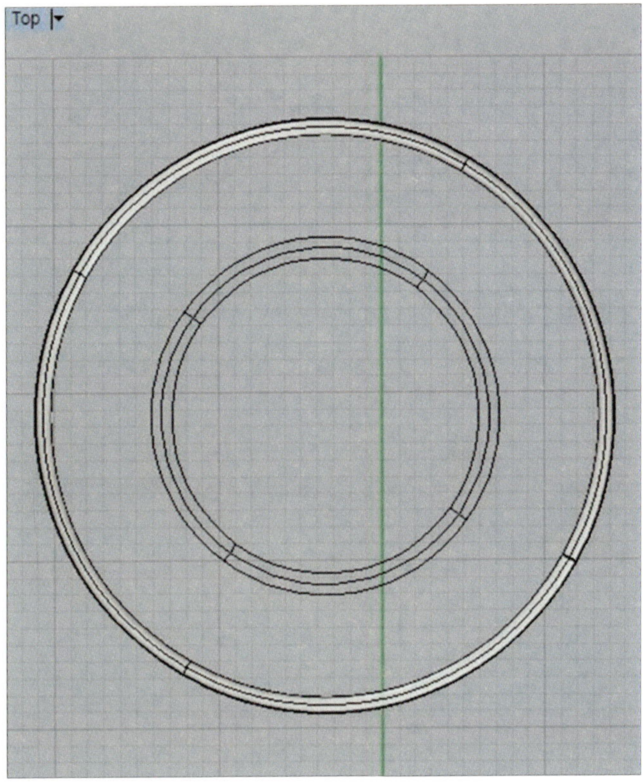

- Front뷰를 보고 두 원환 사이의 높이 차를 준다.
- 개체 정렬-중심으로 정렬을 이용하여 원환들의 중심을 정렬하고 위치를 조정한다.

중심으로 정렬

- 원환들을 고정시켜줄 +자형 파이프를 만들기 위해 Front뷰에서 원 도구를 선택하여 원환들의 중심 위치에 원을 그린다.
- 닫힌 평면형 커브 돌출 기능을 이용하여 원이 파이프가 되도록 한다. 이때 옵션으로 양쪽(Bothsides)을 활성화한다.

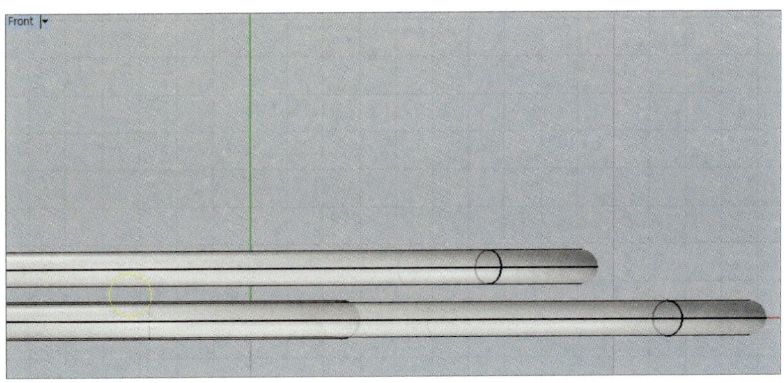

원: 중심점, 반지름

닫힌 평면형 커브 돌출

- Ctrl+C, Ctrl+V를 이용하여 생성된 파이프를 복제 생성한다.
- 복제된 파이프를 2D회전 기능을 이용하여 90도 회전시킨다.

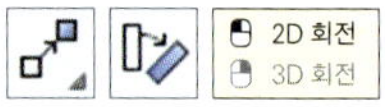

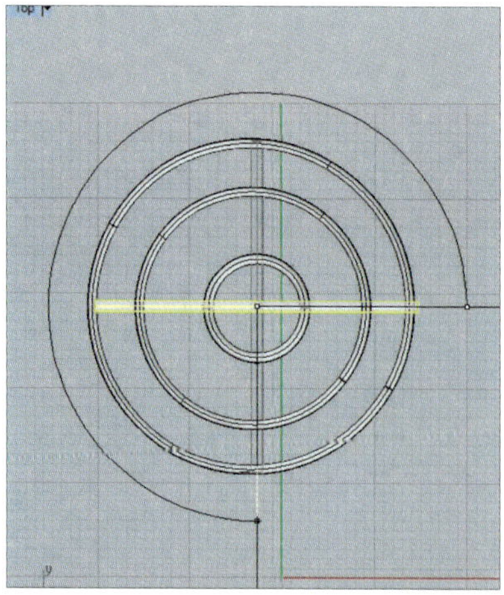

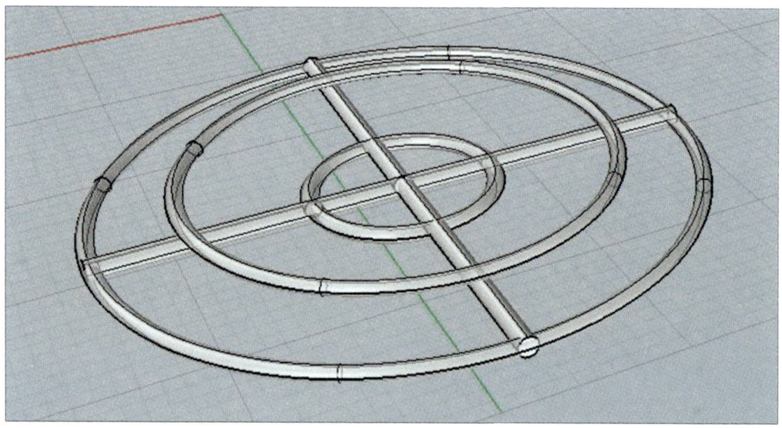

꽃잎 설치하기

- 하나의 꽃잎을 바깥쪽 프레임에 위치를 잡아 놓는다.
- 꽃잎을 선택한 후 회전을 선택한다. 복사 옵션을 활성화하여 꽃잎을 복제한다.
- 복제된 꽃잎을 바로 안쪽 프레임에 배열한다. 이렇게 하여 2개층의 꽃잎 각도를 만들었다.
- Top뷰에서 내·외부 꽃잎이 엇갈리도록 조정한다.

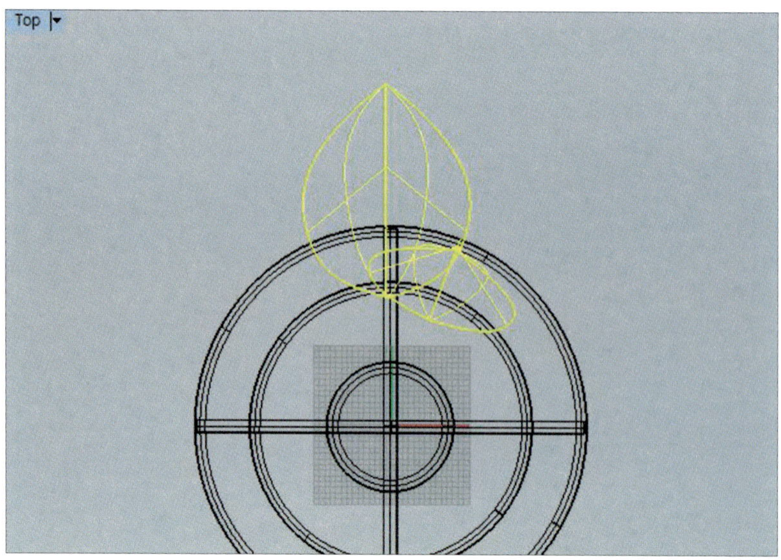

- 배열-원형배열을 선택한 후, 꽃잎을 클릭한다.

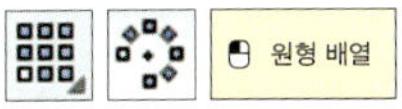

- 커멘드 라인에 ArrayPolar라는 명령어가 뜬다.
- 2개층에 있는 꽃잎을 각각 클릭하고 Enter키를 누른다.
- 커멘드 라인에 '2개의 폴리서피스가 선택에 추가되었다'라고 뜨는 것을 확인한다.
- 원형 배열의 중심을 선택하라는 메시지가 뜨면 중심점을 지정한다.
- 커멘드 라인에 360도 안에 몇 개의 복제 꽃잎을 생성할지 입력한다. 본 예제는 항목 수로 8을 입력하였다.
- 채울 각도로 360을 입력한다.
- 커멘드 라인에 '설정을 작용하려면 Enter키를 누르십시오' 라는 말이 뜨면 Enter키를 누른다.
- 8쌍으로 복제된 꽃잎이 나온다.

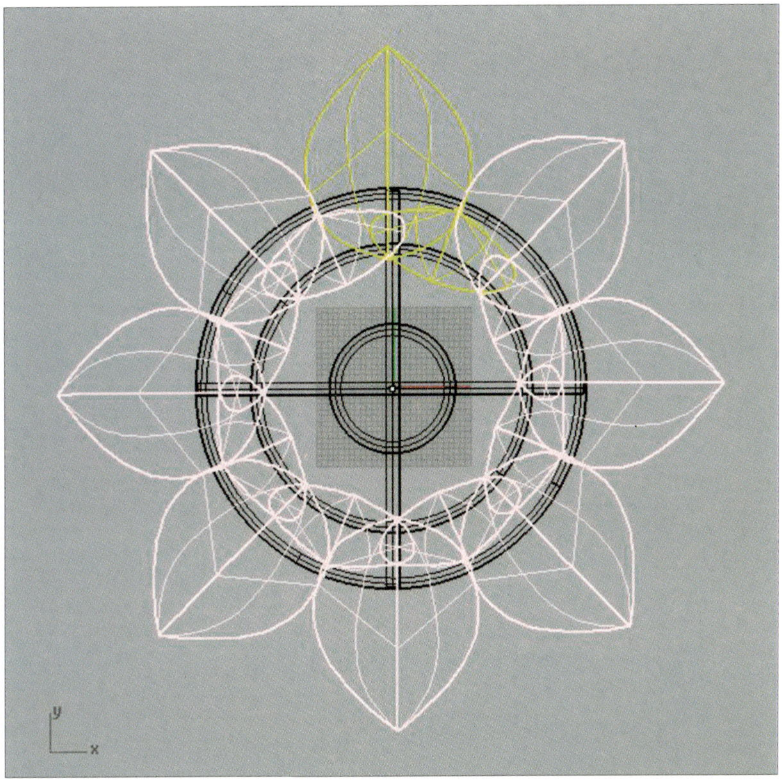

꽃술 A 만들기

- Front뷰를 보며 단면을 그린다.

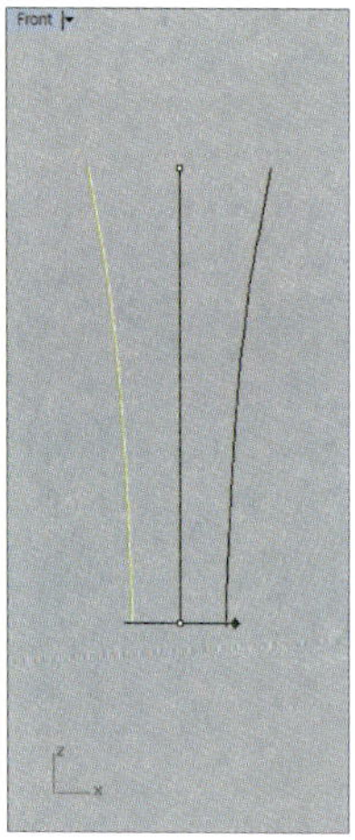

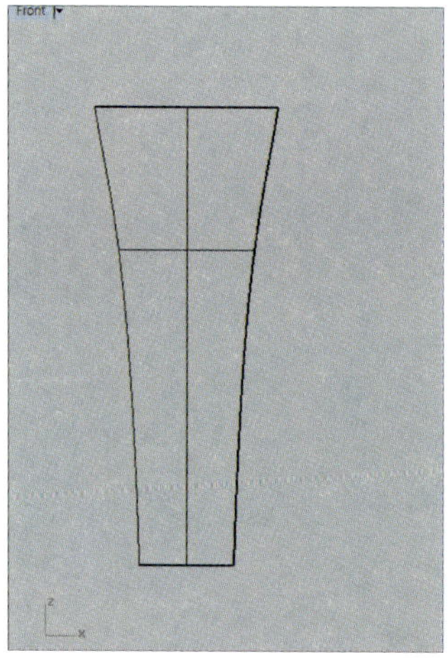

- 회전 기능을 이용하여 원통형을 만든다(시작 각도: 0, 회전 각도: 360).

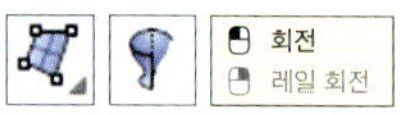

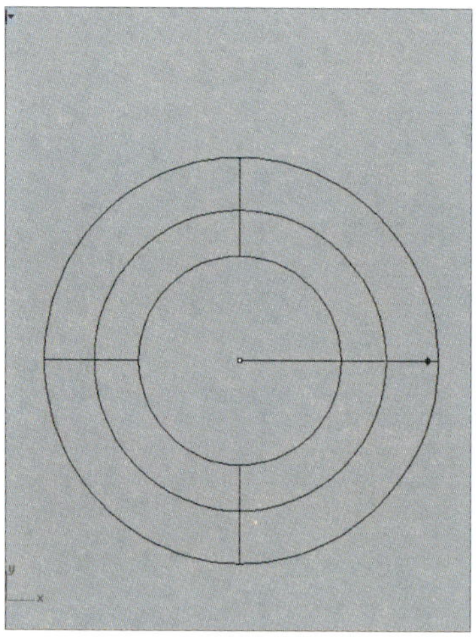

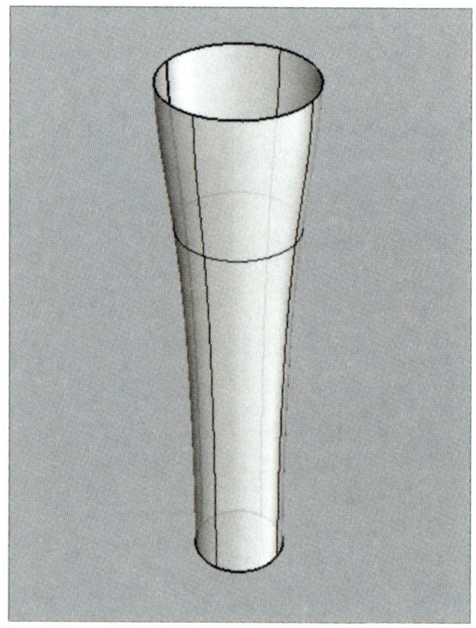

꽃술 B 만들기

- 단면을 그린 다음 꽃술 A와 마찬가지로 회전 기능을 이용하여 형태를 완성한다.

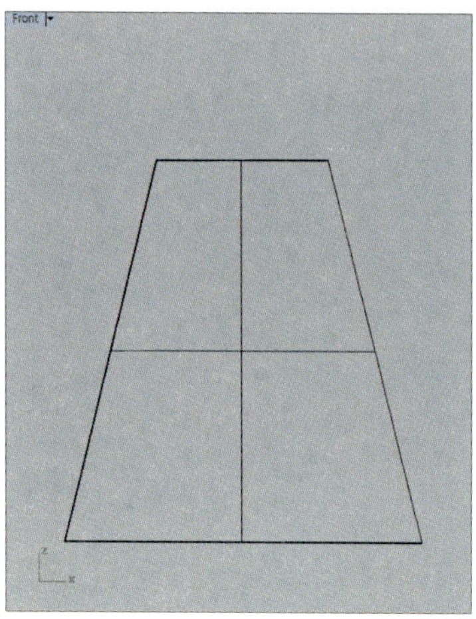

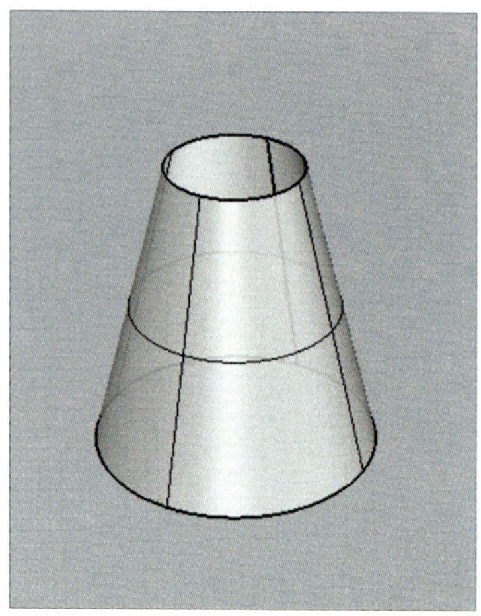

- 꽃술 A와 꽃술 B를 선택한다.
- 개체 정렬 - 세로 중심으로 정렬을 선택하고 Enter키를 누른다.

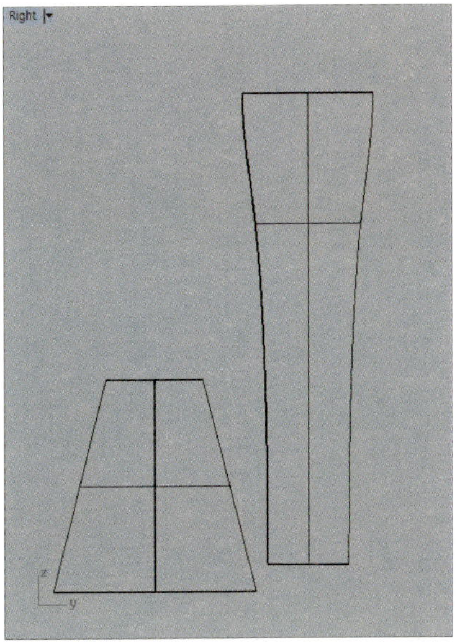

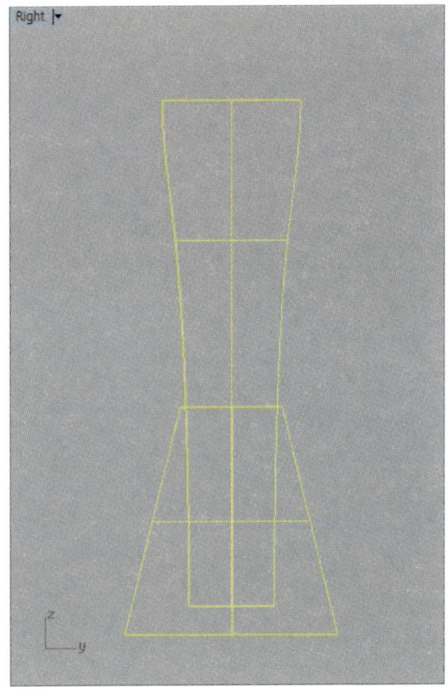

노리꽃 완성하기

- 원형 배열로 복제된 꽃잎들과 프레임을 선택하여 그룹으로 지정한다.
- 꽃술 A와 꽃술 B 역시 선택하여 그룹으로 지정한다.
- 두 그룹을 선택하고 개체 정렬 - 중심으로 정렬을 선택하여 개체 정렬시킨다.

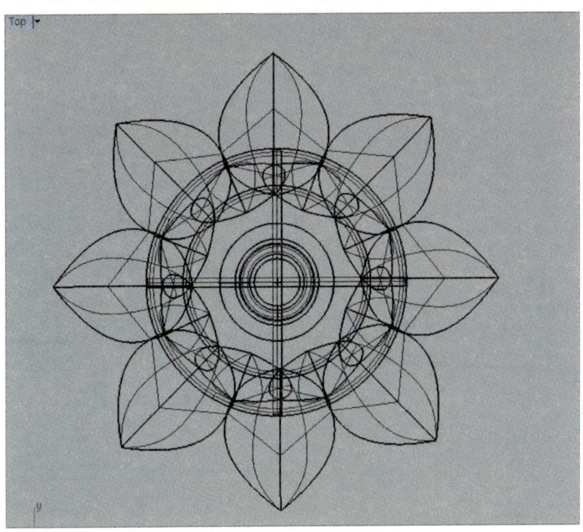

완성

- 노리꽃 형태가 완성되었다.

공연의 무대 장치로 사용되었던 노리꽃등

3D 프린터로 출력해 완성한 노리꽃등의 모습

❼ 돌도끼 조명 만들기

구석기시대 유적 발굴지로 유명한 연천군의 돌도끼를 모티브로, LED 전구 모듈을 이용한 간접 조명을 구상해달라는 부탁을 받았다. 조명부와 배터리를 삽입해야 하므로 기성품의 실측을 바탕으로 모델링을 진행했다.

작업을 위한 라이노 기능

커브 네트워크를 사용한 서피스 기능을 주로 사용했다. 네트워크 툴은 닫힌 폴리라인을 이용해 모델링될 입체의 와이어 프레임을 그려가면서 입체를 만든다고 생각하면 된다. 네트워크 툴을 사용하기 위해서는 먼저 각 뷰에서 라인을 그리는 법에 익숙해져야 편리하게 모델링할 수 있다. 또한 Top뷰에서 그려진 단면의 선에 각도를 주되 마치 그물처럼 각 선의 끝이 연결되어 있어야 함에 주의해야 한다.

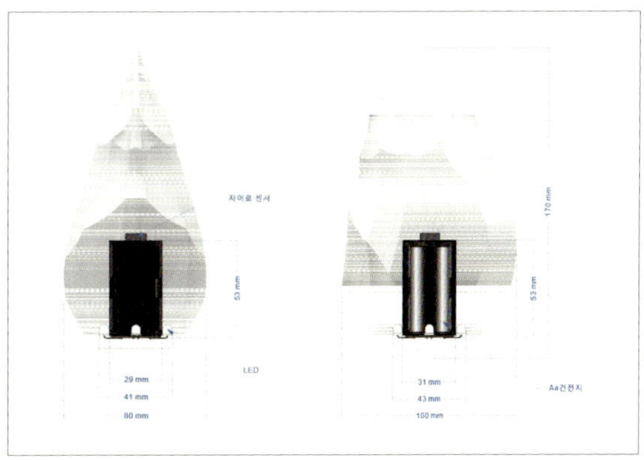

기획안: 모델링 안에 들어갈 배터리와 조명의 크기, 자이로 센서 스위치 등의 크기가 그려져 있다. 본 조명은 눕히면 전원이 꺼지고 바로 세우면 전원이 켜지는 방식으로 기획되었다.
(기획: 이지랖스튜디오, 더공감)

이미지 불러오기

- 그림 프레임을 선택해 돌도끼의 평면 이미지를 불러와 알맞은 크기로 배치한다.

- 원하는 사이즈의 수치값을 넣어 크기를 정할 수 있다.
- 불러온 이미지는 화면 상단 툴바에서 잠금(Lock)을 걸어 고정시킨다.

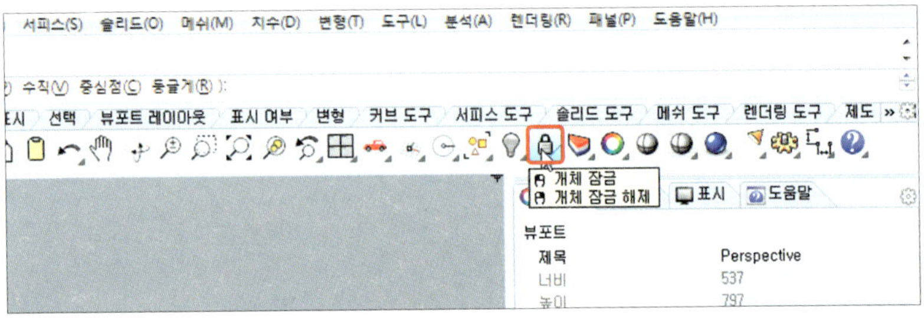

커브 그리기

- 이미지를 보고 그 위에 면이 꺾이는 부분을 커브: 보간점을 선택해 그린다.

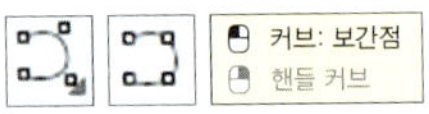

- 뒷면도 커브 보간점을 선택해 면이 꺾이는 부분을 그린다.

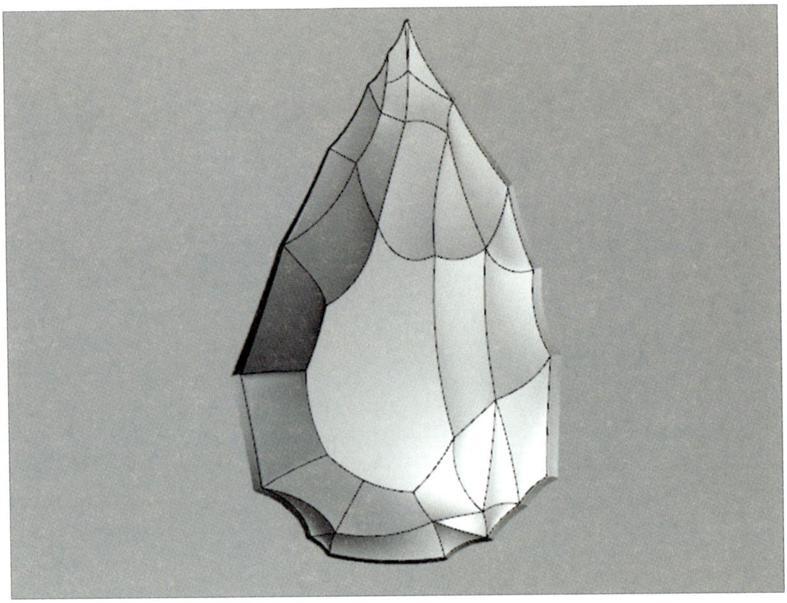

커브 편집하기

- 앞면과 뒷면을 알맞게 배치한 후 각 뷰를 오가며 입체 형태로 만든다. 옆면은 불러온 이미지를 참고로 하여 임의로 그렸다.
- F10을 눌러 제어점을 켜준 다음 변형시킬 부분의 점을 드래그하고 이동시키면서 형태를 만든다.

- 케이지 편집을 이용하면 조금 더 단순하게 전체적인 형태를 수정할 수 있다. 제어점을 이용한 편집과 마찬가지로 수정할 부분의 점을 선택한 뒤 드래그하여 수정하면 된다.

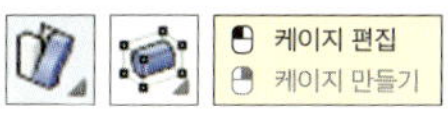

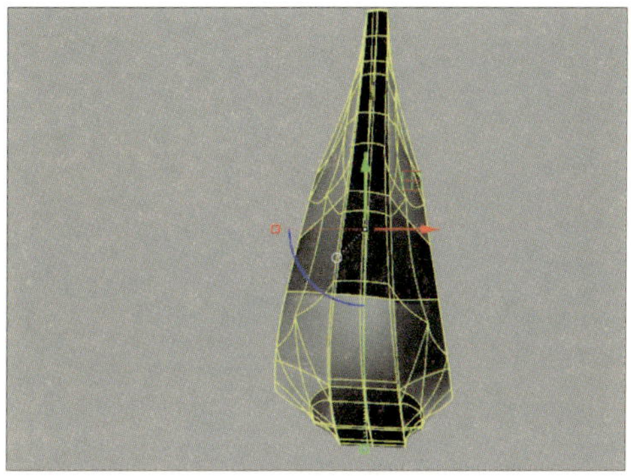

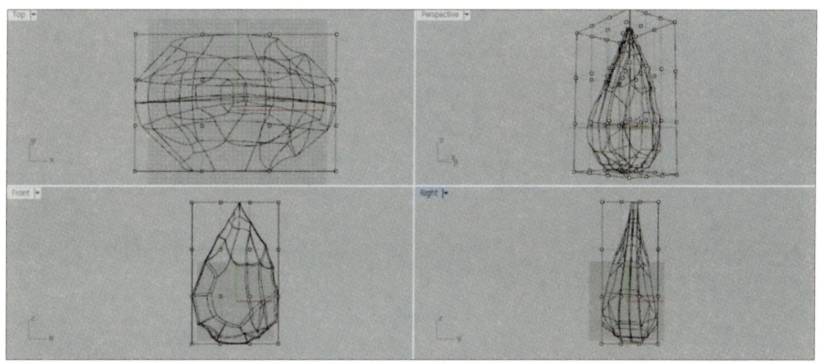

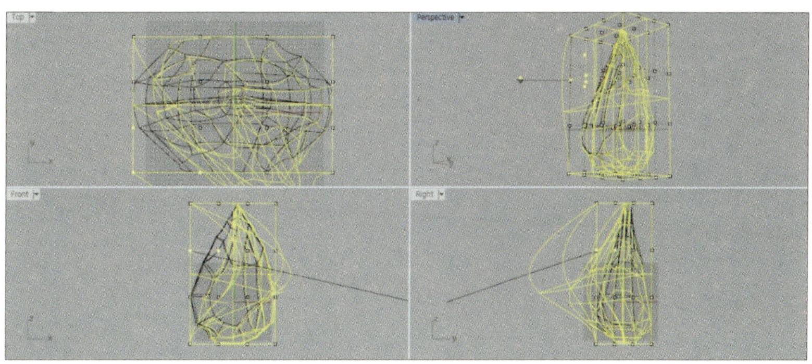

- 모든 커브를 다 그린 후에는 분해로 각 선의 이음새를 모두 끊어준다.

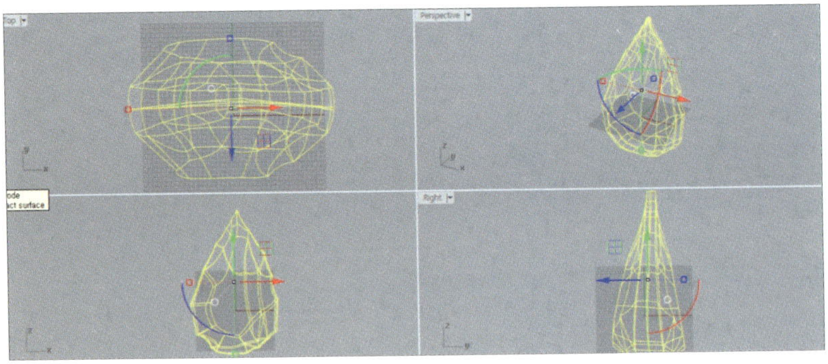

서피스 만들기

- 커브 네트워크를 사용한 서피스를 이용해 서피스를 만든다.

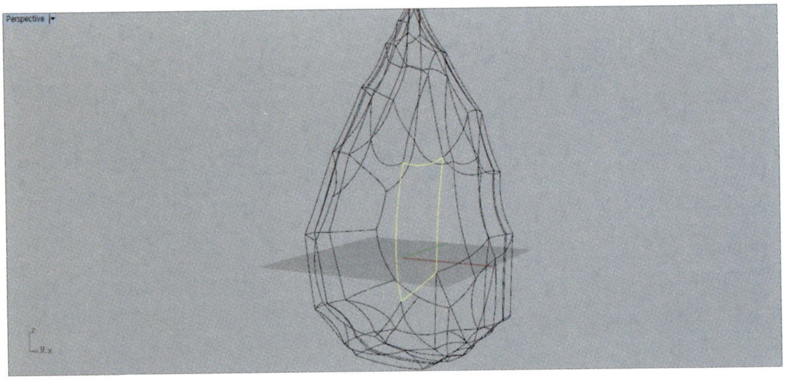

- 네트워크를 실행할 때에는 교차선이 모두 끊겨 있어야 한다.
- 면을 생성할 선들을 차례로 선택하고 Enter키를 누른다. 네트워크는 전체 실행이 되지 않기 때문에 작업을 반복해줘야 한다.
- 설정 창에서 가장자리 커브(Edge curves)와 내부 커브(Interior curves)의 수를 조정해서 세그먼트의 양을 줄일 수 있다.

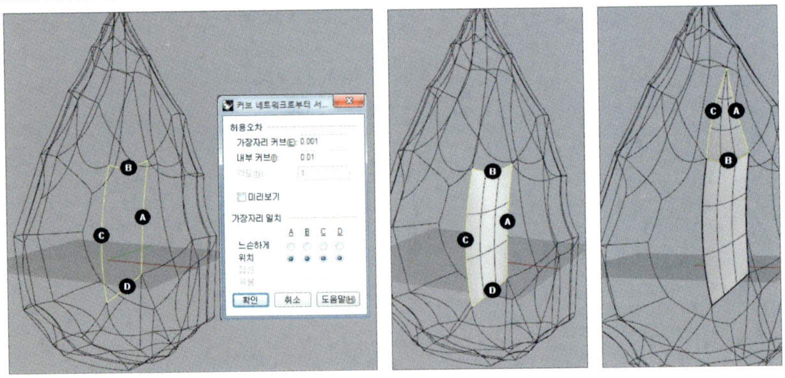

TIP **세그먼트를 줄이는 이유**

처음 라인이나 폴리라인으로 그려진 선을 포인트를 잡아 끌면 스플라인으로 변하게 되는데, 이때 임의로 당겨진 포인트들에 수많은 수학적 곡선들이 생겨나게 된다. 세그먼트가 많으면 선과 면을 구성하는 점이 많아진다. 불필요한 점이 많아지면 데이터가 많아지고, 모델링의 어긋난 면이 생겨날 확률이 높아진다. 세그먼트를 줄여주는 것은 모델링의 면 터짐을 줄여주어 완성도 있는 제품 혹은 작품을 만들 수 있도록 해준다.

돌도끼 형태 완성하기

- 전체 면이 생성되면 결합해 하나의 폴리서피스로 만든다.

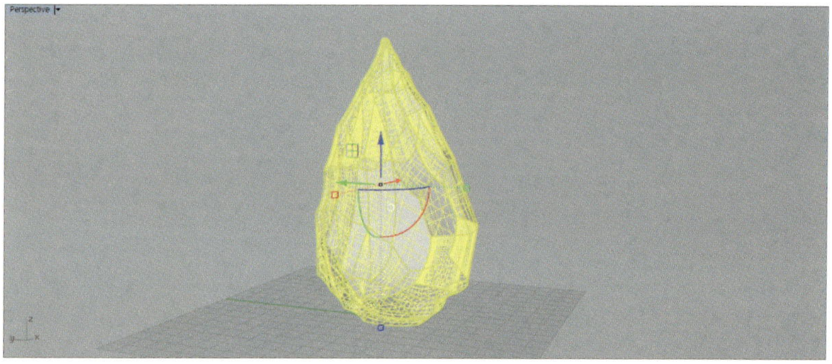

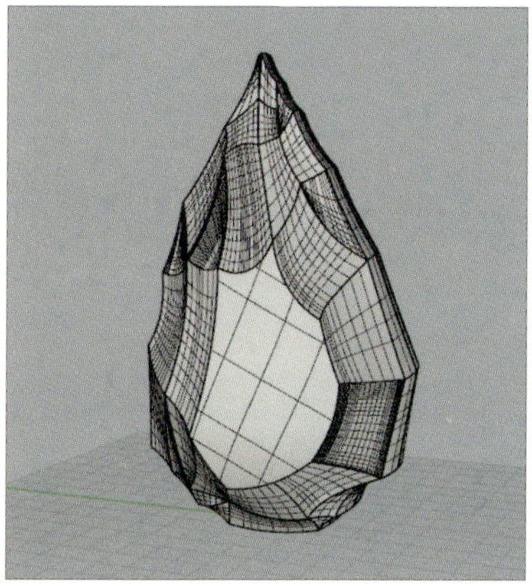

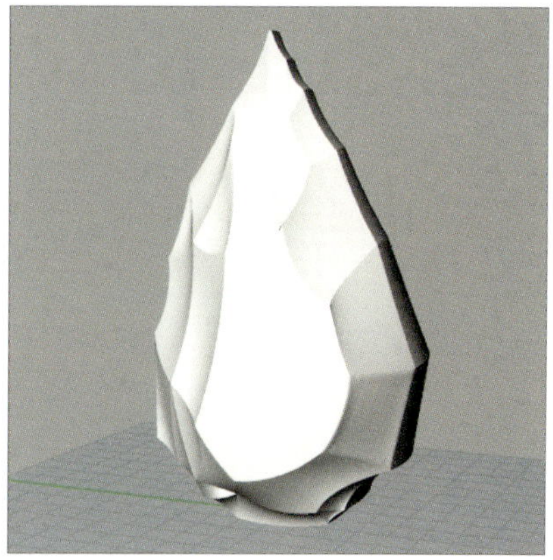

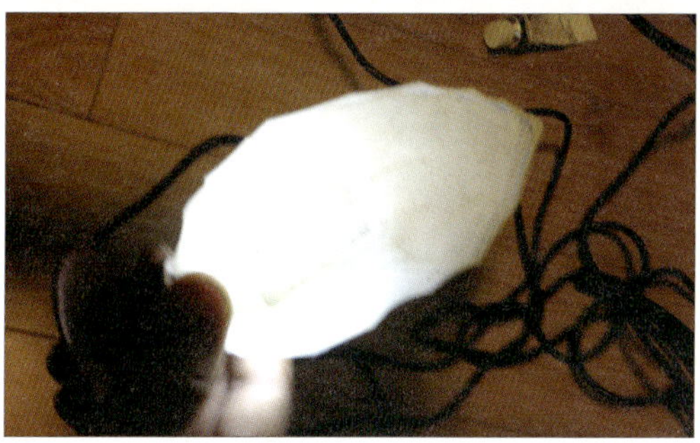

3D 프린터를 이용해 출력 중인 돌도끼 조명의 케이스.
모델링을 반으로 나누어 ABS 반투명 재질로 출력하였다.

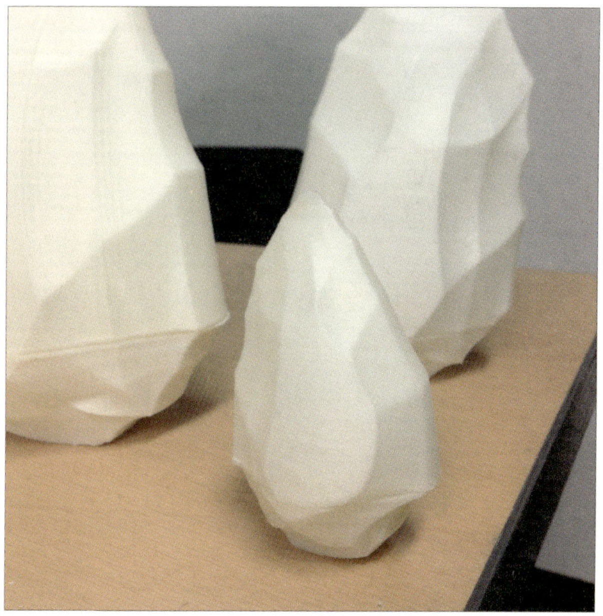

출력된 LED 조명 케이스

TIP **123D 쉐이프쉬프터를 활용한 모델링**

123D 쉐이프쉬프터를 이용하면 그릇이나 원통 형태의 기본 모델링에 여러 가지 패턴을 적용해 다양한 모델링을 아주 간편하게 완성할 수 있다. 123D 쉐이프쉬프터는 구글의 오픈 소스 웹브라우저인 크롬에서 가장 원할하게 작동된다. 관심이 있는 독자는 123dapp.com에 접속하여 project shapeshifter(프로젝트 쉐이프쉬프터)를 찾아 다양한 모델링을 경험하고 STL 파일 등으로 저장해 자신의 PC로 파일을 다운로드 받아 직접 출력해볼 수 있다. 123D 쉐이프쉬프터에서 제공하는 모델링을 막상 라이노나 3D 스튜디오 맥스 등에서 만들려면 상당히 복잡한 과정을 거쳐야 한다.
123D 쉐이프쉬프터에서 만든 모델링의 STL 파일을 라이노나 3D 스튜디오 맥스 등으로 불러들여와 추가 편집을 하는 것도 가능해 다양한 활용이 기대 된다.

123D 쉐이프쉬프터를 웹에서 실행하면 아래와 같은 기본 모델이 나온다.
화면 우측의 기본 모델의 수치를 변경해 원하는 베이스 모델을 만든 후 하단의 패턴을 적용하여 다양한 형태로 모델링할 수 있다.

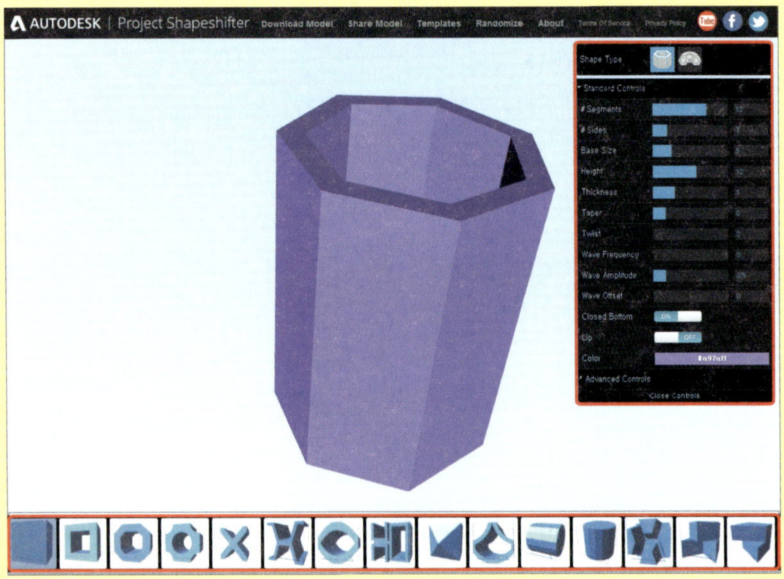

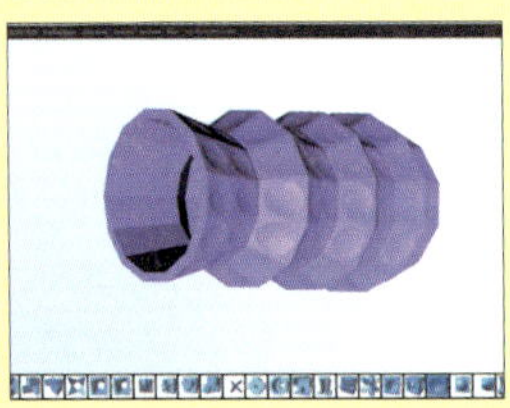

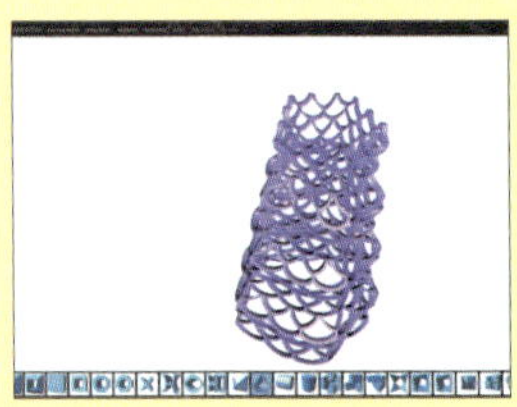

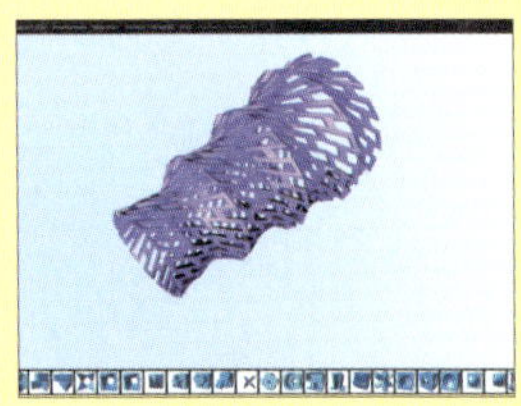

STL 파일로 저장하여 PC로 다운로드 받은 후 3D 프린터로 출력해보았다.

TIP 라이노를 활용한 영주시 사과 와인 상징 조형물 제작

상떼마루는 사과가 특산물인 영주시에서 생산되고 있는 아이스와인이다. 이를 홍보하기 위한 조형물 디자인·제작 의뢰가 들어왔을 때 필자는 전통적인 주물 제작 기법과 현대식 스테인리스 제작 기법이 어우러진 캐릭터 조형물을 디자인하였다. 이때 라이노와 3D 스튜디오 맥스를 활용하여 전통 주물 기법으로 제작하기 위한 원형 작업을 하였으며 3D 스튜디오 맥스에서 모델링된 캐릭터를 활용하였다. 라이노 모델링을 통해 제작된 모델링은 도면으로 전개되어 작품 제작에 그대로 활용할 수 있었다.

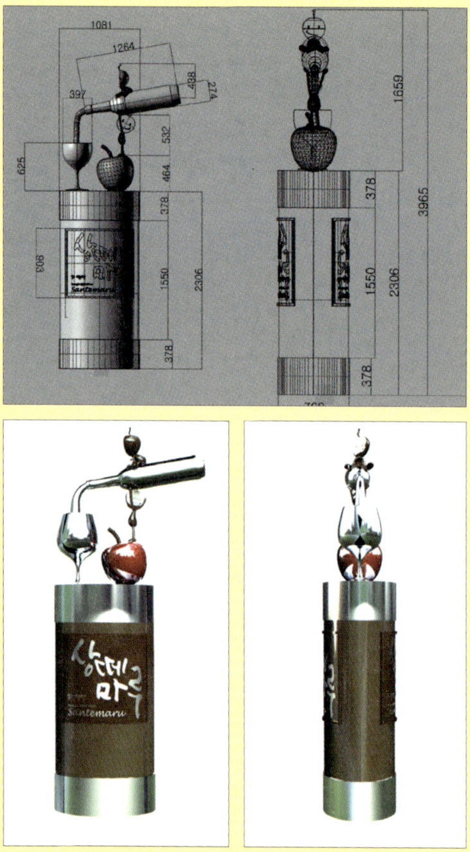

사과 와인 홍보 조형물을 위한 3D 모델링

사과 와인 홍보 조형물을 설치한 모습

3D 프린팅

3D 프린팅을 위한 모델링을
마쳤다면, 이제 3D 프린팅을 할
차례이다. 그러나 출력물을 얻기
전에 거쳐야 할 과정이 남아 있다.
2D 프린터는 컴퓨터와 연결 후,
각 프로그램에서 쉽게 바로 인쇄할
수 있지만, 3D 프린팅을 위해서는
몇 단계의 과정을 더 거쳐야 한다.
하지만 어려운 것은 아니다.
먼저 모델링 데이터를 표준
STL 파일이나 OBJ 파일 등
메쉬 형식으로 변환하여 저장하고
프린터를 작동시키기 위한
호스트 프로그램을 준비하면 된다.
3D 프린팅은 여러 번의 실험을
거치며 자신만의 노하우를
쌓는 것이 중요하다. 이제부터
3D 프린팅을 실행하기 위해
실제적으로 알아두어야 할
사항들과 실전 예제를 살펴보도록
하자.

6

❶ STL 형식으로 저장하기

STL(StereoLithography)은 3D 프린팅을 위한 표준 데이터 파일 형식이다. 3D 모델링은 다양한 소프트웨어를 활용하여 만들 수 있지만 최종 프린팅을 위해서는 각자 프로그램의 고유 파일이 아닌 표준 STL 파일이나 OBJ 파일 등으로 변환하여 저장해야 한다. 라이노 프로그램에서는 모델링한 데이터를 STL 형식으로 쉽게 저장할 수 있다.

라이노에서 STL 형식으로 저장하기

메뉴 - 파일(File) - 다른 이름으로 저장(Save as)을 클릭해 STL 파일로 저장한다.

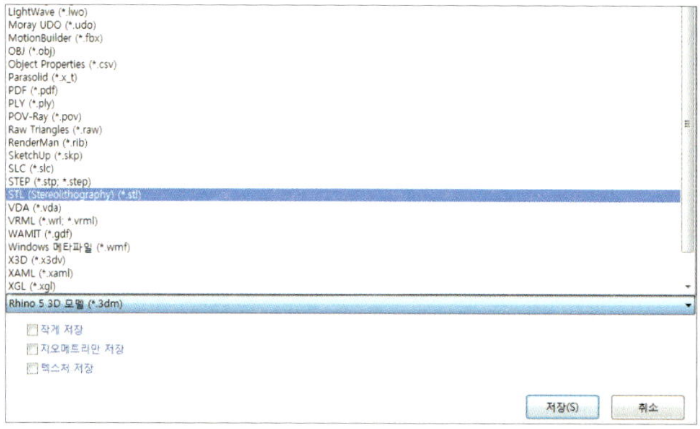

TIP 넙스 모델링 파일의 메쉬로의 저장

STL은 3D 시스템(3D SYSYEM)에서 개발하였으며 단순히 3차원 객체의 메쉬 정보만을 포함하고 있어 색상이나 재질감의 표현은 포함되어 있지 않다. 그런데, 최종적으로 메쉬 형식으로 저장하면서, 왜 모델링은 넙스 형식을 권장했을까?

1. 수학적으로 넙스 모델링은 모든 면의 결합이나 곡선 처리에서 폴리곤 메쉬에 비해 유리하다. 또 메쉬 모델은 두께의 개념이 존재하지 않는다.
2. 메쉬 모델링은 개략적인 상태에서 세밀하게 면을 쪼개면서 만드는데, 이 과정에서 포인트들이 엉키면서 면들이 엉클어지는 현상이 쉽게 발생한다.
3. 메쉬 기반 모델러에서 모델링을 진행하고 프린팅을 해보았지만 모델링 시 화면에서 보이는 것보다 훨씬 더 각진 형태로 모델이 출력되는 현상이 발견되었다. 라이노에서는 넙스 모델링 후 STL 파일로 변환하며 곡면 처리에 사용할 메쉬의 갯수를 정할 수 있다. 변환 시 중간 정도의 옵션으로 프린팅을 해도 메쉬 모델링 프로그램에서 곡선을 만드는 것보다 훨씬 부드러운 면을 얻을 수 있다.

❷ 슬라이서 프로그램으로 열기

슬라이서(Slicer) 프로그램은 3D 프린팅이 가능하도록 데이터를 층별로 분류하여 저장해준다. 사용하기 쉽게 개발되어 있어, 그 개념을 정확하게 이해하고 예제를 차근히 따라해보면 쉽게 접근할 수 있다. 대부분의 슬라이서 프로그램이 오픈 소스에 기반하여 개발되었기 때문에 유사한 설정과 인터페이스를 가지고 있다. 다만 각 프로그램들의 세세한 설정에 따라서 미묘하게 출력 품질에 차이가 있고 출력 시간에도 영향이 있다.

슬라이서 프로그램의 사용

슬라이서 프로그램은 입체 모델링을 단면별로 나누어 프린팅 소프트웨어에서 프린터의 각 축의 모터와 압출기를 동작하기 위한 g코드를 생성하는 데 사용하는 프로그램이다.
슬라이서 프로그램을 이용해 프린터 베드에서의 입체물의 위치와 크기를 확인할 수 있으며, 입체물의 방향과 크기를 별도로 지정할 수 있다. 또한 단면을 슬라이싱하는 높이를 지정하여 출력물의 품질과 속도를 조절할 수 있다.
그리고 슬라이서 프로그램은 입체가 베드 위에서 바로 서고 형태를 유지하기 위해 필요한 서포트를 자동으로 생성해준다. 설명으로는 다소 복잡해 보일 수 있으나 실제 사용해보면 그리 어렵지 않다.

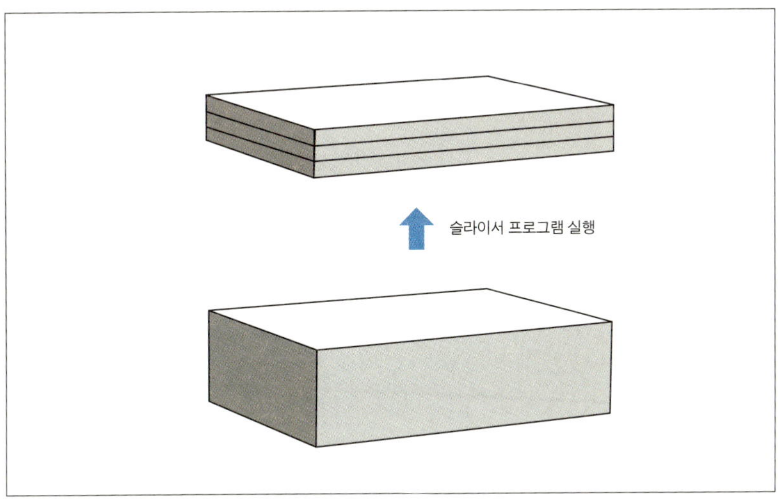

슬라이서 프로그램의 원리

슬라이서 프로그램의 종류

1. 큐라(Cura)

오픈 소스 프린터 업체 중 하나인 얼티메이커에서 개발·배포하는 프로그램이다. 사용자 인터페이스의 완성도 및 슬라이싱 속도가 좋다. 또한 다양한 제조사의 프린터와 호환이 잘 된다.

2. 키슬라이서(Kisslicer)

유료 버전(pro 버전)과 무료 버전이 존재한다. 슬라이싱 속도가 빠르며 세부 조절 메뉴가 다양하다.

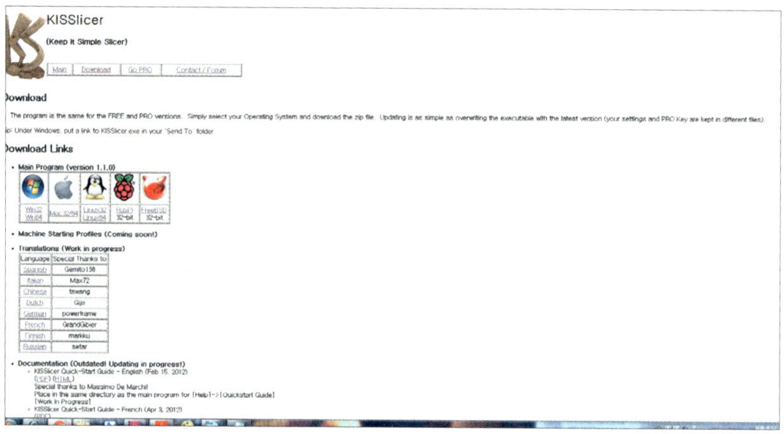

키슬라이서의 웹사이트(http://kisslicer.com)에서 키슬라이서 설치 파일을 다운로드할 수 있다.

3. 메이커웨어(Makerware)

메이커봇 계열 프린터의 전용 소프트웨어다. 간단히 출력하기에는 편리하나 세세한 부분까지 설정하는 것은 불가능하다.

4. 슬라이서(Slicer)

호스트 프로그램인 리피티어 호스트(repetier-host)의 기본 슬라이서 프로그램으로 사용되고 있다. 세부 설정을 조절할 수 있으며 리피티어 호스트를 사용할 때 올인원(all-in-one, 일체형) 개념으로 사용할 수 있는 점이 매력적이다. 최근 버전 업(virsion-up)을 통해 기능들이 개선되었다.

큐라 Cura

큐라는 전세계적으로 가장 많이 사용되는 슬라이서 프로그램의 하나로 무료 배포되고 있다. 사용자 인터페이스가 깔끔하고 설정이 쉬운 편이다.
큐라에 어느 정도 적응되면 다른 슬라이서 프로그램을 사용해보는 것도 추천한다. 여러 번의 출력 시험을 통해 자신의 작업에 가장 잘 맞는 슬라이서 프로그램을 활용하는 것이 좋다.
최신 버전의 큐라는 얼티메이커 제품에 최적화되어 있으나 타 오픈 소스 프린터를 사용하는 데에도 전혀 문제가 없다. 다만 설치 시, 몇 가지 설정을 해주어야 한다. 윈도우즈뿐만 아니라 리눅스와 맥 OS X 버전도 함께 배포되므로 자신의 컴퓨터 사용 환경에 맞추어 다운로드 받아 사용하면 된다.

얼티메이커 웹사이트(http://ultimaker.com)에서 큐라 12.10 이상 버전의 설치 파일을 다운로드할 수 있다.

큐라 이용하기

슬라이서 프로그램 가운데 큐라를 소개하는 이유는, 많은 사용자층이 있어 웹에서 검색하면 더욱 많은 정보를 접할 수 있고, 많은 오픈 소스 기반 프린터 회사들이 큐라를 기본 슬라이서로 채택하고 있기 때문이다. 국내 개발 제조사 중 많은 수가 큐라를 지원하고 있을 뿐만 아니라 자신들의 프린터에 최적화된 큐라를 별도로 배포하고 있는 경우도 있다.
최신 큐라(2014.1.20자 14.01버전)를 받아 사용해도 큰 문제는 없다. 다만 최신 큐라는 얼티메이커 제품에 최적화되어 있고 얼티메이커에서는 흐름 현상에 대한 문제를 많이 신경쓰지 않는 듯해 서포트 생성에 조금 문제의 소지가 있다. 다만 슬라이싱에서 타의 추종을 불허하는 속도는 매력 만점이다. 서포트를 생성하지 않고 프린팅이 가능하도록 모델링이 되었다면 별다른 설정 없이도 빠르게 프린팅 작업을 시작할 수 있다는 매력이 있다.

본 책에서는 큐라 12.X 와 14.01 버전을 사용하여 프린팅 예제를 진행하고자 한다. 얼티메이커사 홈페이지의 "Our Software" 탭의 하위에 있는 "Download Cura"에서 신버전과 구버전 큐라 모두 다운로드할 수 있다. 12.X 버전은 속도는 느리지만 서포트 생성이 안정적이다. 따라서 서포트 생성이 필요한 출력물의 경우 12.X 버전을, 서포트가 필요 없는 출력물의 경우 최신 버전 큐라를 사용하면 좋다. 각각 서로 다른 위치에 설치되므로 구버전과 신버전을 함께 설치해 사용하기를 권장한다.

구버전 큐라 설치 시 함께 설치되는 프린트런(printrun)은 프린터 호스트 프로그램으로 훌륭한 기능을 제공한다. 신버전 큐라에서는 자체의 호스트 프로그램을 내장하고 있지만 범용으로 사용하기에는 부족한 점이 많다.

큐라 설치하기

큐라를 다운로드 받았다면 설치를 시작한다. 12.12A 버전 설치를 예로 살펴보자.

설치 위치 설정

- 설치 위치는 기본값을 유지하도록 한다.

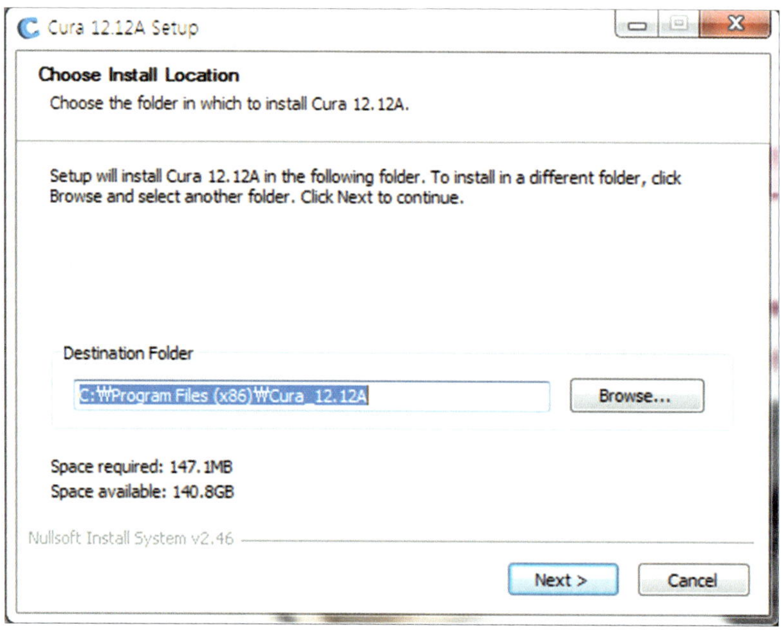

구성 요소 선택

- 만약을 대비해 STL 파일 뿐만 아니라 OBJ 파일도 지원하도록 체크한다.

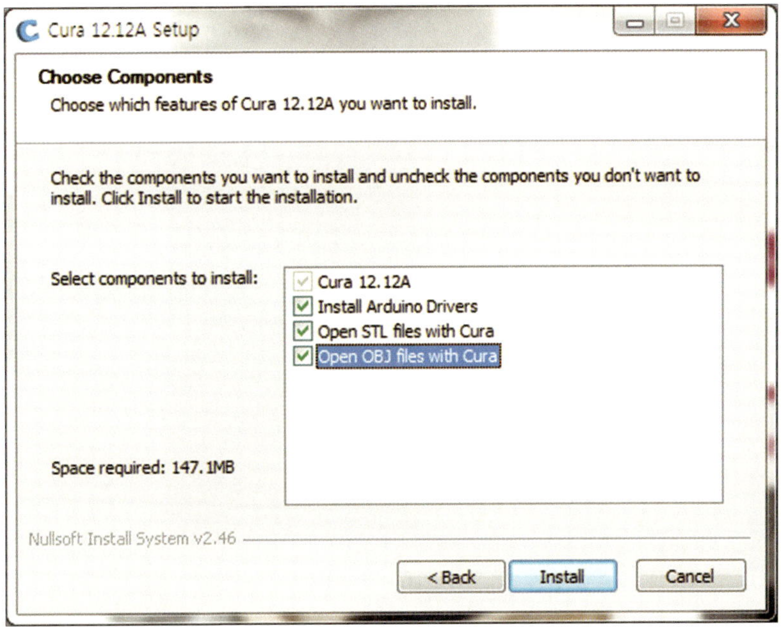

아두이노 드라이버 설치

- 큐라를 설치하면서 아두이노(Arduino) 드라이버도 반드시 설치한다. 이것은 컴퓨터와 큐라에서 프린팅을 하고 얼티메이커사 등의 프린터를 큐라에서 직접 설정하는 데 필요하다.

설치 완료

- 설치가 완료되면 큐라를 시작해 프린터를 설정한다.

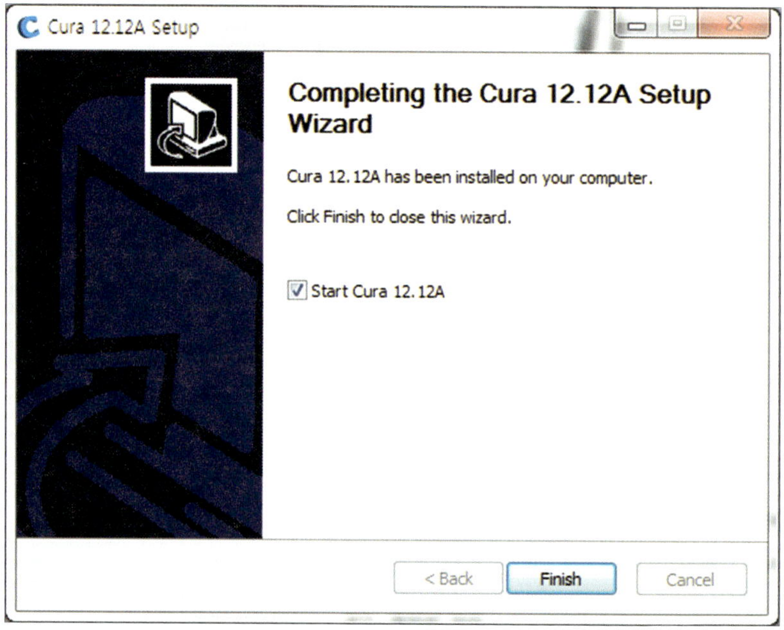

프린터 마법사

- First time run wizard(처음 시작 마법사)에서 프린터의 프린팅 영역과 프린터의 구동부에 따른 설정을 체크한다. 이것은 모든 프린터에서 꼭 해주어야 하는 설정이다.
- 프린터 제조 업체인 오픈크리에이터즈의 경우, 큐라를 개조해 세팅 파일까지 한 번에 설치되도록 제공한다. 오픈크리에이터즈에서 제공하는 oc큐라의 경우, 오픈크리에이터즈 제품인 아몬드나 np멘델에 최적화되어 출시하고 있다.

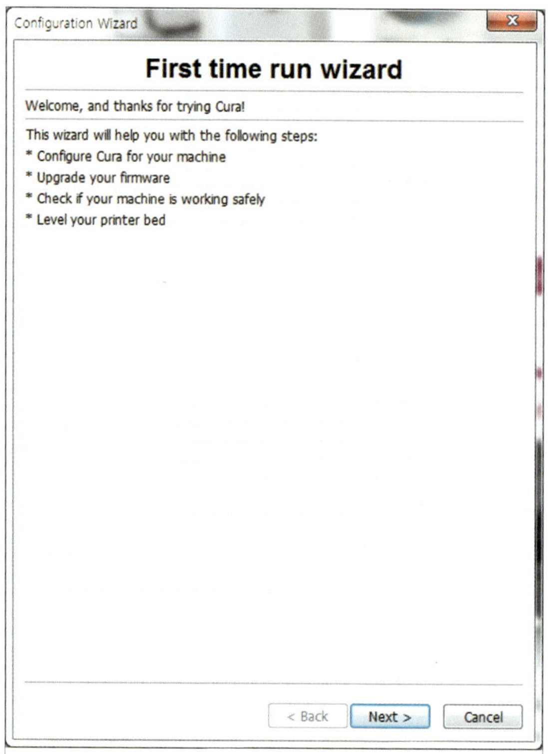

- 자신의 3D 프린터가 얼티메이커사 제품이 아니라면 other을 선택한다.

- 자신의 3D 프린터의 프린팅 공간의 사이즈를 입력한다. 프린터의 사양을 확인하여 프린팅 가능 영역을 가로, 세로, 높이 순서로 입력해준다. 노즐 사이즈, 자신의 프린터 베드가 가열판(히팅베드)을 가지고 있는지 여부 역시 확인한 후 체크한다.

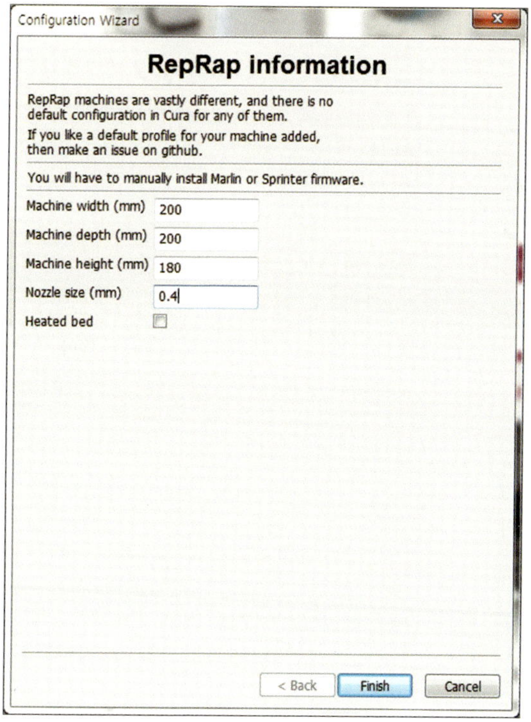

큐라 시작하기

- 큐라 초기 화면은 프링팅 설정을 나타내는 프린팅 설정창(좌측), 프린팅 영역을 표시해 주는 프린트 영역뷰(우측)로 나뉜다.

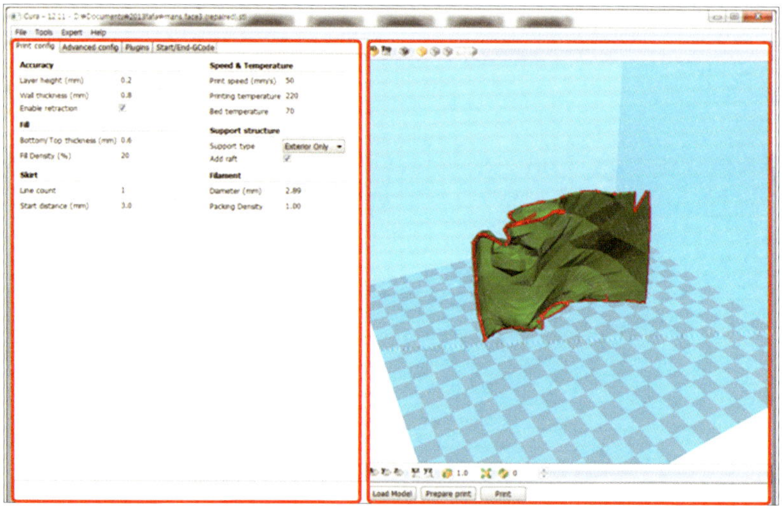

구버전 큐라 프린팅 기본 설정

구버전 큐라 사용 시 기본적으로 알아야 할 설정은 다음과 같다.

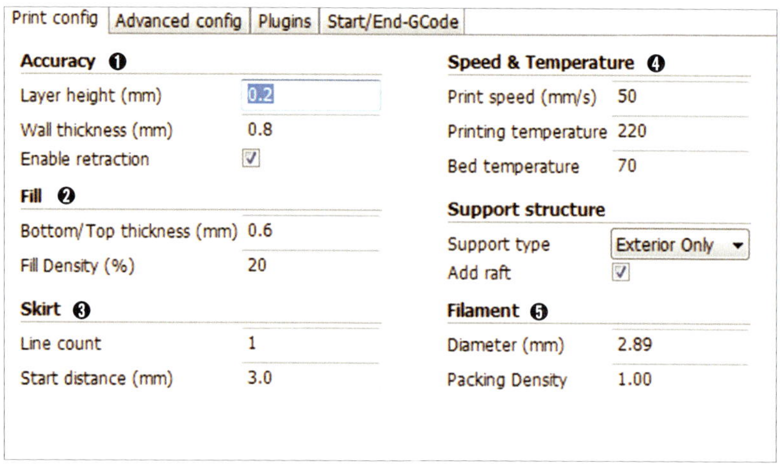

❶ **Accuracy:** 출력물의 기본적인 정밀도를 설정한다.

- Layer height(mm): 프린팅 해상도에 관여하는 부분으로 출력 시 적층 높이를 지정한다. 위의 예시 이미지에서는 높이(Z축) 방향으로 노즐이 0.2mm씩 움직이도록 설정되어 있다. 최소 높이값은 각 프린터 사용 설명서를 참조하는 것이 좋다. 0.1mm 이하로 설정할 수 있는 기종들이 대부분이며 높이값이 작을수록 프린팅 해상도는 좋아진다. 반면 프린팅 속도는 느려질 수밖에 없다. 설정 시 최대 값은 노즐의 사이즈를 넘길 수 없다.
- Wall thickness(mm): 출력물의 측면 벽 두께를 일컫는다. 노즐 구경보다 작은 값은 넣을

수 없다. 위의 예시처럼 0.8mm로 설정하면, 구경 0.4mm 노즐일 경우 2번에 걸쳐 벽을 쌓아준다. 벽의 두께가 두꺼울수록 출력물의 강도는 세지고 그만큼 출력 시간은 오래 걸린다.

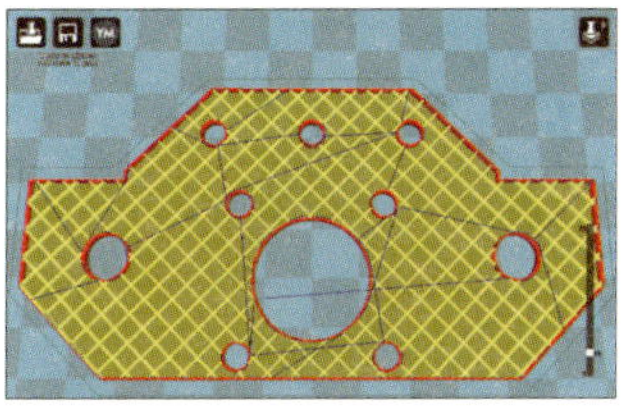

Fill Density를 20으로 한 경우

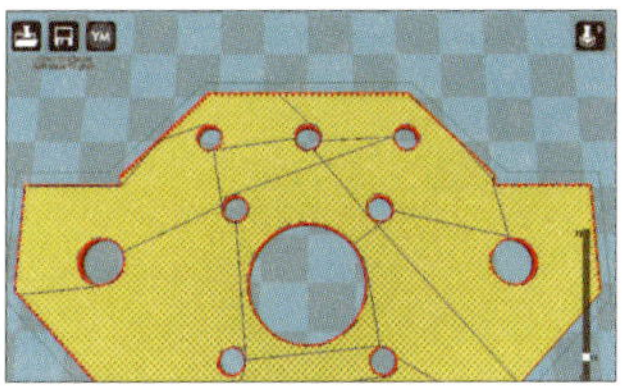

Fill Density를 40으로 한 경우

❷ **Fill:** 출력물의 채움 방식을 설정한다.

- Bottom/Top thickness(mm): 출력물의 하단과 상단의 두께를 지정해준다.
- Fill Density(%): 출력물의 내부 채움의 밀도를 지정하는 옵션이다. 수치가 높을수록 밀도가 높아지며 내부에 재료를 꽉 채우게 된다. 밀도가 높을 경우, ABS 등의 경우 재료의 수축률이 높아져 갈라짐 현상이 심해질 수 있다.

❸ **Skirt:** 베드에 출력물이 출력될 위치 영역을 그림을 그리듯 재료를 뿌려 선으로 표현해 주는 것이다. 예를 들어 컵을 출력할 때, 베드에 컵보다 조금 더 큰 출력 영역을 라인으로 한 번 그려주는 것이다. 필자는 베드의 수평 상태와 출력물의 안착 상태를 가늠하는 데 사용한다.

- Line count: 출력물당 라인의 갯수를 지정해준다.
- Start distance(mm): 출력물과 라인 간의 거리를 지정해주는 옵션이다.

❹ **Speed & Temperature:** 출력 속도, 노즐과 베드판의 온도를 설정한다.

- Print speed(mm/s): 각 축의 모터 이동 속도를 지정한다. 필자의 경험상 수치를 너무 높이면 출력물의 한 축이 엉키는 문제와 표면의 결속 상태가 좋지 않아지는 문제가 발생할 수 있다.
- Printing temperature: 노즐(핫 엔드)의 온도를 지정하는 옵션이다. 필자는 이 수치를 0으로 놓고 프린터 호스트에서 수동으로 제어한다. 그렇게 함으로써 출력 상태를 보면서 온도를 높이거나 낮추는 일이 가능하기 때문이다. 큐라에서 온도를 지정해놓으면 프린터 호스트에서 온도가 올라갈 때까지 기다렸다가 자동으로 프린팅이 시작된다.
- Bed temperature: 베드의 온도를 지정하는 옵션으로 이 부분 역시 0으로 놓고 수동으로 사용하는 것이 좋다.

❺ **Filament:** 출력할 재료에 대한 옵션을 설정한다.

- Diameter(mm): 프린팅 필라멘트(재료)의 직경을 적는다. 노즐을 통해 나오는 재료의 양과 밀접한 관련이 있으므로 정확한 치수를 입력해준다. 표준 필라멘트는 두 가지의 두께로 출시되는데 국내에서 출시되는 대부분의 필라멘트는 직경 1.75mm이다. 외국에서는 3mm도 보편화되어 있다.
- Packing density: 출력 시 압출되는 재료(플라스틱)의 양을 설정한다. 각 재료마다 또 색상마다 설정치가 달라질 수 있다. 1을 기준으로 몇 가지 설정값을 측정하면서 출력 테스트를 해보는 것이 좋다. 값이 너무 작으면 출력 시 노즐에서 분사되는 재료의 양이 적어 출력물이 갈라지거나 마치 그물같은 형상으로 구멍이 뚫린 채 출력된다. 또 양이 너무 많으면 흐름 현상이 심화되고 출력물의 디테일이 떨어지는 결과를 초래한다.

구버전 큐라 고급 설정

기본적으로 큐라는 얼티메이커사의 프린터 및 오픈 소스 프린터 중 유명 모델에 대한 기본 설정값을 가지고 있다. 그렇기 때문에 기본 설정으로도 출력이 가능하지만 프린터를 사용하다 보면 응용 출력을 많이 하게 된다. 필자의 경우 다양한 노즐을 이용하고, 프린팅 사이즈가 다양한 프린터를 함께 사용하다 보니 고급 설정 부분도 자주 변경하면서 사용하고 있다.

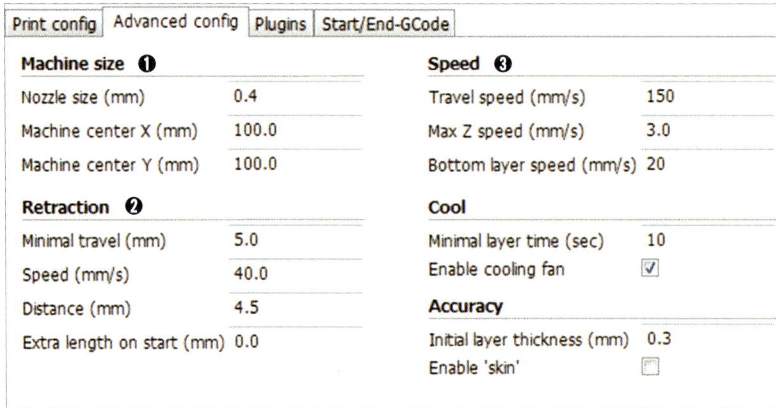

❶ **Machine size:** 출력 영역을 표시한다. 대부분의 FFF 방식의 프린터는 200×200×200mm 내외의 출력 공간을 갖는다. 더 큰 출력물을 출력하려면 많은 출력 노하우가 필요하며 출력 재료와 재질의 제한을 받는다. 큰 출력물을 얻기 위해서는 출력물을 분할하여 출력하는 노하우 등이 필요하다.

- Nozzle size(mm): 노즐 사이즈는 프린터 설명서를 참조한다. 대부분의 프린터 제조사들이 0.4~0.8mm의 노즐을 사용한다. 노즐의 직경은 프린팅 시 출력물의 가로세로 해상도에 관여하는 부분으로 노즐의 두께가 두꺼워지면 큰 출력물에 유리하며 속도 증감에도 영향이 있다.

❷ **Retraction:** 노즐에서 재료를 역으로 빨아 들이는 기능을 수행할 것인지를 설정한다. 이 기능을 수행하도록 설정하면, 출력되지 않는 공간이 존재하는 출력물(예를 들어 메쉬망 형태로 이루어져 중간에 구멍이 뚫린 출력물)을 출력할 때 노즐의 재료를 빨아들여 빈 공간을 표현하도록 돕는다. 사방이 막힌 출력물의 경우에는 활성화하지 않아도 무방하다.

❸ **Speed:** 출력 스피드는 출력물의 품질과 직결되는 부분이다. 대부분 40~50mm/s로 각 축을 움직이게 설정하면 품질에서 크게 뒤떨어지지 않는다. 최대 속도를 이보다 훨씬 높게 표시하는 프린터는 프린팅 시 품질이 현격하게 떨어지는 경우가 많다. 이는 출력 재료의 특성에 기인하는 것으로 적정선의 출력 속도를 지켜주는 것이 좋다.

구버전 큐라 익스퍼트 설정

메뉴바에서 Expert - Open expert setting을 클릭해 더욱 세세한 설정을 할 수 있다.

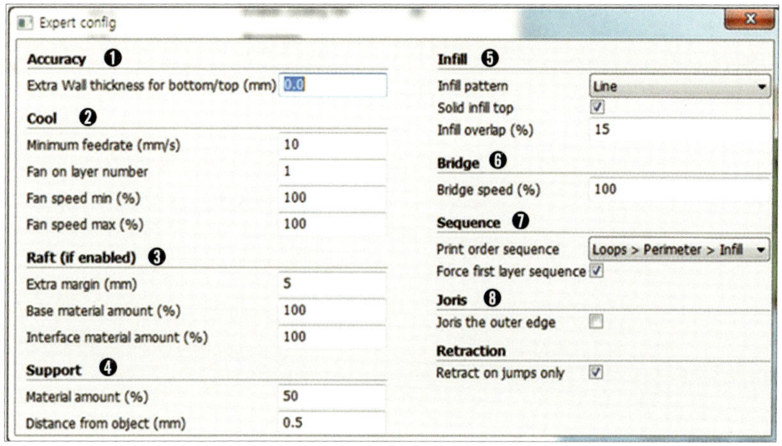

❶ **Accuracy(고급 설정에서도 가능):** 바닥과 상단 부분의 추가 두께를 주는 옵션으로 기본값은 0이다. 출력 테스트를 통해 바닥과 상단의 추가 두께가 필요한지 테스트해본 후 적정값을 입력해 사용한다.

❷ **Cool:** 3D 프린터에서 쿨링 팬은 필라멘트가 녹아 나오는 순간 재료를 빠르게 굳히는 역할을 한다. 프린터에 팬이 없는 경우라면 손을 댈 필요가 없다. 최근 나오는 큐라나 다른 슬라이서 프로그램에서는 이와 유사한 옵션이 보이지 않는다. 그만큼 최근에 출시되는 프린터 제품들의 자체 쿨링 관련 부분이 많이 발전한 듯하다.

❸ **Raft:** 출력 시작 전 베드 바닥에 그리드 형태로 재료를 한 번 깔아준다. 이것을 라프트(Raft)라고 하는데, 라프트를 만드는 재료의 양, 본 출력물과의 여분 공간을 설정한다.

❹ **Support:** 서포트(support)는 출력물이 무너지거나 흘러 내리지 않도록 잡아주는 역할을 한다. 자세한 내용은 성공적인 프린팅을 위한 노하우(211-213쪽) 부분을 참조하기 바란다.

- Material amount(%): 본 출력물 대비 서포트 생성에 사용될 재료의 양을 설정한다.
- Distance from object(mm): 출력물과 서포트의 간격을 설정한다. 실험 출력을 통해 최적의 값을 설정해두고 프린팅을 시작하는 것이 좋다.

❺ **Infill:** 출력물의 내부를 채우는 것에 대한 설정으로 성공적인 프린팅을 위한 노하우(214-215쪽) 부분을 함께 참고한다.

- Infill pattern: 출력 시 내부를 채우는 방식을 설정하는 것으로 Line(선), Grid Circular(원), Grid Hexagonal(육각형), Grid Rectangler(사각형) 등이 옵션으로 존재한다. 옵션 설정에 따라 라인 혹은 원, 육각, 사각 형태로 망을 쳐가면서 입체를 만든다. 자신이 출력하고자

하는 형태로 출력하면 된다. 최신 큐라에서는 이와 같은 세세한 항목의 설정이 불가능하다. 많은 부분을 자동으로 설정해놓았기 때문이다.

- Solid infill top: 출력 모형의 상단부를 꽉 메운 솔리드 형식으로 채울 것인지를 설정한다. 만약 체크하지 않으면 상단부 또한 채움 퍼센트로 채워진다.
- Infill overlab(%): 채움 그리드와 외벽과의 맞닿는 정도를 설정해주는 옵션이다.

❻ Bridge

- Bridge speed(%): 출력 시 공중에 떠 있는 다리와 유사한 형태를 그릴 때 출력 속도를 선택하는 옵션이다. 출력 시 필라멘트가 굳는 속도를 생각해 약간 줄여주는 것도 방법일 수 있으나 팬을 설치하는 것이 더욱 효과적이다.

❼ Sequence: 출력물의 구성 요소별 출력 순서를 바꾸어주는 옵션이다. 기본값으로 설정하여 사용하고 있다.

❽ joris: 높이(Z)축이 올라가는 부분을 일정하게 할 것인지 설정하는 옵션이다. 높이(Z)축이 올라가는 부분이 일정하지 않으면 외관이 좀 더 깨끗해 보이는 효과가 있다.

큐라의 퀵 프린트 메뉴

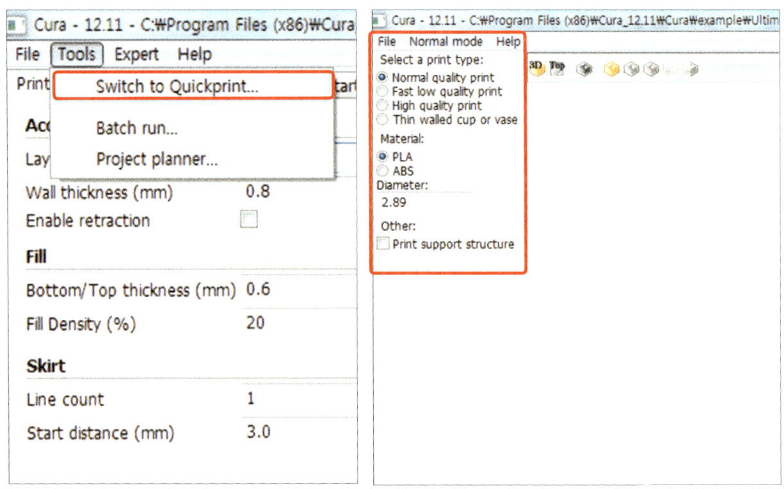

큐라의 퀵 모드를 이용하면 출력을 손쉽게 할 수 있다. 하지만 이미 설정치를 정해두고 출력을 하기 때문에 출력 품질과 성공에 대해서는 보장할 수 없다. 최근 많은 출력 지원 프로그램들이 퀵 모드에서 지원하는 정도의 옵션을 가지고 있는 경우가 많은데 이는 프린터 보급이 빠르게 진행되고 있다는 반증으로 보인다.

하지만 모든 경우 출력이 잘되는 것은 아니기 때문에 다양한 옵션의 설정에 따른 품질 차이 등을 계속 확인해보는 것이 좋다.

구버전 큐라의 프린팅 영역뷰

프린팅 영역뷰는 출력물이 어떻게 출력되는지 박스 형태의 틀 안에 가상으로 보여주는 창이다. 큐라 설치 시 설정한 베드의 사이즈와 높이값(Z축)이 반영되며, 큐라에서 모델링의 크기를 변경하는 것도 가능하다.
마우스 우버튼을 클릭한 채로 드래그하면 모델의 사방을 돌려가면서 볼 수 있다. 마우스의 휠을 스크롤하면 확대, 축소 기능을 수행한다.

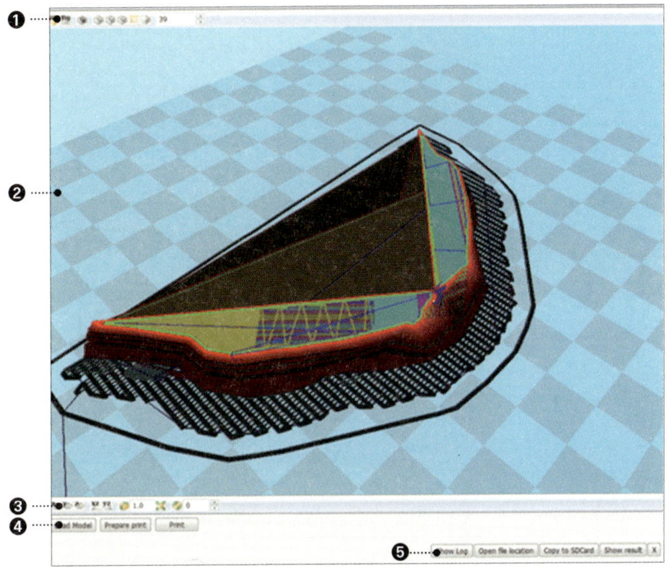

❶ 뷰포트 모드

- 3D view: 3차원으로 모델을 돌려볼 수 있도록 화면을 표시한다.
- Topdown view: Top뷰에서 모델링을 바라본 모습으로 전환한다.
- Show model border: 모델의 끝을 실선으로 표시한다.
- Normal model view: 표준 모델뷰로 돌아간다.
- Transperant model view: 모델을 반투명하게 표시한다.
- X-ray view: 모델을 X선으로 투사한 것처럼 표시한다.
- GCode view: 생성된 g코드를 표시한다.
- Mixed model / GCode view: 모델과 g코드를 함께 표시한다.
  (뷰모트 모드는 버전에 따라 조금씩 다르다.)

❷ 출력 영역

❸ 스케일/이동 툴바

- Mirror X / Mirror Y/ Mirror Z: 각 축을 기준으로 모델을 반전시킨다.
- Swaf XZ, Swaf YZ: 각각 XY, YZ축을 전환해 모델을 회전시킨다.
- Reset scale: 모델의 비율을 원상태로 복구한다. 오른쪽에 수치를 입력해 모델의 크기를 조절할 수 있다.
- Scale object to fit machine: 모델의 비율을 기계에 꽉 차도록 해준다.
- Reset object rotate: 오브젝트의 회전을 원점으로 돌려준다.

❹ 슬라이싱 도구

❺ 슬라이싱 상태바

구버전 큐라를 이용해 슬라이싱하기

구버전 큐라를 이용하여 슬라이싱을 해보자. 필자가 추천하는 큐라 구버전은 12.08이며 최신 큐라를 함께 사용할 것을 권장하고 있다.

큐라 12.08 설치 파일은 https://github.com/daid/cura/downloads에서 다운로드 받을 수 있다. 설치 방법은 앞의 예시(12.12A 버전 설치 예)와 같다.

파일 불러오기

- 하단의 슬라이싱 도구에서 Load Model을 클릭하거나 상단의 File - Load model file을 선택해 STL로 변환한 모델링 파일을 연다.
- 출력 영역이 육면체로 표시된다. 이는 처음 큐라 설치 시 처음 시작 마법사에서 설정한 베드의 사이즈와 높이값(Z축)이 반영된 것으로 출력물이 출력 공간을 넘치지 않도록 한다. 물론 크기를 조절하며 모델링 할 수도 있지만 큐라에서 모델링의 크기를 변경하는 것도 가능하다.
- 마우스 우버튼을 이용해 돌려 볼 수 있으며 마우스 휠을 사용해 확대, 축소하며 모델링을 점검 할 수 있다.
- 각 이미지의 화면 색상은 큐라의 버전별 차이이다. 기능상의 차이는 없음에 유의하기 바란다.

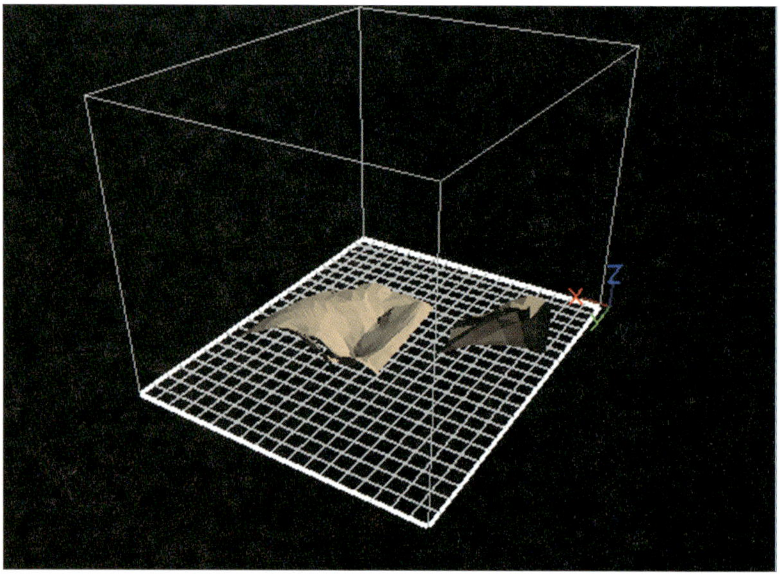

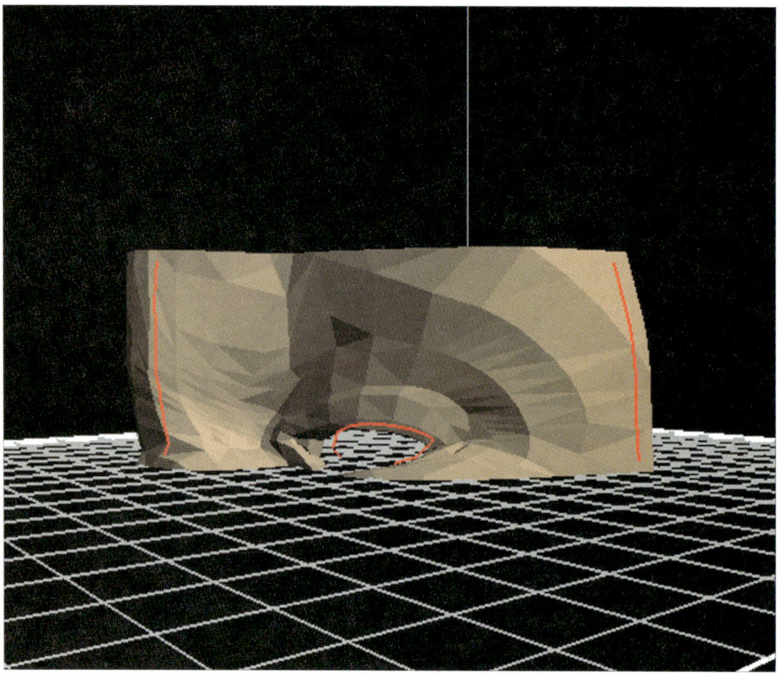

슬라이싱 실행하기

- 하단 슬라이싱 도구에서 Prepare print을 클릭하면 슬라이싱이 진행된다.
- 버전에 따라 Slice to Gcode 등 이름이 다르게 표기되어 있다.
- 슬라이싱 과정이 표시된다.
- 슬라이싱되는 파일이 위치한 폴더 경로에 한글이 포함되어 있으면 슬라이싱에 실패하므로 주의한다.

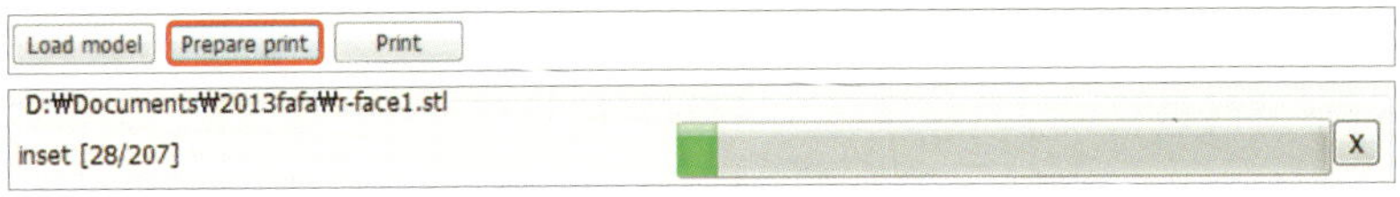

슬라이싱 완료

- 횡으로 그어진 선들은 노즐이 재료를 분사하면서 지나갈 자리를 표시한 것이다.

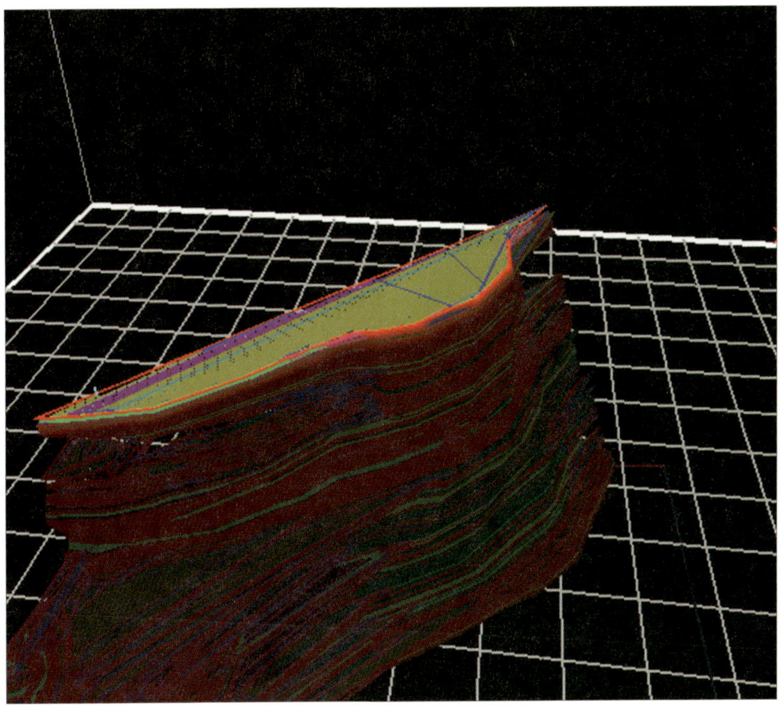

간편해진 신버전 큐라

구버전 큐라는 오픈 소스 프린터의 각종 세부 사항을 제어할 수 있도록 제작되어 있다. 반면 신버전 큐라는 굉장히 간략해지고 사용법도 간결하다. 게다가 빛과 같은 속도로 모델의 슬라이싱을 진행한다. 별도의 슬라이싱 버튼을 누르지 않아도 실시간으로 변경된 값으로 모델을 슬라이싱한다고 보면 된다. 그러나 서포트 생성에는 꽤나 인색한 편이라 각 부위의 오버행(일정 각도 이상으로 공중에 떠 있거나 둔각으로 프린팅이 힘든 부분)에 대해서는 제대로 대처하지 못하는 모습을 보인다. 아마도 FFF 방식의 한계를 인지하고 그에 맞게 모델링하기를 권장한 것, 혹은 모델을 나누어 출력하는 것을 염두해둔 것이라는 생각이 든다.

그렇기 때문에 구버전과 신버전 큐라, 그 외 다른 슬라이서 프로그램을 병행해 사용할 것을 권장한다. 구버전 큐라의 비교적 복잡한 사용법에 익숙해져 있다면 신버전 큐라의 사용은 상당히 쾌적하고 편리하게 느껴질 것이다.

기본 프린팅 설정

- 대부분의 항목이 구버전과 같지만 필라멘트(Filament)의 Packing Density의 표기법이 1을 기준으로 표기하는 것에서 flow라는 이름과 %로 바뀌었다. 구버전에서의 1은 신버전의 100%와 같다.

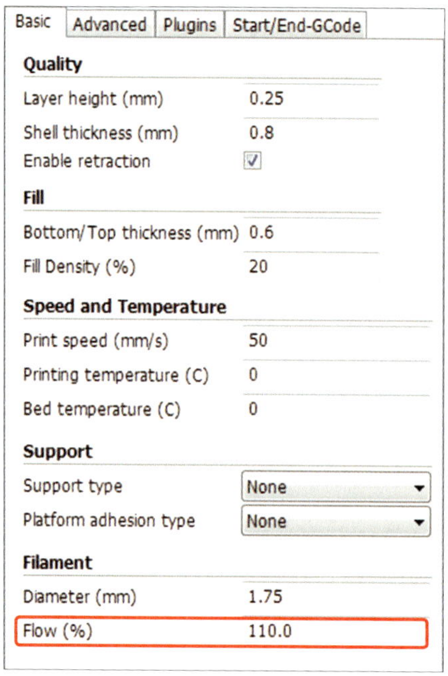

프린팅 영역뷰 보기

- 프린팅 영역뷰의 모양이 상당히 깔끔하게 변화하였다. 이런 모습은 큐라 12.10 버전 이후로 지원이 시작되었다.
- 신버전 큐라는 파일을 불러오자마자 바로 슬라이싱을 진행한다. 또한 하단 중앙에 g코드 저장 상태를 알 수 있도록 표시해준다.
- 상단 메뉴의 File - Save GCode로 원하는 폴더에 저장할 수 있다.

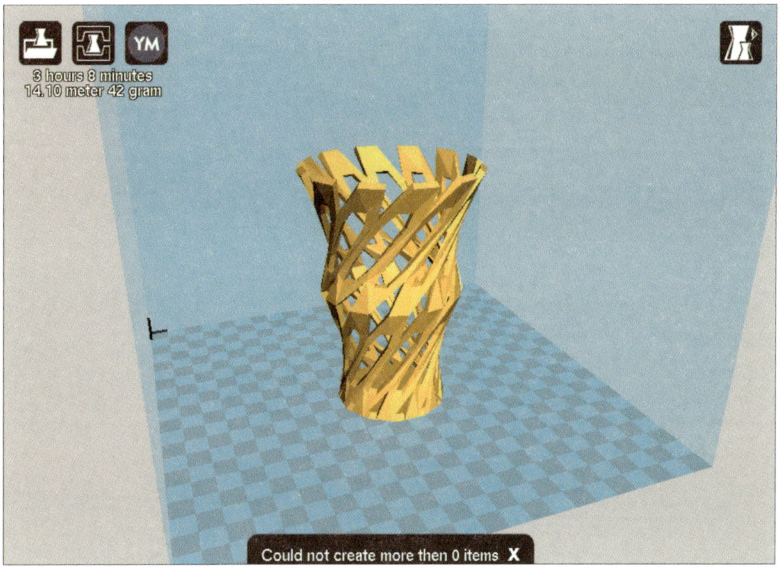

- 프린팅 영역뷰의 좌측 상단을 통해 프린팅 예상 시간을 알 수 있다. 비교적 정확하게 정보를 제공하고 있으며, 무게 및 재료의 가격을 넣으면 재료 비용까지 산출할 수 있다.
- 신버전 큐라에서는 직접 프린팅을 지원한다. 하지만 필자는 g코드 생성 후 프린터의 SD카드 출력 기능이나 별도의 호스트 프로그램으로 프린트하기를 권장한다.

- 프린팅 영역뷰 우측 상단에는 출력 영역의 화면 모드 전환 아이콘이 위치하고 있다. 구버전과 비교하여 오버행 항목이 추가되었다. 우측 이미지의 붉은 부분이 오버행으로 서포트 없이 출력이 힘든 구간을 일컫는다.

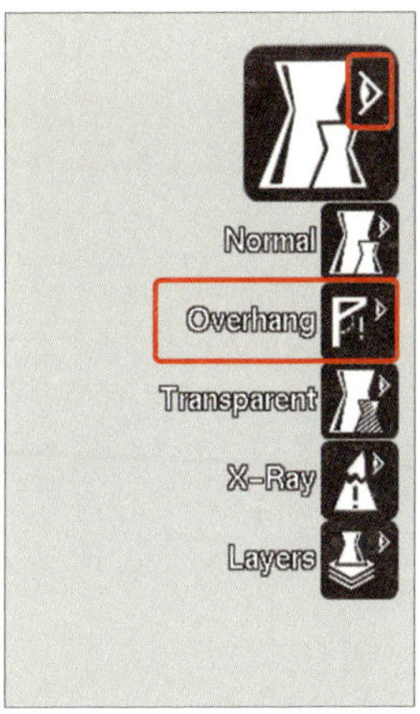

- 프린팅 영역뷰 좌측 하단에는 모델의 이동, 변형, 회전 기능을 담당하는 아이콘이 배치되어 있다. 순서대로 ❶ 회전, ❷ 스케일, ❸ 미러의 기능을 수행한다. 회전 툴은 회전 방향으로 총 4개의 원이 교차된 형식으로 나타난다.

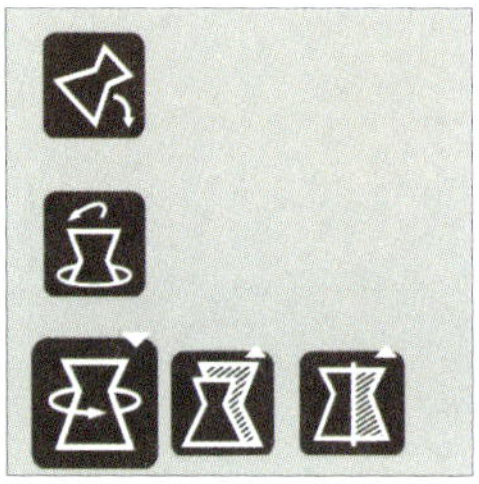

❶ ❷ ❸

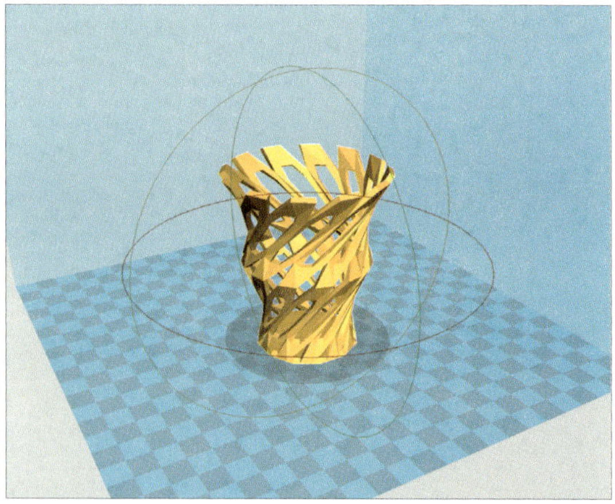

다양한 출력 기능

- 마우스로 출력할 객체의 위치를 옮길 수 있다.
- 다양한 객체를 한 번에 출력할 수도 있다.

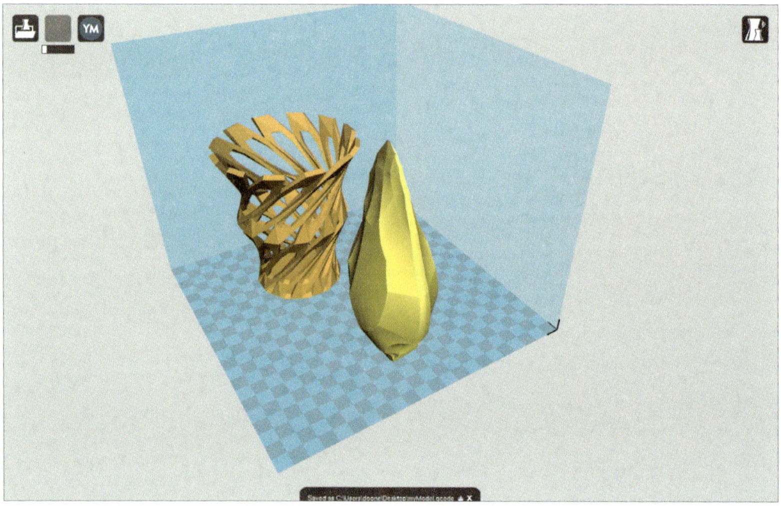

- 멀티 객체 또한 지원하며 같은 객체를 한 번에 여럿으로 복제해 출력할 수도 있다.

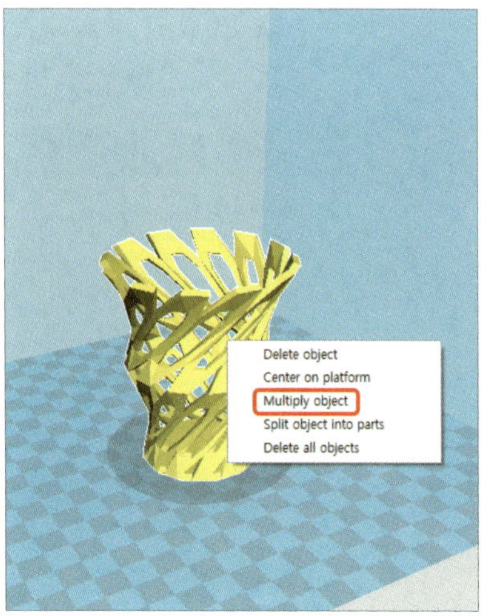

- 객체의 방향 돌리기도 슬라이서 프로그램 안에서 한 번에 해결할 수 있게 되었다.
- 출력 사이즈를 변경하는 것 또한 간편하다.

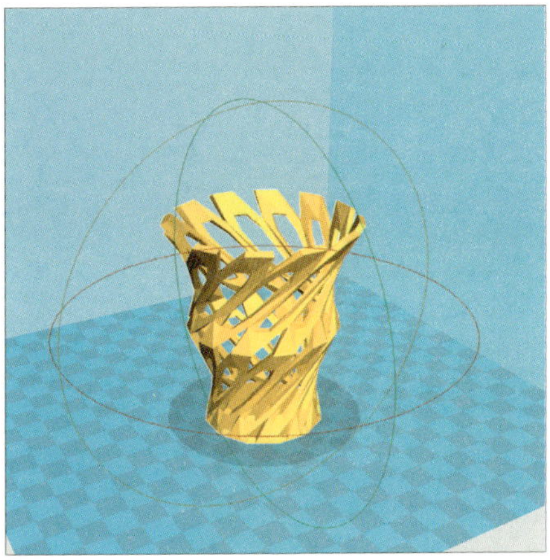

- 각 축을 별도로 제어해 다른 객체처럼 출력할 수도 있다.
- 객체를 선택하고 스케일 대화창 하단의 자물쇠 아이콘을 한 번 클릭하면 자물쇠 아이콘의 모양이 열린 자물쇠로 바뀐다.

TIP **넷파브 스튜디오 (Netfabb studio)**

메쉬로 모델링을 내보내게 되면 메쉬의 부분 부분이 뒤집히거나 깨지는 오류가 생기기도 한다. 슬라이서 프로그램에서는 이 부분을 해결할 방법이 없어 g코드 생성 시 오류가 생겨 프린팅에 실패하는 경우가 종종 발생한다. 이때 간단하게 메쉬를 손볼 수 있는 것이 넷파브 스튜디오다. 유료 버전이 존재하지만 간단하게 오류를 손보는 정도는 무료 버전으로도 충분하다. 프린팅을 분할해 진행할 때에도 유용하게 사용될 수 있다.

데이터 불러오기

• 데이터를 불러온다.

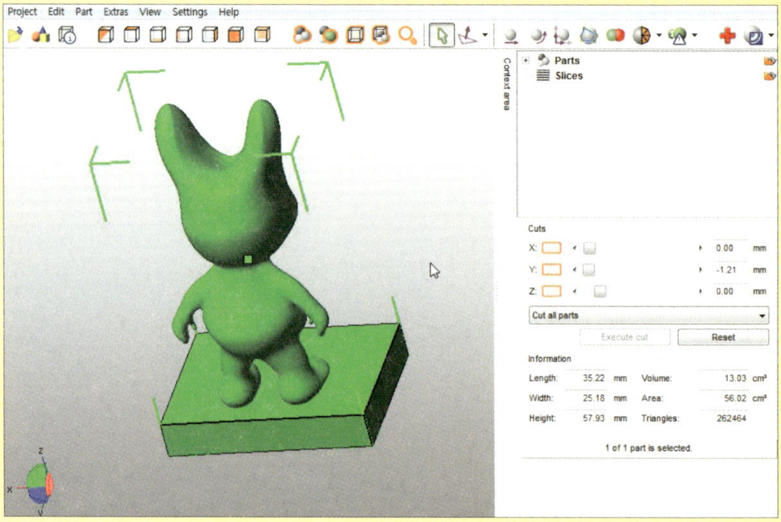

데이터 수정하기

• 상단 메뉴바의 붉은 십자 모양의 아이콘을 누르면 문제되는 부분을 자동으로 수정해준다.

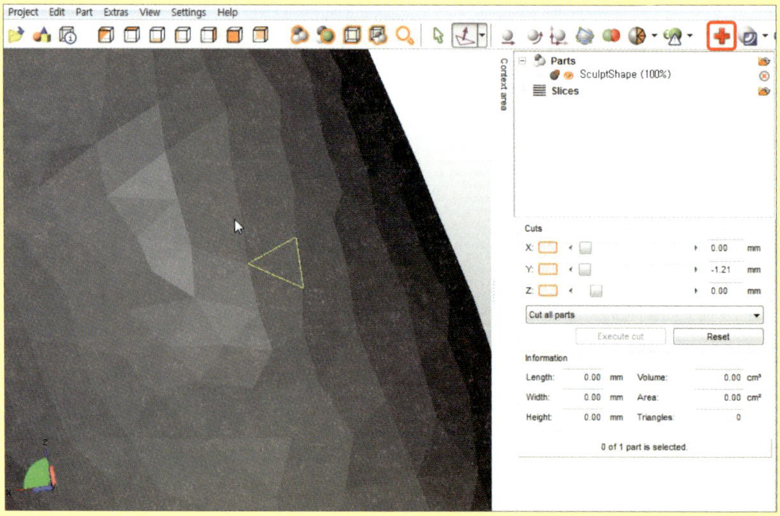

분할 방법

- 라이노에서도 출력물을 분할할 수 있지만 넷파브에서 간편하게 진행할 수도 있다.
- cuts 메뉴가 우측 중간에 위치하고 있다.
- 각 축마다 달려있는 슬라이더 바를 조절하면 모델링에 선이 그어지는 것을 확인할 수 있다.
- 바로 아래 Execute cut를 실행하면 바로 모델링이 칼로 자른듯 깔끔하게 잘린다.

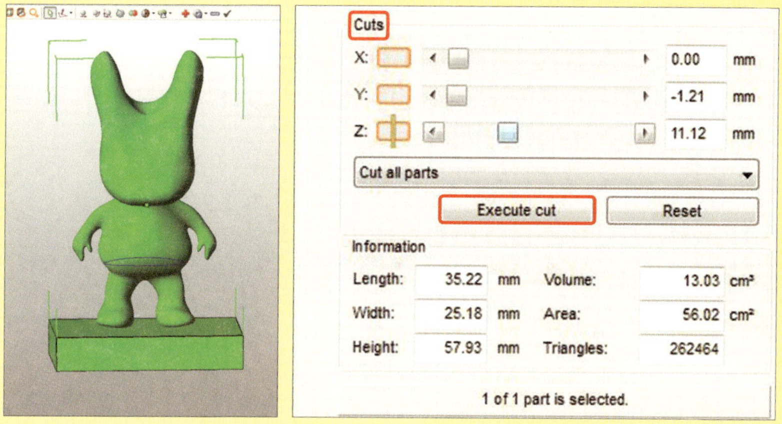

- 넷파브에서 수정된 모델은 STL 파일로 저장된다. 분할한 경우 각 파트를 따로 한 번씩 저장해주어야 한다. 메뉴의 Part-Export part를 통해 저장할 수 있다.

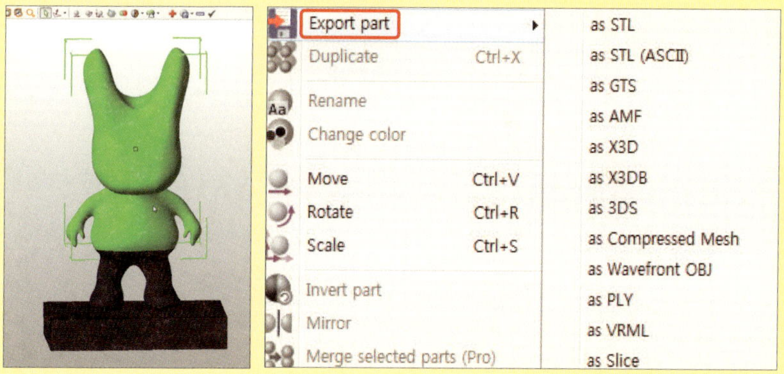

❸ 프린팅 성공을 위한 노하우

많은 이들이 2D 프린팅에서 종이 걸림 등의 문제로 프린팅에 실패한 경험이 있을 것이다. 3D 프린팅에서도 유사한 이유로 프린팅에 실패하는 경우가 많이 발생한다. 사실 프린팅 실패 이유는 너무나도 많은 경우의 수가 있어 딱 꼬집어 말하기가 힘들다. 다만 안정적인 프린팅 방법을 알고 모델링을 하는 것이 좋다. 성공적인 프링팅을 위해 다음 사항을 반드시 확인하도록 하자.

모델링 시 외곽선의 끊김을 점검한다

3D 프링팅을 위한 모델링은 모든 면이 닫혀 있어야 한다. 3D 프린팅에서 모든 출력은 폴리곤 메쉬 모델링으로 전환해 출력하게 된다. 이때 메쉬의 터짐에 유의하여야 한다. 별도의 메쉬 점검 프로그램(넷파브)을 사용하는 것도 좋은 방법이다. 메쉬의 터짐을 방치하고 프린팅을 진행하면 프린팅 코드가 꼬여 제대로 출력이 되지 않는 경우가 생기기도 한다.

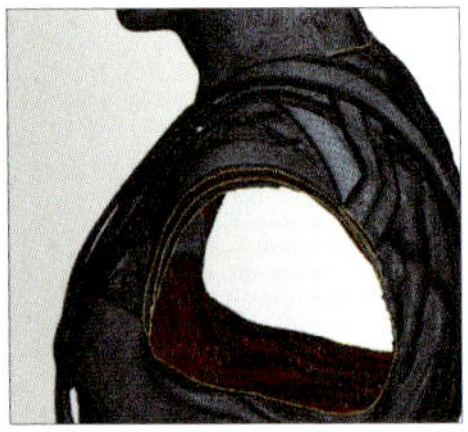

[왼쪽] 메쉬 터짐 부분의 확인. 붉은 부분과 노란 부분 등이 터진 메쉬와 열린 면이다.

[오른쪽] 메쉬 모델의 터짐 현상과 두께 개념이 없어 g코드 생성이 불가능한 예

모델링 시 모든 형태에 두께를 지정한다

단순 외곽 쉘(shell)로만 이루어진 모델링이 아닌, 모든 면에 두께가 있는 솔리드 모델링으로 완성할 것을 추천한다. 두께를 지정하지 않은 모델링 파일을 출력하게 되면 내부를 모두 채워 프린팅하게 된다. 내부를 비우도록 모델링하는 것이 재료를 아끼고 형태 변형을 줄일 수 있는 방법이다.

프린팅할 출력물들은 솔리드 객체로 완성이 되어야 한다. 즉 모든 면이 닫혀 있는 형태여야 하며 그 형태의 두께를 지정해주는 것이 좋다.

정확한 치수를 확인해 모델링한다

출력물의 조립이나 가동을 위해서는 출력물의 두께와 치수를 정확하게 가늠할 수 있는 프로그램을 사용하는 것이 좋다. 재료(ABS)의 수축률은 일일이 가늠하기가 힘들다. 따라서 정확한 치수에 따른 모델링을 하고 재료의 물성으로 생기는 오차에 대비하는 것이 좋다.

정확한 치수로 각 부품을 모델링한 후 출력하여 각 부품을 조합하면 실제 사용 가능한 제품을 제작할 수 있다. 우리가 본 책에서 라이노를 배운 이유 역시 실제 출력할 출력물의 정확한 사이즈를 지정하는 것과 부품으로 분할해 출력했을때 아귀가 딱 맞도록 디자인하고 모델링하는 것이 가능하기 때문이다.

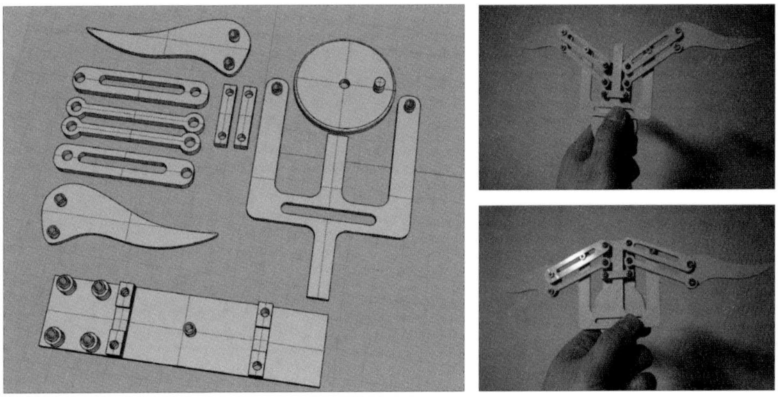

부품으로 모델링하여 3D 프린터로 출력한 후 조립한 예

서포트와 흐름 현상에 유의한다

3D 프린팅 시에는 중력에 의해 재료가 아래로 흐르는 현상이 발생하므로 이를 유념하여 모델링한다. 베드와 접착면을 늘려줄 수 있도록 방향을 설정해 모델링하는 것이 좋다.

큐라의 프린팅 설정에서 이미 언급하였지만, 서포트란 일정 각도를 벗어나 있거나 공중에 떠 있는(오버행) 물체를 프린팅할 때 얇은 벽이나 연속된 메쉬를 통해 물체(형상)가 허물어지는 것을 막기 위한 보조 모델링이다. 서포트는 슬라이서 프로그램에서 자동으로 생성된다. 또한 여러 가지 방식으로 문제가 되는 모든 부분에 생성되도록 하거나 문제가 되는 부분만 서포트가 생성되는 방식으로 모델링에 따라 사용자가 생성할 수 있다.

그런데 서포트 생성 설정을 너무 과도하게 하면 서포트를 제거하는 것 자체가 힘들어질 수도 있다. 다음의 이미지는 서포트가 과도하게 생성되어 출력물을 망가뜨린 예이다. 출력 속도와 출력물의 품질을 위해 서포트가 되도록 생기지 않도록 모델링을 분할·수정해 출력하는 것을 권장한다.

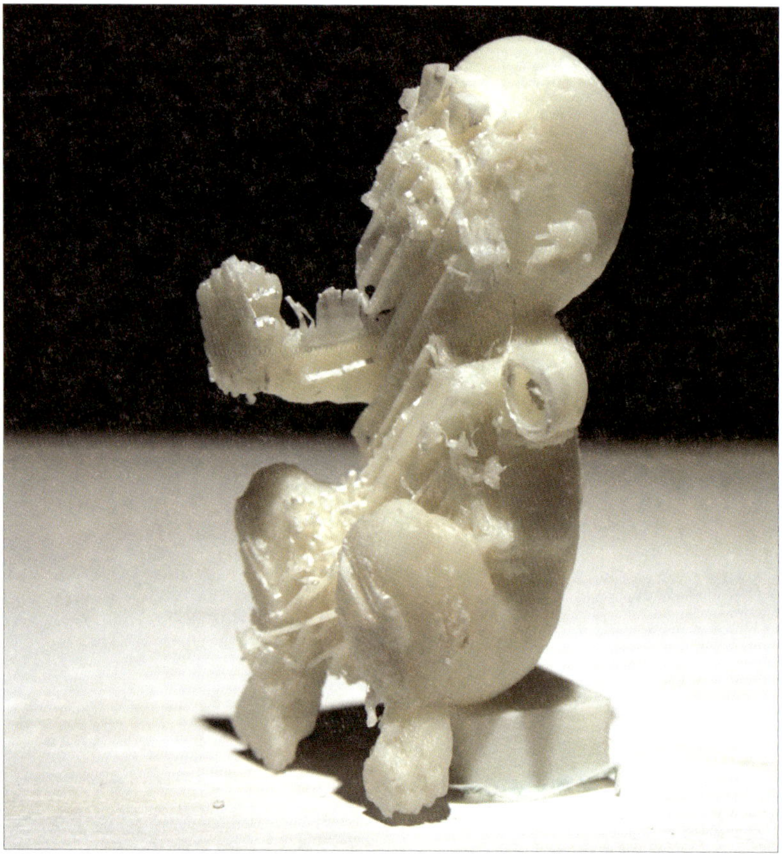

서포트가 과도하게 생성되어 출력에 실패한 예

많은 사용자들이 프린팅을 할 때 바닥면이 베드에 잘 안착되도록 넓은 면을 아래로 회전시켜 프린팅한다. 혹은 모델링 프로그램에서 흐름 현상이나 서포트가 생성되지 않도록 모델을 잘라 프린팅하는 것도 좋은 방법이다. 모델링 프로그램에서 모델을 자르는 것이 여의치 않으면 넷파브를 사용해 자르는 것 또한 좋은 해결 방안이다. 이처럼 흐름 현상은 모델링 시 주의하고 프린팅 시 배열을 조절함으로써 막을 수 있다.

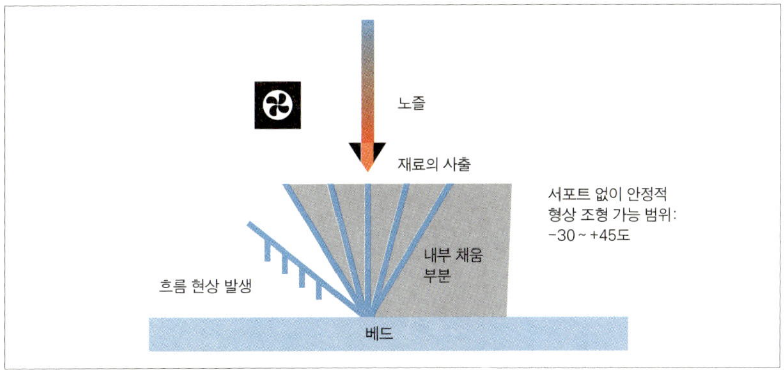

조형 각도와 흐름 현상

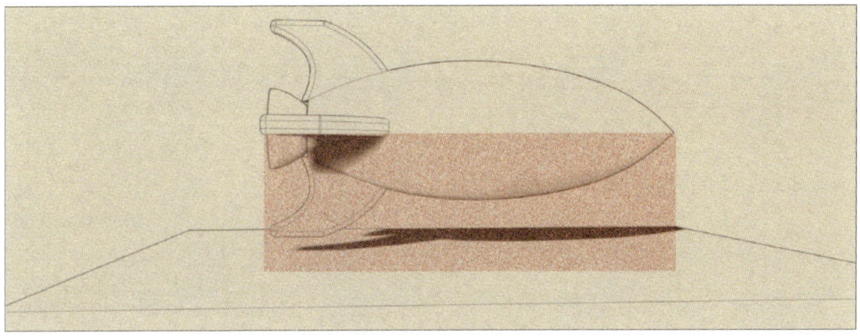

출력물이 공중에 떠 있어 서포트가 과도하게 발생한다. 붉은 부분이 서포트가 생성되는 부분으로 출력 시간이 늘어나고 해당 부분에 흐름 현상이 많이 발생해 출력 품질이 저하된다.

바닥면이 넓고 윗면이 좁아지도록 모델링을 배치한 경우 서포트가 거의 생기지 않는다.

윗면이 넓어지게 모델링한 경우와 바닥면이 넓고 윗면이 좁아지도록 모델링한 경우의 출력물 비교

슬라이싱 간격 설정에 유의한다

슬라이싱 프로그램에서 프린팅 설정 시 Z(높이)축 방향으로 적층 높이를 지정할 수 있다. 출력물의 품질을 위해서는 프린터가 허용하는 Z축의 최소치와 최대치를 알아둘 필요가 있다. 대부분의 프린터 제조사에서는 0.02mm 이상부터 적층 높이를 지정할 수 있다. 적층 높이의 수치가 낮을수록 출력물의 품질이 좋아지지만 프린팅 속도가 느려지는 단점이 있다. 보통 0.1~0.15mm 간격으로 적층 높이를 지정하면 좋은 품질의 출력물을 얻을 수 있고 0.2~0.3mm 사이로 적층 높이를 지정하면 거칠지만 상대적으로 빠른 속도로 출력물을 얻을 수 있다.

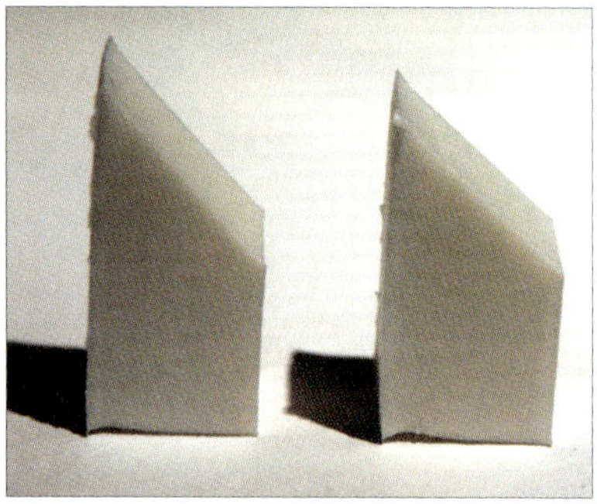

슬라이싱 간격을 0.1mm로 준 출력물

간격을 0.25mm로 준 출력물

내부 채움 방식 설정에 유의한다

솔리드 방식으로 모델링을 하면 모델링의 내·외면과 두께를 모두 모델링하게 된다. 그러면 프린터에서 모든 면을 채우면서 프린팅하게 된다. 이때 모델링 내부의 채움 정도와 채움 형태를 지정할 수 있다. 육각형 벌집 모양이나 사각형, 혹은 선의 형태로 내부를 채울 수 있다. 기본 채움 정도는 20%로 이것은 많은 사용자들이 재료의 온도 변화에 따른 수축률과 속도 강도를 테스트한 경험에서 나온 수치이므로 기본값으로 프린팅을 해본 후 필요에 따라 채움 정도를 바꾸어주면서 원하는 강도치를 정하여 프린팅하면 된다.

내부 채움 방식 설정은 절대적으로 경험치에 의한 것으로 많은 시험 출력이 필요하다. 또한 수축률이 큰 ABS 재료와 수축률이 적은 PLA 재료는 각기 특성이 다르므로 각 재료에 따른 테스트 또한 필요하다. 필자의 경우 피규어 형태를 뽑거나 작품으로 출력할 때에는 기본치 20%선에서 출력하며 실제 생활에 사용할 디자인 제품이나 소품 등을 출력할 때에는 50~100%까지 출력한다.

출력물 내부 채움을 20%로 출력한 예

내부 벽체 두께 설정법을 고려한다

자신이 가진 프린터 노즐의 굵기에 따라 벽체의 두께를 지정해줄 수 있다. 내·외부 두께를 모델링하지 않은 경우 노즐에 따라 출력물의 벽 두께를 지정해주면 그 만큼의 두께로 출력물의 벽을 만들 수 있다. 간혹 복잡한 형태의 경우 두께를 갖도록 모델링하기가 어려울 수 있는데 이런 경우 출력물의 강도를 유지하기 위해 이 기능을 잘 활용하면 좋다. 필자의 경우 내부를 비워야 하는 모델링에 내부 채움을 0%로 설정하고 벽 두께를 조금 더 두껍게 지정하는 방식을 사용해 출력하기도 한다.

프린팅 성공을 위한 실전 슬라이싱

출력 테스트를 위한 모델링을 진행한 후 프린팅 성공을 위한 노하우를 상기하여 슬라이싱을 해본다. 장난감 깡통 로봇을 라이노의 솔리드 모델링 기능을 사용해 모델링했다.

라프트 및 브림 생성하기

- 파일을 불러온 후 라프트(Raft) 형태를 설정해준다.
- 큐라에서는 브림(Brim)이라는 방식과 라프트((Raft)라는 형식의 베이스 서포트를 지원한다.
- 브림은 출력될 모델링의 바닥으로 일정량의 면을 자동으로 만들어 바닥에 붙여준다. 반면 라프트는 본 모델 바닥으로 약 2 레이어의 메쉬면을 만들고 그 위에 본 출력물을 프린팅한다.
- 각각의 장단이 있지만 브림의 경우 바닥면에 서포트가 본 출력물 주변으로 붙기 때문에 별도 바닥면의 서포트를 제거하지 않아도 되는 장점이 있는 반면 라프트 방식은 바닥면에 일정한 층을 별도로 깔고 본 출력물을 출력한다. 출력을 몇 번 진행해 보면 각 방식의 장단을 알게될 것이다.
- 필자의 경우 브림 기능을 주로 사용하는데 라프트보다 떼어내기 쉽고 바닥면을 별도 정리하지 않아도 되는 장점 때문이다. 그러나 부품 출력 등을 할 때에는 라프트를 깔아 혹여 있을지도 모르는 바닥 수평 틀려짐에 의한 출력물 변형을 막기도 한다.
- 바닥면이 넓은 모델링의 경우에는 브림이나 라프트를 생성하지 않아도 된다.

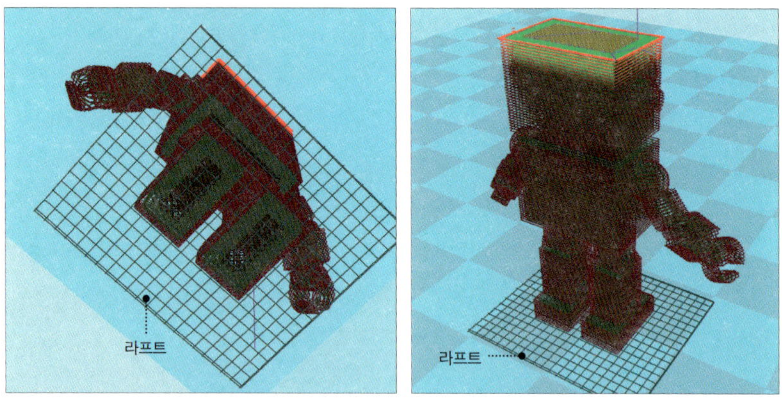

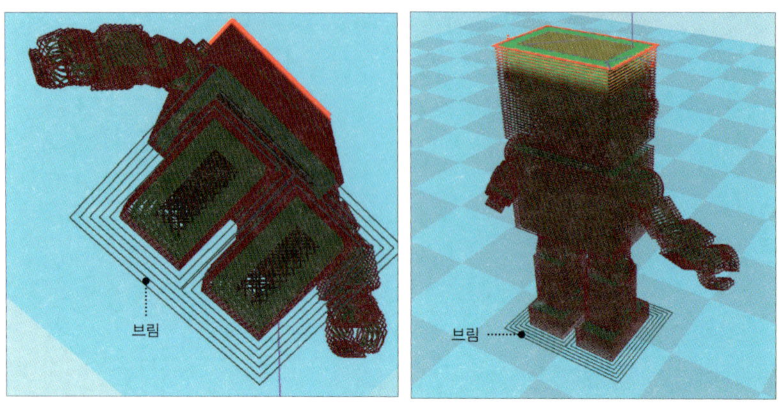

서포트 생성하기

- 서포트 생성을 지정해준다.
- 신버전 큐라에서는 우측 상단의 그래픽 모드를 바꾸어 주면 오버행을 확인하고 서포트를 생성해준다.

- 신버전 큐라의 경우 서포트는 Touching buildplate와 Everywhere로 이루어져 있다.

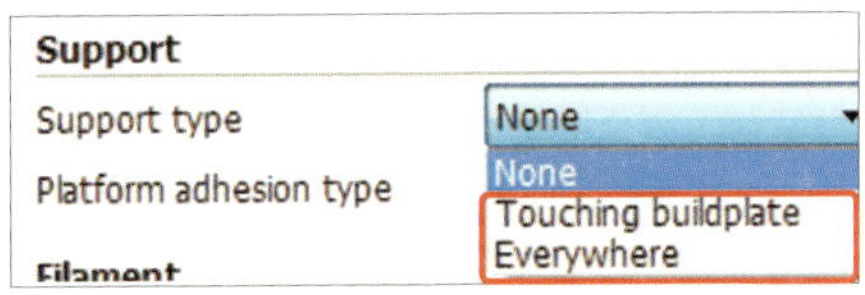

- 구버전 큐라는 Exterior Only, Everywhere, Empty Layers Only로 이루어져 있다.

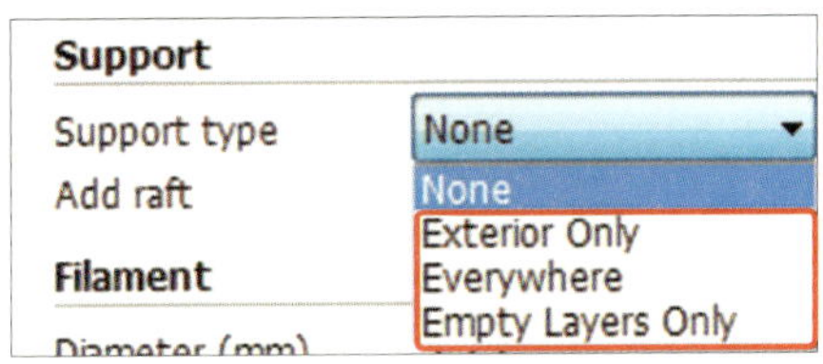

- 이미지의 청록색으로 표시되는 부분이 본 출력물을 지지해주기 위해 생성되는 보조 출력물들이다. 이 부분의 출력물을 제거하더라도 깨끗한 출력물을 얻기가 힘들 수도 있다.
- 오른쪽 이미지는 서포트를 하나도 생성하지 않도록 설정했을 경우이다.

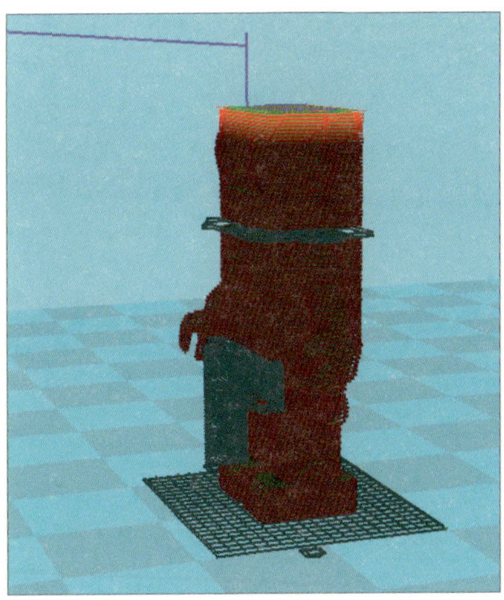

- 모델링의 내부 채움을 그리드 형식으로 하고 20%를 지정해 준다.

Fill	
Bottom/Top thickness (mm)	0.6
Fill Density (%)	20

- 슬라이싱 간격을 설정한다. 테스트용이기 때문에 0.25로 설정했다.

Quality	
Layer height (mm)	0.25
Shell thickness (mm)	1.6
Enable retraction	☑

- 출력 레이어를 살펴보면 노즐이 공중에서 헛도는 부분이 생긴다. 이런 경우를 대비해 서포트를 생성하고 레이어를 확인해준다.
- 오른쪽 그림에서 슬라이더를 움직이면 첫 레이어부터 마지막 레이어까지 노즐의 경로를 확인할 수 있다.

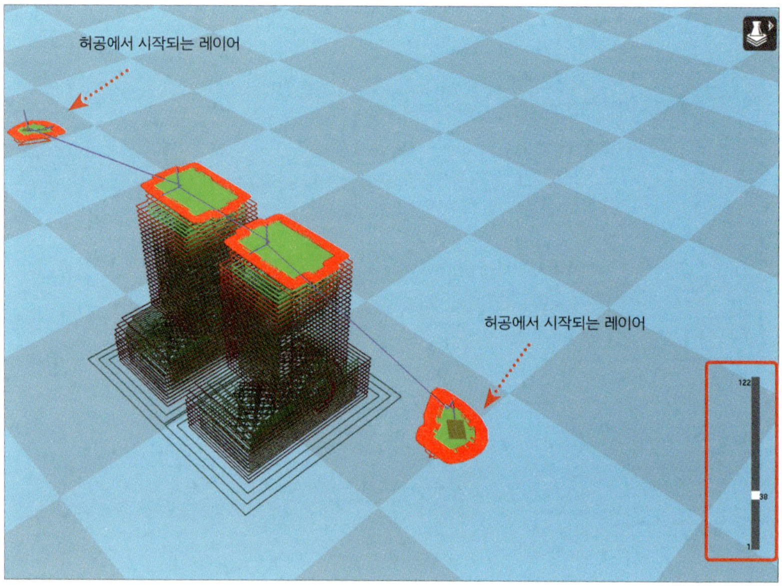

신버전 큐라의 약해진 서포트 기능

신버전 큐라에서는 서포트 기능이 약화된 감이 없지 않다. 아마도 많은 프린터가 보급되면서 출력 방법이 사용자 간 공유되면서 슬라이서가 간략화 되었기 때문으로 판단된다. 또 하나의 이유로는 ABS재료보다 PLA재료만 지원하는 프린터들이 늘고 있기 때문으로 판단된다. PLA 재료는 냄새가 없고 수축이 적은 장점이 있다. 하지만 서포트 생성 시 서포트를 제거하는데 애로사항이 많다는 단점이 있기 때문에 사용자들이 최대한 서포트 생성이 되지 않도록 모델링을 손보고 슬라이서에서 배치해 사용하기 때문으로 보여진다.

- 서포트 생성으로 출력물 표면이 망가지거나 출력 시간이 너무 길어지는 것을 방지하기 위해 오른쪽 이미지와 같이 출력물을 분할해 배치한 후 출력한다.

- 신버전 큐라의 경우 자동으로 실시간 슬라이싱이 이루어진다. 이를 따로 저장해 프린터 호스트 프로그램에서 불러들여온다.

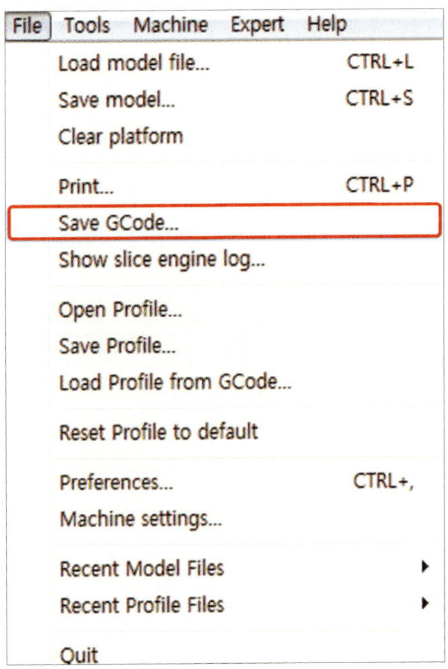

❹ 프린팅 준비

FFF 방식의 3D 프린팅에 앞서 실패없는 출력을 위해 준비해야 할 것을 소개하고자 한다.
ABS 재질로 출력하는 것이 훨씬 까다롭기 때문에 ABS 재질 출력을 중심으로 설명하였다.
이를 익힌다면 PLA 재질 출력은 보다 쉽게 진행할 수 있을 것이다.

베드의 수평 확인

대부분의 프린터에는 베드의 수평을 맞출 수 있는 조절 나사가 있다.
최근에는 자동 베드 수평 맞춤 기능(auto bed leveling)을 갖춘 모델이 출시되고 있지만 보편화되어 있는 것은 아니다. 베드와 노즐의 간격 유지, 즉 베드의 수평은 프린팅 성패와 밀접한 관련이 있다. 처음 레이어가 베드에 잘 안착되어야 프린팅하면서 출력물과 노즐이 부딘혀 출력물이 떨어지는 현상을 막을 수 있기 때문이다.
베드의 수평을 맞추기 위해서는 먼저 노즐의 시작점에서 베드와 노즐의 간격을 확인한다. 노즐과 베드의 간격은 노즐의 구경의 절반 이하로 잡는 것이 좋다. 재료가 노즐에서 나와 베드에 녹은 재료를 마치 풀을 바르듯 밀어내어 접착을 하기 때문이다. 다음으로, 호스트 프로그램에서 노즐을 수동으로 움직여 베드의 각 부분과 노즐의 수평을 될 수 있는 한 정확하게 맞춘다.

노즐과 베드의 간격을 확인해야 하는 포인트로 일정한 간격을 유지해야 한다.

베드와 노즐의 간격을 맞추기 위해 확인해야 할 포인트

프린터기에서 수평 맞추기

- 노즐의 시작점에서 베드와 노즐의 간격을 확인한다.
- 베드 수평 확인 시 그려지는 라인이 큐라의 프린팅 기본 설정에서 설명한 Skirt 라인이다.

양호한 상태의 베드 점착 라인

호스트 프로그램에서 노즐의 수평 맞추기

- 호스트 프로그램에서 제어 버튼을 통해 베드와 노즐의 수평을 맞출 수 있다. 이에 대한 내용은 호스트 프로그램 설명(228-231쪽)을 참고하도록 한다.

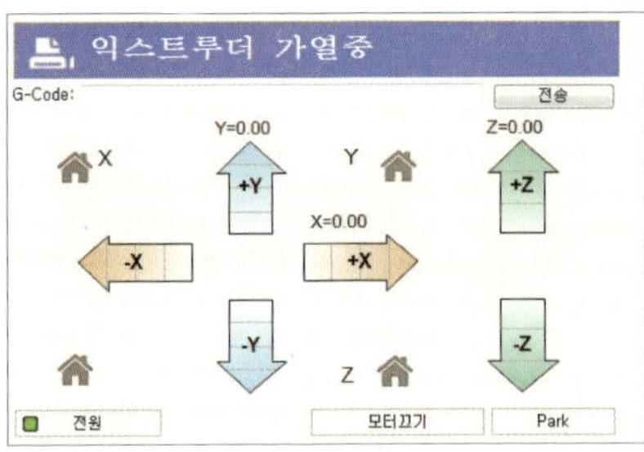

호스트 프로그램 리피티어의 노즐 제어판

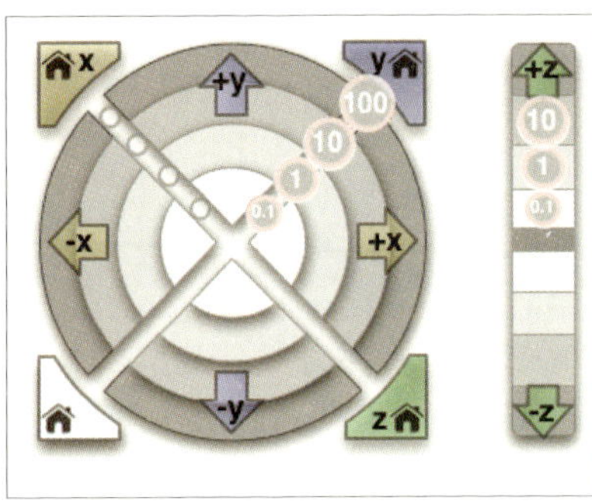

호스트 프로그램 프린트런의 노즐 제어판

베드와 출력물 접착 보조제의 사용

ABS로 프린팅할 경우 히팅베드를 반드시 사용할 것을 권장한다. 히팅베드의 온도는 최저 80도에서 최대 110도까지 세팅이 가능하다. 히팅베드는 ABS를 비롯해 나일론이나 HIPS(스틸렌) 등 고온에서 융점이 형성되는 재료를 프린팅할 때 재료가 노즐을 통해 흘러나온 후 굳으면서 발생하는 수축 현상으로 인한 변형을 막아주고 출력물이 적층 레이어별로 갈라지는 현상을 막아준다. 또한 수축 현상으로 출력물이 노즐에 부딛혀 자칫 베드에서 이탈하는 경우를 막을 수 있다.
ABS의 경우 고온에서 견딜 수 있는 캡톤테이프를 베드 표면에 고르게 붙여준 후, 보조재로 ABS 주스(해외 사용자들이 흔히 부르는 이름으로 ABS 필라멘트 찌꺼기를 아세톤 용액에 용해시킨 용액)를 엷게 도포해주면 출력물이 거의 떨어지지 않는다.
PLA 수지의 경우 히팅베드가 거의 필요하지 않다. PLA 수지는 100도 부근에서부터 꾸덕꾸덕해지는 특징을 보이고 180도 이상이 되면 액상이 된다. 그만큼 식는 속도가 느려 출력 시 수축이 덜해 ABS 대비 큰 출력물을 뽑기에 편리하다. PLA 수지를 출력할 때에는 베드 표면에 종이 테이프(마스킹테이프)를 발라주거나 베드를 아크릴판 등으로 만들어주면 좋다. 아크릴판을 베드로 사용할 경우 PLA 수지가 착 달라붙어 자칫 떼어내는 것이 불가능할 수도 있다. 값싸고 구하기 편리한 종이 테이프를 베드 표면에 발라 출력하면 테이프와 함께 출력물을 떼어내기 좋다. PLA를 출력할 경우 베드의 가열은 필요하지 않지만 큰 출력물을 프린팅하거나 출력 시간이 오래 걸리는 경우 최저 40~70도까지 세팅하면 수축이나 변형을 걱정하지 않아도 된다. PLA는 아세톤에 반응하지 않으므로 아세톤 접착액(보조재)을 사용할 필요가 없다.
이외에 나일론 재료의 경우 베이크라이트 재질에 접착이 잘되므로 베이크라이트판을 베드 위에 올려 프린팅하면 베드의 온도를 올려주지 않아도 출력이 한결 수월해진다.

캡톤테이프, 종이 마스킹테이프, 베이크라이트판(뻬크판)

ABS 재료로 출력하기 위해 베드에 아세톤 용액과 ABS 필라멘트 용해제를 도포한 상태

PLA 재료를 출력하기 위해 베드에 종이 테이프를 붙인 상태

노즐과 베드 온도 설정하기

호스트 프로그램에서 프린터와 통신을 연결하면 노즐이 상온 상태로 표시된다. 노즐과 베드의 온도는 각각 소재의 용융점에 맞게 설정하는데, 히터 온도의 설정값은 일반적으로 아래 표와 같다. 히터의 온도가 올라가는 것은 프린트런이나 리피티어 호스트 등의 호스트 프로그램에서 모두 확인 가능하다. 필자의 경우 프린트런과 리피티어 호스트를 번갈아가면서 사용한다.

재료	노즐 온도(℃)	베드 온도(℃)	보조 재료
ABS, PET, HIPS	225~250	80~110	캡톤테이프, (아세톤+ABS)
PLA	185~210	20~70	종이 마스킹테이프
나일론(Nylon)	250~260		베이크라이트판
레이우드(Ray wood)	185~210	20~70	종이 마스킹테이프

재료(필라멘트) 넣기

필라멘트를 넣는 부분은 프린터 제조사마다 약간씩 다를 수 있다. 압출기의 기본 원리는 모터에 달린 기어로 필라멘트를 꽉 물고 회전하면서 밀어내어 노즐로 보내는 방식이다. 노즐과 압출기 모터가 붙어 있는 직결식과 원거리에서 필라멘트를 밀어주는 이른바 보우덴 방식이 있는데 프린터 제조사마다 이 두 가지 방식을 변용하여 적용해 프린터를 제조하고 있다. 디테일 부분에서는 직결식이 약간 우위를 점하고 있고 속도면에서는 노즐 부분이 가벼운 보우덴 형식이 유리하다. 필자의 경우 두 가지의 품질상 차이를 크게 느끼지는 못했다. 다만 자신의 프린터가 어떤 방식의 압출기 구조를 채용하고 있는지를 알아두고 여력이 된다면 자신만의 방식으로 개선해 프린팅에 도전해보는 것도 좋은 공부라 생각된다.

필라멘트 넣기

- 필라멘트를 넣기 전에 필라멘트 앞부분을 뾰족하게 만들어주면 노즐까지 밀어 넣기 좋다.
- 프린터의 좁은 노즐로 필라멘트를 밀어 넣는다.

필라멘트가 잘 들어간 상태

노즐의 재료 사출 확인

노즐과 히터의 온도가 어느 정도 올라가면 호스트 프로그램(프린터 제어 프로그램)을 통해 수동 압출 테스트를 한다. 필라멘트가 녹아서 실같이 나오면 출력이 가능한 상태이다. 설정 온도보다 노즐 온도가 낮더라도 필라멘트가 녹아 나오는 것을 눈으로 볼 수 있다.

대부분 프린터의 펌웨어에서 노즐 온도가 170도가 넘으면 압출기 모터의 동작이 가능하도록 설정되어 있다. 권장 설정 온도란 압출된 재료가 출력되면서 식더라도 접착력을 유지하기 위한 온도이다. 접착력이 낮아지면 적층되는 레이어 사이에 접착력이 낮아져 출력물의 강도가 떨어지게 된다.

한편으로 온도 설정 시 고려해야 할 것이 바로 브리징 출력을 위한 온도값이다. 브리징이란 출력 중 허공에 재료를 뿌릴때 액화된 재료가 노즐을 나옴과 동시에 재빨리 식어 허공에서도 모델을 출력하는 것이다. 최근 많은 프린터들이 노즐에서 나오는 재료를 빨리 식혀주기 위해 쿨링 팬을 장착하는데 출력물 품질 향상에 확실이 도움이 된다.

슬라이서 프로그램과 호스트 프로그램, 그리고 3D 프린터 메인 보드에서도 쿨링 팬의 제어를 지원하고 있어 별도의 설정 없이도 자동으로 팬을 구동시켜 출력물 품질 향상에 많은 도움을 주고 있다.

재료가 노즐을 통해 사출되는 모습

❺ 호스트 프로그램으로 출력하기

호스트 프로그램은 프린터의 각 축을 제어하고 노즐과 베드 온도 등을 표시해 주는 기능을 담당한다. 다양한 메뉴를 한눈에 보면서 디테일한 설정을 진행할 수 있다.

호스트 프로그램

호스트 프로그램에는 프린트런(Printrun), 리피티어 호스트(Repitier-host), 리플리케이터 g(Replicator-g)등이 존재한다. 이들은 모두 오픈 소스를 기반으로 개발되고 있으며 무료로 사용 가능하다. 각 프로그램의 인터페이스와 사용 순서가 유사해 크게 어려움 없이 사용할 수 있다.

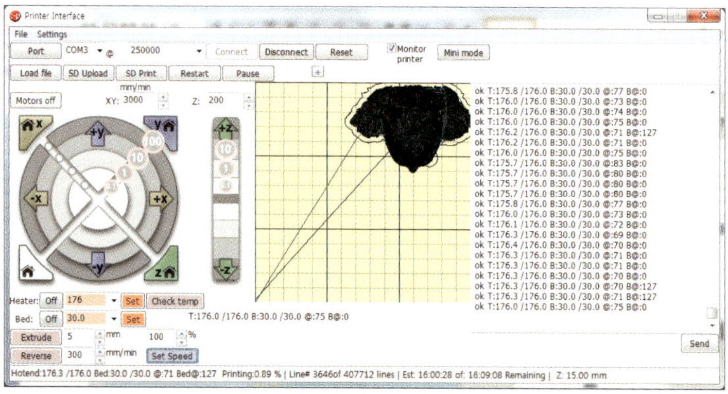

프린트런

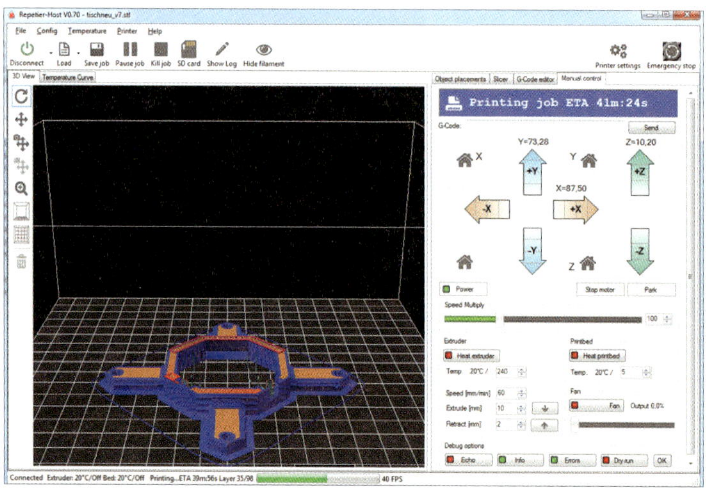

리피티어 호스트

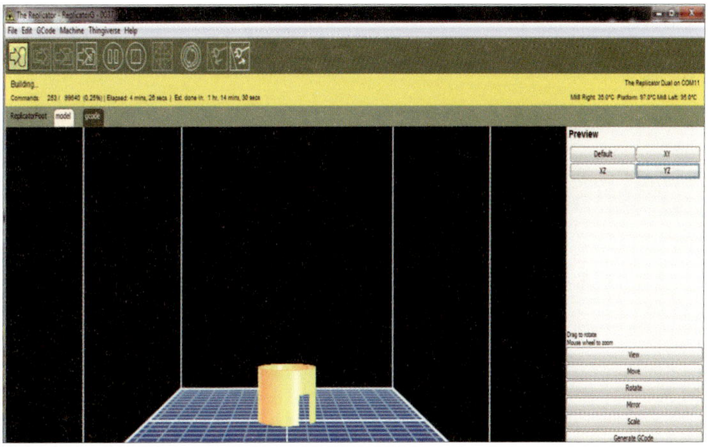

리플리케이터 g

프린터 호스트 프로그램은 한 번에 하나의 프린터를 사용할 수 있다. 이는 프린터의 연결 방식에 기인한 것인데 3D 프린터는 기본적으로 소프트웨어적 컨버팅 방식을 통해 컴퓨터와 소통하게 된다. 이때 사용되는 연결 통로가 대부분 겹치기 때문에 컴퓨터에서는 한 번에 한 대의 프린터만을 제어할 수 있게 되어 있을 확률이 높다.

TIP **호스트 프로그램 설치 파일 다운로드하기**

프린트런(Printrun)은 앞에서 큐라 12.08버전을 설치했다면, 함께 컴퓨터에 설치되었을 것이다. 이외에 리피티어 호스트와 리플리케이터는 각 개발사 홈페이지에서 다운로드 받을 수 있다.

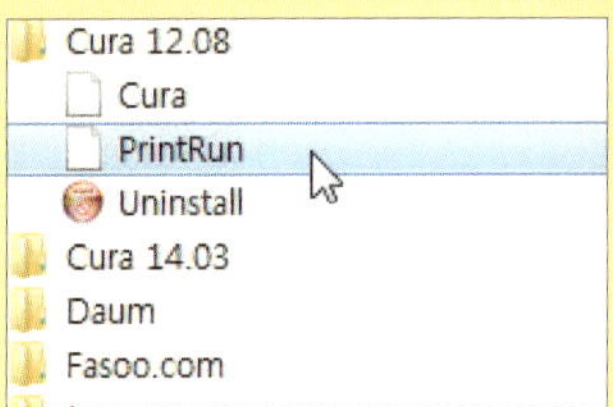

큐라 12.08과 함께 설치된 프린트런

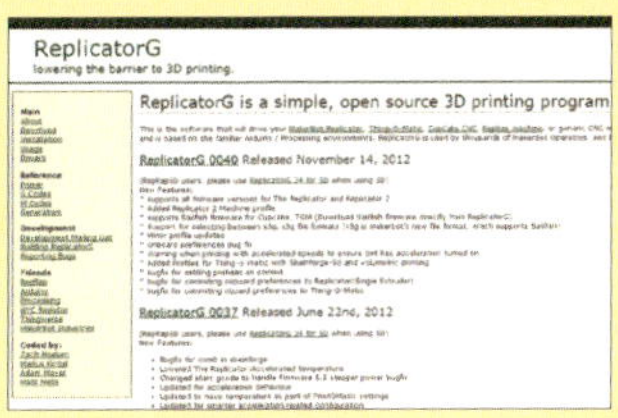

리플리케이트g는 replicat.org에서 다운로드 받을 수 있다.

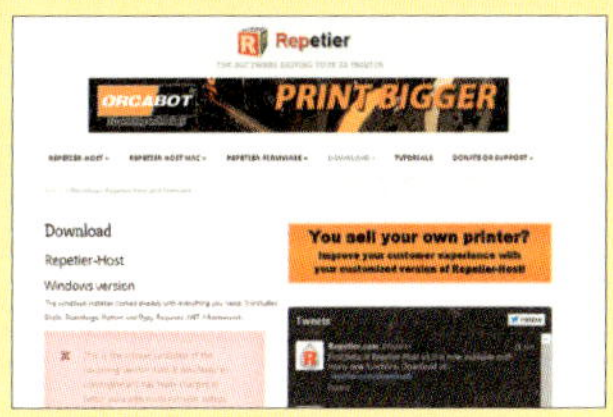

repetier.com에서 리플리케이터를 다운로드 받을 수 있다.

프린트런 사용하기

프린트런을 이용해 g코드 파일을 불러와 출력하는 방법을 알아보자.

컴퓨터와 연결하기

- PC와 3D 프린터를 연결한 후, 프린트런 프로그램을 실행한다.
- 프린터를 자동으로 포트 설정 상태로 두면 오른쪽과 같이 com3을 통해 컴퓨터와 프린터 간 통신을 하게 된다.

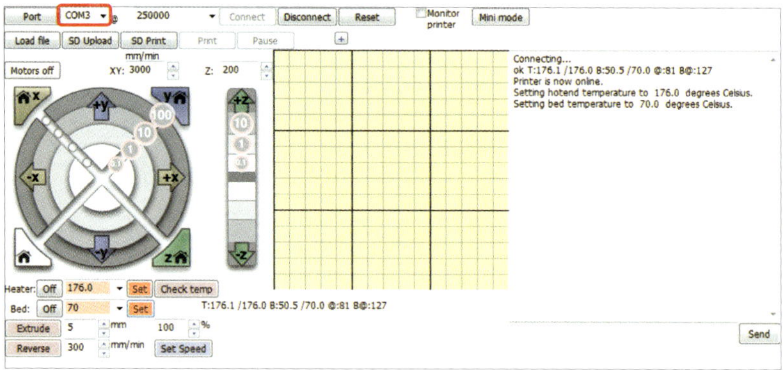

- connect를 클릭한다.
- g코드 모니터링 창에 connecting... ok라고 뜬다. 프린터와 컴퓨터 간 접속이 완료된 것이다.

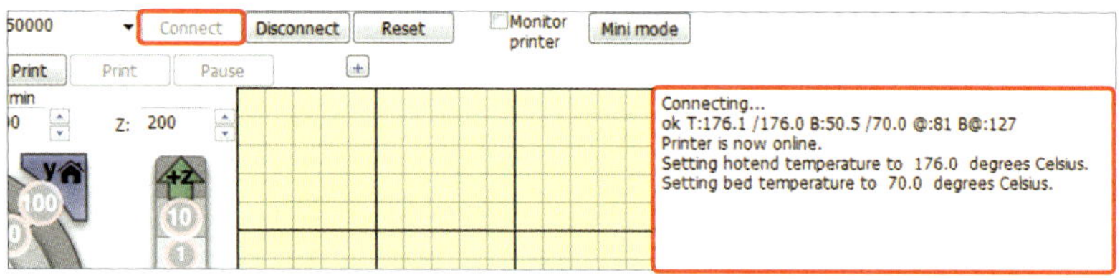

프린터 축 제어 패널 사용하기

- 좌측 하단의 집 모양이 있는 하얀 버튼은 프린터의 모든 축을 원점(0)으로 보내는 역할을 한다. (A)
- 집 모양과 알파벳 x, y, z가 씌어 있는 세 버튼은 각 축을 원점으로 재설정하는 역할을 한다. (B)

프린터 축 조정하기

- 프린터가 연결되면 제일 처음 X, Y, Z 각 축의 원점이 프린팅을 위해 원할하게 움직이는지를 살펴야 한다.
- 중앙의 원을 중심으로 한 숫자는 각 축이 이동하는 거리이다. 중앙의 원을 중심으로 0.1mm, 1mm를 이동하는 식이다. (A)
- 각 축을 움직여 프린터 베드의 모든 부분을 이동할 수 있는지, 베드와 노즐의 수평은 잘 맞는지를 확인하도록 한다. (B)

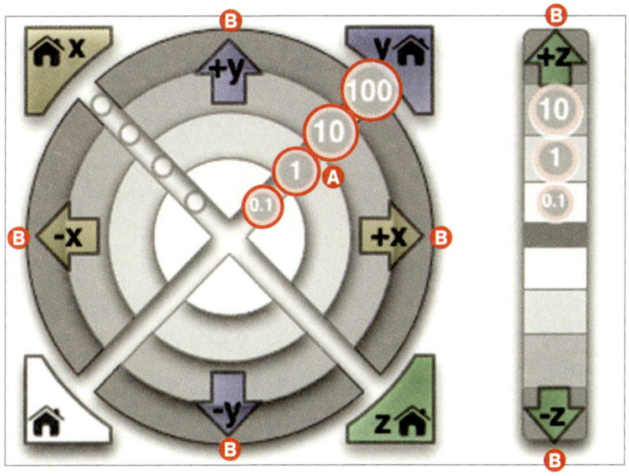

프린터 모니터링 설정하기

- 상단의 Monitor printer 체크 박스에 체크를 하면 g코드 창에 프린터의 현 상황이 실시간으로 모니터링된다.

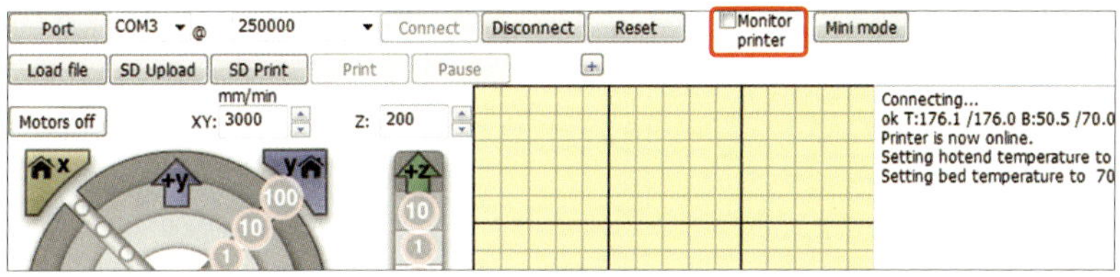

노즐과 베드의 온도 설정하기

- 히터(Heater)와 베드(Bed)의 온도를 설정한 후 각각 우측의 Set버튼을 누르면 노즐과 베드의 온도가 올라가게 된다. (A)
- 재료별 기본 노즐 세팅 온도치가 있지만 상황에 따라 능동적으로 변화를 주어야 할 수도 있다.
- Check temp버튼을 누르면 현재 온도를 볼 수 있다. 노즐과 베드의 온도는 출력물의 품질과 직결되는 부분이므로 적절한 예열은 필수다. (B)
- 히팅베드가 없는 모델(PLA 전용)은 설정값을 꺼놓아도 상관없다. 그러나 ABS나 나일론 등을 출력할 때에는 히팅베드의 온도가 출력의 성공과 품질을 좌우한다.

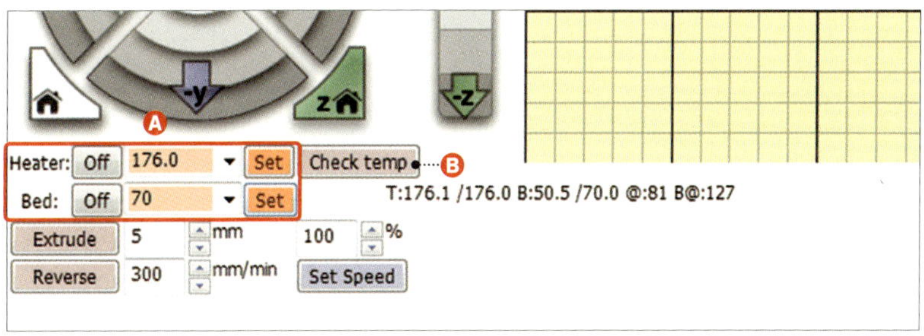

워밍업 및 출력 테스트

- 워밍업으로 Extrude 버튼을 이용해 필라멘트를 사출해본다. 노즐부의 작동 상태를 확인할 수 있다.
- Extrude 버튼을 누르면 필라멘트의 5mm가 녹아서 사출된다.
- 실제 출력 시에는 재료의 용융 상태를 보고 노즐의 온도에 변화를 주어야 하는 경우가 생긴다. 필라멘트의 재질, 색상에 따른 물성이 달라 꼭 확인해야 하는 부분이니 자세한 관찰과 수많은 테스트가 필요하다. 자신의 작업을 위해서 다양한 실험을 꼭 거치길 당부한다.

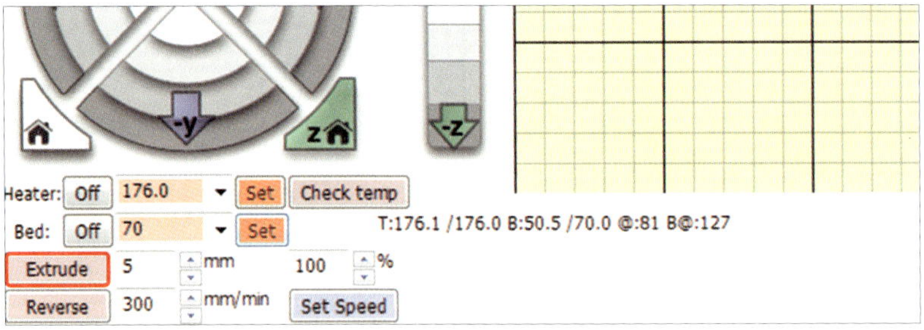

파일 불러오기

- 노즐과 베드의 온도가 적정치 이상으로 예열이 완료되면 Load file 버튼을 클릭하여 g코드 파일을 불러온다.

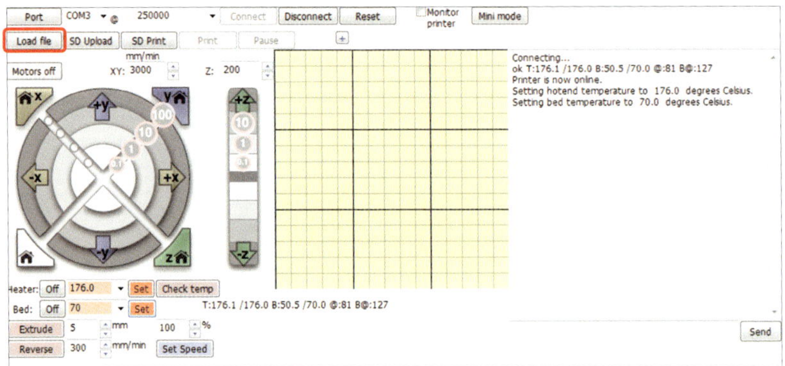

g코드 창으로 온도 확인하기

- 예열 온도의 확인은 g코드 창을 통해 할 수 있다. 최근 많은 호스트 프로그램이 그래프 형식으로 프린터의 노즐과 베드의 온도를 체크할 수 있게 만들어지고 있다.
- T는 노즐의 현재 온도/설정 목표 온도를, B는 베드의 현재 온도와 목표 온도를 나타낸다.

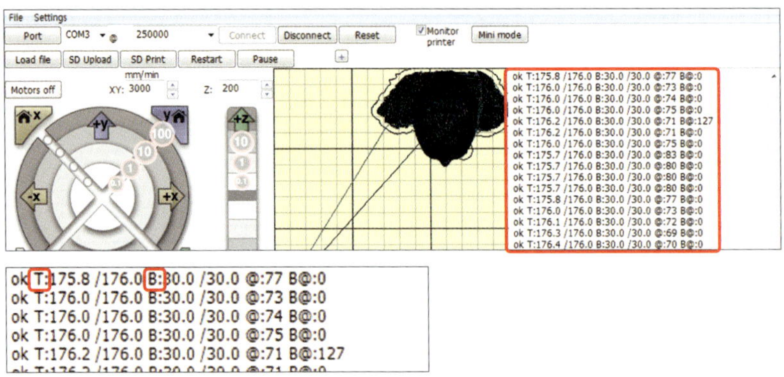

출력 시작하기

- g코드 파일이 읽히면 Print버튼이 활성화된다. Print 버튼을 누르면 출력이 시작된다. 비상 시에는 Pause 버튼을 누르면 프린터가 일시 정지한다. 이때 Print 버튼과 Pause 버튼은 각각 Restart와 Resume으로 바뀐다. Restart는 처음부터 프린팅을 다시 시작하게 하며 Resume는 진행하던 프린팅을 재개한다.

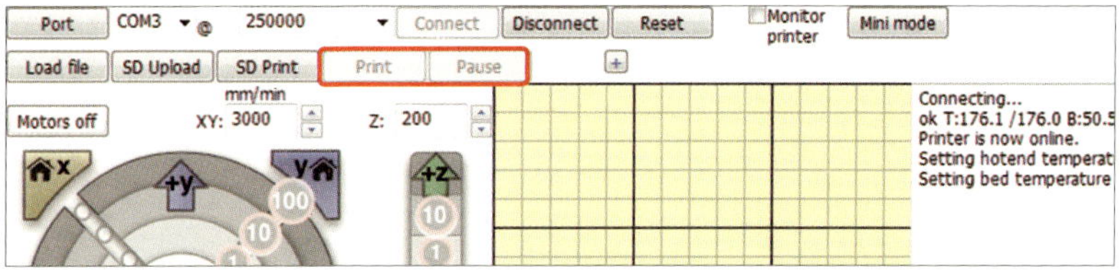

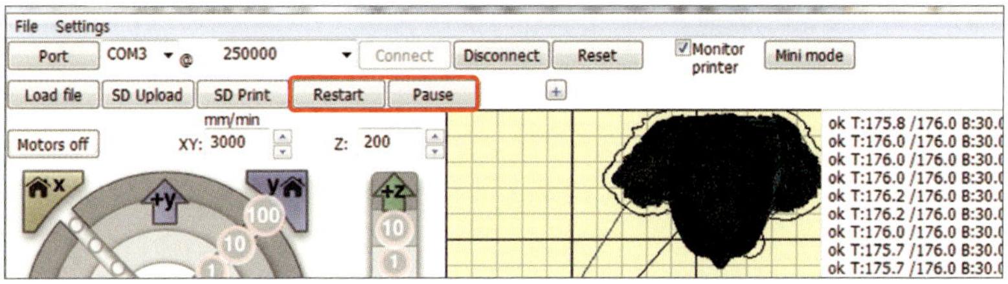

- SD Upload와 SD Print 버튼은 프린터에 내장된 SD 카드 슬롯을 통해 출력하는 기능을 맡는다. SD 카드를 컴퓨터에 꽂은 채 SD Upload 버튼을 누르면 SD 카드로 g코드가 복사된다. SD Print 버튼을 누르면 SD 카드에 있는 파일을 선택해 출력한다. 일단 SD카드로 출력이 시작되면 프린트런을 비롯해 모든 소프트웨어가 필요 없게 된다. 즉, PC를 꺼두어도 프린터 혼자 작업을 진행한다(SD 카드를 이용한 출력 232쪽 참고).

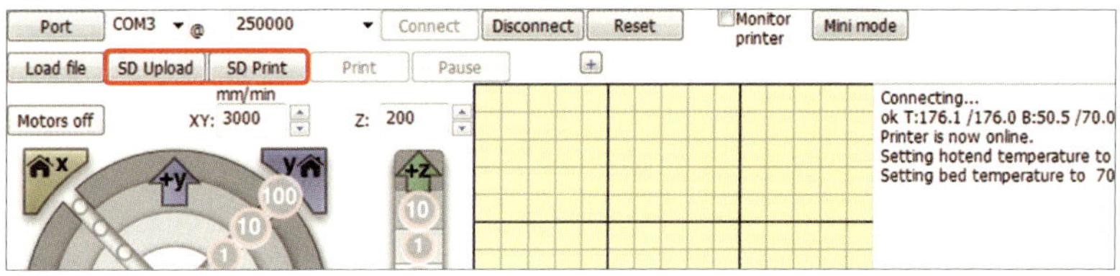

TIP 호스트 프로그램 없이 출력하기

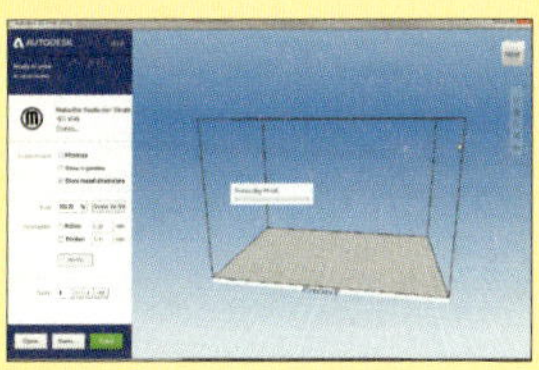

123D 프린트 유틸리티

호스트 프로그램 없이 큐라에서 바로 출력할 수 있는 기능이 있지만 그다지 추천하고 싶지는 않다. 세세한 설정이 불가하기 때문이다. 또한 큐라 자체로 출력하는 것은 얼티메이커 제품에 최적화되어 있어 국내의 다양한 프린터들에 적용하기에는 무리가 있다. 큐라와 호스트 프로그램을 병용하는 것이 3D 프린터를 잘 사용할 수 있는 방법이라고 생각한다.

프린트런이나 리피티어 호스트 외에 메이커봇사에서 제공하는 123d 프린트 유틸리티(123d print utility) 역시 3D 프린팅을 위한 g코드를 생성해주고 프린팅 해주는 프로그램이다. 다만 메이커봇사의 3D 프린터 제품에 최적화하여 출시되고 있어 다양한 사용자가 이용하기에는 제한이 따른다.

⑥ SD 카드를 이용한 출력

컴퓨터와 연결할 필요 없이 SD 카드를 이용해 별도의 구동으로 프린터를 작동할 수 있다. 호스트 프로그램이나 슬라이서 프로그램에서 지원하는 g코드 전송 기능을 활용해 SD 카드에 g코드를 담아 프린팅하면 된다.

SD 카드를 이용한 출력

3D 프린팅은 출력 시간이 길다 보니 프린터에서 독자적으로 출력을 진행하는 것이 가능하도록 만들어져 있다. 물론 대형 산업용 3D 프린터는 별도의 오퍼레이션 PC를 제공하고 있기 때문에 이런 부분에 대한 지원이 무의미하다. 그러나 개인용 PC는 다양한 작업을 진행해야 하므로 3D 프린터의 장시간 출력이 다른 작업에 방해가 되기도 한다. 또한 PC는 오래 사용하지 않을 경우 자동으로 절전 기능을 수행하게 되는데 이때 3D 프린터가 멈춰 버리는 불상사가 발생하기도 한다. 이 경우 프린팅을 이어서 진행할 수 없을 뿐만 아니라 프린터와의 연결이 원할하게 이루어지지 않게 되어 모든 시스템을 재부팅(프린터를 포함해)해야 하는 경우도 빈번하다.
최근 출시되는 프린터들은 자체 SD 카드 슬롯을 통해 SD 카드에 g코드를 저장해 프린터의 조그 셔틀을 이용한 온도 제어, 출력 등의 작업이 가능하다. 즉, 장시간 출력을 위해 계속 호스트 컴퓨터를 켜놓지 않고도 작업을 할 수 있도록 개선되고 있다. 이 모든 과정이 오픈 소스로 개발되고 있어 각 프린터들의 사용자 인터페이스가 유사하고 사용법 또한 같다.
필자의 경우 출력 시 문제가 발견되는 즉시 PC상에서 모델링과 프린팅 과정을 수정하면서 작업하기 때문에 SD카드 출력 기능은 잘 활용하지 않는다. 그렇기 때문에 PC의 자동 절전 모드를 해제해놓았으며 프린팅 작업 예상 시간을 보고 약간의 여유를 두어 컴퓨터 자동 종료 프로그램을 이용해 작업을 진행하고 있다. 하지만 3D 프린터의 기본 기능 중에 하나로 제공하는 기능을 애써 사용하지 않을 필요는 없다.

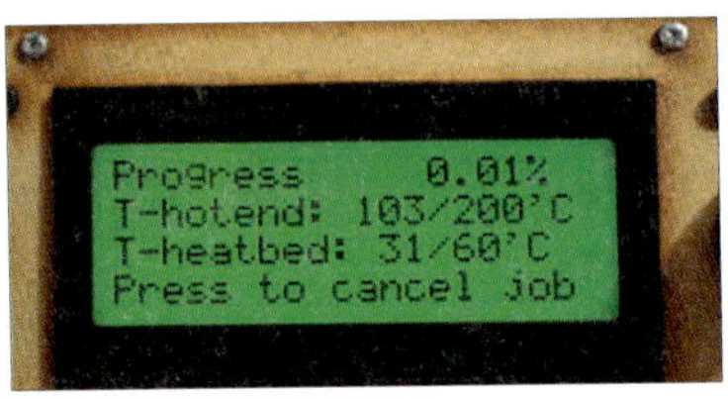

❼ 3D 프린팅하기

모든 프린팅 준비를 마친 후 출력을 시작한다. 프린팅 중에는 컴퓨터가 꺼지지 않도록 주의한다. 컴퓨터의 자동 절전 모드를 해제하고 작업하는 것을 추천한다. 프린팅을 마친 후에는 히팅베드가 식을 때까지 기다렸다 조심스럽게 작품을 떼어내면 된다.

프린팅 후 출력품을 떼어낸 모습이다. 안전한 프린팅을 위해 모델링을 나누어 출력하였다. 후가공 과정을 거쳐 출력물을 합쳐 완성한다.

TIP 기본 출력물 품질 높이기

슬라이서 프로그램에서 슬라이싱 설정을 할 때 각 레이어가 쌓이는 적층 높이를 작은 값 0.1mm 혹은 그 이하로 주게 되면 프린팅 속도는 늦어지지만 출력물의 품질은 올라간다. 또한 출력 속도를 낮추면 프린터의 물리적 환경이 보다 안정되게 된다. 노즐의 토출양이나 과속으로 인한 각 모터의 발열 등이 적어지면서 축 탈조 등의 현상이 없어진다. 진동 또한 적어져 좋은 품질의 3D 출력물을 얻을 수 있다.

❽ 다양한 3D 프린팅 예제

앞에서 배운 라이노 프로그램을 활용한 3D 모델링과 프린팅 방식 외에도 3D 프린팅을 위한 다양한 방식과 기법이 존재한다. 다양한 3D 프린팅 예제를 보며 나만의 새로운 3D 프린팅을 구상해보길 바란다.

모델링 파일을 다운로드하여 프린팅하기

미국 3D 프린터 업체인 메이커봇에서 운영하는 싱기버스(thingiverse)는 다양한 사용자들이 직접 설계 혹은 모델링한 데이터를 업로드하여 누구나 다운로드 받고 프린팅할 수 있도록 수많은 데이터를 보유하고 있다. 집안에서 사용하는 소품을 비롯해 다양한 피겨 모델링과 3D 프린터를 직접 만들고 개조하는 사람들을 위한 부품 모델링까지 업로드·공유되고 있다.

필자 또한 싱기버스에서 공유되는 모델링 파일과 사용자들의 조언들을 바탕으로, 작품을 위한 3D 프린터를 만들고 있다. 다운로드한 모델링을 바탕으로 다양한 모델링을 구상하고 응용해 새로운 형태, 새로운 개념의 작품을 제작해보길 바란다.

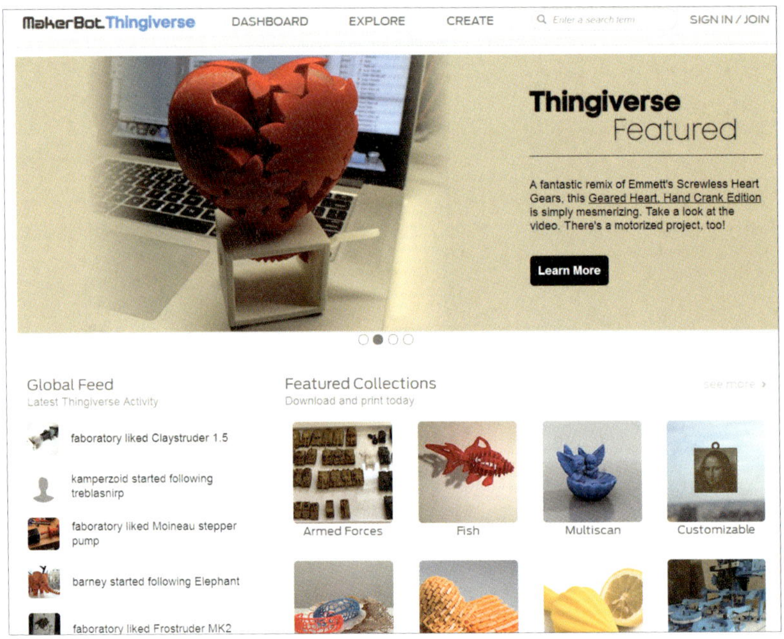

싱기버스에 등록되어 있는 다양한 모델 파일을 다운로드 받아 출력해보며 프링팅 연습을 할 수 있다.

교육용 모델 제작.
싱기버스에서 두개골 교육 모델을 다운로드해 거칠게 출력해보았다.

아트토이. 상품으로 판매되는 더니(DUNNEY) 모델도 싱기버스에 등록되어 있었다.
파일을 다운로드해 출력하여 아크릴 물감으로 채색하였다(채색: 양기진 작가).

- 싱기버스에서 다운로드 받은 체인 메일을 출력해보았다. 체인 메일의 기본 유닛은 아래와 같이 생겼다.

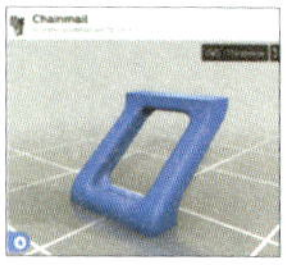

- 위의 예를 응용하여 라이노에서 간단한 브릿지 모델링을 하나 진행한 후 배열 기능을 사용하여 면으로 확장시켰다.
- 돌출(Extrude), 부울 연산(Blean), 필릿(Solid fillet) 기능을 활용하였다.

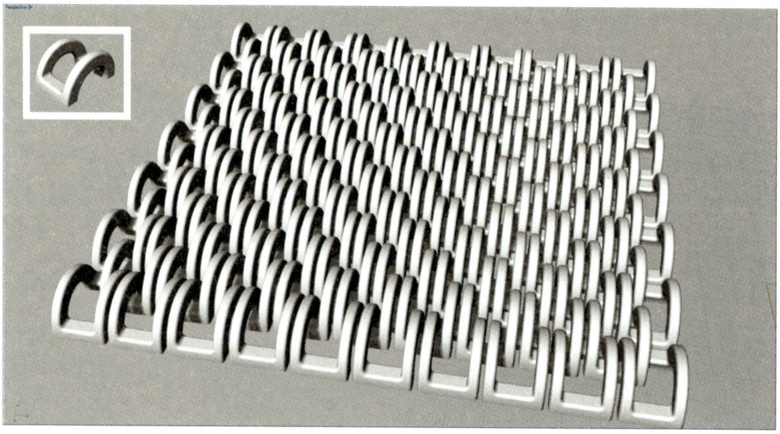

- 간격의 치수를 확인하여 크기를 슬라이서 프로그램에서 조절한 후 출력하였다.

메쉬 느낌의 전등갓 출력하기

라이노를 이용하여 전등갓을 모델링한 후 출력한 예이다. 전등갓을 모델링하기 위해 단면 커브를 그린 뒤 회전 기능을 사용하여 실제 전구의 치수에 맞게 전등갓을 모델링하였다.

일반적으로 3D 프린팅 출력물은 꽉 찬 형태로 나오기 마련인데, 아래 사진처럼, 마치 망사와 같은 질감을 얻기 위해 프린팅을 다음과 같이 설정하였다. 일단 출력 시 압출되는 재료의 양(Packing Density 혹은 Flow값)을 평소보다 낮추고 프린팅 온도를 174도 정도로 낮추었다. 그리고 프린팅 속도를 빠르게 하여 아래와 같은 결과물을 얻을 수 있었다.

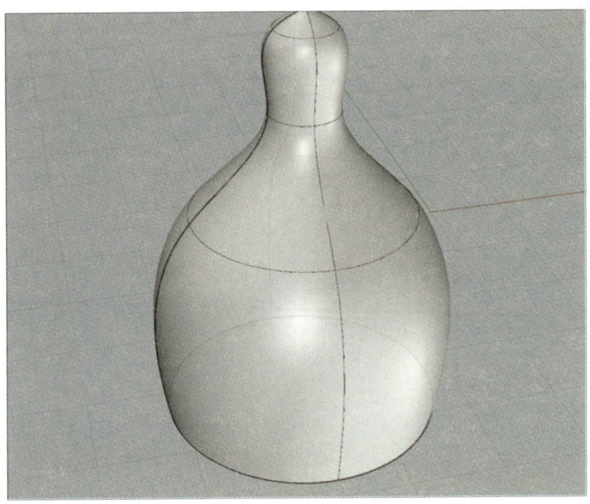

라이노의 Front뷰에서 단면 커브를 그린 후 회전 기능을 이용하여 간단하게 전등갓 형태를 모델링하였다.

- 사이즈가 커서 분할해 출력했다. 출력 온도를 낮추고 속도를 빠르게 주어 프린팅하였다.

- 출력 후 스프레이 페인트로 도색하였다.

- 소켓에 전구를 설치해 어떤 느낌으로 보이는지 테스트하였다.

3D 프린터를 활용해 2D 이미지 출력하기

3D 프린터로 2D 이미지를 출력하기 위해 처음에는 3D 스튜디오 맥스와 라이노의 변위 적용(Displacement)맵(이미지의 명암차를 모델링의 두께값으로 모델링하는 기능)을 사용했다. 하지만 번거로운 많은 과정을 거쳐야 해서 초보자가 접근하기에 어려움이 따랐다. 이런 기능을 구현해주는 별도의 소프트웨어들이 유료 혹은 무료로 배포되고 있지만, 큐라에서 간편하게 구현할 수 있는 기능이 있어 소개하고자 한다.

큐라에서 바로 JPG 이미지를 불러들여와 곧바로 3D로 전환해주는 기능이 최근에 생긴 것 같다. 별도 프로그램 버전업 리스트를 확인해보지 않았지만 큐라의 최신 버전인 큐라 14.03에서는 확실히 구현되고 있다. 이미지를 불러들여와 모델링된 파일을 출력했을 때의 완성도 역시 앞서 언급한 상용 프로그램에 결코 뒤떨어지지 않는 결과를 보였다.

원하는 이미지를 불러들여와 큐라의 스케일을 조정해 바로 출력해보도록 하자.

조니뎁의 이미지와 3D 출력물

- File - Load model file을 클릭하고 이미지 파일을 연다.
- 이미지를 불러들여와 3D로 변환할 때의 옵션값을 지정해 줄 수도 있다.
- 옵션의 내용은 다음과 같다. hight는 이미지의 높이값으로 베이스(base) 이미지와 별도로 일정 두께의 판을 깔아 주는 옵션이다. 0.X mm까지 지정 가능하다.
  width는 이미지의 가로 길이, depth 이미지의 세로 길이 옵션이다.
- 하단 옵션은 말 그대로 Dark is higher의 경우 이미지의 어두운 부분을 두껍게 할 것인지 아니면 얇게 처리할 것인지를 묻는 옵션이다. 정상적인 이미지를 출력하고자 하면 Dark is higher를 선택하고 네거티브 필름과 같이 명암이 뒤바뀐 이미지를 얻고 싶으면 Lighter is higher를 선택하면 된다.
- Smoothing옵션은 모델링을 만들면서 Blur값, 즉 이미지를 얼마나 부드럽게 처리할 것인지를 묻는 옵션이다.

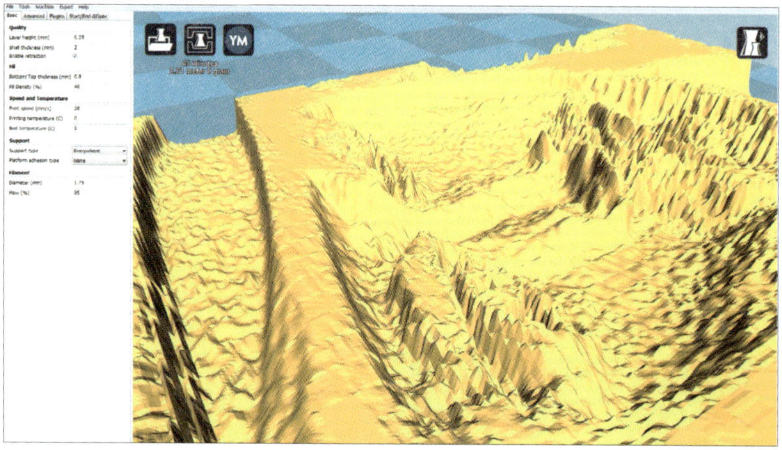

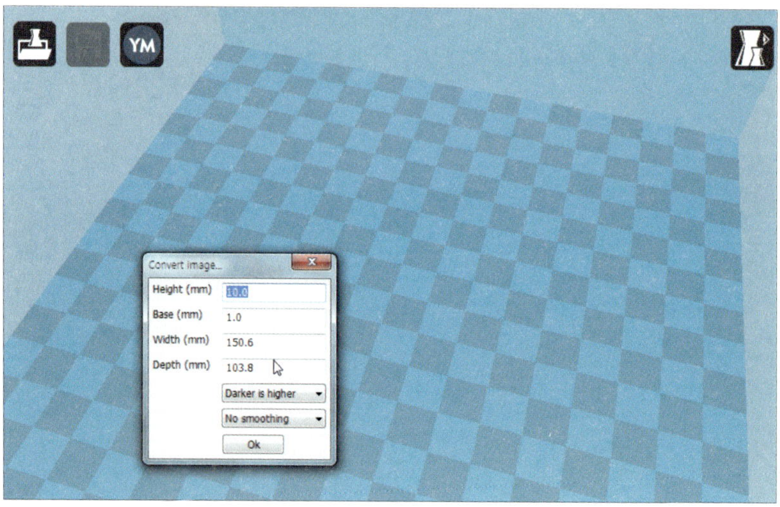

스케일 조정시 비율의 잠금을 풀어주면 가로, 세로, 높이를 각각 지정할 수 있다.

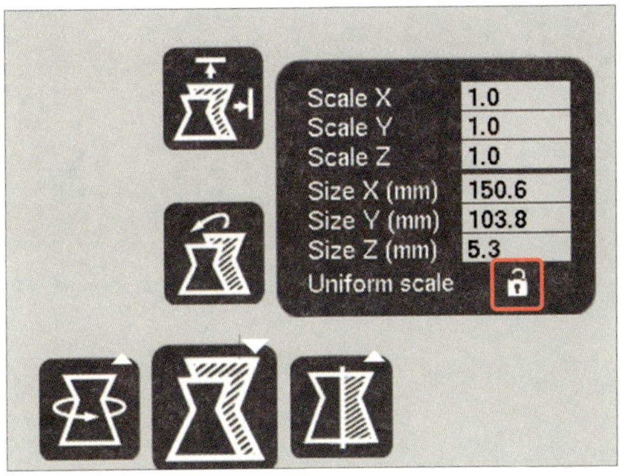

3D 프린터를 이용해 자연백색으로 출력했다. 빛이 드는 곳에 비추면 얇게 출력된 곳은 밝게, 두껍게 출력된 곳은 어둡게 표현되어 앞에 소개한 것과 같은 이미지를 얻을 수 있다.

Studying MAO, PLA 3D Printing, LED, 80×20×30cm, 2014

⑨ 출력물 후가공하기

처음 3D 프린터를 접했을 때 사실 출력물의 품질에 의구심이 들었다. 층층이 쌓인 결무늬가 굉장히 눈에 거슬렸기 때문이다. 하지만 미술을 전공하였기 때문에 표면을 깔끔하게 정리할 다양한 방법을 알고 있어 주저하지 않고 프린터를 들여놓을 수 있었다. 다음은 출력 후 출력물을 다듬고 채색하는 과정까지를 간략하게 설명하고 있다.

서포트 제거하기

머그컵을 FFF 방식 프린터를 이용해 노랑색 ABS를 재료로 하여 실제 출력한 모습이다. 아래 사진과 같이 손잡이 부분과 바닥면에 서포트와 라프트가 생성된 것을 확인할 수 있다.

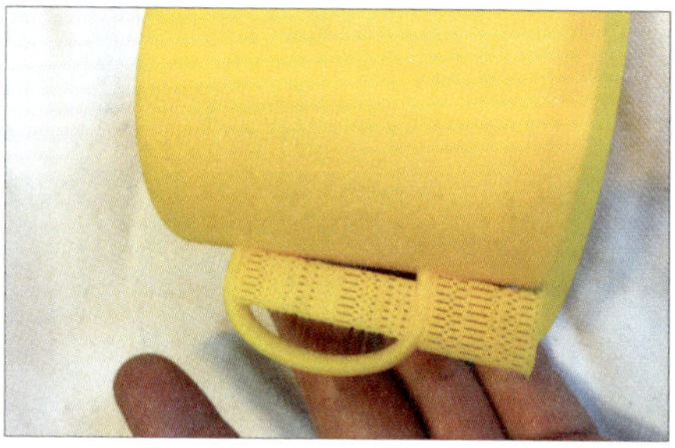

구버전 큐라를 이용해 프린트한 머크컵의 서포트와 라프트

손잡이 부분과 바닥에 생성된 서포트와 라프트를 제거하기 위해 일단 큰 부분은 손으로 떼어낸다. 본 출력물에 비하여 서포트 및 라프트 부분은 재료의 사출양이 매우 적어 큰 부분은 손으로 무리없이 제거할 수 있다. 크게 서포트를 떼어낸 후 디테일한 부분은 디자인 나이프로 정리한다.

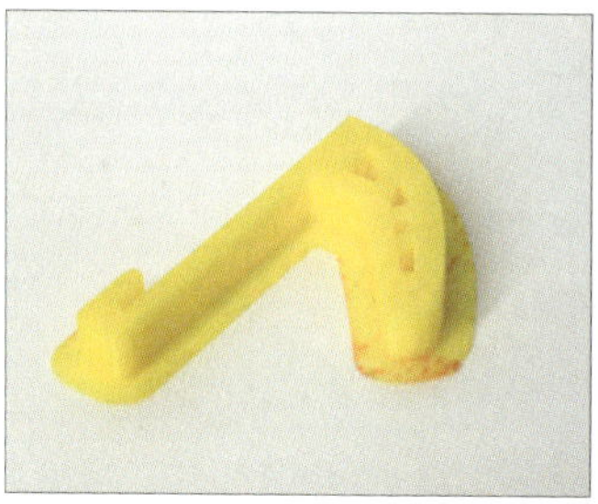

처음 출력된 소품 고리

디자인 나이프로 디테일한 부분을 정리하는 모습

이러한 방식으로 서포트를 제거할 수 있지만, 무엇보다도 분할 출력을 적극 활용함으로써 되도록 서포트가 생성되지 않도록 많은 연습을 하는 것이 좋다. 서포트는 출력 시간이 오래 걸리도록 할 뿐 아니라 서포트를 제거한 후에도 많은 흔적을 남긴다. 브리징 기능(공중에 뜬 부분을 출력하는 기법)이 잘 되도록 노즐의 온도 조절과 속도 조절을 연습하자.

깔끔하게 후가공한 고리를 실생활에 활용하는 모습

아센톤과 플라스틱 퍼티로 보정하기

프린팅 레이어 자국이 남았을 경우나 금이나 구멍이 생겼을 경우, ABS 재질은 보정하고자 하는 부분에 아세톤 용액을 발라 살짝 녹인 후 나무 막대와 같은 것으로 밀어 보정할 수 있다. 아세톤 용액으로 표면을 정리한 후에도 프린팅 레이어 자국이 남았다면 프라모델용 플라스틱 퍼티(틈새 메움제)를 활용해 표면을 메워 줌으로써 매끈한 표면을 얻을 수 있다.

PLA 재질은 아세톤에 의한 표면 정리가 불가능하다. 또한 재질의 특성상 사포를 통한 표면 마감 또한 여의치 않다. 따라서 출력 필라멘트의 색상을 그대로 유지해 작품을 제작하는 방식이나 전체적으로 플라스틱 퍼티를 사용해 출력물을 코팅하는 방법이 표면 처리 방법일 수 있다.

사포로 매끄럽게 처리하기

출력물의 표면을 부드럽게 처리하기 위해 사포를 사용할 때에는 낮은 번호의 사포에서 높은 번호의 사포로 점차 표면을 샌딩해준다(사포의 번호가 낮으면 거칠고 높으면 곱게 갈린다).

출력물 표면 정리에 사용되는 아세톤과 플락스틱 퍼티, 사포

표면 채색하기

표면에 채색을 할 때에는 수채 물감을 제외한 아크릴 물감, 유화 물감, 모형용 에나멜 도료 등을 사용할 수 있다.

FFF 프린터로 출력한 출력물은 프라모델과 같은 재료로 만들어졌다고 보아도 무방하다. 따라서 프라모델 재료 판매점에서 판매하는 모형용 도료나 공구를 그대로 적용할 수 있다. 그리고 아크릴 물감이나 유화 물감을 통한 채색도 문제가 없다. 제작하려는 작품에 맞게 재료를 선정해 채색 작업을 진행해도 출력물이 손상될 위험은 거의 없다.

출력물 표면을 다듬은 후 채색 중인 작품

필자는 표면을 사포로 살짝 다듬은 후 젯소를 바르고 그 위에 아크릴 물감이나 에나멜 도료 등의 모형용 도료로 마감하기도 한다. 광택 코팅제와 출력물이 화학 반응을 일으키는 경우는 거의 없다. 따라서 작품에 따라 또는 작가의 의도에 따라 채색을 하는 것에 무리가 없다.

TIP 분할 출력 후 결합하기

서포트 생성을 줄이기 위해 분할 출력한 출력물을 결합할 때에는 에폭시나 순간 접착제를 활용할 것을 권한다.

3D 프린팅과 예술가

과거 새롭게 탄생한 기술을
가지고 예술가들이 새로운 작품을
탄생시켰듯이 3D 프린터는 결국
미술가들에게 돌아갈 새로운
도구이다. 본 장에서는 3D 프린팅
기술을 가지고 작품 활동을 하는
예술가를 소개하고자 한다.
또한 3D 프리터로 다른
3D 프린터를 만드는 프로젝트를
소개한다. 이 밖에도 해외에서는
3D 프린팅에 대한 다양한 실험을
진행하는 많은 작가들이 있다.
이들을 통해 3D 프린팅을 활용할
새로운 아이디어를 구상하고
다양한 실험을 해보길 바란다.
그래서 3D 프린터에 대한 활용이
모색되고 많은 사람들에게
3D 프린팅 기술로 인한 혜택이
돌아갔으면 하는 바람이다.

7

❶ 3D 프린팅으로 3D 프린터 만들기

현재 사용되는 FFF 방식의 모든 프린터는 앞서 소개한 렙랩(reprap) 프로젝트에서 파생된 하드웨어와 소프트웨어를 기반으로 만들어졌다. 마치 스마트 폰의 안드로이드 운영 체제처럼 공개된 자료를 가지고 누구나 만들 수 있도록 허락하고 있기 때문이다.

애초 렙랩 프로젝트는 처음 모델에서 점차적으로 개선되는 과정에서 선대 모델이 후대 모델의 부품을 프린트해서 새로운 프린터를 개발하는 형식으로 진행되었다.

현재도 외국에서는 3D 프린터를 보급하고 활용하기 위한 수많은 프로젝트들이 생겨나고 있다. 국내에서도 이런 움직임들이 개발자들 사이에 서서히 일고 있다. 필자는 작업을 위한 3D 프린터를 기성품을 구입해 활용하는 한편 직접 제작하고 개조하는 과정에서 라이노로 직접 모델링하고 설계한 부품들을 프린트하여 사용하고 있다.

작가들에게 프린터 사용법을 강의하기 위해 프린터를 직접 만들고 만든 경험담을 공유하고 있다.
다양한 방식으로, 프린터들을 만들고 다양한 크기의 프린터를 만들고 있다.

완성된 3D 프린터, The botist_3-Axis 3D Printing Robot, Mixed media Installation, 2014

❷ 3D 프린팅과 예술가

3D 프린팅과 관련된 기술을 이용하여 작업하는 작가와 작품을 소개하고자 한다.

권대훈

권대훈 작가는 서로 다른 드로잉을 겹쳐 각각 가로 포인트와 세로 포인트로 이미지를 배치한 후 측면 혹은 상하면의 빛을 소절하는 방식으로 두 개의 중첩 이미지를 보여주는 작업을 발표하였다. 최근에는 이를 데이터로 추출하여 CNC 머신을 활용하여 알루미늄판에 작품을 새기는 새로운 시도를 하였다.

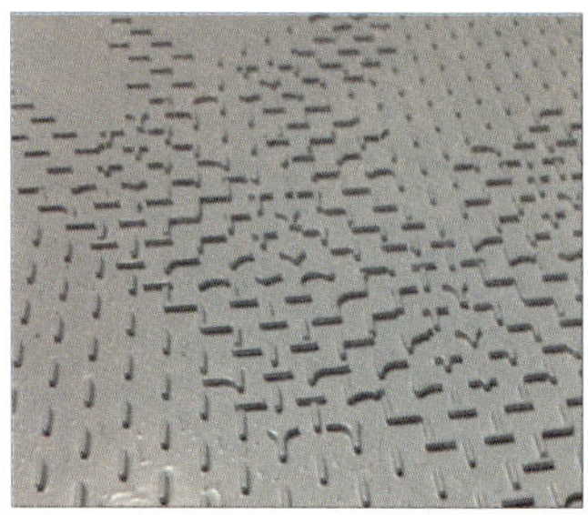

Still in the forest, 혼합재료
90×240×20cm, 2009
(작품 전체 모습과 세부)

정진서

정진서 작가는 비트맵 이미지를 벡터로 추출하여 CNC 가공이나 레이저 커팅을 통해 작품 제작하였다. 비트맵 이미지에서 벡터 라인을 추출 하는 방법은 어도비 일러스트레이터의 라이브 트레이스(Live Trace) 기능을 사용하면 일일이 포인트를 찍어가면서 이미지를 추출하지 않아도 이미지의 색상 영역을 벡터라인으로 추출해준다.

[왼쪽] Mother(마더), 나무에 유채, 50×50×1cm, 2008

[오른쪽] 작품 설치 부분

Turningpoint(터닝포인트), 나무에 유채, 95×87×2.5cm, 2007

임도원

3D 프린터가 결국 작가나 디자이너에게 주어져야 할 도구라 생각하고 문화 예술인을 대상으로 한 워크샵을 작가의 아트프로젝트의 하나인 "honja factory(혼자 팩토리)"라는 이름으로 여러 기관들과 협업으로 열고 있다. 2014년 5월 베이징 798예술지구에서 개인전 "예측할 수 없는 분기점"을 개최하고 스스로 설계한 3D 프린터로 제작한 작업을 선보였다.

大世界中心中國, PLA 3D Printing, LED, 120×20×30cm, 2014

Far beyond island, PLA 3D Printing, LED, 60×30cm, 2014

맺음말

3D 프린터의 보급과 산업 그리고 예술가

3D 프린터의 국내 보급은 약 2년여 전부터 이루어져 오고 있다.
물론 산업용이나 연구실의 연구용 대형 3D 프린터는 그 이전부터 국내에서도 접근이 가능했다. 필자는 2010년경 교육을 통해 SLA 방식의 3D 프린터를 처음 접하였다. 단지 연구실에서만 볼 수 있는 장비를, 상당히 보급형이며 한계도 분명하지만, 책상 위에 올려두고 작업할 수 있다는 것을 그때는 미처 상상하지도 못했다. 그 뒤 불과 3년여만에 해외 오픈 소스를 기반으로 국내에도 자체 생산 제품이 등장하고 있다.
필자도 오픈 소스 기반의 프린터를 가지고 수많은 출력 실험과 모델링 과정을 거치면서 문제점과 그 해결책을 찾았으며 사용법을 널리 알리기 위해 이 글을 시작했다.
오픈 소스 3D 프린터는 그 한계가 명확하지만 반대로 자신의 요구에 맞추어 얼마든지 개선할 수 있는 장점 또한 갖추고 있다.
아직은 프린터의 보급 초기 시점이고 정보가 많이 부족한 것이 현실이지만 이 글을 시작으로 많은 관심과 연구가 곁들여져 많은 사람들이 혜택을 누렸으면 하는 바람이다.
아직은 기계를 개발하고 만드는 사람들 위주로 연구가 진행되고 있지만 3D 프린터는 결국 미술가들에게 돌아갈 새로운 도구이다. 필자는 3D 프린터를 활용해 작품 제작에 대한 모색과 함께 3D 프린터로 다른 3D 프린터를 만드는 프로젝트를 현재 진행하고 있다. 아직은 규격화된 3D 프린터의 출력물 사이즈가 너무 제한적이어서 많은 작가들이 프린팅을 통한 작품 제작을 하기에 다소 부족한 모습이다. 그러나 머지 않은 미래에 3D 프린팅을 활용한 작품 제작이 보편화될 것으로 믿는다. 제한적인 요건임에도 3D 프린팅은 이미 많은 장점을 가지고 있다.
첫째, 작품 제작에 들어가는 시간을 많이 단축해줄 수 있다. 기존 캐스팅 등의 주형 기법은 원형 제작과 이를 오래도록 보존할 수 있는 재료로 만들기 위한 몰드 성형, 그리고 다시 원형을 복제하기까지 수많은 과정을 거쳐야만 했으며, 많은 비용을 들여야만 했다. 물론 정밀한 원형과 캐스팅에는 아직 프린팅의 정밀도가 따라오지 못하지만 캐릭터를 제작하는 작가나 디자이너에게 많은 시간을 절약할 수 있도록 도움을 줄 것으로 생각된다.
둘째, 기존에 제작하기 힘들었던 형태를 제작할 수 있을 것으로 생각된다.
본 글에서 다루고 있는 라이노는 기본적인 모델링 기능 외에 다양한 플러그인을 통해 강력한 모델링 툴로 변모할 수 있다. 플러그인 중에는 파라메트릭 모델링을 가능하게 하는 그래스호퍼(Grasshopper)와 유기적 형태의 모델링을 도와주는 티 스플라인(T-spline)등이 있다. 이외에도 각 개발자 혹은 개발사에서 제공하는 수많은 플러그인은 라이노를 단순 모델링 툴에서 강력한 설계 기능 자동 모델링 기능과 분석 기능을 활용할 수 있게 해준다. 이를 통해 얻어진 다양한 모델을 바로 출력해 작품 혹은 제품으로 제작할 수 있는 것은 큰 장점이다. 그렇게 얻어진 모델링들은 인간의 손으로 만들기에는 불가능하거나 힘든 것들도 다수 존재한다. 이런 모델링을 3D 프린터로 정밀 제어해 출력하는 것이 이제 가능해진 것이다.

셋째, 각자가 맞춤형 프린터를 제작해 다양하게 활용할 수 있을 것으로 생각된다. 현재 오픈 소스 프린터는 간단한 개조 과정으로 CNC 조각기로도 변형이 가능할 뿐만 아니라 노즐을 바꾸어 음식물이나 페이스트 형태의 재료도 출력할 수 있다. 이 때에도 본 글에서 소개한 모델링 툴과 슬라이서 프로그램 등을 그대로 활용할 수 있음은 물론이다. 변칙적으로 개조된 프린터를 통해 보다 다양한 재료와 다양한 형태를 가진 작품을 제작할 수 있을 것으로 생각된다. 해외에서는 이미 점토나 콘크리트 등을 출력하는 실험을 진행하고 있는 작가들이 있다. 싱기버스(thingiverse)를 검색해보면 다양한 활용을 하고 있는 사례들이 소개되고 있으니 모델링과 프린팅을 공부하면서 한번 검색해보길 바란다.

보급형 데스크탑 프린터는 그 한계 만큼이나 다양하게 활용될 수 있다. 가격적 이점과 함께 공개된 기술이기에 각자에 맞추어 얼마든지 활용이 가능하다. 단순히 공개된 장난감 모델이나 한정된 사용처를 벗어나 창의적인 일을 하는 작가로서 수많은 실험을 통해 다양한 활용을 모색하고 이를 보다 많은 사람들에게 그 혜택이 돌아갈 수 있도록, 이 글을 읽은 독자 여러분 모두가 함께 연구해나갔으면 하는 바람이다.

필자는 현재 프린터와 그 활용 방안을 연구하고 보급하기 위해 많은 작가들, 기획자들과 함께 방안을 모색 중이다. 그 일환으로 워크샵을 진행하고 있으며 인터넷 카페와 블로그, SNS를 통해 작가들, 기획자들과 소통하고자 노력 중이다.

2014. 07.

임도원